全国医药院校教材

毕业论文写作

主　编　张红武　杨　帆

主　审　张德志　王益玲　梁生旺

副主编　沈志滨　唐　睿

编　委　(以姓氏笔画为序)

宋凤兰　沈志滨

张红武　陈　颖

杨　帆　杨慧文

唐　睿　曾爱华

中国健康传媒集团
中国医药科技出版社·北京

内 容 提 要

本书介绍了文献综述型论文、实验研究型论文、调查报告型论文的选题确立、文献检查、实验方案设计与数据分析等内容及论文的撰写、投稿和修改及毕业答辩等内容。附录包括参考文献著录格式和规则、毕业论文撰写规范和本科毕业论文样本等。

本书适合医药类本科生及相关专业师生参考使用。

图书在版编目（CIP）数据

毕业论文写作/张红武，杨帆主编. —北京：中国医药科技出版社，2010.9（2025.6 重印）.

全国医药院校教材

ISBN 978－7－5067－4725－7

Ⅰ.①毕...　Ⅱ.①张...　②杨...　Ⅲ.①毕业论文－写作－医学院校－教材　Ⅳ.①G642.477

中国版本图书馆 CIP 数据核字（2010）第 157015 号

美术编辑　张　璐

版式设计　郭小平

出版　中国医药科技出版社

地址　北京市海淀区文慧园北路甲 22 号

邮编　100082

电话　发行：010－62227427　邮购：010－62236938

网址　www.cmstp.com

规格　787×1092mm 1/16

印张　13½

字数　306 千字

版次　2010 年 9 月第 1 版

印次　2025 年 6 月第 4 次印刷

印刷　北京印刷集团有限责任公司

经销　全国各地新华书店

书号　ISBN 978－7－5067－4725－7

定价　39.00 元

前　言

科技写作是科研工作的一个重要组成部分，不仅是每一位科技工作者必须掌握的一项基本功，而且也是高校大学生所必须掌握的基本技能之一。高校毕业生必须初步具备从事科研工作的能力，亦即能够灵活运用所掌握的专业知识去解决不太复杂的实际问题的能力。这一过程涉及到概念、判断、推理等严谨的逻辑思维的能力，要能够用文字完整、清晰、准确、严谨地表述自己科研活动、解决实际问题的详细过程。这就要求高校毕业生要有良好的文字写作技能。

毕业实习和毕业论文的撰写则为学生提供了一个极好的这方面的训练机会。在此过程中，学生可以详细了解科学研究的各环节步骤，学习掌握从事科研必需的一些技能。可以说，毕业实习和毕业论文撰写是学生在校期间接受的一次系统、全面的实践培训。

近年来，随着高校扩招，每年毕业生数量较以往大幅度增加。由于高校师资力量和实习单位的指导能力有限，每年有大量毕业生要到校外实习单位做毕业实习，而且这部分同学中又有相当一部分在作毕业论文时难以得到详尽的指导，因而造成有不少学生毕业论文质量低下，致使毕业实习没能达到预定的培养目标。

其中主要原因有两个：一是部分学生对于毕业论文撰写能力培养重要性的主观认识不足，没有从思想上予以重视，再加上临近毕业，要分心找工作、考研，对毕业论文掉以轻心。这样就很难保证论文质量。二是学生接受的毕业论文撰写技能培训不足。高校人才培养方案中没有专门设立有关毕业论文撰写的培养方案。许多高校纷纷开设有关毕业论文写作的选修课，以期加强学生科技写作能力的培养。然而，受困于选修课课时数和上课人数的限制，其培训效果难以达到令人满意的程度，同时课程培训也仅覆及一部分学生，还有相当多的学生没有接受有关的培训。因此，我们认为如果能有一本针对性、实用性较强的教学参考书供学生自学使用，指导他们撰写毕业论文，将会起到事半功倍的效果。

《毕业论文写作》正是在基于为学生提供详细、实用、针对性强的毕业论文写作指导的前提考虑下而成书的。该书以系统介绍毕业论文写作为主旨，针对目前药学类专业学生的专业方向特点以及各自毕业实习岗位的不同特点，分文献综述型论文、实验研究型学术论文、调查研究报告型论文三个类型分别详细阐述了论文的格式、各部分写作要求、写作过程等内容。全书内容的展开以科研活动过程为主线，除绪论外，其余部分按一般科研过程中依次经历的不同阶段，分选题、文献检索、实验方案设计与数据分析、文献综述写作、调查报告型论文、科技论文（实验研究型论文）的撰写、投稿与修改、毕业论文（设计）与毕业答辩共计八个独立专题予以详尽讨论。

本书力求紧扣当前药学专业学生毕业实习特点，注重理论联系实际，书中不仅有详细的理论知识介绍，在各章节中还有意识安排了大量实例，最后的附录中也专门列举了一些较好的不同专题的本科毕业论文范例，以此加深读者的切身体会。

本书适合于药学类本科学生毕业论文撰写指导，也可供其他专业的老师、同学参考。

本书承蒙张德志教授和梁生旺教授联合审阅，并提出了许多宝贵意见，在此表示感谢。本书同时引用了网络和相关书籍的一些内容，在此亦表示感谢。

鉴于作者水平和时间紧迫，本书难免有不妥之处，敬请各位读者斧正指教。

编　者

2010 年 6 月

目录 CONTENTS

第一章 CHAPTER

绪论

第一节 科技写作概述

一、科技写作的概念

科技写作是指以人们在自然科学和技术领域的发现、发明、创造活动与成果为反映对象，从科学真实出发的写作活动。从广义上讲，科技写作可理解为以人类的学术研究成果为原始依据，所进行的一切关于科学、技术、新闻、文艺、科学普及等作品的撰写活动。狭义而言，科技写作是指将探索研究过程、研究取得的成就，写成一定格式文章的写作过程。

因此，科技写作不仅是指有关专业领域研究的各类学术论文的写作，也包含了各种科技报告或考察报告、专利文件、技术合同等的撰写，甚至科普作品（像 科学童话与科幻作品、科学报告文学等）、科学家传记、科技书籍的翻译、科技新闻等的创作活动也可归入科技写作的范畴。

我们在这里所谈到的科技写作是作为人类科研活动的一个重要组成部分而存在的。在科技写作过程中，科研主体（科技工作者）要对科研结果进行严谨的逻辑思维，形成结论性观点，并将这些结论和其推导过程条理化，最后用一定格式的语言文字清晰、完整、准确、简洁地将其表述出来。因此，不能将科技写作看成是一般的写作过程，其中还包含了科研主体对科研结果的逻辑思维活动。可以说科技写作的过程也就是人类对感性认识进行分析、总结，升华为理性认识的一个阶段性过程。

科技写作活动产生的作品称为科技论文。科技论文记录并再现了科学研究的详细过程和研究成果。在人类社会文明发展的历史长卷中，科技论文担负着承载、传播人类科技知识的重要使命，是记录人类科技进步的历史性文件。从古到今，人类社会之所以能够不断发展、科技水平不断提高，科技论文在其中发挥了不可估量的作用。

二、科技写作的发展简史

1. 中国的科技写作发展

中国古代科技异常发达，不仅在技术上有着闻名遐迩的四大发明，而且在科学研究上也取得了令世人瞩目的成就。中国历史上传承下来许多记载这些辉煌成果的科技著作。

春秋战国时期可以说是我国古代科学技术的全面奠基时期，也是第一次大发展时代，其成就不仅赶上而且超过了早期科学技术最发达的古希腊。这一时期的《内经》记载了我国最早的人体解剖知识，提出了初步的血液循环的概念，代表了我国医学理论体系的初步形成。《黄帝内经》提出了“望、闻、问、切”的四诊法，一直流传至今。《上农》、《任地》、《辩土》、《审时》等专著称得上是农业科技论文的开端。《考工记》与《墨经》作为我国古代经验科学出现的标志，是春秋战国时期人们将生产、生活实践中取得的丰富经验进行抽象概括的成果。

汉朝时期造纸术是我国对世界文明的大贡献，极大地推动了科技著作的发展。《九章算术》是对战国、秦、汉古代时期数学发展的总结，标志着中国数学体系的建立。《神农本草经》是现存最早的药物学专著，为我国早期临床用药经验的第一次系统总结。张仲景编著了《伤寒杂病论》、《千金要方》，被后世称为药王。《论衡》、《淮南子》、《周易参同契》等书中也包含了丰富的物理、化学或生物学知识。

宋元时期，是我国古代科技发展的又一高峰时期。北宋沈括创“十二气历”及著作《梦溪笔谈》，在磁学方面的成就在当时是处于世界领先水平的。元朝郭守敬的《授时历》、北宋建筑师李诫的《营造法式》、元朝农学家王祯的《农书》等科技著作纷纷面世，标志着当时的科技发展到一个新的高度。宋代动植物志、谱录的大量出现并形成出书高潮。宋景的《欧希范五脏图》和杨介的《存真图》显示了这一时期解剖学上的发展成就。法医方面则出现了我国历史上第一部系统的法医学著作《洗冤录》。杜绾著《云林石谱》的出现，反映了矿物学在宋代已较前有了很大进展。

明清处在中国封建社会的末期，其科技发展水平明显下降，但依旧有一些颇具影响的名家著作问世。李时珍历经 27 年编著了《本草纲目》，如今已译为多种语言文字。徐光启的《农政全书》是对传统农学的总结。《徐霞客游记》是我国最早的野外考察记录，也是优秀的地理学著作。宋应星的《天工开物》更是一部百科全书式的科学技术著作，后来被译成多种语言文字，外国学者称它为“中国 17 世纪的工艺百科全书”。

2. 西方科技写作的发展

古代西方的科学家中最具代表性的是“科学圣人”亚里士多德，他在思维科学、天文科学、生物科学、物理科学等都有涉及，著述颇丰，被誉为“古代智慧的百科全书”。欧几里德撰写的《几何原本》是世界上第一部系统的几何学专著；阿基米德的《浮体》是流体静力学的第一部专著，盖伦著有 80 余册医学巨著。

近代西方发生的文艺复兴运动开创了科学技术发展的新纪元。哥白尼的《天体运行论》与维萨里的《人体构造论》两部著作揭开了近代自然科学的序幕，科技写作也随之蓬勃兴起。15 世纪中叶，德国人 J. 谷登堡发明金属活字印刷术加快了书籍的生产进程，随后大量经济、美观、便于携带的书籍纷纷问世。18世纪末，造纸机器的发明，推动了纸的生产，并为印刷技术的机械化创造良好的条件，这进一步促进了科技写作的发展。

到19世纪以后的现代，随着工业的发展，西方科学技术有了更快的进步。此时，自然科学进入了一个新的历史阶段——现代科学阶段。生物学家达尔文的《物种起源》、地质学家赖尔的《地质学原理》、化学家门捷列夫的《化学原理》、物理学家爱因斯坦的《广义相对论原理》等都是具有划时代意义的科学巨著。

3. 科技写作发展的现状

现代工业社会科学技术有了迅猛发展，科技论文的发表数量突飞猛进。有人做过统计，几百年以前，人类社会中受过教育人数较少，产生的发明创造少，相应的科技论文也少。而到了20世纪50年代以后，仅几十年的发明创造就超过了过去两千年的总和，大量科技论文出版发表。现代电子通讯、网络技术的发展极大方便了论文的发表、传播，扩大了学术交流的范围。现在，全世界每年发表的论文总数达到了几百万篇。可以说科技论文已成为科研人员相互间沟通和交流必不可少的工具。

三、科技写作特点

科技写作有别于文艺写作、政论写作、公文写作和日常应用文写作，它融科学技术的丰富内容和成熟的写作理论技巧于一炉，是借助于书面语言，完成复杂精神产品制作的一种行为过程，是熟练运用各种书面表达手段，准确严谨地表述思维的一种能力的体现。由于其写作目的和表达方式的特殊性，因而有自己的一些特点。

1. 科学性

科学性是科技写作的生命，包括三层含义：

（1）论文内容的科学性　论文内容要实事求是，正确地反映客观事物，揭示客观事物的发展规律；论点客观正确、论据翔实可靠。论文的结论是可以复现的成熟理论、技巧，或是某项发明的描述，或者是经过多次使用已成熟能够推广应用的技术。

（2）论文表述的科学性　论文内容的表述要准确、清晰、完整、符合客观规律。概念表述要符合专业规范，消除口头语言的模糊性；各种判断、推理要符合逻辑，不能出现矛盾现象；各种符号、数字的使用要符合专业要求。

（3）论文结构的科学性　科技论文是客观事物事理的反映，其内容结构的组成应条理清晰，论点的导出应具有严密的逻辑性。这方面同一般的议论文要求一致。

2. 创新性

科技论文所揭示的客观事物发展、变化的规律，必须具有独创性、首创性，或者至少在现有科学技术领域有所进步、有所发明、有所创造，而不是对现实事物的简单重复、模仿或解释。主要内容（方法、所得出的规律、观点和见解、结论等）为前所未有，即使对他人研究过的题目进行验证和进一步深入地研究，也必须有自己独到之处。

科技发展是循序渐进、逐步积累的过程，科技论文所体现的创新性并非要达到一鸣惊人、石破天惊的程度。实际上，许多科技期刊投稿须知中所提出的诸如来稿要有新意、要有特色、要反映科研过程中新的产品研制或改良的进展、新的试验方法的提出、新的理论观点探索等，都是指对创新性的基本要求。就这些基本要求而言，一项研究课题规模不一定很大，但研究一定要深入，写出的科技论文的结果与分析一定要深刻，要能反映研究者独到的发现与见解；其创新可以体现在一个大问题中的某一个小问题上，或问题的某一个侧面上，即使是一点一滴，也是有价值的。因此，创新性是科技论文的核心要素。

3. 可读性

可读性通常是指文章内容吸引人的程度，或是内容所具有的观赏、阅读的价值。科技论文的可读性是指该论文提供的信息被读者认知的程度，反映读者从论文中能获得多少有用的信息。一方面，论文内容的主题要有创新，有重大创新的文章，往往容易引起科技工作者的兴趣，吸引他们花时间仔细研读，从中获取有用的信息。一些高水平的期刊杂志所登载文章内容创新性很强，常为众人瞩目，如 *Science*、*Nature* 等，一旦新的一期出版常引起各专业领域人员的关注。另一方面，文章的语言文字要做到精炼、准确，使读者能清晰、完整、快速获取论文的核心要点。一篇优秀科学论文不在于长篇大论，而在于科技的信息量和表达的准确性，这正是可读性的基础。

4. 规范性

虽然每一种期刊都有自身风格和特色，但大体上都有一些共性要求，即论文的体例格式都应遵行有关学术期刊规范标准。这些规范性要求不仅保证了论文形式上的规范，也保证了内容上的可读性。

规范性的另一方面是指科技写作的语言特点。科技论文语言的使用要简洁、精炼，所要表达的含义要准确、清晰、完整，没有疏漏、差错或歧义。其次，科技写作同样要注意遵守语法、修辞规则，要符合逻辑要求。如果一篇科技论文语法、修辞错误连篇，不仅会给读者理解文章含义造成困难，也难免使读者对论文作者的科研能力产生怀疑，以至于对论文结果的可靠性产生疑虑。还要特别注意的是，科技写作不同于搞文学创作，不能将文学创作的一些语言方式应用于科技写作中。科技写作讲究的是要忠于事实，符合客观规律，表达的语意要清晰、完整、没有歧义，不能有人为夸大或缩小的现象。

5. 对象性

科技写作的作品（科技论文）的读者一般是专业科技工作者。优秀的文艺作品，拥有众多的读者，可以雅俗共赏；而科技论文的读者面却相对窄，主要是本专业的科技工作者，同时专业不同，读者对象也不同。

四、掌握科技写作的重要意义

科技写作是每一位科技工作者必须掌握的一项基本功。科研人员要不断对自己的科研结果进行分析、总结，并以科技论文的形式公开发表。其目的一是为了向世人宣示他们经过艰苦努力取得的科研成果，他们拥有该项成果的知识产权。二是为了便于同行间的交流，共同促进人类科技水平的发展。三是作为以后职称评定、研究课题基金资助的依据。发表的论文质量和数量代表了科研人员的学术研究水平。在每年一度的国家自然基金资助评审中，申请者的科技论文发表情况常是评委决定是否予以资助的评审指标之一。

对于高校大学生而言，科技写作也是他们必须掌握的一项基本功。高等院校的学生不仅要有较深、较广的专业知识，而且要具备一定的分析、解决实际问题的能力。他们要学会运用自己掌握的知识去思考解决实际问题的方法。这一过程涉及到对专业知识的系统掌握和灵活运用的能力，以及概念、判断、推理等严谨的逻辑思维能力，亦即进行科研活动的能力。高校毕业生必须初步具备这些能力，要能够用文字完整、清晰、准确、严谨地表述自己科研活动、解决实际问题的详细过程。另一方面，大学生毕业后，不论从事何种工作，都要求具有一定的研究和写作能力。因此说科技论文的写作是大学生必须具备的一项能力。

毕业实习和毕业论文的撰写则为学生提供了一个极好的这方面的训练机会。在毕业实习和毕业论文撰写过程中，学生可以详细了解科学研究的各环节步骤，学习掌握从事科研必需的一些技能，例如，如何收集、整理和利用材料，如何观察、调查、作样本分析，如何利用图书馆检索文献资料，如何操作仪器等。毕业实习和毕业论文撰写是学生在校期间接受的一次系统、全面的实践培训。

第二节 科技写作作品——科技论文的分类

科技论文可从不同的角度，根据不同标准进行分类。

一、按科技论文的作用不同分类

1. 学术性论文

指研究人员提供给学术期刊发表或向学术会议提交的论文。它以报道学术研究成果为主要内容，是科技工作者对自己原创性研究工作的学术总结，是对某一学科领域科学规律的揭示。学术性论文反映了该专业领域最新的、最前沿的科学技术水平和发展动向，对科学技术事业的发展起着重要的推动作用。这类论文或具有新的数据与结论，或提出了新的分析方法，或提出新的观点等。按内容性质不同，学术论文可以分为期刊学术论文和会议论文；按研究方法的不同，学术性论文又可以分为理论性论文和实验性论文。

2. 技术性论文

指工程技术人员为报道工程技术研究成果而提交的论文。这类论文报道的研究成果主要是指应用已有的理论来解决设计、技术、工艺、设备、材料等具体技术问题。技术性论文对技术进步和提高生产力起着直接的推动作用。这类论文应具有技术的先进性、实用性和科学性。技术性论文可分为创新性技术（产品、设计）论文、新技术应用性论文、试验性论文。

3. 学位论文

学位论文是指为了获得所修学位，按要求被授予学位的人所撰写的论文。它在格式等方面有严格要求。根据《中华人民共和国学位条例》的规定，学位论文分为学士学位论文、硕士学位论文、博士学位论文三种。

（1）学士学位论文　学士学位论文应能表明作者确已较好地掌握了本门学科的基

础理论、专门知识和基本技能，并具有从事科学研究工作或担负专门技术工作的初步能力，应能体现作者具有提出问题、分析问题和解决问题的能力。学士学位论文的篇幅一般为0.6~1万字。学士学位论文是对选定的论题所涉及的全部资料进行整理、分析、取舍、提高，进而形成自己的论点，要求做到中心论点明确，论据充实，论证严密。学位论文写作时还可以借鉴前人的研究思路、研究方法，以至重复前人的研究工作，但应具有自己的结论或见解。学士学位论文格式一般按学术论文格式写作。

（2）硕士学位论文　国务院学位委员会对硕士学位论文有明确要求：应在导师指导下，研究生本人独立完成，论文具有自己的新见解，有一定的工作量。可见硕士学位论文只要求在某方面有改进、革新，即有新见解。硕士学位论文应能表明作者确已在本学科上掌握了坚实的基础理论和系统的专门知识，并对所研究课题有新的见解，具有从事科学研究工作或独立担负专门技术工作的能力。硕士学位论文的篇幅一般不受限制。

（3）博士学位论文　博士学位论文应能表明作者确已在本门学科上掌握了坚实宽广的基础理论和系统深入的专门知识，并具有独立从事科学研究工作的能力，在科学和专门技术上做出了创造性的成果。博士学位论文应具有系统性和创造性，应是一本独立的著作，自成体系。论文中应包括有本课题研究历史与现状、预备知识、实验设计与装备、理论分析与计算、经济效益与实例、遗留问题与前景、参考文献与附录等，形成一个体系。博士学位论文的创造性从以下几条来衡量：①发现有价值的新现象、新规律、建立新理论；②设计实验技术上的新创造、新突破；③提出具有一定科学水平的新工艺、新方法，在生产中获得重大经济效益；④创造性地运用现有知识、理论，解决前人没有解决的工程关键问题。

博士学位论文的结构是书的章节形式，每章节的写作均可按一般学术论文的格式写作。美国学者 A. D. 罗伯特认为博士学位论文应将自己的原始资料（不管是否发表）都收编进去，博士学位论文是对多年研究和所著论文的总结和评论。

二、按研究的方式和论述的内容分类

1. 实验研究型

针对科技领域的一个学科或一个专题，有目的地进行实验与分析，或进行相应的模拟研究，得到系统的观察现象、实验数据、效果比较等重要的原始资料和分析结论。实验研究型的论文占现代科技论文的多数。这类论文不同于一般的试验报告，其写作重点应放在研究上。它追求的是可靠的理论依据，先进的实验设计方案，先进、适用的测试手段，合理、准确的数据处理及科学、严密的分析与论证。

2. 理论论证型

指对基础性科学命题的论述与证明，或提出新的设想原理、模型、机构、材料、工艺、样品等，并对之进行理论分析，使其完善、补充或修正。如对各学科公理、定理、原理、原则或假设的建立、论证及其使用范围、使用条件的讨论。这类论文主要是提出的新的假说，通过数学推导或逻辑推理，从而得到新的理论（包括定理、定律和法则等）。此类论文的数学推导要科学、准确，逻辑推理要严密，定义和概念的使用要准确，力求得出无懈可击的结论。

3. 发现、发明型

该类论文通常描述被发现事物的背景、现象、本质、特性及其运动变化规律以及该发现的应用前景，也有的是阐述发明的装备、系统、工具、材料、工艺、配方形式或方法的功效、性能、特点、原理及使用条件。

4. 设计、计算型

此类文章主要内容包括：为解决某些工程问题、技术问题和管理问题而进行的计算机程序设计；某些系统、工程方案、机构、产品的计算机辅助设计和优化设计以及某些过程的计算机模拟；某些产品（包括整机、部件或零件）或物质（材料、原料等）的设计或调制、配制等。对这类论文的总的要求是相对要“新”，数学模型的建立和参数的选择要合理，编制的程序要能正常运行，计算结果要合理、准确；设计的产品或调制、配制的物质要经试验证实或经生产使用考核。

5. 综合论述型

这是一种比较特殊的科技论文。该类论文不要求在研究内容上具有首创性，但是它要求撰稿人在综合分析和评价已有资料的基础上，提出特定时期内有关专业课题的发展演变规律和趋势。综述文章的题目一般较笼统，篇幅较长。其写法主要有两类：一类以汇集文献资料为主，辅以注释，客观而较少评述，年度评述即此；另一类则着重评述，通过回顾、观察和展望，提出合乎逻辑的具有启迪性的看法和建议，此类文章撰写要求较高，具有权威性，往往能对学科的进一步发展起到引导作用。

除以上主要划分标准外，还有按学科内容来划分的，如社会科学和自然科学论文之分。社会科学的研究领域包括哲学、法律、政治、经济等；自然科学的研究领域包括工学、理学、医学、农学等。这里不再详述。

第三节 学术道德

每个行业都有自己的职业道德，在科研领域也不例外。“诚信”是科研人员终生都要秉持的道德规范，这也是学术研究中的基本伦理规范要求。科研工作者的研究成果通常以科技论文形式公开发表，并且是学术界相互交流的一个重要手段。如果论文内容有造假或剽窃现象，则不仅影响到个人声誉，也会给公众和学术发展造成危害。对于学术界而言，学术道德就像是一个生态环境。如果道德环境被破坏了，学术研究所赖以生存的环境基础就会萎缩，学术研究的发展、学术创新也就无从谈起。

虚构、伪造、剽窃是科技界影响恶劣的违反学术道德的行为。美国联邦政府对这三种违法行为进行了明确定义。虚构，即“编造数据或者结果，并对其进行记录或报道。”也就是说，这些数据或结果是完全不存在的，是凭空捏造出来的。这无疑是一种彻头彻尾不负责任的欺骗行为。伪造，即“假造研究材料、设备或程序，或者改变、省略数据或结果，使得研究未能在研究报告中准确体现。”剽窃，即“挪用他人构思、程序、结果或用词而未提供相应的解释说明。”

各国管理机构对于学术造假都有严厉的处罚条例。学术造假一旦确认，就会被公之于众，造假者就成为众矢之的，被定格在“学术造假”这样一根耻辱柱上，彻底断送自己的研究生涯。科技界不乏一些因为弄虚作假而招致身败名裂的案例，例如，2002年贝尔实验室科学家 Hendrik Schon 捏造实验结果的事件，2004 年韩国黄禹锡伪造数据的事件，其严重后果给全球学术界都敲响了警钟。在美国计算机协会（ACM）的网站上，那些发表后被证实有剽窃行为的论文都会被醒目地标注上一段警示性文字："这篇文章被确认其作者剽窃了此前已发表过的其他论文的内容，因此 ACM 已经关闭了访问这篇论文的功能。"

尽管有严厉的法规惩处和多起前车之鉴的警示，科技界仍时有学术造假发生。究其原因，一方面是行业竞争压力巨大。同一个方向的课题往往全世界有多名科学家在研究，竞争压力迫使科学家力求研究项目快出成果，论文早发表。在某一领域首先发表成果的学者，就站在学术研究的制高点上，个人名誉、研究资金的支持、财富随后接踵而来。另一方面，正是在巨大的竞争压力下，在名誉、资金支持的诱惑下，有些学者抛弃了作为一名科研人员所必须遵守的行业道德规范，不惜铤而走险，甘冒天下之大不韪。然而，他们最终还是落得名誉扫地之下场。不管怎样，研究人员都要坚持实事求是的科研态度，坚持诚信的学术道德规范。唯有如此，学术研究、人类社会的发展方能欣欣向荣。

对于在校大学生而言，学术道德绝不是可有可无之事，他们更应该加强科研道德规范的学习和自我修养。大学生接受毕业实习并撰写毕业论文，是其首次参与解决实际问题科研活动。从这一时刻起就应该牢牢树立起诚信的学术道德习惯。如果一开始就弄虚作假，蒙混过关，没有养成良好的科研态度，则毕业以后走向社会，难免会将此不良习惯带到工作岗位上，于己、于他人、于社会都将贻害无穷。

近年来，大学生群体在毕业论文撰写过程中暴露出一定程度的学术道德问题，出现了一些与学术规范和治学准则相违背的现象。主要表现有：学生在实验中随意捏造数据，"枪手"代写论文，甚至有的学生随意从学术（网络）期刊上剽窃他人的劳动成果等。这些学生在主观上没有对毕业实习和毕业论文撰写予以足够重视，再加上临近毕业时，或忙于找工作，或忙于考研，无暇顾及毕业论文，临到毕业实习结束要上交毕业论文时往往"东拼西凑"应付了事。另一方面，这也跟学生缺乏详细的毕业论文写作指导有关。这类情况以在校外实习单位实习的学生居多。在校外实习的学生由于数量较多，再加上实习单位的指导能力有限，不可能每个人都能得到详尽的指导。因而他们的毕业论文选题难免存在盲目性，出现选题不当，导致后面论文撰写难以进行，于是就只好拷贝或堆砌别人的观点。也有的学生对"抄袭"的界定根本就不清楚，甚至已经犯了"抄袭"别人的错误自己也没有意识到。这一切都凸显了目前高校在科研道德规范的教育和科技论文撰写训练两方面存在的不足。

高校大学生的学术不端行为对于高校人才培养的总体质量以及整个学术风气势必造成广泛的不良影响。因此，高校应加强大学生的学术道德教育，使学生充分了解相关学术规范，培养其自身的道德自觉性。就高校学生自身而言，也应该发挥个体的主观能动性，加强学术道德自律。正所谓"学风先于世风"，保持良好的"学风"对于我国科技事业健康、持续发展，对于社会主义精神文明建设起着广泛的积极推动作用。

参考文献

[1] 迟玉华．科技写作与科技传播［J］．烟台师范学院学报（自然科学版），1998，14（3）：216－221.
[2] 郑笑平．科技写作［M］．郑州：河南人民出版社，2005.
[3] 朱军．从科技写作的特点谈科技论文的撰写［J］．石家庄经济学院学报，1997，20（6）：633－636.
[4] 陈传万，李柱梁，潘素华．试论开设科技写作课的意义［J］．安徽农业技术师范学院学报，1994，8（2）：80，85－86.
[5] 黄永松．科技写作的形势及意义［J］．安徽教育学院学报，2004，22（3）：123－125.
[6] 杨桦．论科技论文写作［J］．中国科技信息，2005，15：242，261.
[7] 李兴昌．科技论文写作讲义［EB/ OL］．http：//test. biox. cn/UpLoadFiles/Nffy/Files/一般资料/科技论文写作讲义．doc，2005－6－13.
[8] 萧忠敏．关于科技论文的写作［J］．莱钢科技，2006，5：68－76.
[9] 裴立振，侯艳艳．大学生学术道德失范的教育根源与对策［J］．2009，31（5）：128－132.

（沈志斌）

第二章 CHAPTER

选　题

第一节　科研选题与论文选题

科研选题是指选择和确定下一步研究活动目的、内容与范围，通常可理解为科研题目的确定。论文选题则是指为论文确定主题（或题名、题目）。一般而言，科研题目一旦确定就要开展有关的科研活动，在经过对科研活动取得的结果进行严密的逻辑思考过程之后，就要确立论文的主题内容以便用文字形式清晰表述课题的研究结果。所以说，科研选题与论文选题虽分处科研过程的不同阶段，但二者有着密不可分的联系。

科研课题又有大小之分。大的科研题目的研究内容与范围通常较为广泛，其可进一步细化为多个子课题（或小论题），需要由多个不同主题（或题名、题目）的学术论文来反映其研究内容，因此论文题目涵盖的范围往往要比课题的小。而小的科研题目的研究内容与范围则相对较窄、较为集中，因而相应论文的题目常常与科研课题的相一致。

例如，“中药农残的检测技术”这一课题范围较广，理论上包括了所有可用于中药中农残检测的技术。该课题可分为两个子课题（或论题），即“中药样品前处理技术”、“农残测定技术”。分别从这两个子课题出发，又可进一步细化为多个小的研究题目。如从“前处理技术”角度出发，可分为：“中药样品中农残固相微萃取”、“超临界流体提取”等，而从“检测技术”角度出发，可分为：“液相色谱检测”、“薄层色谱检测”、“传感器检测技术”等。而这每个小的研究题目都可作为论文的题目。

博士、硕士毕业论文是对攻读学位期间所做研究课题的系统描述，往往由多篇学术论文的内容组合而成。博士、硕士毕业论文题目可看成是个大的研究课题，其中的多篇学术论文则反映了从不同层面展开研究的小论题。本科毕业论文课题相对较为简单，内容、范围也较为集中，论文的题目通常也就与课题相同。因此，对于本科毕业生而言，确定本科毕业实习（研究）的课题也就是在为毕业论文选定题目。

第二节　选题的作用

科学研究中首先碰到的问题是选择什么课题和如何选择课题的问题，可以说这是整个科研工作的第一步。它决定着科研工作的主攻方向、奋斗目标，规定着应采取的方法和途径。因此，应该十分重视科研选题。

选题是科研人员才能、学术水平、理论联系实际的能力和认识深度的体现。因为选到一个有价值有创造性的课题，既要懂得课题的来源，又要有相当的科学素养；既要理解选题的价值意义，又要富有想象力；既要对选题有浓厚兴趣，又要有相当的知识储备等。只有科研课题选择恰当，科研人员才有机会把自己的学识、智慧用到最有效的科研工作上；才能发挥自己的才智，扬长避短；才能在搜集资料、构思、做论文时少走弯路，收到事半功倍的效果。可以说选题的优劣决定科研工作的价值与成败，甚至关系着论文的水平和质量。

一、科研选题的作用

1. 引领人类科学知识向前发展

人类在认识自然、改造自然过程中形成了对自然界的科学认识，并不断将已有的科学认识应用到实践中去，形成新的、更深入的科学认识。科学研究过程就是人类认识、改造自然界活动的反映。

科研选题的过程，实际上就是一个发现问题，提出问题的过程。爱因斯坦曾说："提出一个问题往往比解决一个问题更重要，因为解决一个问题也许仅仅是一个数学上的或实验上的技能而已。而提出新的问题，新的可能性，从新的角度去看旧的问题，却需要有创造性的想象力，而且标志着科学的真正进步。"好的选题可产生新的视角、产生新的科研成果，在学术领域填补某一方面的空白，意味着人类的科技知识发展到一个新的台阶。

2. 选题是科研活动成功的基础

选题正确即为科研取得成功奠定了基础，选题不当则往往是造成科研失败、研究质量低下的主要原因。如果选题不当，例如：研究的课题过于陈旧，或者题目太大、无法把握，或者题目太小、价值不足等，研究就达不到预期的目的。科学史表明，研究成功的影响因素有很多，其中比较重要的就是选题得当。

3. 选题有利于研究方向、研究工作范围的确立

选题是科学研究的起点，是非常关键的第一步，是整个科研工作的主导思想。现代科学不断向精深发展，导致学科分支越来越多，专业也越分越细。研究者不可能在多个学科分散发展。在某一时期内研究工作要具有一定的稳定性，有较为确定的研究方向和范畴。明确的选题使得这一研究方向和范畴更为具体化，可将有限的精力投入到有限的研究目标之中，提高工作效率。确定选题后，所有的研究工作都将集中一点上，围绕论题进行。因此，选准论题，即为整个学术活动确立了明确的研究目标，才称得上是真正意义上的科学研究。

4. 选题直接影响着研究成果的价值

研究成果要用学术论文来表述，所以学术论文的价值也就反映了研究成果的价值。学术论文的价值，最终要取决于文章完成后的客观效果。选题对这种效果的产生具有不可轻视的作用。如果从论文发表产生的效果和作用而言，只有选择的课题有学术理论或

实践应用价值，才会取得良好的社会效果；反之，如果选定的题目毫无意义，即使耗费再多的心血和精力，语言再优美、生动，也毫无价值可言，也不会产生积极的学术效果。

研究的价值在很大程度上决定于初始的选题。有些人忽视科学发展需要，想当然地选择一些根本无研究必要的课题，所获得的“成果”毫无价值；有的人怕担风险引起争议，对重要的现实课题避而远之，只选择些无关痛痒的论题；还有些人急于出成果，在功利思想的驱动下选择价值不大的课题，社会效益无从谈起。在科学发展史上，因选题而造就成功的事情有很多，例如：1774 年英国化学家普列斯特利在化学实验过程中发现一种助燃气体，但他受当时的“燃素学”的影响，把这气体称作“无燃素空气”，只写文章做了介绍，并未就此问题深入研究下去。1775 年法国化学家拉瓦锡阅读此文之后，意识到这是一个很有价值的新课题，由此经过大量的实验、研究和分析，发现了新元素“氧”，推翻了“燃素说”，取得了极有价值的成果。

另外，随着学科领域的交叉渗透，现代科学研究往往需要多人协力攻关，较大的课题还需要较多的经费资助，而选题成为该课题能否取得到资助的决定因素。那些具有新意、对提升科技水平有积极作用的课题往往能获得资助。总之，要加深对选题意义的认识，揭示其规律和实质，准确界定研究的方向和目标，对科研工作十分重要。

二、论文写作选题的作用

选好论文题目对论文的写作有着重要的意义。正所谓“题好文一半”，选好了论文题目，论文就等于成功了一半。

面对数量众多的资料、数据以及经过思考得出的结论，要为论文确定一个写作主题（或题名、题目），使论文的内容围绕这个主题论点展开论述，这就是论文选题的目的。论文题目选择恰当，再辅以充分的数据、资料，则以后的论文写作自然也就顺利。面对同样的数据、资料，题目选得好，能充分挖掘研究的新意，论文也就显得有价值；题目选得不好，则不能充分展示课题研究的价值所在。

选好题目有利于学术论文写作的顺利进行，促进作者科研能力的提高。科技论文的选题虽然不完全等同于科研的选题，但却密不可分。论文是以整个科研成果或其中一部分作为撰写对象的，一个课题完成后，研究者可以撰写一篇论文或数篇论文，但论文的选题均在科研课题的内涵和外延之中。选题是撰写论文的起点，只有选定了题目，确定了“写什么”，才能按照科学研究的规律去确定“怎么写”，从而顺利地、有计划地开展写作。同时，选题的过程也有利于作者自身能力的提高。“通过选题，能对所研究的问题进行深入的思考和分析，使其条理化和系统化；通过对所研究问题的历史和现状进行探讨，不仅可以对问题的认识更加清楚，而且也增加了自己对问题进行研究的信息。”

第三节 选题的原则

一、创新性和科学性原则

创新是科研的核心和灵魂，是衡量研究水平高低的主要标准，其重要的标志就是看有无新技术、新理论等。科研不能只是继承和发扬已有的科学成就，更重要是在原有基础上创新、开拓，这是对论文学术价值的要求和体现。选题必须有新意和时代感。科研既然是创造性的劳动，就必须考虑选题是否属于当代科学上的未知领域。正如李政道所说，向还没有开辟的领域进军，才能创造新天地。选题应在原有理论和实践发展基础上更上一层楼，更新已有的科学成就，填补某一领域空白。

所谓具有创新性的选题，指的是那些尚未解决或未完全解决的、预料经过研究可获得一定价值的新成果的课题。如新理论、新观点、新设计、新手段、新产品等。选题的创新性又体现在具有新颖性、探索性、先进性等特点。它进一步体现了课题的需要性、价值性。

为了使自己的选题具有创新性，要选择有研究价值的课题，最好选择前人没有研究过的课题以填补学科领域的空白。“对于选择研究课题之前的调查研究工作，了解人家做了什么并不是最重要的，最重要的是了解人家不曾做过什么。”对于一个初涉学术研究的人来讲，要研究“人家不曾做过的”无疑是很大的挑战。要选取具有创新意义的课题，应主要从选题的角度和研究方法这两方面着眼。同样的研究对象，别人已经取得了不少的研究成果，我们可以选取不同于别人的新的角度来审视。此外，采用不同的全新的研究方法对同样的一个问题进行研究可能就会得出截然不同的认识和结论。新的研究方法同样能赋予选题新意，使论文产生新的价值。

另外，选题必须有事实根据和科学理论依据。所谓“科学性是科研的生命”即是指选题要“有理、有据”，充分了解拟选课题的国内外研究现状和发展趋势，不能凭空想象，避免误入歧途或低水平重复。选题不能与以往已确立的科学理论、经过实践验证的经验事实相背。如超出了原有理论范围，也要能给予解释。

二、可操作性原则

这里的可操作性可以理解为自己面临的主、客观条件是否满足从事该项课题研究的要求。

主观条件是指从事科研活动主体（人）的自身条件，包括：人员的知识结构、能力水平、业务专长、兴趣爱好等。一般来说，每一位研究者都具有自己的专业特长，又都存在各自基础知识、基本理论及科研能力的差别。因此，选题时必须充分考虑自身的条件，选择那些有利于发挥自身专业特长和才智的、大小适中、难易适度的课题。此外，选题还要考虑尽量要符合自己的兴趣爱好，与自己平时的研究要结合起来。有些课题，起初兴趣不大，但深入下去后，有可能兴趣反而增浓。

客观条件主要指从事科研活动的外在条件，包括：实验设备、试剂试药、实验材料、文献资料、调研条件、实验研究的时间长短等。离开了这些科研必需的客观条件配合，再好的研究课题也难以完成。

总之，选题既要有“知难而进”的勇气和信心，又要做到“量力而行”，要选择在自己的主、客观条件范围内有能力完成的课题。

三、实用性原则

实用性就是指课题研究具有实际应用价值。这可从两方面理解：一是能产生社会效益和经济效益；二是能促进学科学术理论的发展，这又能进一步推动相关应用技术发展，从而产生社会效益。前者属于应用研究范畴，后者属于基础理论研究的范畴。

有价值的课题才值得去研究。科研要花费相当数量的人力、物力、财力，这些投入最终目的是推动人类社会发展，不断提高人类认识世界、改造世界的能力。要把有限的资源投入到具有实用价值的科学技术研究上。

对于应用技术研究而言，选题要着眼于推动社会生产实践的发展，要注意技术基础、机制的发展，要解决国民经济和社会发展中提出的实际科学技术问题，将理论转化成应用技术。一些同人民的生活改善和科学技术的进步有密切关系的课题容易得到国家和社会团体的财政支持，往往是考虑的重点。对于基础研究而言，选题要着眼于推动科学理论的发展，即解决科学发展中需要解决和完成的理论问题。

四、需要性原则

社会生产实践是科学技术向前发展的直接动力。选题应该符合国家和社会当前、长远的需要，以及科学发展的需要。就是说，要具有生产意义或学术意义，要有明显的科学性和创造性。例如，选题可以参考国家或当地政府机构制定的科学技术发展规划要求，保持科研方向与其一致，这样就容易获得有关的资金支持。对于研究生和博士后研究人员来说，还要符合本人的培养要求。对于应用研究课题，例如试制新产品，选题时还要再考虑以下几个方面：①市场要求；②经济性，主要是成本等；③实用性，其中包括性能等；③技术可行性（必要时可先做一些简单试验，以检验所提出的设想是否可行，然后确定课题。

五、文献资料充分调研

选题要有科学依据，前期对相关文献资料的调研要充分。前期充分的文献资料调研可以使科研人员掌握、了解当前相关领域的研究现状，发现存在的问题，从而确定下一步的研究方向；同时，也使研究人员选题时能避免与他人重复。

文献调研通常可以利用检索工具对有关电子数据库检索、查询，也可到图书馆查找所需的参考资料。目前，飞速发展信息技术为我们的文献检索工作提供了极大便利，使得检索工作在广度、深度、速度上都达到了前所未有的程度。因此，要充分利用网络电子技术，通过电子数据库查找文献，以便快速、准确发现当前研究中存在的问题，为以后确定研究课题奠定良好的基础。

科技查新，是指由获得资格认定的文献检索机构和专业的科技情报调研人员针对课题研究者所提出的要求，全面检索和收集一定时间内国内外与查新课题相关的文献资料，进行综合分析比对并公正、客观地写出查新报告，可作为科研立题、成果鉴定或申报专利等的权威参考资料。科技查新分为立题查新和成果查新。国家科委已将查新工作正式纳入各级科研管理程序。通过查新，可以学习、借鉴他人的研究成果和避免低水平的重复，可以较全面了解当前该课题的现状及预测将来的发展趋势。

第四节　选题的途径、思路和方法

研究生通常是在导师的启发、指导下完成选题。学生选题应听取导师的意见，把自己的想法同导师沟通、反复讨论，切忌不听导师的意见或者过分依赖导师的意见。另外，选题一定要避免盲目性，要选择那些能发挥本人业务专长和利于展开的课题，或者选择那些比较熟悉或感兴趣的课题。

选题一般可以从当前相关研究中尚存的问题入手考虑，像集中攻关的焦点问题、众人关心的热点问题等都可作为考虑对象；还可以在别人研究成果的基础上考虑，或从原有学科研究前沿寻求突破；还可以在新领域中寻找课题，特别是在一些学科交叉的研究领域中往往存在有研究的空白点。研究生的研究题目也可以从导师的基金课题中选择。如果学生有机会参加社会调查、实践，则可通过理论联系实际，从实践中选题。

1. 选择本专业的热点、难点问题

通过搜集和阅读大量文献资料，掌握、跟踪本专业最新研究动态，弄清课题研究的历史、现状和发展趋势，已经解决的问题、哪些问题还未解决或正在解决，发展的程度如何。那些本专业领域中存在的问题都可作为选题的考虑对象。例如，本专业领域的最新热点、难点技术问题，存在的争议问题或争议的焦点问题，研究的薄弱环节或尚待开拓的领域等，都是选题的考察目标。

2. 寻找研究中的空白领域

在我们熟知的专业领域中有一些容易被我们忽视的空白区域，在这方面研究的人较少，是一块尚待开发的“处女地”。在空白领域的研究一旦有成果的话，就会在这方面领先一步。因而这些空白领域中往往能产生具有很高社会价值和学术价值的选题。

3. 选择本学科发展亟待解决或处于前沿位置的问题

在自然学科领域之中，都有一些急待解决的课题。其中有的是关系到国计民生的重大问题，有的是该学科发展前沿中的关键问题，有的是当前迫切需要解决的问题。这些问题的解决，都有重大科学价值，将对科学技术和人类社会的发展起积极推动作用。因此，选题可以从这些急待需要解决的问题考虑，选择那些在本学科的发展中处于前沿位置、对科技发展有重大价值的课题。

4. 从学科的边缘交叉区选题

在学科交叉点选择开创性课题，选择亟待解决的课题。学科渗透、交叉是科学在广度、深度上发展的一种必然趋势。事物都在普遍联系之中，各门学科也在普遍联系中。以往人们注意从学科相对独立性上进行研究，现代科学注意了学科相互渗透、交叉的研究。学科交叉点是扩大专业技术领域、探索奥秘的藏宝之地，因为学科的边缘区、交叉区有着大量需要解决的问题，而且多是创新性的问题。

5. 善于运用科学研究中的移植方法

在选题中，可借助于模仿与引用的方法提出问题。科研中，可把某一学科领域中的新发现、新观点、新概念移用到其他学科领域中，为解决疑难问题提供启发和帮助，取得新的科学发现和技术发明；或者把某一学科或几个学科系统的理论知识、研究方法和技术手段等，综合移植到其他学科领域之中，从不同层次和不同角度去研究和探索，从而做出新的说明，并创造新的科学研究方法。例如，19 世纪中叶，英国著名外科医生李斯特首次发现刀口化脓的原因，并发明了外科手术消毒方法，就是他把当时法国微生物学家巴斯德关于细菌能使食物腐烂，使蚕生病这一发现移用到医学研究领域中的成功案例。

6. 借鉴别人的选题升华自己构思

在前人已有的研究基础上可再进一步从深度或广度上挖掘新意。如：对不同药物的治疗与副作用比较，不同诊断方法的优劣比较，不同检验方法准确性、特异性比较等，这属横向结构选题；而对一种疾病的病因、诊断、治疗等不同方面的研究则属于纵向结构选题。

7. 在争论的焦点中选题

从学术争论中选择课题。参加各种学术会议、讲座讨论等，是选题的极好机会。科学是在认识矛盾和解决矛盾之中发展的。由于人们看问题的角度不同，受各种主客观因素的影响，对同一问题持有不同观点比比皆是。如：药物治疗中方案的选择、检验手段与试剂的选择等。在选题过程中可抓住这些矛盾的焦点，提出自己的观点和意见。这样的文章刊出后更易受到有关学术界的关注和重视。

8. 结合地区特色选题

针对不同地区的环境特点、经济及社会发展水平、民族居住地域进行分析，根据区域影响所致的不同问题有所侧重进行选题。根据地区特点确定选题在可行性方面占有优势，并且常是填补地方空白的急待解决的应用性课题。

9. 从已做过的课题研究中发现新的课题

从已做过的科研课题中发现新线索，推陈出新，寻找细微的差异扩大选题。另外，还要注意从实践积累中选题。在日常工作中，要注意观察并记录自己经手的基础实验过程数据和临床资料，当积累到一定程度时，就可以进行整理、归纳，能很容易提出新问题。还可以在研究工作中不断追究新出现的问题，提出深入的设想，从而寻找到一系列新题目。

10. 通过收集、阅读文献选题

要持久和系统地收集资料、查阅文献，坚持跟踪了解国内外对类似选题的研究动向和进展情况，以掌握所从事专业的国内外进展情况，这样才能得到有价值的选题。

文献资料记录着无数科研工作者们的发现、意见、理论和启示，以及成功的经验和失败的教训。其中，文献综述是作者在阅读大量有关问题的文献资料后，经分析、整理、综合编写而成的文章。此类文献可使我们全面了解有关问题的研究历史及现状，避免选题的雷同。

在阅读文献时注意培养自己科学的、具有独立个性的思考能力，并要常以逆向的、发散的思维去捕捉瞬间灵感，得到启发就记录下来，并将阅读所得到的内容与体会进行分类、组合，从中寻找问题、发现问题。经过积累、筛选就会有良好的选题。例如，巴斯德意外的发现导致形成了对减弱病原体免疫法的原理；赫谢尔意外发现不可见的光线——红外线，现已发展成为红外线物理学和红外技术新领域。因为这种思想火花往往是在对某一问题做了大量研究之后的理性升华。如果能及时捕捉，并顺势追溯下去，最终形成自己的观点，就能形成很有价值的选题。

11. 在国家、地方政府的资金重点支持的研究方向上选题

从国家、地方政府机构科研资助项目指南中去选择课题是一种事半功倍的方法。政府卫生部门发布的科研项目指南即国家科学技术发展规划，这些科研计划或项目指南，如863计划、国家自然科学基金项目招标指南等，都明确提出鼓励研究的领域和重点资助范围，详细提出一系列可供选择的研究项目和课题。通过国家科委、卫生部、中科院、各省科委、卫生厅等发布的文件可以获得有关申请信息。

国际合作题目由世界卫生组织等根据人类医学发展面临的重大课题和等待解决的共同问题而制定的课题，往往是总体和方向性的课题，在区域上可能跨越多个国家，时间上有时跨越几个年代。

一般来讲，国家基金项目指南可以保证科研选题的正确方向，而且内容比较广泛，大都是实践要求解决的问题，所以这是选题时的首要考虑对象。国家自然科学基金项目（http：//www. nsfc. gov. cn）申请成功的关键在于创新性。对某些学科或领域实行倾斜政策，设立专项经费予以加强资助。如在中医中药学等方面的资助原则：一是支持创新，特别是注意发现与支持原始性创新的项目，注意支持非共识性项目；二是支持学科交叉特别是学部交叉的项目，尤其是学术思想上交叉融合的优秀项目。

第五节　选题应该注意的问题

科研课题的内容、大小及难易程度要适合自身专业特点，要选择自己熟悉且体会较深的问题，注意扬长避短。

1. 选题要目的明确，避免盲目性

选题要注意实用性、针对性。科学研究的目的是为了认识自然，利用自然，改造自然，造福于人类。因此，选题目的要充分考虑社会生产实践的需要，以具有解决实际工作中的问题和理论价值为出发点。

2. 选择课题应注意可行性

首先，选择的题目在科学原理上是可行的，绝不能违反自然规律和科学原理。其次，要考虑研究者本身的知识水平，科研能力，不可贪大、甚至超过个人实际能力。最后，还要考虑本单位和协作单位的现有仪器设备材料来源和科研经费等问题。应尽量发掘潜力，充分利用现有物质条件来开展科研工作。

3. 避免选题的重复性

有些选题内容已为同行所熟知或已普遍开展应用，没有再做重复研究的必要。这类问题的出现往往是由于阅读文献不够或地区差别造成，未能掌握学科发展动态，认识上存在局限性。

4. 不断完善选题

一个成熟的科研课题，从选题到研究工作的完成，是在不断地调整中逐渐完善的。在研究过程中，如果有了新的发现，可以补充新的内容，甚至拟定新的题目。科学发展历史上的重大发明，也不是预先完全确定好的目标。X 线的发明就是如此。1892 年勒纳德在集中研究阴极射线的性质时，观察到克鲁克斯管附近有荧光。后来，伦琴证实了造成模糊阴影的就是 X 线，但这种现象却是研究其他课题时的伴随现象。另外，如果发现已确定的选题，目前手段难以达到，可进行缩小，甚至取消。

5. 慎重选题，贵在坚持

选题是科学研究中头等重要的工作。能否做出成果，选题是关键。因此，选题必须经过慎重考虑，并要坚持到底。凡经确定的课题，除无法预料的特殊原因外，不能轻率停顿或半途而废，以免影响生产和造成人力、物力、财力的浪费。

第六节 本科毕业论文选题

本科毕业论文是高等院校教学计划中的一个重要环节，其目的在于培养学生提出、分析、解决问题的实践能力与创新意识。通常一篇本科毕业论文，一般要求 0.6 ~ 1 万字左右，而专科生毕业论文可以在五六千字左右。这是考虑到本科毕业论文主要目的在于对学生学术素养及其实践能力的培养与锻炼，并不是一种以专业性、学术性水准来要求的专项研究论文。

一、选题时的特殊考虑

本科毕业论文的写作更多的是出于锻炼、培养学生能力的习作性质，而且学生的毕业实习又受到诸多条件限制，因此本科毕业论文选题时要做一些特殊考虑。

1. 主观条件限制

指学生的知识结构、对专业知识的掌握、研究能力、写作能力、兴趣爱好、精力和从事研究工作的毅力等条件是否允许。

2. 客观条件

包括仪器设备的时间安排是否满足要求，试剂、原材料、实验对象等是否容易获得，有关参考资料是否能够得到。特别是做非实验性毕业论文的同学，要考虑相关数据资料，如病例、处方资料、市场调查统计数据等，是否能够得到，或是否能够开展调查统计以获取相关数据等。例如，一个选题需要通过实地调查研究或室内实验来完成，而做毕业论文期间这些条件并不具备，就应该考虑其他不需要这类条件的选题；某一选题的参考资料不具备，并且无法通过努力获得需要的参考资料，这个选题也得放弃，另外考虑别的易于获取资料的选题。

3. 时间限制

本科毕业论文同其他学术论文相比较，在完成时间上有很大的不同，必须在规定的时限内完成。毕业论文从开始选题、搜集资料，到完成论文、通过答辩，一般不超过16周。在确定毕业论文的选题时，一定要充分考虑毕业论文选题的难易程度和写作毕业论文的步骤和篇幅，确保以自己的能力和现有条件，在规定的时间内按计划、保质保量地完成论文写作。

二、具体选题时要遵循的几条原则

1. 理论联系实际，选取有社会价值的课题

选取有社会价值的课题，就是要着眼于现实和社会发展的需要，讲求社会效益，实现科学研究服务于社会的目的。同学们运用自己所学的理论知识对社会发展过程中存在的问题进行研究，提出自己的见解，探讨解决问题的方法，这是很有意义的，而且也相对容易做到。这不仅能使自己所学的书本知识得到一次实际的运用，而且能提高自己分析问题和解决问题的能力。

2. 瞄准空白，选取有学术价值的课题

要掌握本学科、本专业的研究动态，在学术研究的前沿阵地上选题。在认真审视本学科、本专业的基础上，敢于挑战权威，建立新说。一些在科研中别人还没有涉及或很少涉及的问题，就非常值得去研究一下。选择这一类题目，须对某些问题有相当深入的研究，且有扎实的理论功底和写作经验。对于毕业论文来讲，限于条件，选择这类题目要十分慎重。

3. 局部创新，立题新颖

以新的材料论证旧的课题，从而提出新的或部分新的观点、新的看法；以新的角度或新的研究方法重做旧题，从而得出全部或部分新观点；也可以解决一个大课题中尚未解决的某一个方面，对之做出深入透彻、合理的分析见解。

可以对已有的观点、材料、研究方法提出质疑，虽然没有提出自己新的看法，但能够启发人们重新思考问题；或在别人研究成果的基础上加以扩大，有自己的补充、新的见解或改进。

4. 大小适中，难易适度

要选好毕业论文的题目，把握“适中”的原则也是很重要的。许多人在选择毕业论文题目时，想通过论文的写作，将自己几年来的学习所得充分地反映出来，因此着眼于一些角度较新、内容较奇的题目。但大学的几年学习，对学生来讲还只是掌握了一些基本理论，而要独立地研究和分析一些大问题，还显得理论准备不足。再加上缺乏写作经验，驾驭大量材料的能力有限，很可能陷入中途写不下去的被动境地，到头来迫使自己另起炉灶、更换题目。这样不仅造成了时间、精力的浪费，而且也容易使自己失去写作的自信心。反之，自己具备了一定的能力和条件，却将论文题目选得过于容易，这样也不能反映出自己真实的水平，而且也达不到通过撰写毕业论文锻炼自己、提高自己的目的。

三、非实验类毕业论文的选题

药学专业的学生毕业实习并非都是从事实验性的研究工作，有很多同学在药店、药厂、医药公司、医院药剂科等地方毕业实习。他们不能做实验，甚至也没有指导老师给题目。这类情况下，一般自己选题写综述型、调查研究型的毕业论文。此时应注意结合所在实习单位的实际情况选题。通过调查详细了解实习单位的特点、现状，发现其中存在问题，要针对工作中存在的实际问题或问题的某一方面确定研究内容。例如，在医药贸易公司实习的学生，可考虑以改善公司营销的某一方面为题，像如何做好计算机网络营销提高营业额，要采取哪些具体措施等。另外，还要注意题目不宜太大，切忌大而空。太大题目往往超出自己的能力范围，难以驾驭，势必影响到论文写作的质量。下面以一些本科毕业论文的选题为例进行具体说明。

例 2-1：“三种治疗下呼吸道感染用药方案的成本-效果分析”。这是一篇关于药物经济学的调研分析报告型论文。选取某医院治疗下呼吸道感染的多个用药处方资料，对之施以药物经济学的成本-效果分析，从中找出疗效好而且成本经济的用药方案。对于在医院实习的同学，最好结合所在实习医院的实际情况选择论文题目。如选择用药情况调查为题目，可针对医院医疗水平较高、较有名气的疾病治疗的临床用药情况，或针对发病率较高的疾病用药情况调查，如癌症类的鼻咽癌（广东地区发病率高）、胃癌、肺癌、乳腺癌等，糖尿病等，或做有关保健类调研，如药膳食疗、化妆药疗等的调研。总之，要开拓思路。

例 2-2：“广东省发达城市与欠发达城市 ADR 报告对比分析”。该论文调研广东省药品不良反应监测工作的现状，分析药品不良反应监测在不同经济发展水平的城市之间的情况，分析存在的问题及发展趋势，对在发达城市与欠发达城市实行 ADR 监测的实际工作，提供有意义的建议性意见。

例 2-3：“中山市感冒药市场分析”。论文通过对中山市感冒药市场的分析，包括：人口环境分析、自然环境分析、经济环境分析和对市场终端分析，得出感冒药生产企业打入中山市市场或在中山市市场扩张的最佳方法和时间，给药品生产企业提供一个良好的参考。

例 2-4：“云浮市新型农村合作医疗发展的分析及思考”。文章通过对云浮市在近几年发展农村合作医疗的措施及群众满意度的调查并结合当地经济状况和医疗水平发展现状，分析其发展前景。探讨云浮市新型农村合作医疗的发展及改进途径，为我国农村合作医疗的发展提出有益的思索。

例 2-5：“顺德第一人民医院门诊降糖药物用药情况调查分析”。论文抽取顺德第一人民医院从 2008 年 9~12 月 3 万张处方，运用统计分析方法进行对门诊降糖药物使用情况的统计。调查顺德第一人民医院门诊患者应用降糖药物的用药情况，分析其用药习惯及发展趋势，以指导临床用药。

例 2-6：一些选题不合适的论文，像“我国医药贸易的过去、现在、未来”，“中国国内医药市场营销战略分析”，“我国医药企业网络营销的现状、趋势和方法研究”，“从药品生产管理的源头来探寻药品安全”，“《药品质量管理规范》在实践中的应用调查及其今后的发展思路”，“高血压的治疗”等。这类论文的共同缺点是选题范围过大。仅就题目而言，每个选题都可以写成一本书，而用一本书的题目来写一篇论文，自然不容易写好。选择小一点的论题，抓住某一要点，深入本质和核心，从多角度多层次去探究，把论点讲详细、讲透彻，讲出自己的新观点、新见解，这样才能写出一篇高质量的本科毕业论文。

参考文献

[1] 孙明. 关于学术论文选题的探讨 [J]. 沈阳教育学院学报，2009，11（2）：77－79.
[2] 刘洁民. 论学术论文选题的类型、途径和方法 [J]. 探索与争鸣，2009，4：135－137.
[3] 王群锋，石波. 选题及题名撰写规范——论文写作的关键 [J]. 咸宁学院学报，2009，29（2）：35－36.
[4] 魏伟. 论文写作中的选题问题刍议 [J]. 高教高职研究，2007，30：31－32.
[5] 李夏. 论文写作中的选题 [J]. 科技信息，2008，2：198.

（曾爱华）

第三章 CHAPTER

文献检索

第一节 文献的概述

一、文献的定义与类型

国家标准《文献著录总则》对文献的定义是“文献：记录有知识的一切载体。”从这个定义可知文献必须具备三大要素：①知识，文献的实质内容。②载体，文献的外在形式。③记录，知识和载体的联系手段。

文献可根据其内容、载体形式、加工程度等不同角度划分成多种类型。

1. 按文献的内容分类

（1）图书　图书是系统论述某一专题的比较成熟定型的带总结性的文献，具有全面、系统、成熟、可靠的特点。图书是一种重要的信息源，其特点是如果想对某些问题获得较全面的、一般性知识或对某些问题进行初步了解，可参考和查阅图书。但图书编写时间、出版周期较长，反映的文献信息不够新颖、及时。图书一般包括专著、教科书、论文集和参考工具书等。

（2）期刊　期刊又称杂志，是定期或不定期连续发行的出版物，一般有固定的名称和统一的出版形式。其每年至少出一期，每期刊载两篇以上不同作者的论文，具有数量大、品种多、内容广、周期短、报道快、信息新等优点。期刊是当代社会传播和交流科学文化成就及各种信息的主要手段之一，是一种利用率很高的信息源，据估计从期刊方面获得的信息约占整个信息来源的65%。

由于期刊数量较大，增长较快，如《中国药学文摘》收录了国内药学相关的800多种期刊，所以科技人员需要有选择性地阅读和利用期刊。核心期刊是指刊载某学科论文量大，被引用率和利用率较高，学术水平较高和实用性较强的部分学术期刊。药学类核心期刊有：《药学学报》、《中国药理学报》、《药物分析杂志》、《中国新药杂志》、《中国药学杂志》、《中国医院药学杂志》、《中国新药与临床杂志》、《中国药科大学学报》、《中国药理学与毒理学杂志》、《中国抗生素杂志》、《中国医药工业杂志》、《中国药房》、《中国现代应用药学》等。

（3）特种文献 特种文献是指图书和期刊之外的其他出版物，包括科技报告、会议文献、学位论文、标准文献、专利文献、政府出版物、产品样本等。

科技报告是指科技工作者围绕某个课题从事研究的成果的正式报告，或是对某课题研究过程中每个阶段进展情况的实际记录。

会议文献是指在各专业学术会议上为传播交流成果所发表的论文或报告稿，它在一定程度上反映了国际或国家在某专业研究上的水平动向，具有重要参考价值，是一种重要的信息传播媒介。

学位论文是为了取得各级学位进行公开答辩而撰写的科技论文。学位论文的质量参差不齐，但都是就某一专题进行研究而做的总结，是一种原始研究的成果，理论性、系统性较强，内容专一，阐述详细，多数具有一定的独创性，是一类重要的信息资源。

标准文献是由一定的权威组织对技术、科学各领域里的共同技术语言和技术事项等统一规定的标准，专利文献是传播新发明、新技术的重要信息源。它包括专利说明书和各国专利机关为报道一定时间内专利申请等而定期出版的专利公报。

2. 按文献的载体形式分类

（1）印刷型文献 它是以纸张为载体，是传统的文献载体。

（2）缩微型文献 它是以感光材料为载体，以缩微照相为记录手段而产生的科技文献。

（3）机读型文献 它是以磁性材料为存储介质，以打字、穿孔或光学字符识别装置为记录手段，并通过计算机处理而产生的一种文献形式，物质形式是磁带、磁盘或磁鼓等。

（4）声像型文献 它是一种记录声音、图像信息的载体，包括唱片、录像带、幻灯片、电影片等。

3. 按文献的加工程度分类

（1）一次文献 即原始文献，以作者本人的工作和科研成果为依据而创作的原始论文，含有创造性、新颖性、先进性的知识。包括期刊论文、学位论文、科技报告、专利说明书等。

（2）二次文献 为帮助科技工作者从众多的原始文献中更快地找到需要的信息资料，就出版了二次文献。它是人们用一定方法将大量的、分散的、无序的一次文献收集起来，按照一定的方法，经过筛选、压缩、加工整理、编排而成的系统的便于查找利用的文献，通称检索工具。如各种目录、索引、文摘等。

（3）三次文献 是指在二次文献的基础上对原始文献做出系统整理和概括论述，综合分析而编写成文献。如综述、述评、年鉴、进展、数据手册等，教科书、科技专著、百科全书等亦属此类。

二、文献的特点与作用

文献的特点归纳起来讲有以下几点：①数量庞大，呈知识爆炸的现象。全世界每年出版期刊约15万种，图书80万种。②知识半衰期短缩，更新换代加快；③文献资源网络化；④交流传播速度加快；⑤英文材料占主导地位，约占文献总量的70%。

文献的作用如下：

1. 在教学中的作用

教材的内容相对滞后于学科本身发展的实际水平，文献中的新观点、新创造、新方法能够启迪思维、激发学习和研究兴趣。

2. 在科研中的作用

（1）在确定和论证课题阶段　必须通过查询大量文献资料，获得大量有关本课题的历史、现状及发展趋势的大量信息，以判断确定该课题是否具有创新和研究价值，以决定取舍。

（2）求证和实验阶段　本阶段是对客观事物所做的前所未有探索，在实验过程中产生的现象、数据，只有在与原有的相关数据、现象相比较以后，才能鉴别真伪、解疑释惑，而这必须通过查阅文献资料、借鉴前人的经验和成果来完成。

（3）鉴定和发表成果阶段　必须广泛查阅和搜集有关论述，把他人和自己的科研成果进行比较，做出客观评价，使科学结论言之有据。

第二节　文献检索

一、文献检索的定义和意义

文献检索有广义和狭义之分。广义的包括文献的存储和检索两个过程。存储包括信息的收集、标引、著录，由情报工作者完成。狭义的文献检索仅指检索，即根据一定的检索目的，运用检索工具，依据一定的方法，从大量信息中迅速、准确、全面地查找出特定信息的过程。一般所讲的文献检索多指后者。药学文献检索是根据一定的检索目的，运用检索工具，从大量的药学文献中迅速、准确地查找所需特定文献的过程（图3-1）。

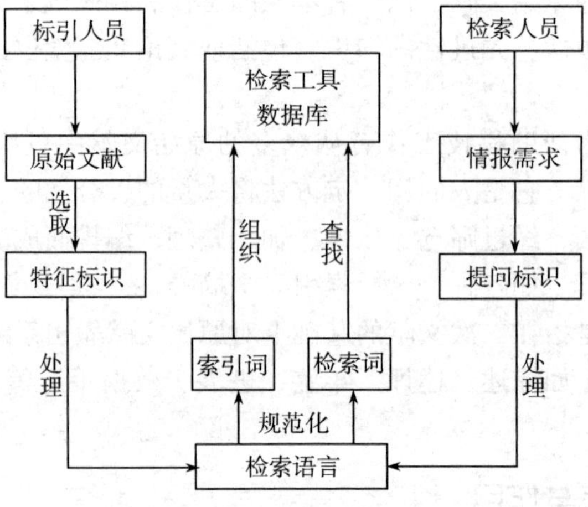

图3-1　文献检索的过程

文献检索是科研工作的重要组成部分，可以缩短科研的过程。任何科学研究都是建立在前人工作的基础上的，都需要借鉴和继承前人经验的结果。如果能够准确地利用文献检索，在科研工作中可以减少重复性劳动，少走弯路，所以收集文献资料是科研工作必需的。据调查，科研人员收集资料所花费的时间大概占整个研究时间的30%～40%。药学研究人员在药物的研究、专利的申请、成果的鉴定、项目的报批等过程中都需要利用文献检索进行查新。

二、文献检索工具

文献检索工具是对原始文献进行内容上的提炼、压缩，按一定规则和方法编制而成，用以累积和查找文献线索的工具。它是附有检索标识的某一范围文献条目的集合，是二次文献。

文献检索工具的类型多样，按不同的标准或方法进行划分，可得到多种结果。按检索手段或设备划分可分为：手工检索工具和机械检索工具；按出版形式划分可分为：期刊式检索工具、单卷式检索工具、附件式检索工具、卡片式检索工具、胶卷式检索工具；按收录范围划分可分为：综合性检索工具、专业性检索工具、专题性检索工具、单一性检索工具；按著录格式的划分可分为：目录、题录、文摘和索引类检索工具。

1. 目录

目录也称书目，其一般著录文献的名称、著者、文献出处等文献的外表特征与收藏情况，可用来供人们了解出版或收藏机构是否拥有所需的图书、期刊等出版物的情况。例如全国目录、全国新目录、馆藏目录（如广东药学院图书馆馆藏目录）、联合目录等。

2. 题录

题录是以单篇文献为著录对象，系统揭示其名称、著者和所在出版物的位置。题录和目录易混淆，其实题录与目录是有严格区别的。题录是以出版物中的单篇文献为著录对象的，目录是以单篇出版物为著录对象的。如期刊论文题录报道的是期刊论文的题目、作者和所在期刊的名称、卷、期与页码；而期刊目录报道的是期刊的刊名、编辑出版单位、起讫年份、刊期及收藏单位。

3. 文摘

文摘揭示了一批文献的名称、作者、所在期刊的刊名、年卷期号、页码与内容摘要。文摘和题录具有相同的检索单篇文献的功能，但文摘对文献的揭示比题录更为深入。其是检索一次文献主要的检索工具。

文摘按照其编写人不同可分为著者文摘和非著者文摘。著者文摘是指原文著者编写的文摘；非著者文摘是由专门的熟悉本专业的文摘人员编写而成的。文摘按照其详简程度可分为指示性文摘和报道性文摘。指示性文摘是以最简短的语言写明文献题目、内容范围、研究目的和出处，实际上是题目的补充说明，起到导读的作用，一般在100字左右；报道性文摘是对原文的浓缩，基本反映原文的内容，涉及文章采取的研究手段和方法与得到的结果和结论，同时也包括有关数据、公式等，一般在500字左右，有时也多达千字。

4. 索引

索引是将某种文献集合中具有检索意义的文献特征标识按某种可查顺序组织编排成的一种检索工具。其可分为著者索引、主题索引、关键词索引、分子式索引等，经常位于各种图书期刊及检索工具的最后，是查找二次文献的常用工具。

三、文献检索方法

为方便、快捷、全面地查找文献，必须选择合适的文献检索方法。常见的文献检索方法有常用法、追溯法、分段法。

1. 常用法

常用法是直接利用各种检索工具来查找文献的方法，可分为顺查法、倒查法、抽查法。

(1) 顺查法　是由远及近，顺年查找，直到现在。此法适用于研究主题较为复杂、研究范围较大、研究时间较久的科研课题的信息检索，可以系统地了解某一课题的发展情况。

(2) 倒查法　是由近及远，逆时间顺序查找文献的方法，一般以查找近期文献为主。此法主要用于新课题立项前的调研、了解某些课题的最新研究进展和寻找研究工作所遇特定问题的解决方法。

(3) 抽查法　是针对检索课题的特点，根据文献资料发表的高峰年代抽出其中一段时期，利用检索工具进行重点检索的方法。

2. 追溯法

追溯法是指不利用一般的检索工具，而是从已有的文献所列的参考文献查起，如滚雪球般深入。这是一般手边无检索工具书的人常用的方法。

3. 分段法

分段法是常用法与追溯法的结合。即先用检索工具查到一批切题文献后，再利用这些文献所附的参考文献追溯查找，这样分期分段地交替查找，直到查到满意的文献。

四、文献检索途径

查找文献资料的途径有很多，归纳起来主要有两类：一类是从文献的外部特征进行文献检索，包括文献名、著者、序号等；一类是从文献的内部特征进行文献检索，包括分类、主题、关键词等。

1. 外部特征途径

(1) 文献名途径　从书名、刊名、篇名、特种文献名等来查找文献的途径。其使用的一般是目录索引，检索者只要知道文献的题名即可通过目录索引很快查到所需文献。

(2) 著者途径　根据著者姓名查找文献的检索途径。其在各种检索工具中占有重要的地位，国外的检索工具一般都附有著者索引。

(3) 序号途径　利用文献的特有编号来查找文献的途径。这是查找特种文献的有效途径，如查找科技报告可用报告号索引，查专利可用专利号索引，查标准可用标准号索引。

2. 内部特征途径

（1）分类途径　其是以文献内容在科学分类系统中所属类别作为查找文献的途径，是按照规定使用的分类表编排所形成的检索途径。很多检索工具正文是以分类标识编制的，如我国的药学文摘和美国的化学文摘等。但是目前学科交叉渗透，有时难以分类，按分类途径查找常有遗漏。

（2）主题途径　其是根据文献资料的内容主题来进行查找的途径，这是目前国外主要的检索途径。因为科技文献都有学科专题，各学科也都有专门名词术语，因此查文献从主题着手，是比较方便的。

（3）关键词途径　与主题词不同，关键词不是以规范化、标准化的词语来标引文献中的主要内容，而是以文献中有实质意义，较重要的词汇为主要词标引文献。利用关键词索引查找文献也是目前常有的途径。

五、文献检索步骤

（1）分析检索课题，明确检索要求，确定检索的性质和范围。科研检索包括：立题查新检索，鉴定（论证）查新检索和解决一般性问题的检索等。

（2）选择检索工具，确定检索方法。

（3）选择检索途径，确定检索标识。

（4）查找文献线索。

（5）了解馆藏情况。

（6）索取原始文献。索取原始文献可利用馆藏书刊目录、多个信息机构的联合目录，还可以利用全文数据库下载，或向作者索取。

第三节　主要中文药学文献检索工具

随着网络版和光盘版检索系统和工具的不断开发与完善，印刷型的文献检索工具的使用受到很大的限制，但网络版和光盘版检索工具收录文献的时间范围相对较窄，收录文献也不够齐全。对于基层医药科技工作者和高等院校学生而言，印刷型的中文医药学检索工具仍不失为一种难以替代的优秀的检索工具，了解与掌握其使用方法仍是开展医药学研究的基础。本书简单介绍几种常用的药学文献检索工具，并以《中国药学文摘》为例，讲解印刷型文献检索工具的使用。

一、《中国药学文摘》

《中国药学文摘》（Chinese Pharmaceutical Abstracts，CPA）是检索中文药学方面文献的重要检索工具，为国家食品药品监督管理局信息中心编辑出版。其创刊于 1982 年，现为月刊。其是国内药学期刊中唯一的综合性文摘类刊物，主要收载国内外公开发行的 700 余种药学、医学、化学、植物学、生物科学及其他药学相关学科期刊中的药学文献。以文摘、简介、题录等形式及时、准确、全面地报道药学领域的新知识、新技术、新进展、新药物为宗旨，使药学工作者在海量的医药信息文献中及时、准确的查到所需的文献资料，是广大医药工作者查找医药文献的案头工具，曾被誉为“流动的图书馆”。

1. 编排结构

《中国药学文摘》以学科分类为主，每年除第一期有“本刊引用期刊一览表”外，各期均编有：①编辑说明（简要介绍该刊的收录范围、报道形式、刊期及著录格式等）；②分类目次（按照自编的学科分类法将全部药学文献分为12个一级类目与70个二级类目，并附英文目次）；③正文（是该刊的主体部分，按照自编的学科分类顺序排列）；④索引部分（主题索引按汉语拼音字顺排列；外文药名索引按英文字母顺序排列）。每年年末编制“年度索引”，包括主题索引与外文药名索引两部分，以便于检索。该文摘正文部分的著录格式为：

①R977 ②063 ③0200401 ④基因与药学发展/⑤严宝霞（北京大学第三医院药剂科）；李振华，尹群生…⑥//山东医科大学学报．⑦－2001.07.15；3（4）⑧－271－273，⑨科学家预言21世纪是基因的时代，本文对核酸、基因、药物基因组学、单核苷酸、多态性、基因工程作了简述，并对基因与药学发展的关系也作了简单评述。⑩摘要。

说明：①中国图书资料分类号；②药学分类号；③文摘号：前两位为年代号，后五位为本年度报道文献的流水号；④文献题目；⑤著者和第一著者所在单位（只著录前三名）；⑥期刊名称；⑦年、卷、期；⑧起止页；⑨文摘；⑩原刊摘要或文摘。

2. 检索途径与方法

《中国药学文摘》的检索途径有3条，即分类目次、主题索引和外文药名索引途径。年度累积索引有主题索引和外文药名索引两种。

（1）分类途径　检索方法：①首先分析课题，在“分类目次”中查到相关内容的类号、类目及页码；②根据页码在正文中依次浏览该类目的所有文摘，选择与课题有关的文摘；③按照文摘中“文献出处”查找原始文献。

例3－1：查找有关“抗生素类对厌氧菌的作用”

根据课题分析，确定为药物的药理学和毒理学，选择一级类目“060－药理学和毒理学”及二级类目“061－合成药、微生物药物、生化药品、生物制品及生物技术药品的药理学”找到相应页码，可查到有关文献。

（2）主题途径　检索方法：①首先分析课题，拟出所查课题的主题词；②在“主题词索引”中按字顺查到相应的主题词，该主题词后的所有文摘顺序号可能是所需文献的顺序号，根据这些文摘号在正文中逐一查阅，选择符合课题的文摘；如查年度主题索引，在找到主题词后，还应仔细查看该词的副主题词，组配恰当的副主题词，该副主题词后的所有文摘顺序号就是所需文献的顺序号；如果涉及两个以上主题词，应将所有有关主题词查出，各个主题词（及副主题词）下的共有文摘顺序号为所需文摘。③根据文献顺序号在正文中查找有关文摘，根据文摘中的文献出处找到原始文献。

例3－2：查找有关低分子量肝素治疗应用方面的综述文献

拟出所查课题的主题词“低分子量肝素”。检索期“主题索引”时，按字顺查到

"低分子量肝素"，得文摘顺序号"13813，14315，14650"，根据这些文摘号依次在正文中查找有关文摘，根据文摘内容选择合适的文摘；如检索"年度主题索引"时，按字顺找到"低分子量肝素"后，再查看该词的副主题词"治疗应用 综述"得文摘号14650，根据该文摘号在正文查找文摘，进而查找原始文献。

（3）外文药名索引途径　检索方法：①首先根据预查药物的外文药名，在外文药名索引中按英文字顺找到对应的药名；②再根据外文药名后的文摘顺序号在正文中逐一查阅，选择与课题相关的文摘。

例 3－3：查阿司匹林的临床应用

根据英文 Aspirin 字顺，可查到文摘顺序号"00327，00537，01468，1467，01597"，根据这些文摘号依次在正文中查找有关文摘，根据文摘内容选择合适的文摘。

二、《中文科技资料目录·医药卫生》

《中文科技资料目录》简称《中目》，是我国出版的大型题录型科技专业文献检索刊物，按专业可分为多个分册，现已有 31 个分册，医药卫生分册是其中之一。《中文科技资料目录·医药卫生》（简称《中目·医》）由中国医学科学院医学信息所编辑出版，主要收录国内医学及与医学有关的期刊、图书、汇编（内部资料）及学术会议等文献 1000 余种。该分册创刊于 1963 年，其前身是《全国医学科学技术资料联合目录》，刊名曾几度更改。该刊现为月刊，每期报道题录约 6000 条。

三、《中文科技资料目录·中草药》

《中文科技资料目录·中草药》简称《中目·中草药》，是《中目》分册之一。该刊创刊于 1978 年，由国家食品药品监督管理局主管，天津药物研究院主办。该刊以题录的形式，专门收录国内公开或内部发行的医药学、化学、生物学、农林科学的期刊、汇编、会议论文等。该刊现为双月刊，每期报道题录约 1700～1800。

四、《中国生物学文摘》

该刊是由中国科学院文献情报中心、中国科学院上海文献情报中心和中国科学院生物文献情报网主办，中国科学院上海文献情报中心出版的。其收录我国科技人员在国内外公开出版发行的有关生物学方面的期刊论文、专著、会议录等，内容包括普通生物学、细胞学、遗传学、分子生物学、生物物理学、植物学、动物学、药理学、病毒学等多个学科领域。该刊以文摘形式报道，月刊，每年一卷，年报道文献约 10000 条。

五、《国外科技资料目录·医药卫生》

《国外科技资料目录》简称《外目》，是我国出版的一套检索国外科技文献的系列刊物，按学科分类分别出版有：医学、生物学、环境学等 39 个分册。《国外科技资料目录·医药卫生》简称《外目·医》是其中一个分册，是我国医学科研、教学和临床医师查找国外医学文献的重要检索工具。

该刊作为当前我国出版的唯一查找国外文献的中文题录型检索工具。其优点有两个：其一该刊将文献题名译成中文；其二每条文献均著录翻译单位，查到之后可向其联系索取原文。但其缺点是收录国外文献范围较窄，报道较为滞后。

第四节 主要外文药学文献检索工具

一、美国《化学文摘》

美国《化学文摘》（Chemical Abstracts，简称 CA）是由美国化学学会文摘服务社编辑出版的，创刊于 1907 年。其前身为《美国化学研究评论》和《美国化学会志》这两种刊物的文摘部分。CA 创刊初期为半月刊，每年出版一卷，每卷 24 期。从 1961 年开始，其改为双周刊，每半年出一卷，每卷 13 期。自 1967 年起至今，CA 改为周刊，每半年出一卷，一卷 26 期。

CA 是一种以报道化学、化工专业文献为主，并与生物学、医学、药学、卫生学等有密切关系的大型文摘型检索工具期刊。CA 一直以文献类型全、涉及学科领域广、提供检索途径多而著称，特别是 1969 年以来，其兼并了德国的《化学文摘》，从而使其成为世界上最完整的检索工具之一。目前，CA 出版的形式有印刷版、Web 版、联机版、光盘版等多种。

1. CA 的特点

（1）收录范围广　CA 收录了世界上 150 多个国家和地区，56 种文字出版的 16000 种期刊及连续出版物，还报道了 30 个国家、两个国际组织的专利文献。其覆盖面占全世界各国化学、化工文献资料的 98% 以上，每年报道文摘 80 余万篇。

（2）报道速度快　美国化学学会文摘服务社从 1965 年起，就用计算机对 210 万个化合物进行登记，早在 1971 年就实现了 CA 编排过程的全自动化，现在全部文献均用计算机处理，文献报道迅速、及时。文摘和原始文献的报道时差一般为 3 ~ 4 个月，北美和西欧的报道时差仅 1 ~ 3 个月。

（3）索引体系完善　CA 的索引从创刊时的 2 种（主题和作者索引）增加到目前的 14 种（3 种期索引、5 种卷索引、2 种辅助索引、3 种指导性索引及资料来源索引）。此外还出版 10 年和 5 年的累积索引，因其有多种检索途径大大提高了检索效率。

2. CA 的检索途径和方法

CA 由文摘和索引两大部分组成，文摘是原文的内容概要，可提供文献出处；索引主要提供检索途径用于检索文摘。以下以索引为依据，简单介绍 CA 常用的几种检索途径。

（1）分类途径　CA 文摘部分按学科专业类目的顺序排列，检索者可在每期文摘的目次表中按需要查找课题所属的学科类目名称，根据目次表提供的文摘号即可查阅文摘。

（2）期索引（关键词索引、专利索引、著者索引）

① 关键词索引（Keyword Index）　关键词是从文献题目、摘要和原文中抽取或概括出的能够反映文献实质内容的词或词组（未经规范化处理）。通常一篇文献由 2 ~ 5

个关键词组成。

关键词索引是按关键词的字顺排列起来的用以检索文献主题内容的快速检索途径。采用关键词轮排方式。当一条索引中的一个关键词作标目词时，其他关键词作为说明语，并接排相应的文摘号，词间无语法关系。

② 专利索引（Patent Index） 专利是指受国家专利法保护的发明创造及生产使用该项发明创造的专利权。专利文献指各国专利机关或国际性专利组织依专利法出版的具有法律效力的文件的总称。如：专利公报、专利文摘、专利说明书等。从 1981 年 94 卷起，“专利号索引”与“专利对照索引”合并为“专利索引”。

通过专利索引可了解某项专利的保护范围，从而判断其重要性。当不能获得某专利说明书时，可通过 CA 为其做的文摘了解该专利的大致内容。通过等同专利可以选择自己熟悉的语种进行阅读，通过相关专利可以掌握该项专利的技术全貌。

③ 著者索引（Author Index） 将每期每篇文献的著者、合著者、发明人、专利权人等按字顺排列起来，后面著录文摘号。

（3）卷索引（化学物质索引、普通主题索引、分子式索引、专利索引、著者索引）

① 化学物质索引（Chemical Substance Index，CS）收录所有化学元素、化合物以及它们的衍生物，各种金属的合金，各种矿物，各种化合物的聚合物，各种抗生素、酶、激素、肽、蛋白质以及多糖体等，还有基本粒子等。只采用化学结构为依据的命名法，废除了 1972 年以前主题索引中采用的商品名、俗名和习惯名。目前已有 1000 多万种化学物质。

② 普通主题索引（General Suject Index ，GS）收录包括未收入化学物质索引中的大类物质和概念性主题，具体包括：化学物质大类名称，结构或成分尚不清楚的化学物质，岩石，物理化学概念和现象，化学反应，化学工程和设备，生物化学和生物学主题，动植物的俗名和学名。

与生物医学有关的主题主要有：生化物质及药品的大类名称（如：抗生素类、激素类、肿瘤抑制剂等）；人体和动物的器官、组织、细胞等名称；各种疾病名称；细菌、真菌、病毒等病原体名称；诊断和治疗等医学名词；与化学有关的医用材料和仪器名称；环境卫生、食品卫生、毒理学及其他健康危害方面的主题名称；动植物名称等。副标题（普通副标题 10 个，化学功能基副标题 15 个及与组织、器官组配的 5 个）。

③ 分子式索引（Formula Index，FI）以分子式作为检索标目，寻找化学物质标准名称和登记号的一种索引。适于分子结构复杂、分子量大、异构体少的特殊化合物，可得文摘号。查找尚未正式命名的新化合物在化学物质索引中没有的。分子式采用 Hill System 进行规范后的分子式，基本原则如下：有机物先排 C、H，之后按字母顺序排，同一有机物分子内某一字母多次出现，则原子个数相加后放于第一个作脚标，无机物分子按英文字母顺序排列。

著者索引（Author Index，AI）与期索引不同：著者姓名尽可能用全称，在第一著者之下列出合著者并著录文献篇名及文摘号，合著者“see”第一著者。

3. CA 的检索实例

例 3 - 4：如何在 CA 中获得关于“伟哥”（商品名 Viagra，俗称 Sildenafil Citrate）

的有关文献资料

（1）利用关键词索引了解近期研究动态

①分析课题，确定关键词：Viagra，Sildenafil。

②选择已出版的 CA 文摘本（此例选 CA 2000 年 132 卷第 16 期），在其“Keyword Index”中按字顺分别查找“Viagra”，“Sildenafil”，结果只在“Viagra”款目下查到 1 篇文献：

Viagra

Vision erectile dysfunction review 20535h

③根据文摘号 20535h 可在本期正文中查阅文摘。若需要原文，可按题录中提供的期刊名称缩写查“资料来源索引”（CASSI）得到该刊名的全称，在根据相应的卷(期)、页码查原文。

（2）利用主题索引追溯检索

①因主题索引分为化学物质索引和普通主题索引，要确定课题使用其中的哪种索引，须先查索引指南，本例查“Index Guide”得：

Sildenafil Citrate

See Piperazine,

1 – [3 – (4, 7 – dihydro – 1 – Methyl – 7 – oxo – 3 – propyl – 1H – pyrazolo [4, 3 – d] Pyrimidin – 5 – yl) – 4 – ethoxypheny] sulfony] – 4 – metheyl – 2 – hydroxy – 1,2,3 – prop – anetricarboxylate (1 : 1) [171599 – 83 – 0]

②由上可知，要查找“Sildenafil Citrate”的文献，应用 See 后面的化学物质名称作为主题词，该词后提供了 CAS 登记号，说明应使用化学物质索引（CS）检索。选择 CA1999 Vol. 130 的“Chemical Substance Index”（CS7），按字顺查找该主题词，共得 17 篇文献，结果如下（部分索引款目）。

Piperazine, 1 – [3 – (4,7 – dihydro – 1 – Methyl – 7 – oxo – 3 – propyl – 1H – pyrazolo [4,3 – d] pyrimidin – 5 – yl) – 4 – ethoxypheny] sulfonyl] – 4 – metheyl – 2 – hydroxy – 1,2,3 – prop – anetricarboxylate (1 : 1) (sildenafil citrate) [171599 – 83 – 0]

action mechanism of Viagra and its drug interactions, R 20122x

cardiovascular data on sildenafil citrate, B 247017

……

manuf. of rapidly sol. oral tablets, P 43379a

review of research and clin. implications of sildenafil citrate for erectile dysfunction, R276156r

Sildenafil citrate effect on human hemodynamics, 276484w

……

Viagra for treatment of erectile dysfunction in men , R 346618u

③逐条阅读说明语选择符合要求的文献。文摘号前的大写字母“R、B、P”分别表示综述、图书、专利文献。

④根据文摘号到同卷相应的期中查阅文摘，如需要，可凭文献出处索取原文。

二、美国《生物学文摘》

美国《生物学文摘》（Biological Abstracts，简称 BA）创刊于1926 年，是供查阅生命科学文献的信息检索刊物。现为半月刊，由生物科学信息公司（BIOSIS）编辑出版。

BA 收录了世界上 110 多个国家和地区的 40 多种文字发表的 9000 多种期刊论文，以及少量的专题论文、学位论文、科技报告和专著等，其学科主要涉及植物学、动物学、微生物学、生物医学、基础医学、临床医学等领域。其是目前世界上生物科学与生命科学文献最权威最大型的文摘式检索工具。

1. BA 的内容结构

BA 主要由文摘和索引两部分组成，并附有主要概念词等级表和主要概念词字顺表。

（1）主要概念词等级表　其是将所有概念词按照等级体系编排而成的，同一级概念词按字顺排列，是 BA 正文文摘部分的编排依据。

主要概念词字顺表　附在主要概念词等级表后，全部主要概念词均按照字顺排列，为不熟悉生物学文摘中等级概念的读者提供便利。

（2）文摘　按主要概念词等级表的顺序排列。

（3）索引　包括著者索引（Author Index）、生物索引（Organisms Index）、主题索引（Subject Index）。

2. BA 的检索途径和方法

（1）分类途径　其是使用“主要概念词等级表”和“主要概念词字顺表”直接检索文献的方法。通过主要概念词获得相关文献所在页码后，再依其页码找出相关文献。

例 3 – 5：检索海洋生态学（Marine Ecology）的有关文献（2004 Vol. 114 No. 1）

使用“主要概念词等级表”可查出：

Environmental Science（环境科学） ………………………… AB – 582
Ecology（生态学） ………………………… AB – 585
Estuarine Ecology（河口生态学） ………………………… AB – 587
Freshwater Ecology（湖水生态学） ………………………… AB – 590
Groundwater Ecology（地下水生态学） ………………………… AB – 604
Marine Ecology（海洋生态学） ………………………… AB – 605

可见，生态学是环境科学的二级类目，而海洋生态学是其三级类目，有关的文献在该期文摘正文的 605 页。

也可以直接使用“主要概念词字顺表”按字顺查出“Marine Ecology”所在的页码。

（2）著者途径　使用著者索引：

Name	Ref. No.
Takagi，Yasushi	26112 216759
Takagi，Yasuyyki	220774
Takahama，Makoto	220266

BA 的著者索引较为简单，个人著者姓名或结构名称按字顺混合排列。个人著者先姓后名字的首字，在著者名的右端给出文摘号，查找方法与 CA 基本相同，但合著者也可以直接查到文摘号。

（3）主题途径　BA 的主题索引实际是关键词索引，按关键词的字顺排列。首先根据所查课题确定合适的检索词，注意选取同义和近义词。检索词来自专业名词或术语，也可以是生物的属种名，检索时根据拟定的检索词查索引，参考说明语，选择符合要求的文摘号查看文摘。

Keyterm	Context Terms	Ref. No Ginkgo Bloba（Cycardopsida）
Cardiovascular System/ Pharmacognosy		11828
Climatology/ Radiation Biology		12405

（4）生物体途径　生物体索引是为检索某一生物体的相关文献所使用的检索方法，其检索词必须是生物体名称。按生物学分类排列，最低可至生物的属、种名称。每一类目则按其生物名称字顺排列。在使用时，应首先了解生物分类的基本方法，以便能够准确地在索引中找出该生物体的分类位置。

三、荷兰《医学文摘》

荷兰《医学文摘》（Excerpta Medica，EM）创刊于 1947 年，现由荷兰 Elsevier 科学出版社编辑出版。EM 的文摘摘自全世界 110 多个国家和地区的生物医学和医学相关的期刊 5400 余种，年报道文献量约 40 万篇，涉及临床医学、药物和制药科学、基础生物医学以及卫生学等方面的内容。EM 是当前世界上唯一用英文出版的大型医学文摘丛刊，也是最著名的医学文献检索工具之一。

EM 按医学研究领域以分册出版，自创刊以来，发展迅速。由最初的 8 个分册，曾发展到 45 个文摘分册和 7 个文献索引分册。后来为了适应医学发展的需要，EM 采取停、并、增、更名等措施，对分册的数量、内容及名称不断进行调整，目前尚有 41 个分册，1 个文献索引分册。各分册根据文献量多少，每年出版 1 ~ 4 卷不等，每卷多为 10 期，也有 6 期、8 期和 12 期。同卷内各期页码和文摘号分别连续编号。EM 查找文献有三条途径：分类途径、主题途径和著者途径，与 CA、BA 检索有一定的相似之处，在此不再详述。

四、美国《科学引文索引》

美国《科学引文索引》（Science Citation Index，简称 SCI）是由美国科学信息研究所（ISI）1961 年创办出版的引文数据库，其内容覆盖生命科学、临床医学、物理化学、农业、生物、兽医学、工程技术等方面，尤其能反映自然科学研究的学术水平，是目前国际上三大检索系统中最著名的一种。其中以生命科学及医学、化学、物理所占比例最大，收录范围是当年国际上的重要期刊，尤其是它的引文索引表现出独特的科学参考价值，在学术界占有重要地位。许多国家和地区均以被 SCI 收录及引证的论文情况作为评价学术水平的一个重要指标。

从 SCI 的严格的选刊原则及严格的专家评审制度来看，它具有一定的客观性，较真实地反映了论文的水平和质量。根据 SCI 收录及被引证情况，可以从一个侧面反映学术水平的发展情况。特别是每年一次的 SCI 论文排名成了判断一个学校科研水平的一个十分重要的标准。SCI 以《期刊目次》（Current Content）作为数据源，目前自然科学数据库有 5000 多种期刊，其中生命科学辑收录 1350 种；工程与计算机技术辑收录 1030 种；临床医学辑收录 990 种；农业、生物环境科学辑收录 950 种；物理、化学和地球科学辑收录 900 种。

SCI 是根据文献中所附的参考文献的著者（被引著者）姓氏字顺来编排的大型检索工具。SCI 由引文索引、来源索引、轮排主题索引三个主要部分组成。引文索引：著者的文章被发表的几篇文章参考引用（被引用几次），在引文索引中就表现为几条被引条目，引文索引的名称由此而来。来源索引：专供查找来源文献和来源出版物的检索工具。

SCI 检索方法：用引文索引查找论文被他人引用的情况；用来源索引查找论文被 SCI 收录的情况；用引文追朔法查找文献。如已知某一著者姓名，可使用引文索引，查出引用该著者文献的著者姓名和引用文献来源。再以所查出的著者作为引文著者姓名，进一步查出他的文献的引用者和引用文献来源。

五、美国《医学索引》

美国《医学索引》（Index Medicus，简称 IM）由美国国立医学图书馆（National Library of Medicine，NLM）编辑出版。NLM 的宗旨是搜集覆盖全世界多种语言的医学刊物，为美国和世界的读者服务。《医学索引》创刊于 1879 年，其刊名、编辑形式及出版机构，几经变更，至 1960 年才定型为 Index Medicus。

IM 收录了世界上 40 多个语种的 3700 种期刊，其中以英文为主，并以题录的形式报道文献。其收录的期刊以生物医学为主，对非生物医学期刊仅选录其中与生物医学有关的文献。收录内容包括被收录期刊中的各类文献，如原始论文、综述、编辑部社论、著名人物传记、通信及具有实质内容的讣告等。其特点是收集文献种类多，报道速度快。

1964 年 NLM 建立了 MEDLARS 系统（Medical Literature Analysis and Retrieval System），MEDLARS 是计算机化的医学文献分析与检索系统，实现了文献加工、检索与编制的计算机化。报道时差仅 2 ~ 3 个月。MEDLINE 是 MEDLARS（包括 BIOETHICSLINE，HISTLINE，AIDSLINE，SPACELINE 等）的 40 种数据库中规模最大、权威性最高的生物医学文献数据库，是目前国际医学界使用最广泛的数据库之一。

第五节 常用的网络检索工具

随着计算机网络的快速发展，网络检索因其快捷性、便利性已成为人们最常用的检索途径。网上图书馆、网络数据库不断涌现，使人们能够足不出户就能查到所需文献资料。以下将为大家介绍一些常用的网络检索工具，方便大家快速、准确地从 Internet 上检索到所需资料。

一、常用搜索引擎

1. Google（http：//www. google. com）

Google 是一个功能强大、网络信息资源丰富的搜索引擎，因其实用性及便利性赢得了众多用户的青睐，目前已被公认为全球最大的搜索引擎。Google 创立于 1998 年，十几年来发展迅速，现已拥有 40 多亿网页，支持 100 多种语言检索，并有中文 Google 网页。

检索方法：Google 有基本检索和高级检索两种检索途径。Google 的基本检索简洁方便，只需在检索框内输入检索关键词即可检索（图 3－2）。Google 在关键词处理上不区分英文字母大小写，所有的字母均当作小写处理。另 Google 运用汉字简繁自动转换系统，可进行简体和繁体文本之间的“翻译”转换。在利用 Google 检索时，选择正确的关键词后，就要运用 Google 检索语法规则构建检索式。Google 无需用“＋”来表示逻辑“与”操作，只要空格即可。Google 用减号“－”表示逻辑“非”操作。Google 用大写的“OR”表示逻辑“或”操作。检索词加引号表示要完全匹配，可缩小检索范围。另还可使用？和 ■ 截词，如 nurs？＝nurse、nursing 或 nursery。

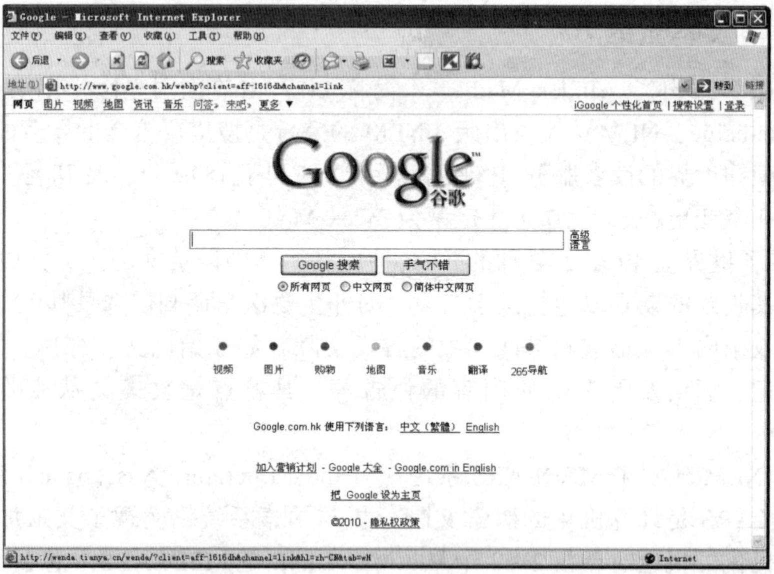

图 3－2 Google 基本检索界面

Google 的高级搜索（图 3－3）功能可以提供以下帮助：将搜索限制于某种指定的语言；将搜索范围限制在某个特定的网站；查找链接到某个指定网页的所有网页；限定搜索内容的格式；限定日期等。

这些是 Google 的一些最基础搜索语法，可提高我们的检索精确度。不过如果想更迅速更精确地找到所需信息，还需要掌握一些高级的语法。如对搜索网站进行限制“site”表示搜索结果局限于某个具体网站或者网站频道，如 www. sohu. com，或者是某个域名，如“com. cn”、“com”、“edu. cn”等。如果要排除某网站或者域名范围内的页面，只需用“－网站/域名”。

图 3－3　Google 高级检索界面

例 3－6：搜索中国教育和科研计算机网（edu. cn）上关于片剂的页面。搜索：片剂 site：edu. cn（图 3－4）。

例 3－7：搜索除国内外教育和科研计算机网（edu. cn）外关于片剂的页面。搜索：片剂 －edu. cn（图 3－5）。

注意：site 后的冒号为英文字符，而且冒号后不能有空格，否则，“site：”将被作为一个搜索的关键词。

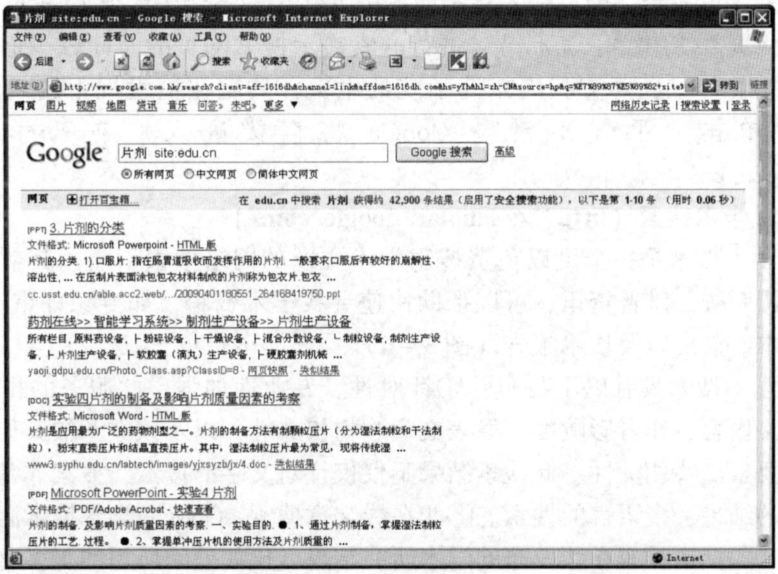

图 3－4　中国教育和科研计算机网关于片剂的页面搜索

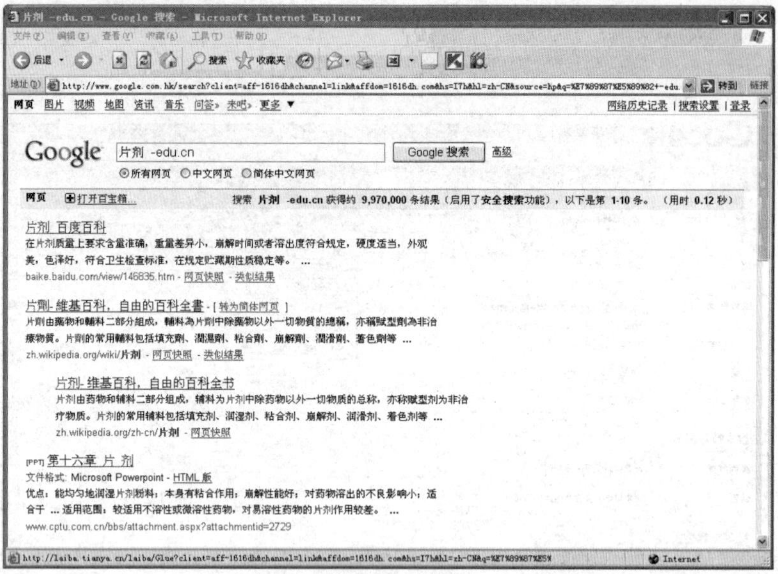

图 3-5 除中国教育和科研计算机网外关于片剂的页面搜索

“filetype”是 Google 开发的非常强大实用的一个对某些文档进行检索的搜索语法。目前 Google 已经能检索微软的 Office 文档如 . xls、. ppt、. doc 等，Adobe 的 . pdf 文档，ShockWave 的 . swf 文档（Flash 动画）等。有时可以使用文献的全称后面加 filetype：pdf 直接查找一篇文献的 PDF 文件。如搜索关于片剂的 ppt 文档搜索：片剂 filetype：ppt。

除检索网站外，Google 还提供视频、图片、购物、地图、音乐等检索服务。此外 Google 还具有手气不错功能。输入检索词，按下“手气不错”将自动进入 Google 查询到的第一个网页。使用“手气不错”进行搜索表示搜索网页的时间较少而用于检查网页的时间较多。例如，要查找广东药学院的主页，只需在检索框中输入“广东药学院”，然后单击“手气不错”。Google 将直接进入广东药学院的主页 www. gdpu. edu. cn。

2. Google 学术搜索（http：//scholar. google. com/）

Google 学术搜索是一个可以免费搜索学术文章的网络搜索引擎，其信息来源包括万方数据资源系统、维普资讯，可以帮助快速寻找学术资料，如专家评审文献、论文、书籍、预印本、摘要以及技术报告（图 3-6）。

Google 学术搜索具有以下特点：①针对性、专业性加强：此服务的排序考虑到每篇文章的全文内容、作者影响度、发表文章刊物权威性，以及该文章被其他学术著作引用的次数等要素。②相关性：此搜索结果不仅仅针对文字的搜索，搜索非常的广包括评论等多方面的结果，多语言的搜索。③非在线文章搜索：Google 学术搜索涵盖了各方面的学术著作，包括还没有在线发布的学术研究结果。比如爱因斯坦的很多著作并未在线发布，但却被众多学者引用。Google 学术搜索通过提供这些引用信息使搜索者了解到重要的未在线论文和书籍。

Google 学术搜索的应用范围较广，对于多数学者来讲主要应用于文献相关的搜索，

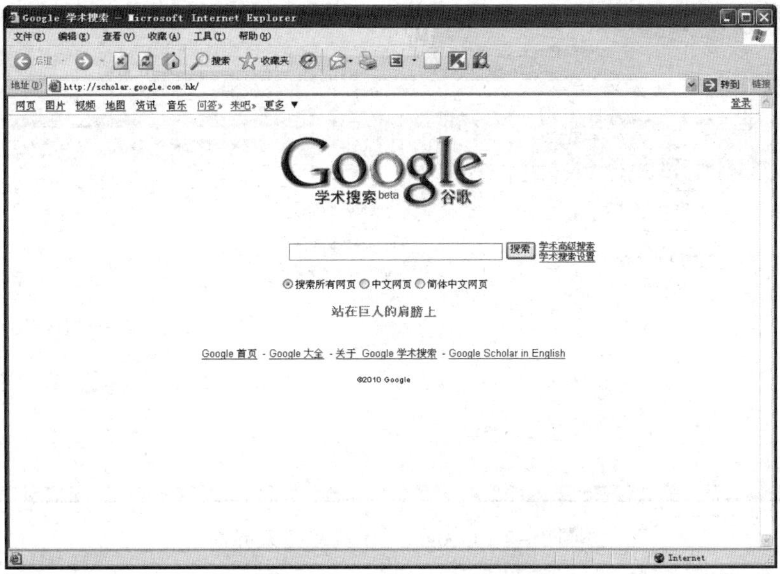

图 3－6　Google 学术搜索界面

其主要包括：文献标题搜索，文献作者搜索，特定时间文献搜索，出版物特定搜索以及交叉搜索。

（1）标题搜索　采用学术著作、论文或报告的标题作为关键词进行 Google 学术搜索，可以查找到更准确的学术信息。标题搜索的具体操作是，Google 学术搜索页面的搜索编辑框中输入加英文引号的标题（如“基因重组人干扰素－α 微球的制备及理化性质研究”或“Pharmaceutical applications of cyclodextrins”），点击搜索按钮，将会得到相关的学术信息。

（2）文献作者搜索　作者搜索是找到某篇特定文章最有效的方式之一。如果知道要查找的文章作者，您只需将其姓氏添加到搜索字词中。例如：搜索［宋凤兰 微球］会得到以“微球”为主题的，作者包含“宋凤兰”的文章。搜索［Smith liposome］会得到以“liposome”为主题的，由姓为“Smith”的人撰写的文章。如果您想搜索某位作者的文章，需输入全名或姓氏及首字母，例如输入加引号的姓名：［“BW Smith”］。

如果某个词既是人名也是普通名词，您最好使用“作者”操作符。该操作符只影响到紧挨其后的搜索词，因此“作者：”和搜索字词之间不能有空格。如：［作者：Flowers］（人名弗劳尔，也是花的意思）会得到由名为“Flowers”的人撰写的文章，而［Flowers－作者：flowers］会返回关于花的文章，而忽略由名为“Flowers”的人撰写的文章［搜索字词之间的减号（－）会排除包含这一搜索字词的搜索结果］。

（3）学术高级搜索　在 Google 学术搜索页面中，单击右侧的学术高级搜索链接，将会打开如图 3－7 所示的 Google 高级学术搜索页面，可以完成对特定学术资源（如特定作者、特定出版物和特定日期等）的搜索操作。

3. 百度（http：//www.baidu.com/）与国学百度（http：//guoxue.baidu.com/）

百度于 1999 年底成立于美国硅谷，号称全球最大的中文搜索引擎，是目前全球最优秀的中文信息检索与传递技术供应商。中国所有提供搜索引擎的门户网站中，超过

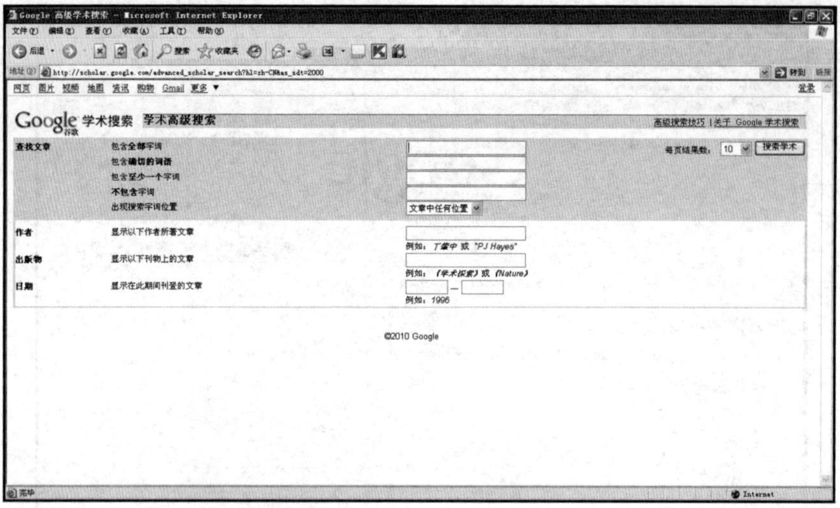

图 3－7　Google 学术高级搜索界面

80% 以上都由百度提供搜索引擎技术支持的。百度的检索语法和 Google 的有许多类似之处，除了网页搜索外，百度还有新闻、贴吧、图片等搜索功能，见图 3－8。

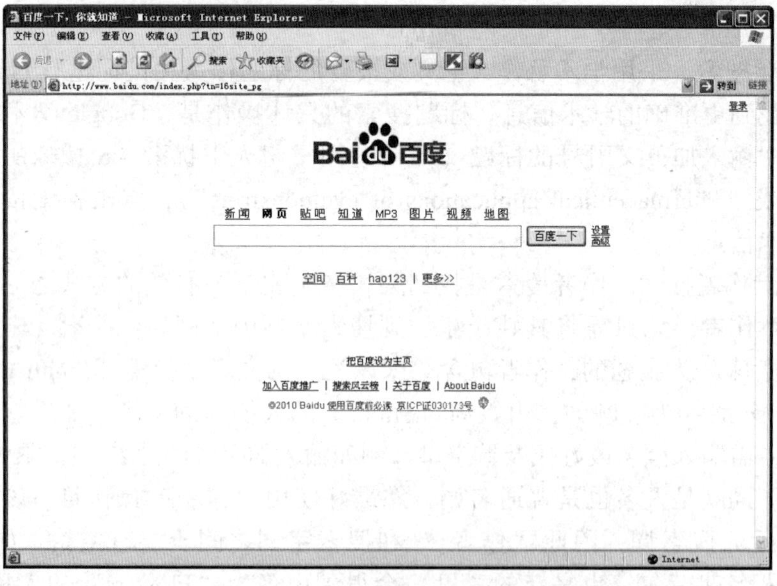

图 3－8　百度检索界面

2006 年百度推出了“国学频道”，国学百度为网友提供免费的国学典籍在线阅读以及搜索服务，见图 3－9。其收录大部分上起先秦、下至清末两千多年间以汉字为载体的历代典籍。可以根据书名、作者、全文等多种途径检索。

4. 其他常用的中文搜索引擎

雅虎中国http：//cn. yahoo. com 有免费电子邮件、公文包、聊天室、新闻等信息和服务；新浪http：//www. sina. com. cn；搜狐http：//www. sohu. com；3721 中文网址搜索引擎 http：//www. 3721. com；LYCOS 中国 http：//www. lycos. com. cn；北大天网

ftp 搜索引擎 http://bingle.pku.edu.cn；蕃薯藤http://www.yam.com.tw 等。

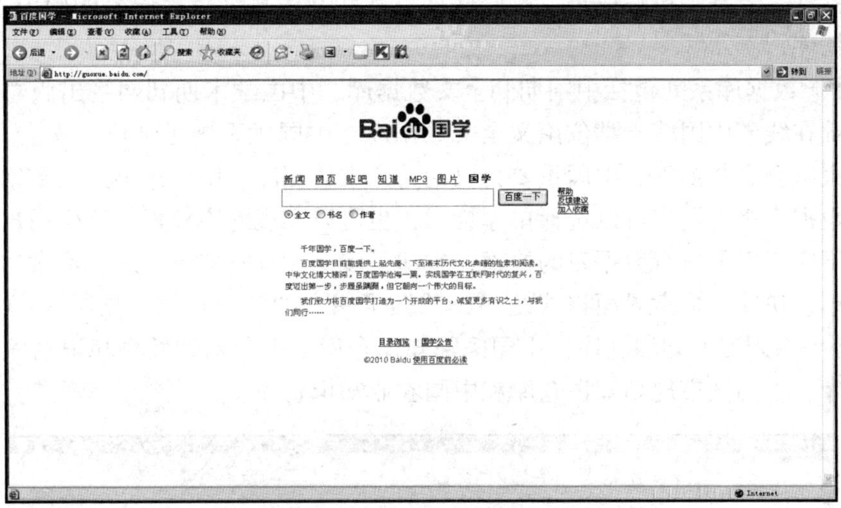

图 3－9　国学百度检索界面

二、常用的国内医药文献数据库

1. 中国知网（http://www.cnki.net）

中国知网由清华大学主办、中国学术期刊（光盘版）电子杂志社编辑出版，其前身是中国期刊网。中国期刊网于 1999 年 6 月上线服务，到 2003 年的时候，中国期刊网发展为集期刊、报纸、博士和硕士学位论文、会议论文、图书、年鉴、多媒体教育教学素材为一体的知识服务网站，同年，中国期刊网正式更名为中国知网，并确立了建设“中国知识基础设施工程（简称 CNKI）”的远大目标，检索界面见图 3－10。

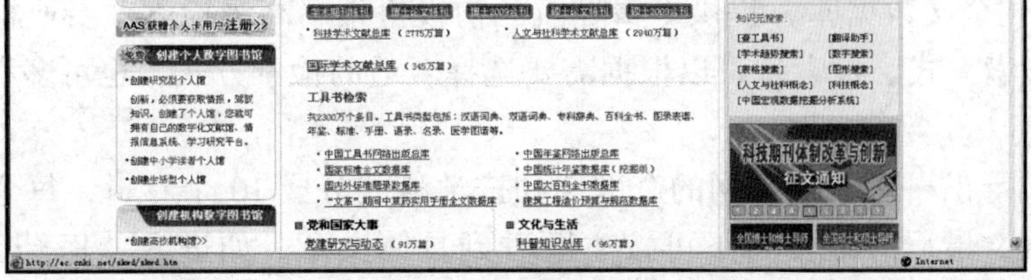

图 3－10　中国知网检索界面

中国知网主体部分是《中国知识资源总库》，由海量、动态的知识信息资源构成。目前，《总库》涵盖国内 8000 余种期刊，1000 多种报纸，300 多所高校、科研院所的博士培养单位产出的博士学位论文，从近 1000 所高校、科研院所遴选出的优秀硕士论文，数百家出版社已出版的图书等知识资源，形成了29种全文数据库型电子期刊，并涵盖涉及标准、专利、科技成果、政府文件、互联网信息汇总等内容的国内外1200多个加盟数据库。

CNKI源数据库系列包括中国期刊全文数据库，中国学术期刊网络出版总库，中国工具书集锦在线，中国博士学位论文全文数据库，中国优秀硕士学位论文全文数据库，中国重要报纸全文数据库，中国重要会议论文全文数据库，中国图书全文数据库，中国年鉴全文数据库等。用户可以选择单库检索，也可以实现跨库检索，这样用户就能够在一个界面下完成以上所有数据库的检索，省却了多个库逐一登录、逐一检索的麻烦，检索过程简单、快捷，检索界面格式统一，减轻了用户的学习负担，见图3－11。另外，CNKI还有一系列专业知识仓库：中国医院知识仓库，中国基础教育知识仓库，中国行业知识仓库，中国城市规划知识仓库和中国农业知识仓库。

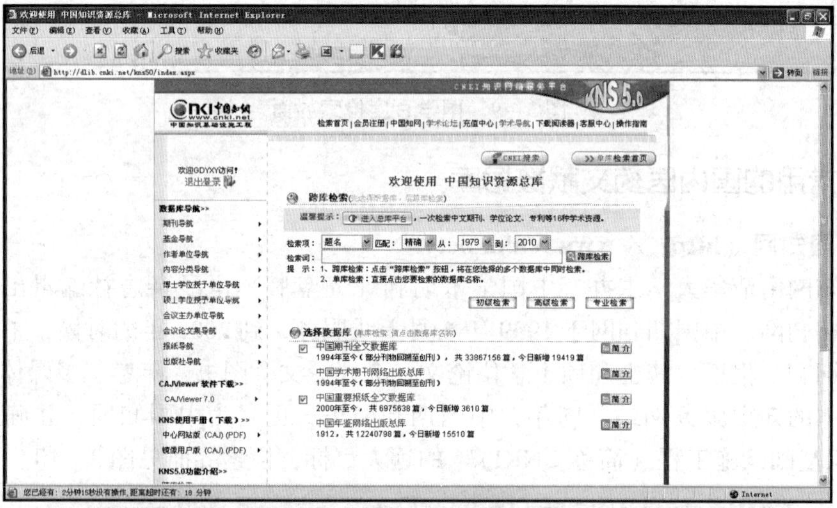

图3－11　中国知网检索界面

中国知网的用户需有自己独立的用户名和密码才能够查看和下载文献全文，否则只能够免费检索、浏览本年度以前的题录、摘要。如广东药学院试行的用户名是gdyxy，密码是yxy。中国知网的《中国期刊全文数据库》是我国科技工作者检索期刊文献最常使用的数据库，本书将重点介绍《中国期刊全文数据库》的检索方法。

《中国期刊全文数据库》提供专辑导航、初级检索、高级检索、专业检索及在结果中检索5种检索方式。检索者可以根据需要选择合适的检索方式，也可多种检索方式联合使用。

（1）专辑导航　中国期刊网的全部期刊按学科共分成10个专辑，每个专辑下再分二至三级类目，最后一级类目下可按主题看到具体文章。如进入“医药卫生”专辑，可以看到28个一级类目；点击“药学”，有8个二级类目；点击“药剂学”，可得到8551篇文献，见图3－12。这种浏览方式可使用户查询某一学科的所有文献，层次清晰，方便快捷。

图 3－12　中国知网医药卫生专辑药剂学项目下文献列表界面

（2）初级检索　包括篇名、主题词、关键词、摘要、作者、第一作者、单位、刊名、参考文献、基金、全文、年、期、中图分类号、ISSN、统一刊号等 16 个检索项目。

例如检索所有在关键词中包含“微乳”的文章，可在检索项的下拉列表中选择“关键词”，在检索词框中输入“微乳”。如有多个检索条件，可以点击“逻辑”下的“＋”继续添加检索项与检索词，如上述检索同时要求篇名中含有“制备”，可点击“逻辑”下的“＋”，再按需选择。同时要设定数据起始年、数据来源范围、匹配模式、每页显示记录数、排序方式等，完成后点击“检索”按钮即可检索得到所需文章，见图 3－13。

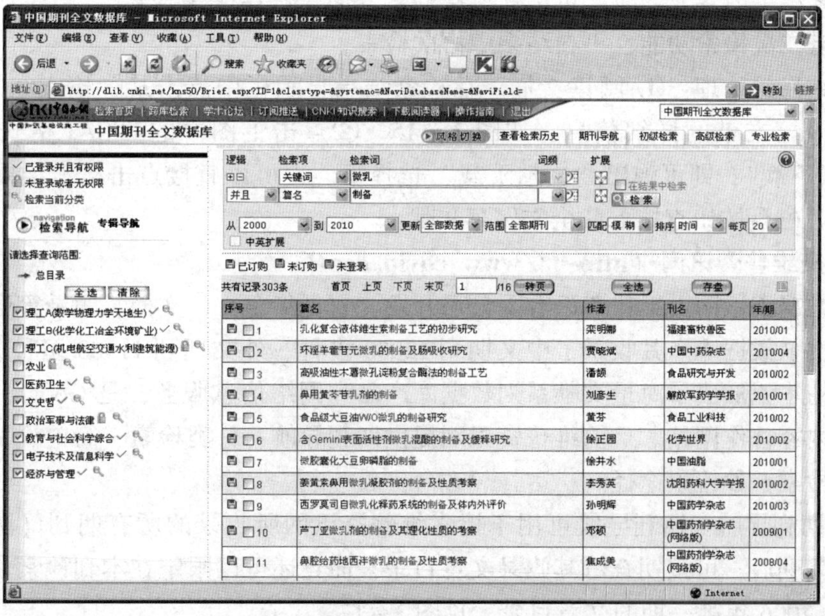

图 3－13　初级检索及结果显示界面

（3）高级检索　高级检索为多个检索词组合检索，所有的检索项按“并且”、“或者”、“不包含”三种逻辑关系进行组合，这三种逻辑关系的优先级相同，即按先后顺序进行组合。其余操作方法基本同初级检索，建议检索项之间最好不要跳着填写，以保证能得到正确的检索结果，见图 3－14。

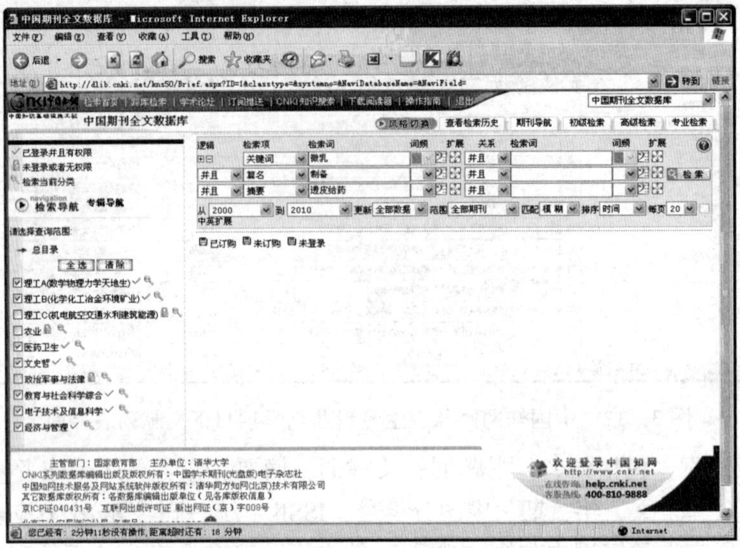

图 3－14　高级检索界面

（4）专业检索　专业检索可以按自己需要组合逻辑表达式进行更精确地检索，一般供检索专业人员使用，在此不做阐述。

（5）在结果中检索　对上一次检索结果进一步指定条件进行的检索叫做二次检索。当一次检索结果内容较多时，可选择二次检索，即“在结果中检索”。以上四种检索途径，均具有二次检索功能，可在结果中再次检索。

检索结果的处理：① 阅读文摘。在检索结果显示栏中点击某一检索结果的篇名，即可看到该篇文献的详细信息，如图 3－15。②点击上图中的“CAJ 格式下载”或“PDF 格式下载”，即可弹出“文献下载”选择框。也可以直接点击检索结果显示栏中篇名前的“磁盘按钮直接下载全文保存文献。

2. 重庆维普资讯网（http：//www. cqvip. com）

重庆维普资讯网由维普资讯有限公司开发，它是集全文、文摘、题录等形式为一体的综合性文献数据库。其收录了中文期刊 12000 多种、外文期刊 11300 多种、遴选 420 多种报纸精华，形成了海量文献系列数据库产品和网络信息服务，是 Google Scholar 最大的中文内容合作网站。目前维普资讯网提供期刊导航、分类检索、简单检索、高级检索、专业检索 5 种检索途径。

（1）期刊导航　期刊导航可用于检索维普资讯网所收录的所有期刊（图 3－16），查到所需期刊后，可按期查看其收录文章目录，而且还可以限定在本刊检索。例如查找《中药材》2006 年第一期的文章目录，见图 3－17。

（2）分类检索　维普资讯网主要分为医药卫生、工程技术、自然科学、农林牧渔、

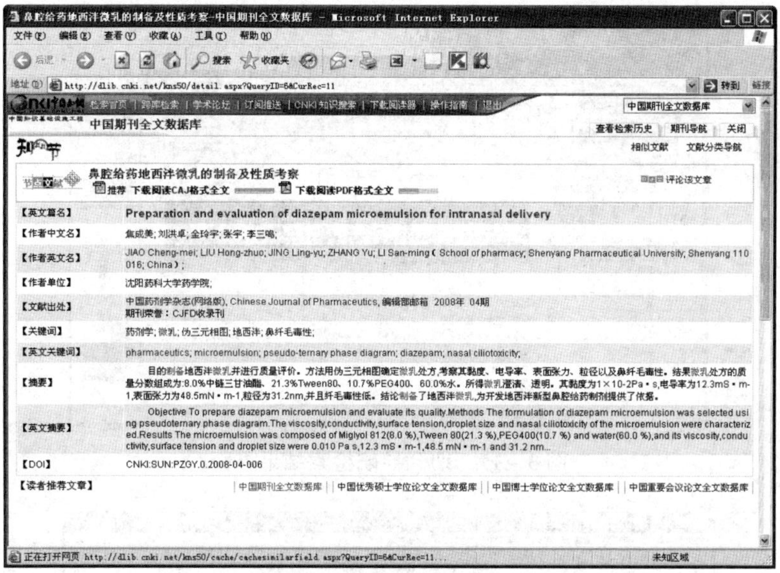

图 3－15　检索结果显示界面

图 3－16　期刊导航检索界面

人文社科五个大类，每一大类又有不同的二级类目、三级类目。点击具体的分类，可查阅该分类下的数据信息。如图 3－18 为药物分析类目。

（3）简单检索　简单检索位于维普资讯网的首页面，类似于中国知网的初级检索。选择合适的检索项目，在检索框内输入检索词，点击文章检索，如图 3－19。

（4）高级检索　运用逻辑组配关系，查找同时满足几个检索条件的数据，同时还可以对检索的时间、专业、期刊范围进行限定。而且还可以通过编写检索式来进行检索，“ * ” 代表 “并且”，“ + ” 代表 “或者”，“ － ” 代表 “不包含”，见图 3－20。

（5）专业检索　维普专业检索主要用于检索中文期刊专业文章，检索方式与简单检索相似，如图3－21。

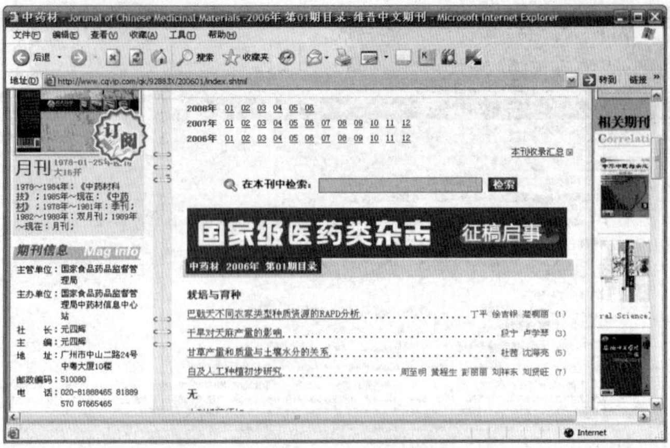

图 3－17　期刊导航检索结果界面

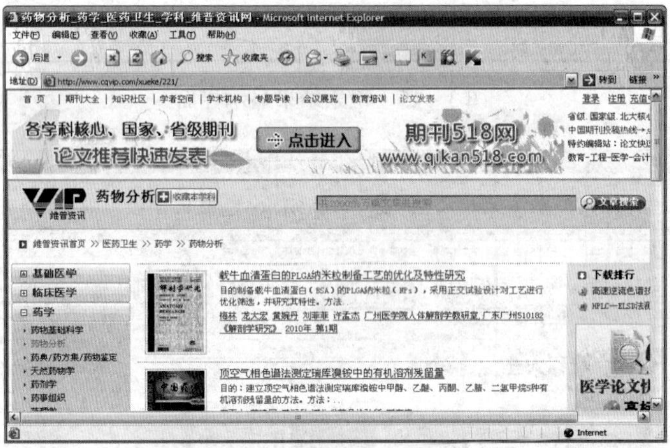

图 3－18　药物分析类目检索界面

图 3－19　简单检索的检索界面

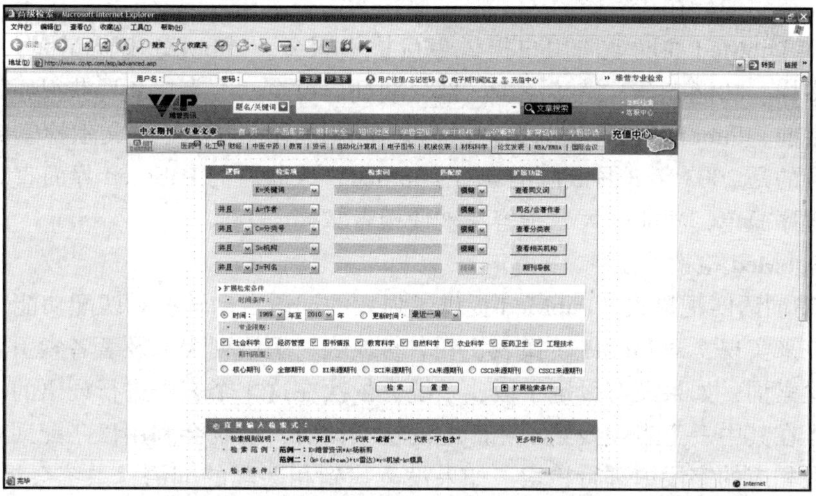

图 3－20 高级检索的检索界面

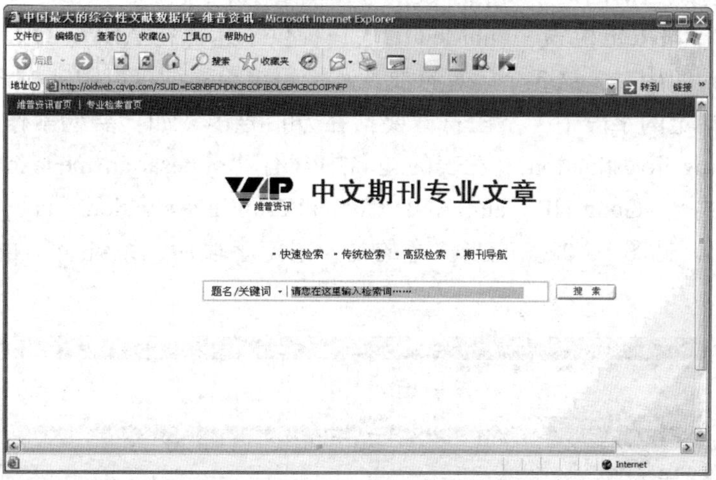

图 3－21 专业检索界面

3. 其他常用的国内医药文献数据库

（1）万方数据库（http：//www. wanfangdata. com. cn/）。

（2）中国生物医学文献数据库（http：//sinomed. imicams. ac. cn/index. jsp）。

（3）中国药学文献数据库（http：//www2. cpi. ac. cn/demo/trip. html）。

三、常用的国外医药文献数据库

1. PubMed 数据库（http：//www. ncbi. nlm. nih. gov/pubmed/）

PubMed 是由美国国立医学图书馆（NLM）所属的国家生物技术信息中心（NCBI）开发的生物医学文献检索系统，其提供免费的 MEDLINE、PREMEDLINE 与其他相关数据库接入服务，如 PubMed 可提供期刊全文的出版商网址的链接，来自第三方的生物学数据，序列中心的数据等，还可提供与综合分子生物学数据库的链接与接入服务，这个数据库归 NCBI 所有，其内容包括：DNA 与蛋白质序列，基因图数据，3D 蛋白构象，人类孟德尔遗传在线。

1997 年 PubMed 在网上向用户提供免费检索服务。PubMed 文献量大、更新及时、检索途径多样、功能齐全、链接点多，部分期刊还可在网上直接免费获得原文，深受用户欢迎。目前，PubMed 已经成为国内医药工作者使用的主要外文文献检索数据库。现在网上运行的是 2003 年 8 月改版的新版 PubMed，改版后的 PubMed 界面直观、容易操作，检索程序简单，功能强大，很容易被使用者掌握。

（1）PubMed 检索特点

① 自动词语匹配检索　PubMed 提供了强大的词语自动转换和匹配功能，该功能通过 4 个词表来实现，即 MeSH 转换表、刊名转换表、短语列表以及著者索引表。在检索框中输入检索词，如果没有设定字段，系统会依次在这 4 个表中进行词语的核对、转换和检索。当在其中一个表中找到了相匹配的检索词时，系统会利用该匹配词和用户输入的检索词在相应的字段中进行检索。如果没有找到相匹配的词语，系统会将词语拆小，用 AND 将断开的词组或单词组配起来在上述各表中进行检索。如果仍找不到相匹配的词，系统将这些组配后的词于所有字段中进行检索。

② 组配与字段限定检索　PubMed 为用户提供了运算符 AND、OR 和 NOT 的逻辑组配运算功能，使用时，这 3 个运算符要大写。每组检索词可以限定检索字段，即要求检索词出现在指定的字段中，字段符号要括在方括号内。如：要检索作者 Gong HP 在期刊 Clinical drug investigation 上发表的题名中含有“olmesartan medoxomil”方面的文章，其组配方式是：Gong HP ［au］ AND Clinical drug investigation ［ta］ AND olmesartan medoxomil ［ti］，见图 3－22。应当注意的是，限定字段后，系统将不再执行自动匹配和转换功能。

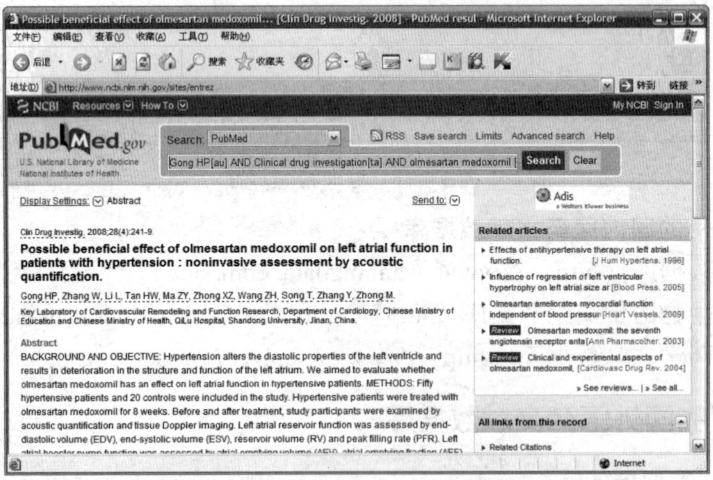

图 3－22　组配与字段限定检索显示界面

③ 强制检索　PubMed 的字段限定检索功能，只能限定检索词必须出现在指定的检索字段中，如 Smith J ［au］，可检索出姓名为 Smith J，Smith JH，Smith JP 等作者发表的文章。同样，在刊名检索时，如用 Cancer ［ta］ 检索期刊“Cancer”的文献，系统会将刊名为“Cancer”、“BMC Cancer”、“Nat Rev Cancer” 等的文献检索出来。强制检索

就是精确检索某一个或某一组检索词，检索时用双引号将检索词引起来，并在其后加上相应的字段符号，系统会将其作为一个不可分割的词组在数据库的相应的字段中进行精确检索，如“Smith JH”[au]，见图3－23。使用双引号检索时，系统会自动关闭词汇转换功能。

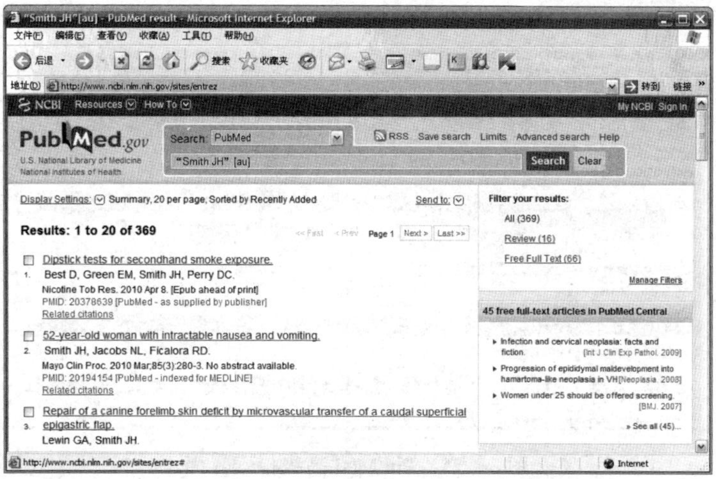

图3－23　强制检索显示界面

(2) PubMed检索方法

① 基本检索　在PubMed的主页上可以直接进行基本检索（图3－24）。在检索框内，输入检索词，可以是主题词、关键词、人名、刊名、ISSN号等，这些词均可通过PubMed自动转换和匹配功能，实现对不同形式的检索词的文献查找。即使用户对PubMed一点也不熟悉，也能进行简单的文献检索。在检索框中除可以输入基本检索词外，还可以进行组配与字段限定检索以及强制检索，如上述。

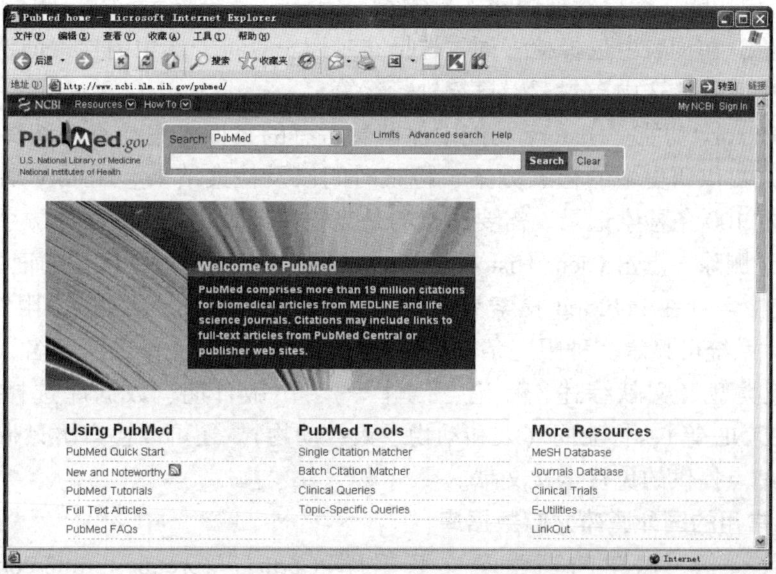

图3－24　PubMed基本检索界面

②高级检索 在PubMed主页面上点击Advanced search可直接进入PubMed高级检索界面，见图3－25。在高级检索界面下，PubMed可提供Preview、Search Builder、Search History、details等功能。

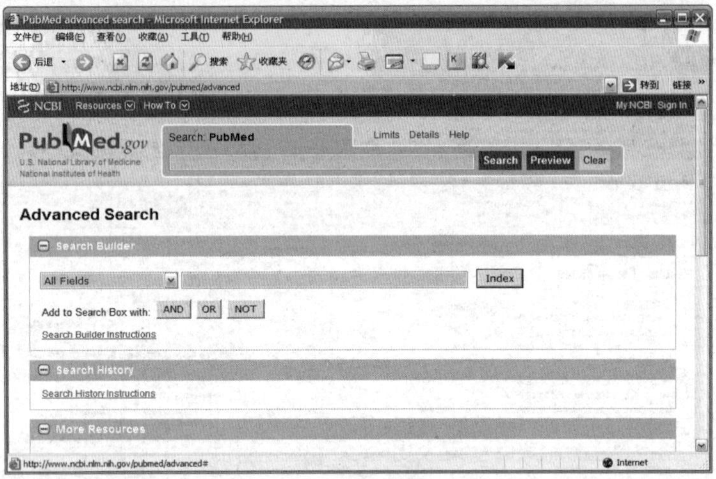

图3－25 PubMed高级检索界面

Preview预览结果功能：在检索框中输入检索词后，点击Preview，用户能够得到该检索词检索结果数量。如需缩小检索范围可在此基础上在检索框中继续添加检索词，点击，能够再次得到新的检索词的检索结果数量。通过该功能用户可以根据需要来调整检索策略。

Search Builder字段限制功能：从下拉菜单中选择检索字段，在检索框中输入检索词，根据检索需要，点击布尔逻辑算符添加到检索词中进行再限制检索，其目的能够缩小检索范围，使用户能够快速地找到需要检索的文章。最后点击Preview进行检索结果预览。

Index选词功能：在检索框中输入检索词，点击，系统显示词表，并显示该检索词检索结果数量，在词表中选择检索词，选择布尔逻辑算符，选中的检索词将出现在页面上方检索框中，并按选中布尔逻辑算符进行运算。

Search History功能：History功能中保留着所有的查询方案与查询结果。History界面能够为用户提供历史中的检索方案、检索时间以及检索结果。History功能能够为用户提供最近的100条检索记录。需要注意的是当检索记录超过100条时，系统将会依次将最早的记录删除。点击Clear History系统将删除History功能中保留的记录。

③限定检索 在PubMed检索界面下，点击“Limits”，系统进入限定检索界面，见图3－26。系统可显示多种限定条件供用户选择。有字段（作者、刊名、语种、主题词等）、出版类型（文献综述、社论、信件等）、出版日期、数据库选择（如AIDS、AIM、MEDLINE等）、特征词（人和动物、人、动物）。还可以检索出只带文摘的文献或出版机构站点提供的免费全文文献。

2. 其他常用的国外医药文献数据库

ProQuest保健、医学与药学全文数据库（http：//proquest. umi. com/pqdweb）；Sciencedirect数据库（http：//www. sciencedirect. com）；PQDT（ProQuest Dissertations

& Theses）博硕士论文数据库（http：//proquest. umi. com/pqdweb）。

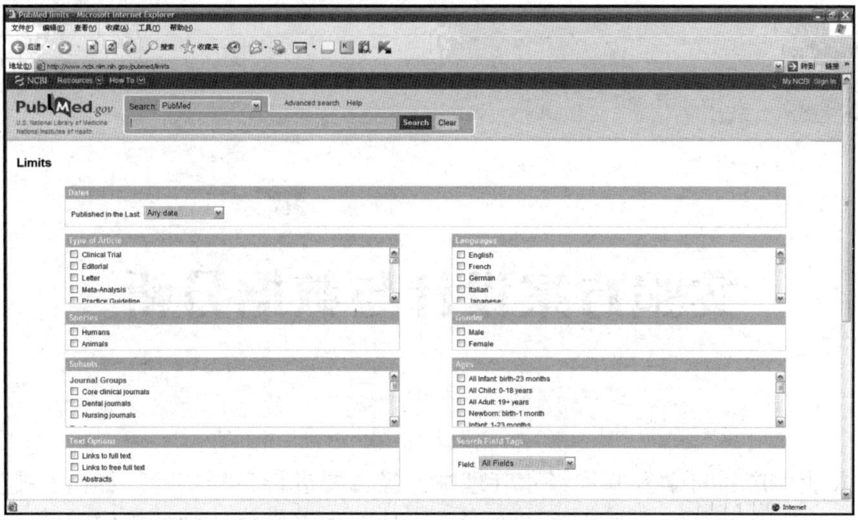

图 3－26 PubMed 限定检索界面

参考文献

[1] 于占洋，毕玉侠，符雄，等．药学文献检索与利用［M］．北京：中国医药科技出版社，2004.

[2] 刘伟，贾陆．药学文献检索［M］．郑州：郑州大学出版社，2005.

[3] 胡滨，蒋永光，王大姝，等．中医药文献检索［M］．上海：上海科学技术出版社，2006.

[4] 符雄，朱素兰，沈光宝，等．药学文献检索与利用［M］．北京：科学出版社，2003.

[5] 李韩芬．外文文献检索新途径——Google 学术搜索［J］．农业图书情报学刊，2007，19（8）：120－122.

[6] 邸铭，张志慧 . Google 学术搜索（Google Scholar）使用方法及技巧［J］．农业图书情报学刊，2009，21（1）：59－61.

[7] 刁继红，甄连花．如何利用 PubMed 检索医学文献［J］．药师之友，2009，20（22）：1755－1756.

[8] 王凤越．药学研究的文献检索［J］．中国新药杂志，2002，11（9）：735－736.

[9] 刘辉，汤韧，杜蓉，等．因特网中的药学文献检索资源［J］．中国医院药学杂志，2004，24（4）：238－239.

[10] 孙刘琴，易思思．互联网药学资源的检索与利用［J］．中南药学，2009，7（4）：319－320.

（宋凤兰）

第四章 CHAPTER

实验方案设计与数据分析

在工农业生产、科学实验和经营管理中，经常要进行各种实验。如何安排实验、如何对实验进行科学的分析，是生产工作者、科技工作者经常遇到的现实问题。如果实验安排得好，且数据分析得当，就能以较少的实验次数、较短的实验时间、较低的费用，得到较满意的实验结果；反之，则实验次数增加，实验时间延长，浪费人力、物力、财力，难以达到预期的结果，甚至导致实验失败。因此，事先的实验方案设计，以及对数据的正确分析，就显得尤为必要。

实验设计（experiment design）是研究如何合理而有效地获得数据资料的方法。数据分析（data processing）通常是指采用数理统计的方法分析已经获得的数据，对所关心的问题做出尽可能精确的判断。合理的实验设计只是实验成功的充分条件，如果没有实验数据的分析计算，就不能对所研究的问题产生明确的认识，也不可能从实验数据中寻找到规律性的信息，所以实验设计都是与一定的数据处理方法相对应的。将二者有机结合，制订正确的实验方案，合理地安排实验，有效地获得实验数据，然后对实验数据进行综合的科学分析，可尽快达到优化实验之目的。

实验设计与数据分析贯穿于整个实验活动过程之中。实验活动的各个程序、步骤，如样品采集、样品制备、样品测定等，都离不开事先的实验操作方案制订，事后的数据统计分析。所以说，实验设计和数据分析是科研工作过程中不可或缺的组成部分。这两个过程进行的好坏直接关系到能否顺利实施实验活动、能否尽快获得有效的实验数据、能否为以后科技论文的撰写奠定良好的基础。

医药专业实验研究的内容广泛，很难就其实验方案设计做统一规定。本章重点介绍实验设计过程中应遵循的一般原则、实验设计过程中考虑问题的一般步骤，以及样品采集、制备、测定过程中的一般要求，同时就实验中常用的数据处理与分析方法做一简介。

第一节　实验方案的设计

在实验设计之前，实验者首先应对所研究的问题有一个深入的认识，如实验目的、影响实验结果的因素、每个因素的变化范围等，然后才能选择合理的实验设计方法，达到科学安排实验的目的。在科学实验中，实验设计一方面可以减少实验过程的盲目性，使实验过程更有计划；另一方面还可以从众多的实验方案中，按一定规律挑选出较为合理的实验设计。

一个比较完整的实验方案的执行，就是科学探究中解决问题的过程，一般包括：①选题，就是通过对某一自然现象的观察、认识，选择其具有研究价值的方面作为本项实验的课题进行研究。这就需要其认真阅读文献，进行总结分析。②假设，即对可见现象提出一种可检测的解释，根据对其认识进行假设。③预期结果，在检测一个假设之前，先提出实验的预期结果。如果预期没有实现，则说明假设不成立，如果预期得到实现，则假设成立。

一、实验方案设计的一般原则

根据实验的目的和提出的假设来具体设计实验的方法、步骤。在实验的方法与步骤设计中，必须遵循以下几条原则。

1. 科学性

所谓科学性，是指实验目的要明确，实验原理要正确，实验材料和实验手段的选择要恰当。实验方案要符合客观规律，即实验要验证的假说的提出要符合自然规律，不能凭空想象，要有相关理论、文献基础。整个设计思路和实验方法的确定都不能偏离药学基本知识和基本原理以及其他学科领域的基本原则。考核指标的确定、实验处理因素的选择也要讲究科学性、符合客观规律、符合逻辑性。巴甫洛夫有这样一句名言：方法掌握着研究的命运。只有科学而严谨的实验方法，才能得出正确而可靠的实验结果。

实验所采用的技术方法的原理、仪器设备、适用范围、数据统计分析等要科学，如仪器分析法不能用于分析常量组分等。另外，还要考虑到实验材料要容易获得，样品处理方法正确，实验装置简单，实验药品价格便宜，实验操作较简便，实验步骤较少，实验时间较短。

2. 规范性

可简单理解为使实验结果客观、真实、可靠所采取的所有措施，主要涉及的方面有：

（1）实验实施条件的规范性　包括人员和设备条件。操作人员要具备必要的专业理论知识和仪器操作技能，研究单位应具备开展实验的必要物质条件，如仪器设备、水电设施等。

（2）实验准备工作的规范性　实验开始前要写好实验计划，准备好所需的仪器、试剂、材料，做好校正检测、标记等工作。

（3）实验记录的规范性　原始数据要忠实于实验结果，不得随意修改。如出现记录错误，要按规定的方式修改，即要保证原记录清晰可辨的情况下，增加修改后的数据。实验记录原则上应用蓝黑墨水，禁用圆珠笔或易脱色的墨水，如中性笔等。

（4）研究资料保管的规范性　实验数据和数据的处理、统计结果等要有书面材料，并妥善保管好。电脑中的测定数据要妥善备份。

3. 符合统计学原则

(1) 对照性原则　对照即对比。在设立实验组同时，需对应设立参照组，实验中的无关变量必须严格控制，实验组与对照组的无关变量不仅要相同，而且要适宜。只有这样，才能做出正确的因果分析（因变量和自变量之间的关系），才能排除无关变量对实验结果的影响。对照的意义在于：①鉴别处理因素与非处理因素之间的差异。处理因素效应的大小，重要的不是其本身，而是通过对比后得出的结论。要做到正确的鉴别，设立对照必不可缺。②消除和减少实验误差。在实验中，自然环境和实验条件对实验结果有很大影响，实验条件难以控制，设立对照有利于使实验组和对照组的非处理因素基本处于相同状态，可减少或消除实验误差。

对照有多种形式，可根据实验研究的目的和内容加以选择：

空白对照，亦称正常对照，对照组不加任何处理因素。如观察某降压药的作用时，实验组动物服用降压药，对照组动物不服药或服安慰剂。

自身对照，对照组与实验组在同一受试动物上进行。例如，用药前后的对比，先用A药后再用B药的对比，均为自身对照。

相互对照，又称组间对照。不专门设立对照组，而是几个实验组之间相互对照。例如用几种药物治疗同一疾病，对比这几种药物的效果，即为相互对照。

标准对照，不设立对照组，实验结果与标准值或正常值对比。在实验动物中，采用较多的是前三种对照方式。

(2) 随机性原则　随机是指分配于实验各组对象（样本）是由实验对象的总体中任意抽取的，即在将实验对象分配至各实验组或对照组时，它们的机会是均等的。如果在同一实验中存在数个处理因素（如先后观察数种药物的作用），则各处理因素施加顺序的机会也是均等的。通过随机化，一是尽量使抽取的样本能够代表总体，减少抽样误差；二是使各组样本的条件尽量一致，消除或减少组间人为的误差，从而使处理因素产生的效应更加客观，便于得出正确的实验结果。由于使用了随机化这一手段，就给分析实验结果时提供了实用统计方法的基础，实验结果是一个个随机变量，随机化保证了它们的独立性，在对效应做检验或估计时，就可以应用数理统计学中有关独立样本的基本理论。另一方面，在分析实验结果时，随机化还可以有效地消除“外来因子”对数据的干扰。例如，在药物疗效实验中，不使用随机化的话，可能导致一种药只对中青年扁桃体炎患者使用，另一种药只对老人、幼儿扁桃体炎患者使用，使得个体差异这一“外来因子”和药物对疗效的影响混杂了，给数据分析带来了困难。使用随机这一手段，可以大体上保证两种药物都用到各种年龄、不同性别、各种健康状况的扁桃体炎患者身上，使得两种药物在个体差异方面取得某种“平衡”，在对两种药物的平均疗效做比较时，消除个体差异这一“外来因子”对数据的干扰。

随机化的方法很多，如抽签法、随机数字表法、随机化分组法等，具体可参阅医学统计学。

(3) 可重复性原则　重复是指一个基本实验（或实验条件）重复进行若干次，即对应着某因子的诸水平或者某些因子的诸水平组合重复进行若干次实验。重复是保证科研结果可靠性的重要措施。一次实验结果往往不够确实可靠，需要多次重复实验方能获得可靠的结果。实验需要重复的次数取决于实验材料的性质、实验内容及实验资料的离散度。同一处理在实验中出现的多次称为重复。重复的作用：一是降低实验误差，扩大实验的代表性；二是估计实验误差的大小，判断实验可靠程度。由于使用了重复这一手段，在分析实验结果时，就可以对误差做出估计，当因子诸水平或若干因子的诸水平组合的效应之间的差异超过误差时，我们才能对因子的诸水平或若干因子的诸水平组合的优劣做出比较和选择。而且，在用样本均值去估计效应时，由于使用了重复这一手段，可使估计更加准确，重复次数越多，估计量的方差越小。当然在做实验设计时，不能只追求分析实验结果中估计量的精度，还要考虑到重复带来实验时间延长、实验经费提高等问题。因此实验设计应该使两者取得平衡。

4. 单一变量原则

该原则可使实验中的复杂关系简单化，使结果更准确。其含义是：①不论一个实验有几个实验变量，都应做到一个实验变量对应观测一个反应变量；②实验中要尽可能避免无关变量及额外变量的干扰。

5. 控制与平衡控制原则

该原则是指要严格地操纵自变量，以获取因变量。同时，要严格地均衡无关变量，以消除额外变量干扰。即尽量消除实验误差，以取得较为精确的结果。常用的方法有：①单组实验法，对一组（或一个）对象，既用A法，又用B法，顺序随机或轮流循环，这是生物实验常用的实验方法。②等组实验法，将状况相等的对象，分成两组或多组，一组用A法，另一组用B法。这也是生物实验常用的实验方法。③轮组实验法，对两组或两组以上的对象，循环进行两个或两个以上实验处理。

二、实验方案设计的主要步骤

实验过程实际上是研究者通过人为操纵处理因素（自变量或实验条件），探讨由此引起的对实验对象产生的作用（响应变量或因变量或实验效应），即实验要解决的问题，而这又要有多个观察指标进行分析、评价。为了解处理因素对实验效应的影响，常将处理因素分不同水平考察，如反应时间长短、回流时间长短、某试剂不同加入量等。

因此，实验方案设计就是要确定实验目的，明确实验要考察的因变量指标，进而挑选出主要的实验操纵因素，再根据各操纵因素的变化情况设计实验方案。

方案设计的一般步骤包括：

1. 响应变量的选取

确定实验考核指标。选定的响应变量不仅要与实验目的相一致，而且其分布还应该与实验的统计模型的假定一致或非常近似。因此，确定响应变量是一件需要仔细推敲的事。我们需要区分响应变量是定性的还是定量的，更要决定测量响应变量的方法，要了解测量的精度。

2. 因素的选取

选定对实验考核指标有影响的因素。首先要将对响应变量有影响的因素尽量罗列出来，然后分别予以考察。根据实验目的将那些对响应变量影响很小的因素作为误差因子，在实验中不必控制而任其随机变化。那些对响应变量影响较大而又不准备考察其影响的因素，在实验中或对他们加以控制或制订一种实验计划以使能在分析实验结果时可以消除它们的影响，实验中对它们不加以控制，即不把它们的影响加以研究和比较。一个实验问题中因素的个数对实验次数是有影响的，选取待考察因素时，也要顾及实验次数能否承受得了。

3. 各因素诸水平的选取

选定因素在实验中的变化状态值。像选定因素一样，确定各因素的诸水平对解决实验问题同样重要，既要根据实验目的和实践经验，又要注意因素的水平的多少对总实验次数的影响。因此，要根据实验问题的需要和经费、人力、时间的许可来确定各因素的诸水平。

4. 实验设计方法的选择

根据实验目的不同选择不同的实验设计方法。常用的实验设计方法有单因素实验设计、两因素实验设计和多因素实验设计。

三、实验处理因素的选择

处理因素（受试因素）通常指由外界施加于受试对象的因素，包括生物的、化学的、物理的或内外环境的。但是生物本身的某些特征（如性别、年龄、民族、遗传特性、心理因素等）也可作为处理因素来进行观察。因此，研究者应正确、恰当地确定处理因素。一般应注意以下几点：

1. 抓住实验研究中的主要因素

研究中的主要因素是按以往研究基础上（本人或他人）提出的某些假设和要求来决定的。一次实验涉及的处理因素不宜太多，否则会使分组增多，受试对象的例数增多，在实施中难以控制误差。然而，处理因素过少，又难以提高实验的广度和深度。因此，需根据研究目的的需要与实施的可能来确定带有关键性的因素。

2. 找出非处理因素

除了确定的处理因素以外，凡是影响实验结果的其他因素都称为非处理因素，所产生的混杂效应也影响了处理因素产生的效应对比和分析，这些非处理因素又称混杂因素。例如两种不同药物治疗缺铁性贫血病人的实验，非处理因素可能有年龄、性别、营养状况等。如果两组病人的年龄、性别、营养等构成不一，则可能影响药物疗效的比较。因此设计时便设法控制这些非处理因素，只有这样才能消除它们的干扰作用，减小实验误差。

3. 处理因素必须标准化

处理因素的强度、频率、持续时间与施加方法等，都要通过查阅文献和预备实验找出各自的最适条件，然后订出有关规定和制度，并使之相对固定，否则会影响实验结果的评价。如处理因素是药物，必须正确选择批号，给药途径和时间也应标准化和相对固定化。

四、实验对象的选择

实验对象是指在实验中接受处理并作为实验观察的人、动物或其他实验材料，是处理因素作用的对象。选择实验对象时应注意两点：一是实验对象是否对处理因素敏感，二是实验对象是否对处理因素的反应稳定。在实验进行前还必须对实验对象的条件作明确的规定，以确保实验对象的同质性。为了保证研究对象的同质性，排除混杂因素对结果的干扰，研究对象的选择需要有限定条件。在实验中，对实验对象的纳入标准与排除标准要有严格规定。

以中药材有效成分提取分离为例。中药材作为实验研究对象，要保证其质量前后一致，就要确保其产地、收获期、部位一致，除非是做这些不同方面对有效成分含量影响研究。

五、实验考核指标的选择

实验效应（因变量）是指将实验处理因素（自变量）施加于实验对象而产生的某种变化效果，通常根据研究目的不同选择各种观察指标来衡量。实验效应通过观察指标（统计学常将指标称为变量）来定量体现。如果指标选择不当，未能准确反映处理因素的作用，获得的研究结果就缺乏科学性，因此选择好观察指标是关系整个研究成败的重要环节。

选择指标时要注意所选观察指标应具有客观性、精确性、特异性和灵敏性。客观性是指观察指标不受人为主观因素影响；精确性是指观察指标要能精确测量；灵敏性是指观察指标要能灵敏地反应效应变化的情况。以分析化学为例，需要考虑定量或定性指标、准确度（对照、空白、加标回收实验）、精密度（不同时间对同一样品多次测定）、检测限、质量控制（校准曲线、平行样品分析）、实验相关因素考察、方法之间的对比。此外，指标的观察应避免带有偏性或偏倚。

1. 客观性

观察指标有主观指标和客观指标之分，主观指标是受试对象的主观感觉、记忆、陈述或实验者的主观判断结果；而客观指标则是借助测量仪器和检验等手段来反映观察结果。主观指标易受研究者和受试对象的影响，具有随意性和偶然性；而客观指标具有较好的真实性和可靠性，因此应尽量选用客观、定量的指标。

2. 精确性

包括准确度和精密度两层含义。准确度指观察值与真值的接近程度，主要受系统误差的影响；精密度指重复观察时，观察值与其均数的接近程度，其差值属于随机误差。两者有着密切的关系，观察指标要求既准确又精密。在实际工作中，应根据研究目的来权衡两者的重要性。

3. 特异性和灵敏性

特异性代表该指标能鉴别真阴性的能力，灵敏性则是表示该指标检出真阳性的能力。特异度高的指标最易揭示处理因素的作用，不易受混杂因素的干扰；灵敏度高的指标能将处理因素的效应更好地显示出来。例如研究某药治疗缺铁性贫血的效果，既可选用临床症状、体征，也可选用血红蛋白含量等作为观察指标，但这些指标均不够灵敏，只有在缺铁比较明显的情况下才有较大变动。若选用血清铁蛋白作为观察指标，则可敏锐地反映出处理因素的效应。

4. 指标的观察

若实验效应的观察带有偏性，则会影响结果的比较和分析。如研究者的心理常偏向于阳性结果；医生常偏于新疗法组，而病人则对新疗法持怀疑态度等。为消除或最大限度地减少这种偏性，在设计时常采用盲法。如受试对象不知道自己分在哪一组，称单盲法；若受试对象和实验执行者均不知道受试对象分在哪一组，称为双盲法；若受试对象、实验执行者和统计分析人员三者均不知道受试对象分在哪一组，则称为三盲法。双盲法和三盲法在临床实验中应用非常广泛。

六、实验设计方法的选择

单因素实验设计指对一种处理因素的处理量或处理时间分多个水平考察，可较深入探讨某一处理因素的作用特点，主要有完全随机设计、单因素随机区组设计、拉丁方设计。在单因素实验中，实施在实验单位上的具体项目就是该因素的某一水平。例如在进行中药提取的比较实验时，实施在实验单位上的具体项目就是提取某一种有效成分。所以，单因素实验时，实验因素的一个水平就是一个处理。

两因素实验设计主要有交叉分组设计、两因素随机区组设计、裂区设计。多因素实验设计指综合分析多种处理因素在不同水平组合上的作用特点。一般包括以下三种类型：①完全随机化多因素实验设计（complete randomalized multifactors experimental design）：根据自变量及每个自变量的变化水平（处理）的多少进行随机分组。在 2×2 因素设计中，有两个自变量因素 A、B，每个因素又有两种水平，共有 4 种可能的处理，即 A_1B_1、A_1B_2、A_2B_1、A_2B_2。这就必须随机地把被试分为 4 组，每组接受一种处理。②随机化完全区组多因素实验设计（random - groups multifactors experimental design）：需在 2×2 因素设计中选一组被试，让每一个被试都接受 4 种处理，在次序上哪个人先接受哪种处理用随机法决定，这样，每一个人的 4 种处理结果就是一个区组。③拉丁方实验设计（Latin - square experimental design）：实验中采用循环法平衡实验顺序对实验结果的影响，就是实验顺序、被试差异，都作为自变量因素来处理。只要实验中自变量的个数（因素）与实验处理水平相同，而这些自变量间没有交互作用存在时，都可采用拉丁方实验设计。

多因素实验设计主要是用正交设计。如在考察中药提取工艺中，常同时实验测定中药浸泡时间、回流时间、提取溶剂的量、回流次数等不同因素不同水平上对有效成分收得率的影响。正交实验考察的实验因素较多（不小于 3），但允许进行的实验次数不多，通常可以用较少的实验次数找出最佳水平组合。正交设计是利用正交表安排多因素实验、分析实验结果的一种设计方法。它从多因素的全部水平组合中挑选部分有代表性的水平组合进行实验，通过对这部分实验结果的分析，了解全面实验的情况，找出因素最佳水平组合。

在多因素实验中，实施在实验单位上的具体项目是各因素的某一水平组合。例如进行中药提取时，选择 3 种中药粉碎粒度和 4 种不同浓度的提取溶剂的两因素实验，整个实验有 $3 \times 4 = 12$ 个水平组合，实施在实验单位上的具体项目就是某中药粉碎粒度与某浓度的提取溶剂的结合。所以，在多因素实验时，实验因素的一个水平组合就是一个处理。设计正交实验时一般先确定初步变动范围。可参考文献确定，或进行初步实验确定（因素水平宜取大间隔）。

第二节　样品采集

一、样品的采集

所谓采样是指从整批被检样品中抽取一部分有代表性的样品，供分析化验用。采样是分析的首项工作，采样的正确与否，是检验工作成败的关键。使用正确的采样方法，很好的保存样品，是使实验结果正确反映样品中被测组分真实含量的必要条件。所以样品的采集应遵循以下四点要求：①代表性，能代表总体的一定数量样品；②典型性，不能将样品部位任意混合；③适时性，注意生长发育阶段；④采样后及时记录（编号、种类、采集量、时间、地点、采样环境、过程、采样者）。下面介绍一般样品采集的方法：

1. 固体试样

（1）粉状或松散样品的采取　如精矿、石英砂、化工产品等其组成较均匀，可用探料钻插入包内钻取。

（2）金属锭块或制件样品的采取　一般可用钻、刨、切削、击碎等方法，按锭块或制件的采样规定采取试样。如无明确规定，则从锭块或制件的纵横各部位采取。如送检单位有特殊要求，可协商采取。

（3）大块物料样品的采取　如矿石、焦炭、块煤等，不但组分不均匀，而且其大小相差很大。所以，采样时应以适当的间距，从各个不同部分采取小样，原始样品一般按全部物料的千分之一至万分之三采集小样，对极不均匀的物料，有时取五百分之一，取样深度在 0.3 ~ 0.5m 处。

2. 液体试样

液体试样常有水、饮料、体液、工业溶剂等，一般比较均匀，取样单元可以较少。当试样的量较大时，应从不同的位置和深度分别采样，混合均匀后作为分析试样，以保证它的代表性。

液体试样采样器多为塑料或玻璃瓶，一般情况下两者均可使用。但当要检测试样中的有机物时，宜选用玻璃器皿；而要测定试样中微量的金属元素时，则宜选用塑料取样器，以减少容器吸附和产生微量待测组分的影响。

液体试样的化学组成容易发生变化，应立即对其进行测试。应采取适当保存措施，以防止或减少在存放期间试样的变化。

保存措施：控制溶液的 pH、加入化学稳定试剂、冷藏和冷冻、避光和密封等。采取这些措施旨在减缓生物作用、化合物或配合物的水解、氧化还原作用及减少组分的挥发。保存期长短与待测物的稳定性及保存方法有关。

3. 气体试样

气体试样的采集有多种方式：如用泵将气体充入取样容器、采用装有固体吸附剂或过滤器的装置收集、过滤法收集气溶胶中的非挥发性组分等。其中，固体吸附剂采样是让一定量气体通过装有吸附剂颗粒的装置，收集非挥发性物质。

大气试样，根据被测组分在空气中存在的状态（气态、蒸汽或气溶胶）、浓度以及测定方法的灵敏度，可用直接法或浓缩法取样。贮存于大容器（如贮气柜或槽）内的物料，因密度不同可能影响其均匀性时，应在上、中、下等不同处采取部分试样后混匀。

4. 生物试样

生物试样包括血、尿、毛发、组织和脏器等，不同于一般的有机或无机物料，其组成因部位和时季不同而有较大差异，特别注意样品玷污和代表性。采样应根据需要选取适当部位和生长发育阶段进行，除应注意有群体代表性外，还应有适时性和部位典型性。

鲜样分析的样品，应立即进行处理和分析，生物试样中的酚、亚硝酸、有机农药、维生素、氨基酸等在生物体内易发生转化、降解或者不稳定的成分，一般应采用新鲜样品进行分析。可参考《生物监测质量保证规范》(GB/T 16126－1995)。

储存生物材料的容器材料有塑料和玻璃，储存期间应注意吸附性：塑料易吸附脂溶性组分，玻璃易吸附碱性物质。保存一般采用冷冻保存。

5. 试样的保存

样品采集后应尽快测定，否则应在适当的条件下保存。采集的样品保存时间越短，分析结果越可靠。能够在现场进行测定的项目，应在现场完成分析，以免在样品的运送过程中，待测组分由于挥发、分解和被污染等原因造成损失。若样品必须保存，则应根据样品的物理性质、化学性质和分析要求，采取合适的方法保存样品。采用低温、冷冻、真空、冷冻真空干燥，加稳定剂、防腐剂或保存剂，通过化学反应使不稳定成分转化为稳定成分等措施，可延长保存期。普通玻璃瓶、棕色玻璃瓶、石英试剂瓶、聚乙烯瓶、袋或桶等常用于保存样品。

二、样品制备

1. 样品制备原理

利用样品与样品基质的物理化学差异，使其从对检测系统有干扰作用的样品基质中提取分离出来。可根据相似相溶原理，利用物质的极性－溶解度、分配系数、挥发性－蒸汽压（液态或固态物质转变为气态的物理性能）分离样品。

混匀的样品按照其性质多点取样，即从混合器中指定的（有计划的）位置收集混合样品或者在完整的压片过程中收集成品样品；或四分法取样，即将样品按照测定要求磨细、过筛、混合后，平铺成圆形，分成四等份，取对角的两份混合，然后再同样四等份，取另外一个方向的对角两份混匀，重复操作直至达到要求。

2. 样品处理的原则

(1) 制备过程中避免组分发生化学变化；

（2）要防止和避免欲测定组分的沾污；

（3）尽可能减少无关化合物引入制备过程，注意过程中不要引入被测物（如测定微量元素，用金属器械处理时可能造成污染）；

（4）保证被测物损失极小的情况下，尽量去除干扰物；

（5）尽可能简单易行。

3. 样品前处理

试样中往往含有一定的杂质或其他干扰分析测定的成分，所以在分析测定前，要进行前处理，要对样品进行处理即根据被测物质和干扰物质间性质上的差异，使用不同的分离方法，把被测物质同干扰物质分离开来，或者使干扰物质分离出去，并能将被测物质浓缩，从而使分析测定得到理想的结果。

试样处理是整个分析测定中的重要步骤，处理方法要根据被测组分及干扰组分的物理化学性质决定，常用的有下列方法：

（1）提取　试样中的被测物质，大多能直接溶解于水中，例如糖类、氨基酸、有机酸、无机盐等，所以这类物质的测定，一般将试样加水溶解稀释后可以直接测定。某些难溶于水的有机被测物质，则常用乙醚、乙醇、丙酮、三氯甲烷等有机溶剂来提取。例如脂肪的测定，常用乙醚抽提，然后用重量法测定。

（2）有机质破坏　测定样品中的重金属离子时，由于金属离子常与样品中的蛋白质等有机质结合，成为难溶或难溶解的有机金属化合物，这些金属元素不以离子形式存在，故无法进行离子反应。所以在测定前，先要破坏试样的有机结合体，释放出被测组分，这一步骤称为样品的消化。消化的方法常是将有机质高温处理，或高温加强氧化条件，使试样中有机质彻底分解，其中碳、氢、氧元素生成二氧化碳和水逸去，金属元素则生成简单的无机金属离子化合物留在溶液中。有机质的破坏，按操作方法不同，可分为干法灰化和湿法消化两大类。

（3）蒸馏法　主要除去干扰物质和进行浓缩。一般有常压蒸馏、减压蒸馏、水蒸气蒸馏和有机溶剂共蒸馏。若试样中被测成分具有挥发性，或经过处理后能转变为挥发性的物质，则可以将试样或试样处理液进行蒸馏。以使被测成分蒸馏出来，与无挥发性的成分分离而将被测成分收集在蒸馏液中。例如粗蛋白质的测定，就是先将试样经过消化处理后，将蛋白质中氮分解为挥发性的氨，再用加碱蒸馏的方法将氨蒸馏出来为硼酸所吸收，然后用酸碱滴定的方法测定吸收液中氮的含量，并换算为蛋白质的含量。

（4）澄清与脱色　待分析的样液，若带有颜色，呈浑浊状态，会不同程度地含有影响测定的杂质。为使样液的分析能顺利进行，有必要进行澄清处理。例如以废糖蜜为原料进行生产时，测定精密糖分前，常加入中性醋酸铅作澄清剂。

除了上述几种主要处理方法外，还有脱脂、沉淀、膜浓缩等方法可以进行样品前处理。

4. 样品测定

样品测定即对样品进行分析检测，样品分析检测的任务是确定物质的组成、测定各组分的含量及表征物质的结构，为评价材料和产品的质量、控制制备过程及制备过程对环境的影响、指导和改进制备过程提供重要依据。从能更好指导实验的目的出发，要求分析数据具有代表性、准确性、精密性、可比性和完整性，能准确地反映实际情况，这就需要一套完整的检测方法。

（1）选择合适的分析方法　在明确实验目的、理解实验原理的基础上，就要选择适当的实验方法，适当的检测仪器，得出实验结果进行分析。例如，有机物需要用色谱进行分析，金属分析需要用原子光谱，DNA 序列测定需要用毛细管电泳，微观结构需要用电镜来测量。确定检测方法后要进行影响因素的考察，确定待测物的检测指标，考察影响因素和水平得到最优条件。再对最优条件进行准确度和精密度考察。

（2）最优方案设计　在科学研究的实践中，所需要考察的因素往往比较多，而且因素的水平数也常常多于2个，如果每个因素的每个水平都相互搭配进行全面实验，实验次数是惊人的。例如，对于4因素4水平的实验，全面实验次数至少为 $4^4=256$ 次实验。可见，随着因素的增加，实验次数增加得更快，另外要用相当长的时间对这么多实验数据进行统计分析计算。而在选出最优方案时，一般都要进行某些优化法，将实验次数减少，将统计分析的计算变得简单。在这里先简单介绍一下正交实验设计，这是最常用的实验设计方法之一。正交实验设计的步骤：

①明确实验目的，确定实验指标　任何一个实验都是为了解决某一个问题，或为了得到某些结论而进行的，所以任何一个正交实验都应该有一个明确的目的，这是正交实验设计的基础。

实验指标是表示实验结果特性的值，如产品的产量、产品的纯度等。可以用它来衡量或考核实验效果。

②挑选因素，确定水平　影响实验指标的因素很多，但由于实验条件所限，不可能全面考察，所以应对实际问题进行具体分析，并根据实验目的，选出主要因素，略去次要因素，以减少要考察的因素数。如果对问题了解不够，可以适当多取一些因素。确定因素水平数时，一般尽可能使因素的水平数相等，以方便实验数据处理。最后列出因素水平表。以上两点主要靠专业知识和实践经验来确定，是正交实验设计能够顺利完成的关键。

③选正交表，进行表头设计　根据因素数和水平数来选择合适的正交表。一般要求，因素数≤正交表列数，因素水平数与正交表对应的水平数一致，在满足上述条件的前提下，选择较小的表。例如，对于4因素3水平的实验，满足要求的表有 $L_9(3^4)$，$L_{27}(3^{13})$ 等，一般可以选择 $L_9(3^4)$，但是如果要求精度高，并且实验条件允许，可以选择较大的表。

④明确实验方案，进行实验，得到结果　根据正交表和表头设计确定每号实验的方案，然后进行实验，得到以实验指标形式表示的实验结果。

⑤对实验结果进行统计分析　对正交实验结果的分析，通常采用两种方法：一种是直观分析（或称极差分析法）；另一种是方差分析法。通过实验分析可以得到因素主次顺序、优方案等有用信息。

⑥进行验证实验，做进一步分析　优方案是通过统计分析得出的，还需要进行实验验证，以保证优方案与实际一致，否则还需要进行新的正交实验。

例4－1：提取麻黄的盐酸麻黄碱，以麻黄碱的含量为检测指标，用高效液相色谱法测定。考察提取工艺中的四个主要因素：盐酸乙醇中的盐酸摩尔浓度（A），盐酸乙醇倍数（B），回流时间（C），提取次数（D），每个因素各选三个水平进行实验（见表4-1）。实验目的是为了提高盐酸麻黄碱的提取量，寻找最适宜的操作条件（忽略因素间的交互作用）。

表4-1　例4-1的因素水平表

水平	因素 A 盐酸乙醇中的盐酸摩尔浓度（mol/L）	B 盐酸乙醇倍数	C 回流时间（h）	D 提取次数
1	0.01	4	0.5	1
2	0.001	5	1	2
3	0.0001	6	1.5	3

本例选用正交表L9（34），只需要作9次实验，如果将A、B、C、D四个因素分别安排在正交表的1、2、3列，则实验方案为$A_1B_1C_1D_1$，$A_1B_2C_2D_2$，$A_1B_3C_3D_3$，$A_2B_1C_2D_3$，$A_2B_2C_3D_1$，$A_2B_3C_1D_2$，$A_3B_1C_3D_2$，$A_3B_2C_1D_3$，$A_3B_3C_2D_1$。实验结果见表4-2。

表4-2　例4-1选用L_9（3^4）正交实验结果表

实验号	因素 A 盐酸乙醇中的盐酸摩尔浓度（mol/L）	B 盐酸乙醇倍数	C 回流时间（h）	D 提取次数	指标 从20g麻黄粗粉中提取的盐酸麻黄碱总量（g）
1	0.01	4	0.5	1	0.065
2	0.01	5	1.0	2	0.135
3	0.01	6	1.5	3	0.148
4	0.001	4	1.0	3	0.140
5	0.001	5	1.5	1	0.093
6	0.001	6	0.5	2	0.125
7	0.0001	4	1.5	2	0.101
8	0.0001	5	0.5	3	0.120
9	0.0001	6	1.0	1	0.068
K_1	0.3480	0.3060	0.3100	0.2260	
K_2	0.3580	0.3480	0.3430	0.3610	
K_3	0.2890	0.3410	0.3420	0.4080	
R	0.0690	0.0420	0.0330	0.1820	
SS	0.0009	0.0003	0.0002	0.0060	
K_{MAX}	0.3580	0.3480	0.3430	0.4080	
K_{MIN}	0.2890	0.3060	0.3100	0.2260	

本例中，通过直观分析（或极差分析）得到的优方案 $A_2B_2C_2D_3$，并不包含在正交表中已做过的 9 个实验方案中，这正体现了正交实验设计的优越性。该优化方案是通过理论分析得到，但它实际上是不是真正的优方案还需要作进一步的验证。首先，将优化方案 $A_2B_2C_2D_3$ 与正交表中最好的第 3 号实验 $A_1B_3C_3D_3$ 作对比实验，若方案 $A_2B_2C_2D_3$ 比第 3 号实验的实验结果更好，通常就可以认为 $A_2B_2C_2D_3$ 是真正的优方案，否则第 3 号实验 $A_1B_3C_3D_3$ 就是所需的优方案。若出现后一种情况，一般来说可能是没有考虑交互作用或者实验误差较大所引起的，需要作进一步的研究，可能还有提高实验指标的潜力。

有交互效应的正交实验可选择有交互效应的表头设计表安排实验，其他步骤相同。正交实验若因素、水平增加则实验量急剧增加。此时可考虑均匀设计法（与其他方案相比实验次数更少）或单纯形优化法（本法不受因素限制，详见专著、手册等）。

第三节 调查统计

当实验结果是通过搜集大量数据进行统计分析得出结论的，就需要设计调查问卷，或收集处方等基本资料。调查问卷的发放、处方的搜集等都应有一定数量（发放 - 回收，有效问卷，抽取处方）。设计问卷，是询问调查的关键。完美的问卷必须具备两个功能，即能将问题传达给被问的人和使被问者乐于回答。要完成这两个功能，问卷设计时应当遵循一定的原则和程序，运用一定的技巧。下面介绍一下调查问卷的设计。

一、问卷设计的原则

1. 有明确的主题

根据调查主题，从实际出发拟题，问题目的明确，重点突出，没有可有可无的问题。问卷主要包括三个部分：前言，引起被调查者兴趣；正文，被调查者信息、调查项目、调查者信息；结束语，强调本调查的重要性及再次表达谢意。

2. 结构合理、逻辑性强

问题的排列应有一定的逻辑顺序，符合应答者的思维程序。一般是先易后难、先简后繁、先具体后抽象。可以先小范围测试后再大规模发放。

3. 通俗易懂

问卷应使应答者一目了然，并愿意如实回答。问卷中语气要亲切，符合应答者的理解能力和认识能力，避免使用专业术语。对敏感性问题采取一定的技巧调查，使问卷具有合理性和可答性，避免主观性和暗示性，以免答案失真。

4. 其他

便于资料的校验、整理和统计。

二、问卷设计的程序

1. 确定主题和资料范围

根据调查目的的要求，研究调查内容、所需收集的资料及资料来源、调查范围等，酝酿问卷的整体构思，将所需要的资料一一列出，分析哪些是主要资料，哪些是次要资料，哪些是可要可不要的资料，淘汰那些不需要的资料，再分析哪些资料需要通过问卷取得、需要向谁调查等，并确定调查地点、时间及对象。封闭式与开放式，尽量选前者；设定单选与多选的题型；题目设计遵循必要、准确、少用模糊词（一般、大约）等。

2. 分析样本特征

分析了解各类调查对象的社会阶层、社会环境、行为规范、观念习俗等社会特征；需求动机、潜在欲望等心理特征；理解能力、文化程序、知识水平等学识特征，以便针对其特征来拟题。

3. 拟定并编排问题

首先构想每项资料需要用什么样的句型来提问，尽量详尽地列出问题，然后对问题进行检查、筛选，看它有无多余的问题，有无遗漏的问题，有无不适当的问句，以便进行删、补、换。

4. 进行试问试答

站在调查者的立场上试行提问，看看问题是否清楚明白，是否便于资料的记录、整理；站在应答者的立场上试行回答，看看是否能答和愿答所有的问题，问题的顺序是否符合思维逻辑。估计回答时间是否合乎要求。有必要在小范围进行实地试答，以检查问卷的质量。

5. 修改、复印

根据试答情况，进行修改，再试答，再修改，直到完全合格以后才定稿付印，制成正式问卷。

第四节　实验数据统计分析

实验数据统计分析是指从大量的实验数据中总结经验、发现规律，常用的数据分析软件有 Excel、Origin 以及其他统计学常用数据分析软件。下面对直观分析、方差分析、回归分析和多因素正交实验数据进行简单介绍。

一、直观分析方法

直观分析方法又称为极差法，极差是指某因素在不同水平下的指标值的最大值和最小值之间的差值。极差的大小反映了实验中各个因素影响的大小，极差大表明该因素对实验结果的影响大，是主要因素；反之，极差小表明该因素对实验结果的影响小，是次要因素或不重要因素。直观分析方法首先要计算出每一个水平的实验指标值的总和与平均值，然后求出极差，根据极差的大小，分析各个因素对实验指标值的影响程度，确定哪些因素是主要因素，哪些因素是次要因素，从而找出主要因素的最好水平。

直观分析方法的优点是简便、工作量小，而缺点是判断因素效应的精度差，不能给出实验误差大小的估计，在实验误差较大时，往往可能造成误判。

二、方差分析

方差分析（analysis of variance，简称 ANOVA）是一种非常实用、有效的统计检验方法，能用于检验实验过程中有关因素对实验结果影响的显著性。其本质是总的变差平方和被分解为各个因素的变差平方和与误差的变差平方和，然后求出它们所对应的自由度，求出平均方差，计算出统计量 F，根据显著性水平查出临界值 F_{α} 从而进行判定。方差分析方法的优点是能够充分地利用实验所得的数据估计实验误差，并且分析判断因素效应精度很高。

例如，对于某一化学反应，在反应时间、反应温度和压强等条件相同时，要清楚不同的催化剂对产物得率是否有显著影响，并从中挑选出最合适的催化剂，这就是一个典型的方差分析的问题。所以方差分析实质上是研究自变量（因素）与因变量（实验结果）相互关系的。

在实验中，将表示实验结果特性的值，如产品的产量、产品的纯度等称为实验指标，可以用它来衡量或考核实验效果。将影响实验指标的条件称为因素。因素可以分为可控因素和不可控因素，例如反应温度、原料用量、溶液浓度等是可以控制的，而测量误差、气象条件等一般是难以控制的，所讨论的因素一般是指可控因素。方差分析中涉及到的因素，可以是数量性的，如反应温度等，也可以是属性因素，如催化剂种类等。因素的不同状态或内容称为水平，例如催化剂的不同种类就称作不同的水平。如果方差分析只针对一个实验因素的，称为单因素方差分析。如果同时针对多个实验因素进行，则称为多因素方差分析，在多因素方差分析中，双因素方差分析是最常见的。

方差分析在分析测试中有着广泛的应用，如在对比性实验中，用来检查测试精度的变化；在优选实验条件时，用来判断因素效应；在建立坐标曲线时，用来检验所建立的标准曲线是否有意义，与曲线的拟合程度等。

例 4－2：用火焰原子吸收光谱测定矿石中的铋，研究酸度对吸光度的影响，得到如表 4－3 所示的结果。试由表中的数据评价酸度对吸光度的影响。

表 4－3 不同酸度时的吸光度

实验次数	0	1%	2%	3%	4%
1	0.140	0.152	0.160	0.175	0.180
2	0.141	0.150	0.158	0.173	0.184
3	0.144	0.156	0.163		0.182
4		0.154	0.161		0.186

依题意，单因素酸度有 5 种水平，即 $r=5$，而且在不同水平上实验次数不同。计算结果如表 4－4 所示，总实验次数 $n=17$。

所以有 $SS_T = Q - \frac{T^2}{n} = 0.451457 - \frac{2.759^2}{17} = 0.003688$

$$SS_e = Q - \sum_{i=1}^{5}\frac{T_i^2}{n_i} = 0.451457 - 0.451393 = 0.000064$$

$$SS_A = SS_T - SS_e = 0.003688 - 0.000064 = 0.003624$$

表4-4 例4-2简化计算表

实验次数	0	1%	2%	3%	4%	
1	0.140	0.152	0.160	0.175	0.180	
2	0.141	0.150	0.158	0.173	0.184	
3	0.144	0.156	0.163		0.182	
4		0.154	0.161		0.186	
n_i/次	3	4	4	2	4	$n=\sum_{i=1}^{5}n_i=17$
T_i	0.425	0.612	0.642	0.348	0.732	$T=\sum_{i=1}^{5}T_i=2.759$
T_i^2	0.180625	0.374544	0.412164	0.121104	0.535824	
T_i^2/n_i	0.060208	0.093636	0.103041	0.060552	0.133956	$\sum_{i=1}^{5}\frac{T_i^2}{n_i}=0.451393$
Q_i	0.060217	0.093656	0.103054	0.060554	0.133976	$Q=\sum_{i=1}^{5}Q_i=0.451457$

由于自由度、均方和 F 值很容易计算，可直接列出方差分析表，分析结果如表4-5所示。

表4-5 例4-2方差分析表

差异源	SS	df	MS	F	显著性
酸度（组间）	0.003624	$r-1=4$	0.003624/4=0.000906	169.98	* *
误差（组内）	0.000064	$n-r=12$	0.000064/12=0.00000533		
总和	0.003688	$n-1=16$			

从 F 分布表中查得 $F_{0.05(4,12)}=32.6$，$F_{0.01(4,12)}=5.41$，所以 $F>F_{0.01(4,12)}=5.41$，因此酸度对吸光度有非常显著的影响，在实验的酸度范围内，吸光度随酸度的增加而增大。

上面的例子是一个单因素实验的方差分析。双因素的方差分析是讨论两个因素对实验结果影响的显著性，所以又称二元方差分析。根据两因素每种组合水平上的实验次数，可以将双因素实验的方差分析分为无重复实验和重复实验的方差分析，在此就不做详细介绍。

三、回归分析

在生产过程和科学实验中，总会遇到多个变量，同一过程中的这些变量往往是相互依赖、相互制约的，也就是说它们之间存在相互关系，这种相互关系可以分为两种类型：确定关系和相关关系。

当一个或几个变量取一定值时，另一个变量有确定值与之相对应，也就是说变量之间存在着严格的函数关系，这种关系就是称为确定性关系。例如，当溶液的体积 V 一定时，溶液的摩尔浓度 c 与溶质的质量 W 之间就有确定的函数关系 $c=W/(MV)$（M 为溶质的分子量），当 W 确定后，c 也就完全确定了。

当一个或几个相互关系的变量取一定数值时，与之对应的另一变量的值虽然不确定，但它仍按某种规律在一定的范围内变化，变量之间的这种关系称为相关关系。例如，在食品加工过程中，处理温度与食品中维生素 C 含量之间的关系，虽然我们知道温度越高，维生素 C 含量会降低，但这一规律很难用一个确定的函数式来准确表达，两者间存在相关关系。

变量之间的确定性关系和相关关系，在一定的条件下是可以相互转换的。本来具有函数关系的变量，当存在实验误差时，其函数关系往往以相关的形式表现出来。相关关系虽然是不确定的，却是一种统计关系，在大量的观察下，往往会呈现出一定的规律性，这种规律性可以通过大量实验值的散点图反映出来，也可以借助相应的函数式表达出来，这种函数称为回归函数或回归方程。

回归分析（regression analysis）是一种处理变量之间相关关系最常用的统计方法，是用来寻找实验因素与实验指标之间是否存在函数关系的一种方法，用它可以寻找隐藏在随机性后面的统计规律。确定回归方程，检验回归方程的可信性等是回归分析的主要内容。

回归分析的类型很多。研究一个因素与实验指标间相关关系的回归分析称为一元回归分析；研究几个因素与实验指标间相关关系的称为多元回归分析。无论是一元回归分析还是多元回归分析，都可以分为线性回归和非线性回归两种形式。

一般回归方程的表示方法如下：$y = b_0 + b_1x_1 + b_2x_2 + b_3x_3 + b_4x_4 + \cdots + b_nx_n$，在实验过程中，实验误差越小，则各因素 x_i 变化时，得出考察指标 y 越精确，因此，利用最小二乘法原理，列出回归方程组，解这个方程组，求出回归方程的系数，带入并求出回归方程。对于所建立的回归方程是否有意义，要进行统计假设检验。

四、正交实验数据分析

上面方差分析中提到的正交设计是单指标正交设计，在实际生产和科学实验中，整个实验结果的好坏往往不是一个指标能全面评判的，所以多指标的实验设计是一类很常见的方法。由于多指标实验的结果分析比较复杂，这里就简单介绍多指标正交实验的分析方法中的综合平衡法。

例 4－3：在用乙醇溶液提取葛根中有效成分的实验中，为了提高葛根中有效成分的提取率，对提取工艺进行优化实验，需要考虑三项指标：提取物得率（为提取物质量与葛根质量之比）、提取物中葛根总黄酮含量、总黄酮中葛根素含量，三个指标都是越大越好，根据前期探索性实验，决定选取 3 个相对重要的因素：乙醇浓度、液固比（乙醇溶液与葛根质量之比）和提取剂回流次数进行正交实验，它们各有 3 个水平，具体数据如表 4－6 所示，不考虑因素间的交互作用，进行分析，找出较好的提取工艺条件。

表 4－6　例 4－3 因素水平表

水平	因素		
	（A）乙醇浓度/%	（B）液固比	（C）回流次数
1	80	7	1
2	60	6	2
3	70	8	3

这是一个3因素3水平的实验，由于不考虑交互作用，所以可选用正交表$L_9(3^4)$来安排实验，表头设计、实验方案及实验结果如表4－7所示。

表4－7　例4－3实验方案及实验结果

实验号	A	B	空列	C	提取物得率/%	葛根总黄酮含量/%	葛根素含量/%
1	1	1	1	1	6.2	5.1	2.1
2	1	2	2	2	7.4	6.3	2.5
3	1	3	3	3	7.8	7.2	2.6
4	2	1	2	3	8.0	6.9	2.4
5	2	2	3	1	7.0	6.4	2.5
6	2	3	1	2	8.2	6.9	2.5
7	3	1	3	2	7.4	7.3	2.8
8	3	2	1	3	8.2	8.0	3.1
9	3	3	2	1	6.6	7.0	2.2

与单指标实验的分析方法相同，先对各指标分别进行直观分析，得出因素的主次和优方案，结果如表4－8所示。

由表4－8可以看出，对于不同的指标而言，不同因素的影响程度是不一样的，所以将3个因素对3个指标影响的重要性的主次顺序统一起来是行不通的。

表4－8　例4－3实验结果分析

指标		A	B	空列	C
提取物得率/%	K_1	21.4	21.6	22.6	19.8
	K_2	23.2	22.6	22.0	23.0
	K_3	22.2	22.6	22.2	24.0
	k_1	7.13	7.20	7.53	6.60
	k_2	7.73	7.53	7.33	7.67
	k_3	7.40	7.53	7.40	8.00
	极差R	1.8	1.0	0.6	4.2
	因素主次	CAB			
	优方案	$C_3A_2B_2$ 或 $C_3A_2B_3$			
葛根总黄酮含量/%	K_1	18.6	19.3	20.0	18.5
	K_2	20.2	20.7	20.2	20.5
	K_3	22.3	21.1	20.9	22.1
	k_1	6.20	6.43	6.67	6.17
	k_2	6.73	6.90	6.73	6.83
	k_3	7.43	7.03	6.97	7.37
	极差R	3.7	1.8	0.7	3.6
	因素主次	ACB			
	优方案	$A_3C_3B_3$			

续表

指标		A	B	空列	C
葛根素含量/%	K_1	7.2	7.3	7.7	6.8
	K_2	7.4	8.1	7.1	7.8
	K_3	8.1	7.3	7.9	8.1
	k_1	2.40	2.43	2.57	2.27
	k_2	2.47	2.70	2.37	2.60
	k_3	2.70	2.43	2.63	2.70
	极差 R	0.9	0.8	0.8	1.3
	因素主次		CAB		
	优方案		$C_3A_3B_2$		

不同指标所对应的优方案也是不同的，但是通过综合平衡法可以得到综合的优方案。具体平衡过程如下。

因素 A：对于后两个指标都是取 A_3 好，而且对于葛根总黄酮含量，A 因素是最主要的因素，在确定优水平时应重点考虑；对于提取物得率则是取 A_2 好，从 K_i（k_i）可以看出 A 取 A_2、A_3 时提取物得率相差不大，而且从极差可以看出，A 为较次要的因素，所以根据多数倾向和 A 因素对不同指标的重要程度，选取 A_3。

因素 B：对于提取物得率，取 B_2 或 B_3 基本相同，对于葛根总黄酮含量取 B_3 好，对于葛根素含量则是取 B_2；另外，对于这三个指标而言，B 因素都是处于末位的次要因素，所以 B 取哪一个水平对 3 个指标的影响都比较小，这时可以本着降低消耗的原则，选取 B_2，以减少溶剂耗量。

因素 C：对于 3 个指标来说，都是以 C_3 为最佳水平，所以去 C_3。

综合上述的分析，优方案为 $A_3B_2C_3$，即乙醇浓度 70%，液固比 6，回流 3 次。

在进行综合平衡时，可以依据四条原则：第一，对于某个因素，可能对某个指标是主要因素，但对另外的指标则可能是次要因素，那么在确定该因素的优水平时，应首先选取作为主要因素时的优水平；第二，若某因素对各指标的影响程度相差不大，这时可按“少数服从多数”的原则，选取出现次数较多的优水平；第三，当因素各水平相差不大时，可依据降低消耗、提高效率的原则选取合适的水平；第四，若各实验指标的重要程度不同，则在确定因素优水平时应首先满足相对重要的指标。在具体运用这几条原则时，仅仅根据其中一条可能确定不了优水平所以应将几条综合在一起分析。

可见，综合平衡法要对每一个指标都单独进行分析，所以计算分析的工作量大，但是同时也可以从实验结果中获得较多的信息。多指标的综合平衡有时是比较困难的，仅仅依据数学的分析往往得不到正确的结果，所以还要结合专业知识和经验，得到符合实际的优方案。

正交实验有“均匀分散，整齐可比”的特点。若舍弃“整齐可比”性，让实验点在其实验范围内充分地“均匀分散”，这样每个实验点就可以有更好的代表性，实验的数目也可以较正交设计大幅度地减少。这种单纯地从“均匀分散”性出发的实验设计方法称为均匀设计。均匀设计的特点就是可以大大减少实验次数，这也是它与正交设计的最大不同之处。在这里对如何进行均匀设计就不做详细介绍，有关内容可以参考《均匀设计及其应用》。

五、利用计算机处理实验数据

根据计算机的型号及数据处理软件的要求，将各因素的各水平值及结果数据组成的数据矩阵输入计算机，进行回归分析，得到一个回归方程式；经统计检验通过后，就可以根据专业知识分析该方程，寻找出优化条件；根据优化条件，计算出优化后的优化结果及其区间估计；然后按优化条件进行实验，实验结果应在预测范围内或相距不远。

数据数理的软件有很多种，如中国数学会均匀设计分会的软件是在方开泰教授指导下编制的，功能齐全，界面友好，适用于各种复杂问题的数据处理。沈阳药科大学制药工程学院的曾昭钧教授领导的课题组为适应教学改革的需要，为该校学生编制了“CSZ”——应用计算机仿真技术优化制药工艺条件软件包。该软件包是一个数据处理程序（包括多元统计回归分析和回归方程的优化），它将计算机强大的计算功能和全面实验的优点相结合，利用多元逐步回归分析得到的回归方程（经统计检验和专业知识分析认可）作为计算机仿真的数学模型，让计算机按此数学模型进行全面实验——计算机实验，将最好的实验结果（收率最高或成本最低）显示出来，并且将优化条件也同时显示出来供利用。

参 考 文 献

[1] 王万中．试验的设计与分析［M］．北京：高等教育出版社，2004.
[2] 陈魁．试验设计与分析［M］．北京：清华大学出版社，2005.
[3] 李云雁．试验设计与数据处理［M］．北京：化学工业出版社，2005.
[4] 郑少华．试验设计与数据处理［M］．2 版．北京：中国建材工业出版社，2005.

（杨　帆　　陈　颖）

第五章 CHAPTER

文献综述

第一节　文献综述的定义和作用

文献综述（Review）是学术论文的一种，为科学文献中的常见文体，通过收集相对有限的时间范围内与专题相关的文献资料并对所获得的资料进行分类、整理、分析、归纳等处理后，对该专题的研究背景、已经取得的成就、存在的争论和继续研究的方向等进行总结和评论的文章，属于三次文献。

一篇好的文献综述可以充分反映出当下某一研究领域或专题的历史沿革、已取得的重要结论、最新进展、存在的问题以及发展方向，其学术价值和水平有时甚至超过科研论文，因此具有重要的参考价值。科技工作者通过对文献综述的阅读和分析，可以在相对短的时间内较为系统的了解和掌握相关领域的资料，为今后的研究课题提供思路、目标和内容。

文献综述的写作一方面可以研究并继承前人的成果，为将来的创新打下理论基础；另一方面通过文献综述写作也能够发现此类研究中存在的问题和争议，为确定专题研究方向提供突破口。无论从哪方面而言，文献综述都可以认为是科研的开端，是对作者科研素质和水平的基本要求，撰写综述也是本科生今后科研活动中必不可少的练习。文献综述往往需要反映某专题的原理、进展、趋势等，因此需要查阅大量的文献资料，这对熟悉文献的查找途径与方法、熟悉检索工具提供了锻炼的良机，能大幅度提高撰写者收集资料的水平。同时综述写作又并非简单的罗列资料，需要撰写者对收集的资料进行归类然后分析整理，以便在具体的写作中有条理有层次的逐步展开，因此会锻炼撰写者分析和整理资料的能力。在综述的写作过程中，论文框架结构的设计、内容的排列方式、论点的相关文献支持等问题也将对撰写者的逻辑思维、分析、归纳、综合以及表达能力的提高有利。此外，文献综述的选题范围较广，主题易于控制，这些都使得文献综述的写作在科研活动和论文写作中的地位变得重要。

第二节　文献综述的特点及分类

一、文献综述的一般特点

文献综述是针对某一学科分支、某一领域、某一专题的综合性、述评性论文，是对相关研究论文、科技报告、专利等文献分析归纳后表达出来的，因而有其自身的特点。

1. 信息量大

首先，文献综述的参考文献数量明显多于一般的研究性论文，通常超过30篇，有的甚至上百篇；其次，文献综述的参考文献时空跨度较大，为了反映专题的历史沿革，相关文献在时间上具有较大的跨度。为了反映最新进展，相关文献又在空间上具有较大的跨度；最后，文献综述不仅引用所论述专题范围内的文献，有必要时还会引用其他领域的文献作为支撑。因此文献综述的信息量不是一般的科研论文可以相比的。

2. 参考性强

由于信息交流变得越来越发达，同样时间段内的研究论文数量也较以前有大幅度增长。作为科技人员或科技工作管理人员，不可能有大量的时间充分研读所有文献。而文献综述的出现解决了这个问题，通过阅读文献综述，可以使相关人员在短时间内了解感兴趣的领域发展历史、目前状况、发展趋势，快速获取信息，因而具有较强的参考价值。

3. 内容较新

科学技术的发展一日千里，目前各种新理论、新方法、新技术层出不穷，文献综述的主要内容之一就是反映某专题的进展情况，从中可以了解到新知识，对更新知识体系和内容起到了重要作用。一般综述所引用的参考文献大部分均为最近3～5年内所发表，因此内容新也是文献综述的特点之一。

4. 高度综合

综述的特点之一“综”——文献综述作者通过阅读大量的文献并进行综合归纳，引用并将有说服力的材料加工整理精炼，使得所论述的问题更突出，从而能够较为系统的反映某一专题的概况，并可纵向反映历史沿革，横向反映国内外研究发展情况，内容高度概括。另外，由于篇幅的限制，文献综述的语言也是高度综合的，体现为简练精准。

5. 论述清晰

综述的另一特点“述”——综述必须着重客观的反应原始文献中的资料和观点，作者以符合原意的文字对综合、分析所得的资料层次清晰、有条理的进行表述，从而较为系统的论述某一方面的问题，使得论点鲜明，论据可靠，论证充分，推论合乎逻辑，结论恰当合理。否则只是材料的简单罗列，看后使人不知所云。当然，除“述”以外还可有“评”，即对材料进行分析讨论并提出自己的观点。

二、文献综述的分类

文献综述并无严格意义上的分类，但按照其写作内容或其他特征可大致进行分类。

1. 按性质可分为年鉴性综述和报告性综述

前者写作要求较高，综述内容一般较窄，但时间跨度较大。通常对某一专题从起点开始，分别介绍各阶段成就和最新进展，总结性较为明显。后者常以课题申请的附件形式出现，例如广东省科技厅的科技立项申请，其后需附文献综述。此类综述用于介绍专题的意义和现状以及存在的问题，写作时需简明扼要。

2. 按作者的参与程度可分为概要性综述和评论性综述

对于前者，作者对论文加工较少，通常仅对一次文献的方法、结果或论点进行概要性摘录，直接将一次文献中的资料展现给读者，不做评论。对于后者，作者需要在概要性摘录的基础上，对资料进行分析、比对等处理，然后提出作者的观点和建议，通常表现出有选择的接受前人的成果。

3. 按内容可分为成就性综述、动态性综述和争鸣性综述

成就性综述一般专门介绍某一学科分支、某一领域或某一专题相关技术和已取得的成就及最新进展。此类综述具有实用价值，对工作具有指导意义。动态性综述常就某一专题，按时间顺序和学科发展历史，由远及近的综合、分析，从而反映相关研究工作的进展概况。此类综述即可在较短时间内使得读者系统、深入的了解专题。争鸣性综述总结某一专题研究中出现的不同学术观点或结论，按不同的观点安排材料，分别叙述。但应注意作者本人的倾向性意见应与被引用文献的观点分别表述。

4. 按时间可分为回顾性综述和前瞻性综述

前者依据现存资料，反映某一学科或专题目前的水平和状况，不作发展趋势的预测；前瞻性综述则在总结和分析现有文献资料的基础上，除对某一学科或专题目前的水平和状况做出论述以外，还对其发展趋势做出一定的预测。

在科技期刊中一般均设有文献综述栏目，例如《分析化学》下设研究快报、特约来稿、研究报告、研究简报、评述与进展、仪器装置与实验技术、来稿摘登等栏目，其中评述与进展栏目中的论文即属于文献综述类；又如《药学学报》下设综述与述评、研究论文、研究简报、学术动态等栏目，其中综述与述评中的论文也属文献综述类。

文献综述论文标题中一般含有“综述”、“概述”、“进展”、“述评”等字样，此外类似于“×××技术在×××中的应用”的文章也属于综述性论文。例如，“国内外矿山土壤重金属污染奉献评价方法综述”、“离子液体在分析化学中应用研究进展”、“近十年中医的阴阳五行发展概况及评论”、“小檗碱心血管药理研究述评”、“超高效液相色谱在中药领域的应用”等均为文献综述。

第三节 文献综述的结构和各部分作用

本节以《碳纳米管在肿瘤诊断与治疗研究中的新进展》一文为例，详细说明综述型论文的结构组成。

碳纳米管在肿瘤诊断与治疗研究中的新进展

×××　　×××*

（××××××生物医学研究院，××× 200433）

摘　要　碳纳米管具有独特的结构及性质，被广泛应用于生物医学领域。本文对碳纳米管在生物医学特别是肿瘤早期诊断以及治疗方面的研究现状进行了综述，分析了现有的研究特点，并展望了该领域的发展趋势。

关键词　碳纳米管，碳纳米角，生物医学，肿瘤，诊断，治疗，评述

1　引言

碳纳米管（CNTs）自1991年被发现以来，以其独特的结构以及优异的热学、电学和力学性质如较大的比表面积、良好的传热性……

2　肿瘤细胞诊断

2.1　磁共振成像

此共振成像（MRI）技术中造影剂（CAs）的应用越来越广泛，以其磁性的不同可分为3大类：……

2.1.1　顺磁性　顺磁性造影剂……

2.1.2　超顺磁性　超顺磁性铁氧化物……

2.2　近红外成像

由于生物体在近红外光区（NIR）基本不产生荧光……

2.3　正电子发射断层扫描

传统的医学影像技术显示的是疾病引起的解剖和结构变化……

3　肿瘤细胞治疗

3.1　载体

碳纳米管能携带肽段、蛋白以及核酸等生物活性分子进入细胞……

3.1.1　肽段　肽段在分子生物学中有着重要的作用……

3.1.2　蛋白　蛋白质可以通过非共价作用力或共价作用力……

3.1.3　核酸　核酸在生物医学方面有极重要的作用……

3.1.4　药物　碳纳米管作为药物分子的载体研究对于……

3.2　热破坏与放射治疗

碳纳米管同样有望应用到硼中子俘获治疗（BNCT）技术中……

4　展望

综上所述，由于碳纳米管具有独特的一维结构……

References

1 Iijm a S. Nature，1991，354：56～58

2　……

Advance in Research on Carbon Nanotubes as Diagnostic and Therapeutic Agents for Tumor

××× ×××*

(*Department of Chemistry, Institutes of Biomedical Science, Fudan University, Shanghai* 200433)

Abstract Carbon nanotubes have been of great interest for their…

Keywords Carbon nanotubes, carbon nanohorns, …

该文供读者了解常见的文献综述结构和每部分的作用，可分为以下 7 个部分：

1. 标题

标题是论文内容的高度概括，应简单明了，字数最好控制在 20 字以内最多不超过 30 字。标题过于简略则易产生大题小作的感觉，标题过于繁琐则难以记忆，切忌文不对题。文献综述的题名中常用“综述”、“评述”、“进展”、“应用”等词语，有时题名可表明综述的类型。例如：微波辅助萃取技术在中药现代化中的应用（回顾性综述），香辛料提取物抑菌作用的研究现状及展望（前瞻性综述）。

2. 作者

署名不仅代表作者劳动成果，更重要的是对论文负责，并可就论文内容答疑。依其对论文的贡献排序，通讯作者姓名后常以“*”标记。在作者署名下一般开列其工作单位或联系方法。

3. 摘要和关键词

摘要是对论文内容简明准确的描述，是全篇论文的高度浓缩，重要性仅次于题目，在很大程度上决定论文的传播效果。摘要主要有两种：内容性摘要（报道摘要），以简练的文字对文章内容作概括描述，内容要求具体准确并体现出创新点，一般按照目的、方法、结果、结论四要素进行书写，常见于研究性论文；简介性摘要（指示摘要），以简练的文字对文章基本内容作扼要的介绍，目的是引导读者了解论文主题范围并通读全文，通常此类摘要仅介绍简略的文章要点，缺乏具体和实质内容。综述类论文的摘要一般以此形式出现。国内文献综述规定，与其他论文一样应有摘要，并列出 3～5 个关键词。

关键词是指从文献的标题、摘要以及正文中选取的对表达文献主题起关键作用且具有检索意义的词语。选择恰当的关键词可以直接表达论文主题，便于读者检索和判断是否需要阅读，因而具有重要的意义。一篇论文关键词选取 3～5 个为宜，最好不要超过 7 个；词类上主要选择名词、动名词和名词化的词组。

例 5-1：微波辅助萃取技术在中药现代化中的应用

摘要 微波辅助萃取技术是近年来发展迅速的中药有效成分提取技术，与传统的中药活性成分提取技术相比，具有简便、快速高效、选择性强、能耗少和环境污染小等优点，因而越来越得到相关领域研究人员的关注。该文综述了近年来微波辅助萃取技术的原理、特点、影响微波萃取的主要因素、萃取装置及其在中药现代化中的研究进展。引用文献 61 篇。

关键词：微波辅助萃取；中药；中药现代化技术

这篇文献综述的摘要是指示性的，共3个句子，分别说明：微波辅助提取技术（MAE）在中药有效成分提取中的现状及其优点（第一句）；综述内容为MAE原理、主要影响因素、装置等及其中药现代化有关的进展（第二句）；参考文献数目（第三句）。关键词在标题和摘要中取得，共3个。

例5-2：碳纳米管在肿瘤诊断与治疗研究中的新进展

摘要 碳纳米管具有独特的结构及性质，被广泛应用于生物医学领域。本文对碳纳米管在生物医学特别是肿瘤早期诊断以及治疗方面的研究现状进行了综述，分析了现有的研究特点，并展望了该领域的发展趋势。

关键词 碳纳米管，碳纳米角，生物医学，肿瘤，诊断，治疗，评述

这篇文献综述的摘要也是指示性的，共2句。第一句表明综述的意义，即由于碳纳米管的特性，被广泛应用于生物医学领域，因而综述具有理论和现实双重意义；第二句表明文章的主旨和范围，即述评碳纳米管在肿瘤早期诊断和治疗方面已取得的成果，并对该专题的发展趋势进行预测。关键词在标题、摘要和正文中取得，共7个。

4. 引言

也称为前言，是综述的头绪，反映作者的思路。其作用是说明重要的概念和定义，反映论文的目的、意义并提出问题，描述综述的论述范围等，从而引出正文。引言一般应控制在400字以内。写作要求仍然是简洁明确，重点突出。

以《碳纳米管在肿瘤诊断与治疗研究中的新进展》为例，其引言部分如下：

碳纳米管（CNTs）自1991年被发现以来，以其独特的结构以及优异的热学、电学和力学性质如较大的比表面积、良好的传热性、导电性及较高的机械强度引起广泛关注，成为纳米材料领域的研究热点。大量的研究工作表明，碳纳米管在电子器件、复合材料、储氢材料、催化剂载体、分子吸附剂、化学和生物传感器等方面均具有巨大的应用潜力。近年来，碳纳米管应用在生物医学特别是在药物载体上的研究逐渐成为新热点，随着肿瘤发病率的逐年上升，虽然治疗手段有所进步，生存率有所提高，但死亡率依然居高不下，而传统的诊断及治疗手段仍然存在不少缺点。因此，需要更为有效安全的手段以实现肿瘤的早期诊断以及治疗。本文综述了碳纳米管在生物医学领域特别是肿瘤早期诊断和治疗的研究现状，分析了现有的研究特点，并展望了这一研究领域的发展趋势。

该引言首先表明碳纳米管是纳米材料领域的研究热点，列举了其特点及可能的应用范围。接下来说明碳纳米管在生物医学上的研究成为新热点，同时描述了肿瘤发生率上升死亡率居高不下的现状，并指出传统的诊疗手段具有不少缺点，通过以上问题导出本综述的目的和意义——（以碳纳米管为应用基础的）更为安全有效的实现肿瘤的早期诊断和治疗。随后指出综述的范围和要点，即碳纳米管在肿瘤早期诊断和治疗的研究成果（并非碳纳米管诊疗其他疾病），同时还分析现有成果的特点（有对比），综述的结尾处对这一研究领域的发展趋势进行了预测（有述有评）。

5. 正文

正文（评述）是文献综述的主体部分，应突出标题所述及的内容，同时具体化引

言，通过致力于分析某专题的发展、成就、水平等进而解决问题。此部分的层次感要强，条理清晰，引用得当，述评透彻。此部分篇幅最长，能体现出本研究的学术成就和作者的学术水平，写作形式较为灵活。

以《碳纳米管在肿瘤诊断与治疗研究中的新进展》为例，其评述（正文）部分结构如下：

2 肿瘤细胞诊断

2.1 磁共振成像

此共振成像（MRI）技术中造影剂（CAs）的应用越来越广泛……

2.1.1 顺磁性 顺磁性造影剂……

2.1.2 超顺磁性 超顺磁性铁氧化物……

2.2 近红外成像

由于生物体在近红外光区（NIR）基本不产生荧光……

2.3 正电子发射断层扫描

传统的医学影像技术显示的是疾病引起的解剖和结构变化，而正电子发射断层扫描(PET）技术显示的则是人体的功能变化，特别适用于再没有形态学改变之前、早期诊断疾病、发现亚临床病变以及评价治疗效果。目前在肿瘤、冠心病和脑部疾病这3大类疾病的诊疗中尤其显示出重要的价值。早期研究22，23证明PET可用于跟踪碳纳米管在活体中的分布。Liu等24以放射性核^{64}Cu标记并以带RGD肽段的磷脂通过非共价作用力修饰SWNTs，从而癌细胞进行靶向，在荷瘤动物实验中发现碳管能特异性的累积在癌细胞部位，从而呈现PET信号。McDevitt等25研究了以^{86}Y标记的SWNTs在活体中的分布行为（图3)，并通过共价键合放射性螯合物，荧光基团以及特异性识别肿瘤细胞的单克隆抗体，从而实现对肿瘤细胞的选择性多功能标记26。通过修饰的方法使碳管表面具有放射性信号，同时碳纳米管具有较强的进入细胞的能力，结合PET显示功能性变化的优点，可望应用于疾病的早期发现、诊断。

3 肿瘤细胞治疗

3.1 载体

碳纳米管能携带肽段、蛋白以及核酸等生物活性分子进入细胞……

3.1.1 肽段 肽段在分子生物学中有着重要的作用……

3.1.2 蛋白 蛋白质可以通过非共价作用力或共价作用力……

3.1.3 核酸 核酸在生物医学方面有极重要的作用……

3.1.4 药物 碳纳米管作为药物分子的载体研究对于……

3.2 热破坏与放射治疗

碳纳米管同样有望应用到硼中子俘获治疗（BNCT）技术中……

此综述正文部分结构组成可用图5-1表示。正文不仅突出了标题，而且具体和深化了引言。正文写作总体采用了分述法，即对肿瘤诊断、肿瘤治疗两个主题的相关方面分别叙述。2.3部分共有六句话，开始两句是作者依据其文献分析后提出的论据；第三、第四、第五这三句话都是引用一次文献的成果（共5篇）作为本段论据的支撑材料，且采用了循序法，即在编排上采用了时间由远及近（早期研究开始至今)，内容由过去的方法到最新的成就的安排方式；最后一句话系由支撑材料分析推理得出本小节的结论。一般文献综述正文部分控制在5000字以内。

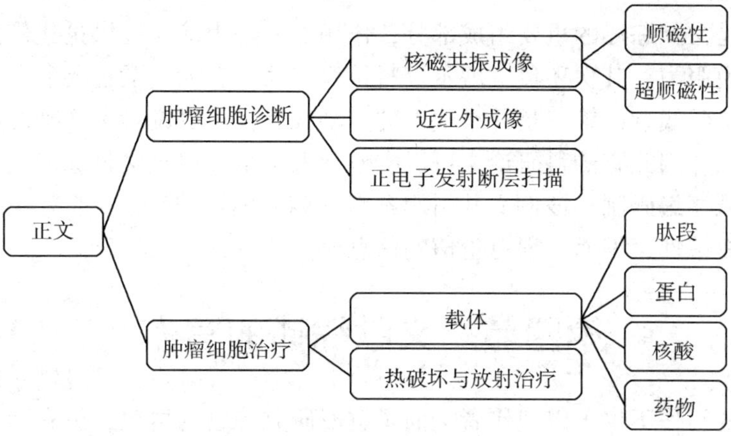

图5－1　正文结构基本组成

6. 结论

结论（小结、展望）是对主体部分所阐述的内容进行概括，作者可以在此发表意见和建议，指出相关专题当前研究现状、动态、意义、分歧与面临的主要问题，并预测今后的发展趋势。其内容包括：对述评、即主体部分叙述的内容进行归纳，对主体部分的各种问题提出评论性意见及对今后的研究提出建议或展望。结论字数与引言相同，也以400字内为宜。

《碳纳米管在肿瘤诊断与治疗研究中的新进展》一文的结论和展望部分如下：

综上所述，由于碳纳米管具有独特的一维结构，其外面除了可以非共价力吸附各种分子，还可以键合多种化学基团以实现增溶及靶向，其内部空间则可以包埋离子以及小分子，并能以最小的毒性穿越细胞膜，因此在生物医学，包括药物传递、分子影像、基因治疗等方面具有较好的应用前景。当前，大部分研究集中在将碳纳米管作为一种有效的肿瘤细胞载体来传送造影剂、药物以及具生物活性的分子，同时碳管能吸收特殊的激光以及射线进而转化成热量来破坏肿瘤细胞。后续研究的重点则应该集中在使碳纳米管特异性的针对肿瘤细胞的诊断与治疗，这就需要提高碳管的靶向作用，同时需要深入了解碳管进入细胞以及动物体内后的动态分布以及药理性质。碳纳米管的应用给肿瘤的诊断与治疗带来了新的机遇。然而，包括碳管在内的纳米材料的安全性仍然值得高度的重视，如何合理安全的利用则面临着新的挑战。纳米材料对人体和环境的毒性以及其机制仍然在研究之中，这就要求在临床以及实际应用之前，需要充分考虑其生物相容性、细胞毒性、相关作用机制及防御措施，为更有效的应用奠定基础。

本综述结论与展望共6句。第一句对论文的正文内容进行了总结和概括，总结了碳纳米管在生物医学中独特的优势以及相关的研究动态；第二句则对本专题的研究现状和成就进行了论述；第三句指出今后的研究方向；第四句说明本专题的研究意义；第五、第六两句则提出了专题面临的主要问题（也可以当作是研究方向）。这样的结论部分一方面使得论文更加完整，重点突出，条理清晰；另一方面也使得读者能够回顾论文的主要内容，同时具有研究导向意义。

7. 参考文献

参考文献是文献综述的重要组成部分，作用之一是为综述提供论述依据，使得综述有参考价值和说服力；其次还负责展示资料是否全面，有无遗漏重要参考文献，同时为读者提供原始文献线索；第三是尊重他人的劳动成果。可以说参考文献的数量和质量关系到综述的质量，因此有的科研论文可以省略参考文献，但是文献综述绝不能省略。标注则一般采用顺序编码制。该例文共引用参考文献 67 篇，这些参考文献在一定范围内具有代表性和权威性，因而是很有价值的信息库。

第四节 文献综述的写作

文献综述的写作不仅可以使作者全面了解所研究专题的情况，更有助于他们发现问题从而选定有意义的研究课题，而且还能够培养搜索、筛选和组织材料、逻辑思维、正确表达思想的能力和水平，同时也是积累科研资料的过程。但应该知道文献综述的写作并非一蹴而就的，需要平时的锻炼和积累。在此仅针对初学者提供写作的一般方法和注意事项以供参考。

一、文献综述写作一般流程

文献综述写作大致分为两大部分，准备和写作。准备阶段工作做的越细，其后的写作就相对容易，因此要特别重视准备工作，下面按流程图（图 5－2）作简要介绍。

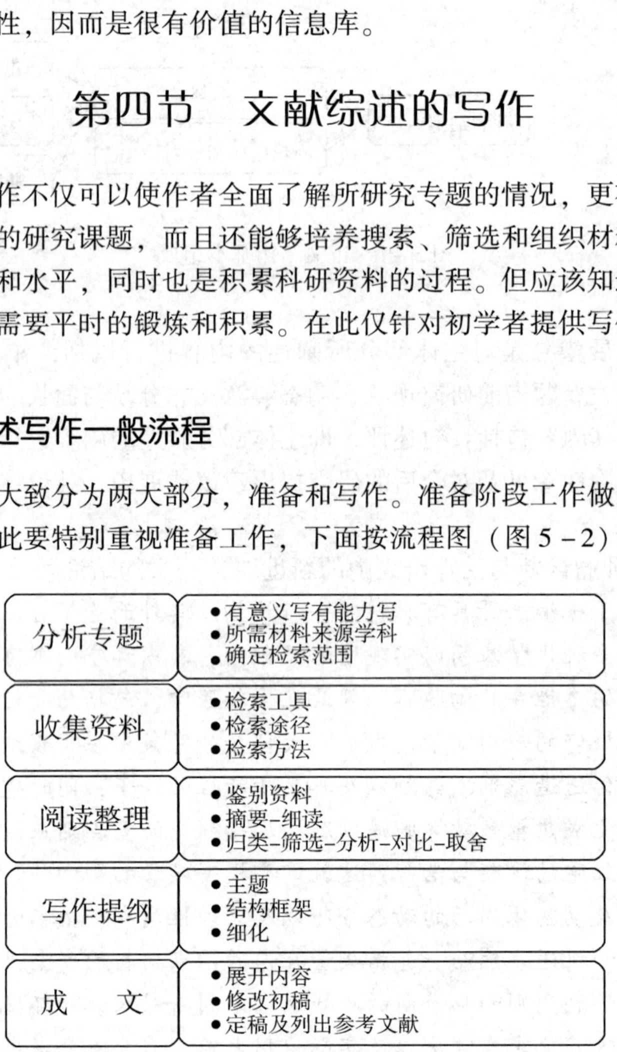

图 5－2　综述写作流程图

1. 分析专题

专题确定或者文献综述的选题主要有两种方式：其一，实际工作需要（例如开题报告或毕业论文中的文献综述），或者某些专题近年发展迅速，有较多的成果，有必要综合论述。此时先拟题再查文献；其二，在积累的文献资料和实验经验的基础上，感觉某些问题需要评论。应注意专题以解决实际问题为明确目标，这样才具有写作意义，同时注意写作者自身的能力，应选取自己熟悉或者有研究基础的专题。接下来应该确定所需要的文献材料属于哪个学科分支下的，进而明确哪些是与综述主题密切相关的核心资料，哪些是撰写综述所需的背景资料。

2. 收集资料

文献是文献综述写作的基本素材，就某一专题掌握的资料越多对撰写文献综述越有利，能够从浩如烟海的信息库中寻找并取得所需资料是一种能力的体现。应充分借助强大的计算机网络技术，使用各种检索工具查找。要注意检索工具种类繁多，例如可以使用CNKI（知网），也可以使用scholar. google. com（学术谷歌）。根据所需材料的具体要求以及手头的检索条件确定检索途径，可以按刊名检索也可以按作者或者主题检索。检索方法一般有追溯法、直接查找法、循环查找法等。对各种检索工具和手段的使用方法要明确，以便取得原始文献。这一部分建议详细研读本书关于文献检索章节的内容并加以练习。

3. 阅读整理

文献应着重收集阅读近5年以内的，且应以与专题相关的权威机构、有经验人员或核心期刊的论文为主。文献下载前，先阅读其摘要，以便了解该文献对于所撰写综述的价值。下载后的文献应先作总体浏览，确定粗读和精读的范围。对有价值的文献需要仔细阅读原文，切忌只读文摘或者转引他人论文，否则可能发生错误。阅读时应理解作者写作重点，记录下阅读得到的论点、技术、方法、进展等内容，并进行筛选和归类，相同观点的资料归类在一起，对不同或者相反的观点进行比较。综述需如实引用原作者观点，但撰写者应该有选择的使用资料，应有所取舍，适当的筛选是必要的，否则无法体现重要文献和撰写者的倾向和述评。

4. 拟订提纲

提纲可以使论文框架清晰、层次分明、结构紧凑，是撰写文献综述的一项重要的准备工作。提纲拟定越细致其指导性就越强，后继的写作就越顺利。

拟订提纲时应首先确定综述的标题。其次，确定论文的论证方法，安排层次结构。第三，确定引言内容和正文各级标题。要注意总体层次、段落之间的逻辑关系，尽量采用概括式标题，配以能够恰如其分反映其内容的段落，每个段落均应能够完整的表达一个内容。最后，检查、对比材料是否充分、观点与材料是否一致、总体结构是否妥当。提纲拟订完后还应进行检查，注意以下几个问题：通篇主题是否突出、主题论点是否统一？各分论点的论述方法和支撑材料是否恰当？通篇层次、结构是否完整、清晰？

5. 成文

对提纲确定的框架作细化后即可展开内容写作。一般根据提纲的逻辑顺序，按照层次展开讨论。要注意准确体现原始文献中最重要的信息，同时还要就原文的观点、材料做出分析与综合，提出作者自己的看法。

综述正文一般可以采用以下几种写法：①分述，即按照主题的各个方面进行述评，常为成就性综述采用；②循序，按照所述专题的发展先后顺序书写，可为动态性综述采用；③对比，将相同或者不同的观点进行对比分析，确定异同点，常为争鸣性综述使用；④论证，先提出观点然后以相应的文献资料作为论据支撑或者反证论点，评论性综述有时可见；⑤推理，根据已有的文献资料按照客观规律推导新的结论，在趋势预测中使用较多。

综述写作用词尽量简洁准确，深入浅出的讨论问题。初稿完成后，反复检查综述的主题是否鲜明突出，论点是否明确，论据是否充分，论证方式和过程是否合理。同时应对论文作必要的修改，例如审视调整文章结构、补充资料论据、删除冗余内容和文字、核对参考文献等。上述内容完成后即可在文后按格式开列参考文献，以便完成综述写作。

二、文献综述写作注意事项

总体而言，文献综述写作前应明确写作目标，广泛的收集文献并进行合理的筛选，对重要文献应深入理解其内容，以便在论述的时候有依据，切忌仅看了几篇文章或者文摘就拼凑综述。综述的范围不宜过广，不宜面面俱到，综述的内容应明确、具体。综述要有“综”、有“述”、有“评”，应有作者自己从文献中推导出合理的结论。参考文献须直接引用一次文献，不可引用摘要，切忌间接引用。最后还应该注意文献综述内容的先进性和实用性，这是文献综述具有使用价值的基础。下面对几个部分的注意事项分别说明。

1. 资料收集整理

摘录参考文献时应注意项目齐全：作者，论文标题，期刊的名称、年、卷、期、起止页码等基本信息应具备，否则成文之后再找文献往往难度较大。资料应以近期文献为主，若为动态性综述，可以有一定的相关发展阶段的远期文献，且应对原始文献高度概括。此外应注意，一篇文献综述不可能面面俱到，材料的选取和组织也需要重点突出、详略得当，即与主题关系密切的、对论点有重要支撑作用的、有独特见解的应较为详细，反之则略。

2. 标题、摘要和关键词

综述标题不宜太大、范围不可过广，否则容易出现文献量不足大题小作的情况，或者文献量太大撰写者无法把握，导致综述混乱、重点不突出等现象。有一部分同学的毕业论文（或者综述）标题采用《我国……》或《广东省……》，其实，以他们的水平、经验，以及文献资料查阅能力而言，很难驾驭这样的标题。

综述性文章的标题一般来说应紧扣主题，高度概括，突出重点，揭示主题内容，使人一看标题就可了解综述的大致内容，切忌标题与正文不符。比如某同学的论文标题为《×××技术提取中药有效成分》，结果仅描述了该技术对不同种类生物碱的提取情况，属典型的大标题小内容的毛病。又如标题为《微波消解 - ICP - AES 测定中草药重金属元素的应用》，但是实际论文用非常大的篇幅讨论微量元素的生理作用，显得文不对题，重点没有突出。

文献综述的摘要一般不使用第一人称，也不需要过于详细，常用简介性摘要。关键词一般从标题、摘要、正文中选取，不超过 7 个。关键词尽量选取有实际意义的词汇，不要选取对综述而言没有实际意义的词如“分析”、“进展”等。

3. 引言

文献综述的引言作用主要包括两部分：一是提出问题；二是介绍综述的范围和内容。若综述的主题新颖，撰写者有必要首先进行定义性解释或交代历史背景、简单解释不同文献对该问题的不同看法，并指出分歧所在；其次介绍该文献综述的写作目的；最后阐明综述的范围和主要内容。

4. 正文

首先，叙述的资料应真实、完整、客观反映问题，不可以偏概全、歪曲原作者本意，切忌断章取义。其次，切忌文献堆砌，文献堆砌使读者阅后不得要领，应该吃透原著内容，经过充分消化吸取精华，达到融会贯通，再用准确语言清晰表达出来。例如，有的文献综述仅列出“某某的实验表明……”，“某某的实验结果……”，没有相应的分析和总结，这样的论文仅是罗列文献，没有表现出作者的论述逻辑，当然也就没有推导和解决问题。第三，虽然撰写者可以有选择采用文献资料，具有一定的写作倾向性，但仍应注意综述和撰写者自身观点不可混淆，综述提出的观点和结论应以参考文献的资料为依据，并让读者明白哪些是原作者观点哪些是综述撰写者的观点。第四，作者提出、分析、解决问题均是从已掌握的材料中进行选择、判断，而非作者任意所为。写作方法常以归纳、比较、分析为主，且写作时可由一般到具体，由起源到现状，由过去的观点方法到最新成就，由有支撑的观点到作者的评述。最后，注意把握论点和论据的关系。仅有论点而没有足够的材料支撑，文章枯燥没有说服力；仅有论据没有论点，文章杂乱不得要领。

5. 结论

此部分的写作要求简明扼要，重点突出，使读者印象深刻。但应注意，评论与展望等应恰如其分并留有余地，用词也可以较为模糊，例如“可能”、“应该”、“也许”等。某些文献综述无此部分，但是会在各部分综述之后分别给出结论。结论的写作应与引言相呼应，并使读者看后能再次总结回忆起该专题的领域、特点、优势，以及最新的进展，对在哪些方面存在突破的可能、面临的最大问题是什么有个基本而清晰的概念。

6. 参考文献

文献综述的参考文献不可省略，成文之后撰写者一定要认真核对引用的文献，务必保证引用的数据、观点、人名、术语等的准确无误。要注意“重量级”文献的引用，每个专题都有其所在领域的经典文献，应尽可能将其囊括。如果参考文献缺乏权威性，将给熟悉此专题的读者产生一种撰写者不熟悉所撰写的文献综述领域内相关理论背景的感觉，这样的文献综述说服力和可信性将会下降。文后著录的参考文献必须是一次文献，且作者均亲自阅读过，不能只看摘要就引用文献，更不可间接引用，因为这样做违反综述参考文献引用的原则，对读者和自己都极不负责。本书的最后部分特别摘录了参考文献著录标准规则（中华人民共和国国家标准，GB/T 7714－2005），供同学们参考。

7. 文献管理软件

撰写科研论文和文献综述时，大部分同学对文献资料仍采用手工管理。因而在论文的撰写、投稿、修改中常遇到这样的情况：由于参考文献较多，调整论文内容和结构时、或投稿之后一旦修改，需要插入或者删除文献，则重新著录文后参考文献的工作量太大；且不同的期刊对文后参考文献的著录格式有不同的要求，转投其他期刊后修改文后参考文献的格式工作量可想而知；手工管理参考文献对建立和丰富个人研究的资料库也不利。鉴于手工管理的缺陷，以及现在稿件多为word文档格式的现状，向撰写者推荐参考文献管理软件，例如Endnote、NoteExpress、ReferenceManager 、Biblioscape、Bookends、ProCite等，有兴趣的同学可以对照说明使用软件管理文献资料。

参考文献

[1] 何筑丽. Medical English Writing and Translation [M]. 北京：高等教育出版社，2002.
[2] 王崇德. 情报学引论 [M]. 天津：天津大学出版社，1994.
[3] 陈冠民. 临床科研方法学 [M]. 郑州：河南医科大学出版社，2000.
[4] 邱赕曾. 医学科技写作 [M]. 广州：华南理工大学出版社，1998.
[5] 傅友，白仲奎，刘勇，等. 怎样写文献综述 [J]. 农业图书情报学刊，2007，19 (5)：145 - 149.
[6] 于双成，李玉玲，张子骐. 医学综述性文献的特点及写作规范 [J]. 医学与哲学，2006，27 (2)：76 - 77.
[7] 张丽华，王娟，苏源德. 撰写文献综述的技巧与方法 [J]. 学位与研究生教育，2004，(1)：45 - 47.
[8] 黄栩兵. 第十三讲　文献综述的写作 [J]. 人民军医，2004，47 (4)：241 - 243.
[9] 刘润兰，李俊德，史明忠. 文献综述的特点及写作要领 [J]. 世界中西医结合杂志，2007，2 (7)：428 - 431.
[10] 张庆宗. 文献综述撰写的原则和方法 [J]. 中国外语，2008，5 (4)：77 - 79.
[11] 段玉斌，毕辉，韩雪峰. 文献综述的写作方法 [J]. 西北医学教育，2008，16 (1)：163 - 165.
[12] 蔡少瑜，孔继烈. 碳纳米管在肿瘤诊断与治疗研究中的新进展 [J]. 分析化学，2009，37 (8)：1240 - 1246.

（唐　睿）

第六章 CHAPTER

调查报告型论文

调查报告型论文是科技论文中的一个的分支，也是一种学术类型科技文章。与实验性论文不同的是，它不是重点写实验过程和结果，而是在对所学专业的认识和了解，以及对本专业以及对自己所在行业的认识和掌握的基础上，选定课题，进行调查和研究，提出自己的建议。

第一节　概　述

一、调查报告型论文的含义及分类

调查报告型论文是运用一定的理论和方法，针对某一个事物、情况或问题进行有目的的调查，在大量调查数据的基础上，对调查过程进行描述，经过科学的数据分析，阐明学术观点或做出结论，提出相应的对策和建议的一种论文形式，具有一定的科学性、创新性和程式性。

这类论文可以用于总结经验，反映情况以及研究问题。它通常有以下几种类型：

1. 反映情况的调查报告型论文

对某一地区、某一领域、某一事物或人物的基本情况进行系统深入的调查研究，寻找出带有普遍规律的问题，提出相关的解决办法。因调查目的范围和用途的差异，分为两种情况：一种是反映具体情况的个案性调查报告，目的是为了界定某一个具体问题，为处理该具体问题提供依据或参考；另一种是反映基本情况的综合性调查报告，是为了掌握某一领域或某一方面的概貌，从而用于说明某种客观现象或作为某个宏观决策的参考；如《大学生分配问题与人才战略》就对大学生就业的情况进行调查、分析数据并提出相应的建议。

2. 总结经验的调查报告型论文

这类论文是对某个地区、部门、人物或某个方面的经验进行全面的总结，分析论证找出其中的规律性，得到可供学习借鉴的经验，具有实践指导意义。

3. 揭露问题的调查报告型论文

这类论文是对各项问题进行调查，用事实证明问题的存在，弄清发生的原因，通过调查中得到的细致全面的证据来分析问题的实质及危害，以引起重视、促进问题的解决。它既可作为问题解决的依据又可起到警示作用。

二、功能和特点

调查报告型论文是通过对现实问题和各种情况进行调查研究，对现象进行理性的概括和抽象，最终来提供解决理论问题的依据和建议，并用于发表科学研究成果或进行经验的交流。其最根本的特征就是具有较强的学术性。具体有以下几点：

1. 科学研究性

调查报告型论文不仅仅是表明对实际工作的建议，而是以科学研究或工作中某一方面的问题为主要研究对象，通过调查分析，得出结论，阐述学术观点，常用实证的研究方法，具有科学研究性，同时兼有学术论文和调查报告的双重特性。

2. 以事实为基础

它必须具备详尽的材料，以充分确凿的事实为基础，论文中对调查背景、目的、时间、对象、方法以及过程都有详尽的交代。

3. 科学分析为手段

对调查得到的大量事实数据，往往需要用到专业的理论概念、计算公式来进行分析论述，通过分析归纳，找到事物的规律，上升到理论高度。

4. 理论色彩强

论文的写作结构比较严谨完整，语言简洁严密，论证有一定的深度，有较强的理论色彩。

5. 数字图表与文字并重

文章中常用数字和图表来说明问题，具备很鲜明的量化分析特征。

三、调查报告型论文的开展

调查报告型论文是学术论文的一种，具有较强科学研究性，主要采用实证的研究方法，通过以当前的事实为依据进行研究分析，从而支撑某个观点。必须要对事实依据进行大量的调研，“调”即是通过开展调查来获取材料，然后才能进行“研”究，“调”是“研”的手段、方法，“研”则是“调”的目的和结果。

调查报告型论文的开展程序一般是：选择适当的调研课题——→确定调研资料的来源——→选择相应的调研方法——→制定方案计划——→收集信息资料——→分析信息资料——→论文写作。

其中，我们可以看到选择调研课题是完成调查报告型论文的第一环，也是关键的一个环节，对调研的进程以及研究价值都具有决定性意义，因此一定要重视调研课题的选择。

调研课题的选择一定要考虑多方面的因素：①考察当前本行业或科学研究中所出现的问题，针对亟待解决的问题进行调研，具有较强的实际意义；②选择具有创新性的课题，或者是需要进一步调查追踪的课题；③调研课题的选择忌大而空；④调研课题选择时要考虑可行性，即考虑调查对象、时间、经济条件以及各项相应的客观条件是否符合现实情况。根据以上几个因素，来选择一个适当可行的调研课题，千里之行始于足下，适当的调研课题会为论文较好的完成打下坚实的基础。

第二节 调查研究方法及选择

调查报告型论文通常采用实证的科学研究方法，一旦调研课题选定以后，就要根据选题的内容来选择合适的调查研究方法。调查研究就是对信息资料的收集加工，掌握适当的调研方法和技巧，就可以提高效率，获得较为准确详实的资料信息，有助于在后期信息处理中抽丝剥茧，得到事物发展的规律以及符合发展规律的结论。

一、调查研究方法的分类

从所采集的数据类型和处理方式上讲，调研方法大致可以分为定性研究和定量研究两类。定性研究是一种质的研究，用于描述事物的性质、特征、发展方向或其影响因素，一般用文字来描述现象，所研究的样本数量少；定量研究，是一种量的研究，重点在于测量和计算事物的数量、强度、持续时间长度等，一般用数字和量度来描述，所研究的样本必须具有一定数量。定量研究是一种实证的研究方法，强调研究程序的标准化、系统化和操作化，而在我们调查报告型论文中常采用的就是定量研究的方法。

根据研究流程及所使用的手段不同，调查研究方法大致可划分为观察法、访谈法、调查法和实验法四大类。实验法是在严格控制的条件下对调查对象进行特定的研究，是实证研究方法中最为有效的一种方法。其结果严谨精确，但其实施条件需要严格控制，否则很难得到科学的研究结论，而社会的因素又是难以控制的，因而实验法在自然科学研究中应用普遍，在社会科学研究中应用相对较少。观察法是在自然的条件下对事物的研究。访谈法是调查研究人员与调查对象在相对独立的环境下进行研究交流。调查法是在接近自然的条件下对调查对象进行大样本的研究。

在调查报告型论文中，最常见的调查方法是问卷调查法，问卷调查法可以通过问卷答题的方法，获得调查对象的各个因素水平，通过统计分析来代替实验法中对于实验条件的严格控制，从而取得与实验法相似的研究结果。在这里，我们将讨论一下社会科学研究中应用较多的观察法、访谈法和问卷调查法。

1. 观察法

观察法是在自然条件下，有目的、有计划地观察客观对象，收集、分析事物感性资料的一种方法。观察法是研究方法中最基本、最普遍的方法。科学的观察具有目的性和计划性、系统性和可重复性。观察法很早就为人们所采用，孔子曰：“始吾於人也，听其言而信其行；今吾於人也，听其言而观其行”（《论语·公冶长》）就是指用观察法来认识人。最初，人类对自然的认识以及科学体系的建立，很大程度上是依靠了大量的观察记录，总结规律。在药理性质的研究中，也通常会观察记录动物的生活习性以及形态，以此作为考察药物药理特性的一项指标。

(1) 观察的内容 在科学实验和调查研究中，观察法可以扩大人们的感性认识、启发思维，并可能导致新的发现。观察的内容通常包括以下几个方面：

①情境 通常事物的活动、事件的发生都与情境有很大的关系，有些事件或活动恰好是在特定的情境下才会发生。因此要对当前的情境进行观察记录。

②被观察对象 任何事件的发生都离不开相应的行为主体，所以对被观察对象的观察是观察者最主要的工作。例如观察人物时，就要注意身份、年龄、性别、外表形象、人数、人与人之间的相互关系等。

③行为 观察对象的各种行为活动，以及行动如何引起，行动的趋向、行动的目标、行动的性质、行动的内容细节等。

④频率和持续期 即观察事件发生或对象及其动作重复出现的时间、频率、延续时间等。

(2) 观察法的分类 观察法可根据不同方法进行分类。从观察的情境条件看，观察法可分为自然观察和实验观察两种。前者指在自然条件下对对象的观察；后者是对某些变量加以控制，在实验中进行观察。从观察者所处的位置看，观察法又可分为参与型观察和非参与型观察两种形式。前者是指研究者参与被观察对象的活动；后者是研究者不介入被观察对象的活动。依对观察对象控制性强弱或观察提纲的详细程度，可分为结构性观察与非结构性观察。按是否具有连贯性，可分为连续性观察和非连续观察。例如我国著名的幼儿教育专家和儿童心理学家陈鹤琴，用日记的方式，从他的孩子陈一鸣出生时起，就逐日对其身心变化和各种刺激反应进行周密的观察，并做了详细的文字记载和摄影，连续追踪观察 808 天，积累了大量的研究资料，于 1925 年出版了《儿童心理之研究》一书。

(3) 观察法的优缺点 在科学研究中，观察法的优点是很明显的。观察法的主要优点是：

①可以观察到被调研对象在自然状态下的行为表现，获得的结果比较真实客观，同时代价较低，具有经济性。

②观察可以随时随地进行。可以在当时实地观察到行为的发生发展，能够把握当时的全面情况、特殊的气氛和情境。这些都是访问法无法得到的资料。

③可以得到一些无法言表的资料。人们通常习惯被观察记录，而不习惯被直接访问。在问卷调查或者访谈中，常常会遇到一些受访者不愿意作答的情况，而这种情况在观察法过程中一般不会发生。

同时观察法也有自身的缺陷。主要是：

①研究者处于被动的地位，受到时间和观察对象的限制，往往难以观察到研究所需要的行为，搜集资料较费时。例如某些事件的发生是有一定时间限制的，过了这段时间就不再发生。

②观察者本身也会带来限制。一方面，观察者是有生理限度的，超过限度的很难直接观察；另一方面，观察者难免带有自己的主观偏向，因而影响结果的客观性。

③观察者只能观察外表现象和某些物质结构，不能直接观察到事物的本质和人们的思想意识。因此，由观察法所发现的问题，尚需用调查法、实验法进行研究，才能得到解决。

④观察法对观察者的要求较高。被观察对象不会主动提供信息，全靠观察者的经验和洞察力。

(4) 观察法的实施步骤　尽管观察法有不同的类型，但是一般观察法应用实施时都有以下步骤：

①明确观察的内容及目的　明确宏观目标及细化的具体目标，在观察中要了解什么情况，收集什么资料。

②选定观察对象　观察对象可能是事件现象、事物或环境，也可能是个人或团体，要根据调查的目的来确定，所选择的对象要具有一定的典型性。

③制定观察计划　观察实施前，要对观察的时间地点、次数等进行规划，制作观察记录表，准备观察中所需要的工具，如摄像机、录音机等。

④恰当的实施观察　围绕观察目的、根据观察计划进行现场观察，在观察时要注意以下几点：注意隐蔽化，即选择适宜的位置，保持观察对象的自然状态，不要对其产生干扰。保持客观性，注意不要在观察记录中参杂个人的倾向。详细记录、认真思考。观察过程中要结合思考分析，辨别因素的重要性，把握有用的信息。要密切注意观察范围内的各种反应，同时不要忽略偶然发生的信息。并要认真记录好观察资料，观察信息的记录可以通过文字描述，也可以通过摄像录音等方式。

⑤对观察资料进行分析整理　观察结束后尽快整理观察资料，分门别类，分析归纳得到结论。

2. 访谈法

访谈法是研究者与被访问者直接沟通交谈，以座谈或访问的形式来获取信息收集资料的一种研究方法。它的形式不局限于面对面，可以是电话访谈，也可以是个别访谈或座谈，如听证会就是一种常见的访谈形式。访谈法被广泛应用于社会研究中，可以通过访谈了解事实，集思广益。

(1) 访谈法分类　根据访谈结构的控制程度，访谈可分为封闭型、半开放型、开放型。根据访谈规模，访谈又分为个别访谈与集体访谈两种类型。

(2) 访谈法的优缺点　访谈法与其他几种方法相比有其独特的重要功能和优越性。

①可以得到比较深入的了解　观察法得到的信息，只是相对表层的现象，而访谈可以直接了解到受访者的思想、心理和观念等深层的内容。和问卷调查相比，访谈法通过交流，采用适当的沟通技巧，容易调动起被调查者的积极性，可以打消顾虑，深入了解情况。

②可以了解到过去的情况　有的信息是过去发生的，同时也缺乏相应的记载。通过访谈启发当事人可以获得必要的资料，有助于完善对整个事件的了解。

③适用面较广　与问卷调查相比，访谈比较简便易行，有的调查者不善于文字表达，或者有其他的原因，不适于参加问卷调查，例如调查儿童、文化程度较低的人群等，就比较适于访谈研究。

同样，访谈也有自身的缺陷，访谈法对研究者的沟通技巧要求比较高，技巧不同，所获得的信息就大有区别。另外，访谈也有成本较高的问题，要让被访谈者进入角色、易于沟通，是需要一段时间的，因此时间成本比较高，从而带来访问样本量相对较小的问题。

(3) 访谈法的运用过程

①访谈主题相关知识准备 无论是哪一种形式的访谈，一般在访谈之前都要明确访谈的目的，挑选访谈对象，并了解访谈对象的背景知识。这样一方面避免浪费时间在一些常规背景知识的了解上，另一方面可以使调查对象感觉有共同语言，便于进一步沟通。

②设计访谈提纲 设计一个访谈提纲，明确访谈的目的和所要获得的信息，针对不同对象列出访谈内容和提问的主要问题。

③事先做出访谈计划和安排 事先落实好访谈进行的时间、地点以及参加人员等。

④恰当进行提问 要掌握沟通提问的技巧，在表述上要求简单、清楚、明了、准确，并尽可能地适合受访者的年龄层次。另外适时、适度地追问也十分重要。

⑤准确捕捉信息，及时收集有关资料 访谈法收集资料的主要形式是“倾听”。“倾听”可以在不同的层面上进行：在态度上，访谈者应该是“积极关注的听”，而不应该是“表面的或消极的听”；在情感层面上，访谈者要“有感情的听”和“共情的听”，避免“无感情的听”；在认知层面，要随时将受访者所说的话及所获信息迅速地纳入自己的认知结构中加以理解和同化，必要时还要与对方进行对话，营造一种平等尊重的气氛，与对方进行平等的交流，共同建构新的认识和意义。另外“倾听”还需要特别注意不要轻易打断对方和容忍沉默。

⑥适当地做出回应 访谈者不只是提问和倾听，还需要将自己的态度、意向和想法及时地传递给对方。回应的方式多种多样，可以是诸如“对”、“是吗”、“很好”等言语行为，也可以是点头、微笑等非言语行为，还可以是重复和总结。

⑦及时做好访谈记录，有必要的话，在取得对方同意的情况下，还要录音或录像。访谈结束及时整理访谈资料。

为了使访谈能够有效地顺利进行，还有以下一些注意事项：一般要尽可能自然地结合受访者当时的具体情形开始访谈，营造一个较为轻松的气氛；访谈的问题应该是由浅入深、由简入繁，而且要自然过渡；要控制访谈的主动性，为避免谈话跑题，有时需要适当地调节和控制；在回应中要避免随意评论；要特别地注意在访谈中自己的非言语行为。

3. 问卷调查法

问卷调查法是社会科学调查中使用最为广泛的调研方法之一，如人口研究、市场研究、教学评估等。

（1）问卷调查法的定义 问卷法是研究者通过事先设计好的问题来获取有关信息和资料的一种方法。这种方法是采用书面形式设计出一系列与研究目的相关的问题，要求研究对象做出填答，通过对答案的回收、整理和分析，获得被调查者对某一现象或问题的看法和意见等有关资料。

（2）问卷调查法的优缺点 这一方法的成本较低，较为节省时间和人力，被广泛使用。和其他调研方法相比较，也有自身的优势和不足。它的优点在于：

①操作简单，节省时间经费和能力 由于问卷调查时被调查者根据问卷自行作答，并且还有网络调查及邮寄问卷的方式，因而不受时间地点的限制，可以由较少的调查者同时调查多个对象，效率较高，还可降低费用和人力投入。同时问卷调查的实施对经验的要求比较少，适用于大学生使用。

②收集得到的资料比较真实，具有客观性 由于问卷不要求署名，同时回答问题时

也没有其他人在场，可以减轻被调查者的心理压力，尤其是当涉及到一些敏感隐私的话题，因而这种方法方便被调查者自由真实的发表自己的看法和想法，较为真实地反映社会信息。

③调查结果容易量化，便于分析 问卷调查法对被调查者发放统一的问卷，有利于对某种社会同质性（如地区、年龄相同）被调查者的平均趋势与一般情况比较分析，又可以对某种社会异质性的被调查者的情况进行比较分析。由于问卷统一，通常是标准化的选项，因而问卷上得到的原始资料容易转化成数字，有利于定量分析和计算机处理。

同样，问卷调查法也有局限性：

①问卷的设计比较复杂 设计成自由回答式问题，很多被调查者不愿意回答，而易于回答的选择题，又比较缺乏弹性，难以深入探讨某一个问题。

②问卷回收率难以保证 有调查者在现场时，回收率通常较高，如果采用邮寄等方式，常常由于被调查者的时间精力或兴趣等原因，而无法回收问卷。

③问卷回答的质量难以保证 由于被调查对象是自由作答，因而会有误答、漏答、错答的情况发生，同时也可能带来调研者后期处理资料时的误解。

④对人群有限制 由于问卷是一种书面调查的形式，有赖于被调查对象的阅读理解，因而儿童、文化程度较低的人群等比较难以参与。

（3）问卷的类型 根据不同的分类标准，问卷可分为几个类型。从使用形式的不同，可以分为自填型和访问型问卷。访问型问卷是口头问答，然后由调查者把答案记录下来的形式，这种形式相对比较耗费人力和时间。根据发放形式不同，分为发放型、邮寄型、报刊型、网络型等。根据回答问题的形式不同，又可分为封闭型、开放型和综合型。

封闭型问卷是指在问卷中把可供选择的答案一一列出，调查对象只能在限定的答案范围进行选择。如："你的学历是（小学、初中、高中、大专、大学本科、硕士、博士）"。这种问卷回答时不易对问题造成误解，并且有利于信息的后期处理。但封闭式问卷弹性较低，限制较多，不利于深度调查。

开放型问卷的问题没有严格的结构形式，被调查者可以依据本人的意愿用自己的语言自由陈述和作答。如："你毕业后最想从事的职业是什么？"。在研究描述性的较为复杂的问题时可以采用，或者当对研究的课题情况不是很了解，可以先用开放型问卷进行了解，然后再设计封闭型问卷。

综合型问卷是指在问卷中既有开放型问题也有封闭型问题，一般以封闭型问题为主，开放型为辅，不是很明确的问题作为开放型，而有把握的作为封闭型，可以同时发挥封闭型和开放型问卷的优点，是通常采用的一种问卷形式。

（4）问卷的结构 一个完整的问卷，一般应该包括以下几个部分：调查标题、卷首语、调查内容、编码、结束语等。以"淮南市药品公众满意度调查表"为例说明。

淮南市药品安全公众满意度调查表

您好，为加强药品监管，提高药品安全保障水平，促进群众参与社会监督，市食品药品监督管理局组织调查活动，欢迎广大市民踊跃参加。以下问卷采用选择和问答形式，请在相应的选向上划“√”。如果您对我局做好下阶段药品安全工作有好的意见建议，请登陆 http：//www. ×××. gov. cn 留言或致电××× - ××××××。

1. 您平时关注我市药品质量安全状况吗？

A. 关注　　B. 不关注　　C. 无所谓

2. 您对目前我市药品质量安全总体状况满意吗？

A. 满意　　B. 比较满意　　C. 不满意

3. 您对药品监管部门开展的药品安全宣传工作满意吗？

A. 满意　　B. 比较满意　　C. 不满意

4. 您在购买药品时是否索取有效票据？

A. 是　　B. 否

5. 您是否有购买到假劣药品的经历？

A. 有　　B. 没有

6. 您对我局推出的购买假药先行赔付制度满意吗？

A. 满意　　B. 比较满意　　C. 不满意

7. 您对哪种渠道购买的药品比较放心？

A. 零售药店　　B. 大中型医院　　C. 乡镇卫生院、村卫生室

D. 个体诊所　　E. 邮购药品

8. 您对加强我市药品安全监管工作有哪些好的意见建议？

如果您愿意（也可不填此项），为便于联系，请告知您的姓名________，联系方式________

再一次感谢您的合作！

（资料来源：淮南市食品药品监督管理局 www. ahhnda. gov. cn/exam）

如上例，调查问卷基本构成为：

①调查标题　一般来说，问卷标题出现在调查问卷最开始，明确地概括出调查的目的。但有时为了获得真实的信息，在问卷标题中可以不说明调查的真正目的，或者把标题写得笼统一些。本例的标题就是“淮南市药品安全公众满意度调查表”。

②卷首语　卷首语，即前言，位于问卷的前面，是调查者向被调查者介绍问卷调查的主要目的、意义、施测方的身份、填写要求等，用于拉近和被调查者的关系，赢得其信任与合作。

③调查内容　问卷的正文主要有要调查的问题、答案及其指导语，这是问卷的主体，也是问卷设计的主要内容。

问卷中的问答题，从形式上看，可分为开放型、封闭型和混合型三大类。开放型问题是一种自由作答的问题，只提问题，没有具体答案选项。封闭型则是既提问题又给出若干答案供选择，被调查者只需在选中的答案上打“√”。混合型问题，又称半封闭型问题，是在采用封闭型问题的同时，最后再附上一项开放式问题。必要时加入指导语（填答说明），用来指导被调查者填答问题的各种解释和说明。

封闭型问题又可以根据备选答案的提供方式分为单选题、多选题、判断题、排序或赋值题、矩阵式问题、分叉题等。单选题要求从备选答案中选择唯一答案的题目。多选题答案不限，可以从备选答案中选择两个及以上的答案。如：

您家有哪些家用电器？（请在答案题号上打√）

①彩色电视机　②录像机　③空调　④电冰箱

⑤电脑　⑥微波炉　⑦电话　⑧其它（请写明）________

判断题要求被调查者做出是否的判断，正确的选项前划“√”，相反划“×”。排序赋值题要求被调查者将所给答案按一定的顺序排序或者赋值。有的已经给好了几个程度（或几个隐含的编码值），直接要求被调查者从这几个程度中选择。如：

您当前在农业生产中经常遇到哪些困难？（请按困难程度给下列问题编号，困难最大的为1，最小的为8）

□资金不足　□缺乏技术　□土地划分不当　□生产资料供应不畅

□剩余劳动力无出路　□买难卖难　□各种摊派过多　□信息闭塞

矩阵式问题：即将同类的几个问题和答案排列成一个矩阵，由被调查者对比着进行回答的方式。如：

您对电信提供的下列服务看法如何？（请在所选方框内打√）

	很满意	满意	基本满意	不满意	很不满意
① 装机移机服务	□	□	□	□	□
② 话费查询服务	□	□	□	□	□
③ 电话障碍修复	□	□	□	□	□
④ 公用电话服务	□	□	□	□	□

分叉题目常常要求被调查者依据对某一题目的回答而跳过一些题目。这种题目中，要清楚指明应该跳过哪些题目进行回答。如：

你是退休人员吗？

A. 是的　B. 不是的→请跳过问题2至4，直接从问题5答起。

这里的问题2～问题4都是询问有关退休人员的情况，对于在职人员来说，显然就是无意义的，因此通过跳答指示，让他们从问题5开始回答。

④编码　编码是将调查问卷中的调查项目以及备选答案给予统一设计的代码。编码工作可以在问卷设计时就编好，即预编码；也可以在问卷回收后再进行编码，即后编码。对那些问题比较灵活，开放性问题较多的问卷，一般采用后编码。实际调查中，通常采用预编码。

在问卷调查中，调查资料的统计工作十分繁重，借助于编码技术和计算机，则可大大简化这一工作。

⑤结束语　结束语一般放在问卷的最后面，简短地表示对被调查者合作的感谢，也可征询被调查者的意见，记录下被调查人姓名、调查时间、调查地点等。有的问卷也可以省略。

（5）问卷的设计过程　问卷的设计是调查者根据调查研究的目的和内容，来编写问卷的过程。问卷设计的过程一般包括：确定调查的目的内容、确定问卷的类型、确定问题的内容、确定问题类型、确定问题的顺序、问卷的排版和布局、问卷的测试、问卷的定稿、问卷的评价。

①确定调查的目的及内容　确定调查目的及内容，从而确定所需信息是问卷设计的前提工作。调查者需要在调研之前就决定分析信息的方法，比如频率分布、统计检验等，并按分析方法所要求的形式来收集资料。

②确定问卷的类型　根据研究课题和调查项目等因素，确定问卷类型，要综合考虑时间、经费、被调查对象以及调查内容。

③确定问题的内容　由于个体差异，每个人对难易度的认可不同，因而确定问题内容时，最好先分析一下被调查者群体。

④确定问题的类型　如前所述，问题有多种类型，在现实的调查问卷中，往往是几种类型的问题同时存在。

⑤确定问题的顺序　问卷中的问题应遵循一定的排列规律，排列次序会影响被调查者的兴趣、情绪，进而影响其合作积极性。所以一份好的问卷应对问题的排列顺序做出精心的设计。

一般而言，问卷的开头部分安排被调查者熟悉的、比较容易的问题，或者是一些能引起被调查者兴趣的问题，这样可以吸引他们的注意力，给被调查者一种轻松、方便的感觉，以便于他们继续答下去，同时也有助于提高调查工作的质量。中间部分最好安排一些核心问题，即调查者需要掌握的资料，是重要部分。结尾部分可以安排一些开放式问题，或背景资料，如职业、年龄、收入等。诸如收入、年龄等同样属于敏感性问题，因此一般安排在末尾部分。开放式问题通常需要的时间比较长，放在结尾处，回答者对问卷已有一定的认可度，完成开放式问题的意愿会增加。

问题提出的顺序要特别注意。通常先问行为方面的问题，再问态度方面的问题，最后问有关个人的背景资料。问卷中的问题大致包括行为、态度和个人背景资料三个方面的内容。行为问题主要是被调查者的实际行为，容易回答。而态度问题涉及回答者的主观因素，宜放在后一些的地方。个人背景资料问题是除了姓名以外的有关回答者本人特征的全部信息，若放在开头部分，即使注明不记名，但一开始就问这些特征，人们中仍免不了会产生一种防御心理，影响到资料的真实性。同一级别的问题可以按一定的逻辑顺序排列，例如按时间先后顺序来提问，并且把询问同一方面事物的问题尽可能地排在一起，否则会破坏回答者的思路。

⑥问卷的排版和布局　问卷的编写工作基本完成之后，便要着手问卷的排版和布局。问卷排版的布局总的要求是整齐、美观、便于阅读、作答和统计。

⑦问卷的测试　问卷的初稿设计工作完毕之后，不要急于投入使用，最好的办法是先组织问卷的测试，如果发现问题，再及时修改，测试样本数要适宜。如果第一次测试后有很大的改动，可以考虑是否有必要组织第二次测试。

⑧问卷的定稿　当问卷的测试工作完成后，可以定稿打印，正式投入使用。

⑨问卷的评价　问卷的评价实际上是对问卷的设计质量进行一次总体性评估。对问卷进行评价的方法很多，包括专家评价，上级评价，被调查者评价和自我评价。

专家评价一般侧重于技术性方面，比如说对问卷设计的整体结构，问题的表述、问卷的版式风格等方面进行评价。

上级评价则侧重于政治性方面，比如说在政治方向方面，在舆论导向方面，可能对群众造成的影响等方面进行评价。

被调查者评价可以采取两种方式：一种是在调查工作完成以后再组织一些被调查者进行事后性评价；一种方式则是调查工作与评价工作同步进行，即在调查问卷的结束语部分安排几个反馈性题目，比如，“您觉得这份调查表设计得如何?”“请提出您的建议”等。

(6) 问卷设计的要求

①问题设计的要求　问题设计时要做到问题与研究目的、内容相一致，能较为全面的搜集所需要的信息。问题的语言要简短清晰、通俗易懂，不要使用复杂的专业术语。要避免问题带有双重含义，防止出现一个问题同时询问两件事情，或问题有歧义，会带来不同的理解。如，您的父母是教师么?不要用否定形式提问。在回答问卷时，“不”字通常会被看漏，产生误解，造成研究结果的不准确。比如“你在平时生活中不常看的节目是什么?”

问题必须保持中立，不能带有倾向性。语言上不能使用明显贬义或褒义词。通常人们回答问题时会受到问题措辞的影响，有诱导性，因此问题要保持中立。不要问回答者不知道的问题。要对被调查者的背景作一个了解，同时可以用分叉题型的方式，先设置过滤性问题，如“您了解×××吗?”对回答了解的再进一部进行提问。不要直接询问敏感性问题。对于这些问题，如果直接提问，往往会造成问卷的无法完成，因此这类问题最好采用委婉的语言间接询问。

问题的数量要适当。问题数量的多少要以能保持被调查者对应答问卷的兴趣和认真态度为准。一份问卷作答时间一般以 20 分钟为宜。问题太多，作答者容易产生厌倦情绪，导致敷衍或不予回答；问题若太少，又不能得到有关研究的基本事实材料以致影响研究结论。

②答案设计的要求　由于大多数问卷的主体是封闭式问题，因此答案的优劣直接影响到调查的成功。一般答案设计时应注意语言简洁、通俗易懂。此外，还要注意答案的穷尽性和互斥性。穷尽性是指答案包含了所有可能的情况，不能发生没有一个答案符合某些被调查者的情况。有时可以列出“其他”一项供作答。互斥性指答案相互之间不能相互重叠或相互包含，即对于每个回答者来说，最多只能有一个答案适合他的情况。

答案中涉及到的变量要根据研究需要确定其测量层次。比如要调查收入，若需要准确了解收入，则可采用填空形式，若仅了解总体分布情况，则把收入分档，采用单选题即可。

(7) 问卷的调查的实施

①调查问卷的发放形式　根据调查目的、内容以及调查对象的不同，问卷的发放可相应采取不同形式。调研者在现场发放问卷的形式最为常用。调研者可以当场对问卷的疑惑进行讲解，问卷回答质量和回收率较高。现场发放的形式又分为个别发放和集中填答，集中填答的可控性较好，而通常可见的广场发放问卷就是一种个别发放的形式。采

用这种形式的时候要注意选择合适的调查时间和地点，一般多选择公休假期，人们时间比较充裕，若是上下班时间，大多人时间紧张，参与度较低。

邮政投递问卷是将空白问卷装在密封的信封中，要求被调查者按照要求填写问卷并寄回。这种方式易于控制被调查者的代表性，并且被调查者可以自行决定何时答卷，有利于填表的质量，但通常邮政投递问卷的问卷回收率较低。

网络发放问卷是随着网络的发展逐渐兴起的一种形式，调查范围比较广，节省了外出发放问卷的时间和打印问卷的成本，同时回收的信息是数字化格式，方便后期处理。这种方法最大的问题是问卷的回收率可能较低。

为了提高问卷的回收率，发放问卷时要注意选择合适的时间和地点。另外，如果成本允许，采取一些鼓励措施，如给有效问卷回赠小礼品等，回收率会明显增高。问卷回收率是影响问卷调查质量的一个关键因素，据研究，成功的问卷回收率应达到70%以上，而最低要求是回收率达到50%，若低于50%应中止调查。

②问卷回收后的分析处理　首先问卷回收后要分出无效问卷，如有的问卷的信息前后矛盾，应视作被调查者不认真，问卷无效；有的问卷选择题误选多项，判定该题无效。另外要统计被调查者的人数、参与率、有效回收率等样本信息，然后选择相应的统计分析方法进行数据分析，如单因素方差分析、多因素协变量方差分析等。

二、调查研究方法的选择

调研方法实施的过程就是对信息资料的一个收集过程。要根据不同的课题选择相应的调研方法，同时又要考虑实际应用的可能，因此选择调研方法时主要考虑以下两方面的因素：

1. 适用性

调研方法要服从于调研目的和内容，确定调研课题以后，就要确定课题的性质、思路和研究的关键，明确调查的目的和主要内容是什么，调查过程中可能遇到的难题和待解决的问题是什么，调查研究的对象是哪些。根据这些来确定研究的手段，即调研方法。例如“医药企业人力资源状况调查”这一课题，涉及到我国目前医药企业的过去、现状、未来的发展以及医药企业人才的学历比例等，从中发现医药企业人力资源管理的问题，提出相应的对策，这样一个课题的研究方法必然需要对文献的调研，以及问卷调查或者访谈等。

2. 可行性

调研方法虽然要根据调研的目的和内容来确定，但同时也要考虑到实际可操作性，要考虑当前调研人员的状况以及所掌握的资源，如时间、经费等，确定一个较为可行的方法。例如，考察中国和美国两地医院药房的异同，那么通过探访两地的医院，进行观察、访谈以及问卷调查，再加上一定的文献调研，才能获得可信的结论。但这需要大量的时间和经费，实际可操作性不强，因此主要采用文献调研，查找个案进行分析，得到结论。虽然对论文的价值有所影响，但仍具有参考价值，有一定的意义。

对于一个论文课题来说，可以有几种方法进行调研，可以根据实际情况选择其中效率较高，耗时短，费用较低的那一种进行调研。在实际调研中，通常是结合几种调研方法，进行多方位的调研。

第三节 调查报告型论文的写作

一、调查报告型论文的格式

调查报告型论文作为科技论文的一种，它的格式和其他科技论文基本一样。其基本格式如下：题目、作者、摘要、关键词、正文、参考文献、致谢、附录等。其中题目、作者、摘要、关键词、参考文献和致谢的格式要求，请参考前面章节中的有关叙述，这里不再赘述。

1. 正文

正文部分又可分为引言、主体和结论和建议三部分，是一种“提出问题——分析问题——解决问题”的模式。

(1) 引言　引言又称为前言，主要介绍论文研究课题的背景相关知识，为什么要进行论文研究，以及对调查的目的、对象等因素的简单概括。通常采用的写法是介绍调查对象的背景知识、大致发展经过、现实状况、突出问题等基本情况，进而引出中心问题，即调查的目的、意义和必要性。引言的写作中要注意突出研究课题的现实意义和必要性、创新性以及可行性。引言是作为全文的引子，为后面的主体部分做好铺垫，要精练概括，直切主题。

(2) 主体　主体部分是调查报告型论文的最主要部分，是对调查信息进行叙述，对调查研究的结果和结论进行说明。这部分内容主要包括调研对象和内容、调研方法和调研结果分析。

①调研对象和内容　这部分主要介绍调查对象和调查内容，包括调查的时间、地点、调查对象和范围等。

②调研方法　对所选用的调研方法进行简洁的描述，同时说明选用这种方法的原因。

③调研结果与分析　介绍统计分析数据的方法，通过描述性语言、数字、图示及表格等形式来说明调查结果，进行分析。注意叙述要实事求是。分析部分要根据产生结果的背景、原因等对结果进行逐条分析，抓住问题的内在实质和规律，预测问题的发展，揭示问题或现象的重要性及危害性。

在主体写作中，要解决“是什么”和“为什么”的问题，这部分要用概括性的语言客观、准确地描述调查对象及现象，阐明其性质特点；要提供令人信服的真实数据以及具有典型意义的事实，全面说明调查内容，从理论的高度揭示问题或现象的内在因果关系。

(3) 结论和建议　结论和建议也是调查报告型论文的一个重要组成部分，调查报告型论文的目的就是提出问题从而解决问题。结论并不是前面各段小结的简单重复，而是要总结观点深化主题，进行必要的讨论，从而在掌握规律的基础上，提出解决问题的建议、改进意见、预测事物的发展、研究设想以及尚待解决的问题。这样既可以为问题的解决提供依据，也可以为后人进一步研究解决问题奠定基础。在结论处，还可以补充交代正文没有涉及而又值得重视的情况或问题。

2. 附录

根据要求不同，附录中通常可有以下内容：问卷调查表、数据汇总表、原始资料、背景材料或综述、调查选定样本的有关细节资料等。

二、调查报告型论文的写作要求

调查报告型论文既具有科技论文的性质，也有它自身的特性。因而报告型论文写作时要注意以下几点：

（1）多用第三人称　调查报告型论文写作时，作者不是以当事人的身份出现，常用第三人称进行写作。

（2）写作调研报告时，语言要客观严密、通俗、朴实生动，避免枯燥无味。

（3）写作方式叙议结合　论文写作时以叙为主、边叙边议，不能堆砌材料、就事论事，停留在表面上，要进行概括归纳得到规律性的东西，形成明确的观点。

（4）写作要言之有物　观点与材料不能脱节，同时要选用充分而典型的材料来论证观点，不能以偏概全或空谈，也不能把擅自扩展结论，推演出调查资料本身无法得到的结论。

（5）论证要合乎逻辑　对材料采用科学的分析统计方法，从理性的高度来总结规律。

（6）全文结构具有条理性　明确全文各段之间的联系，可采用并列式或递进式的行文结构。在论文写作开始时，最好先根据调查内容、目的和资料编写提纲，保证结构严谨，有条理。

参考文献

[1] 吴绪久．实用写作［M］．北京：科学出版社，2005.
[2] 高小和．学术论文写作［M］．南京：南京大学出版社，2002.
[3] 黄津孚．学位论文写作与方法研究［M］．北京：经济科学出版社，2000.
[4] 刘映国．科技写作［M］．北京：国防工业出版社，2002.

（杨慧文）

第七章 CHAPTER

科技论文的撰写

第一节　科技论文的基本组成

国家标准《科学技术报告、学位论文和学术论文的编写格式》（GB7713－87）对论文的编写格式作了明确规定。按照该标准要求，科技论文大体可分为两部分，即前置部分和主体部分。具体结构如图 7－1 所示。

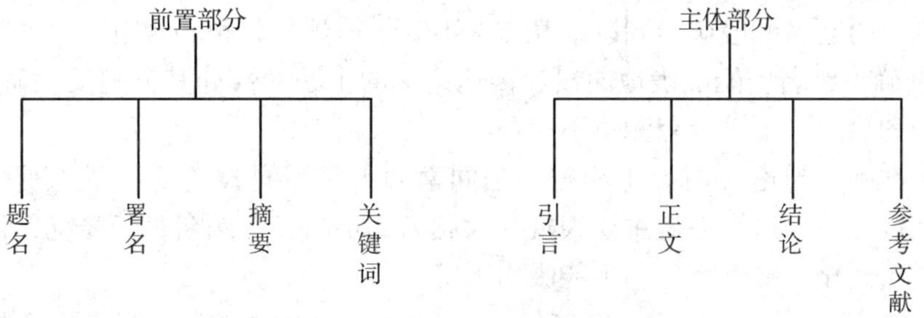

图 7－1　科技论文的基本组成部分

除图 7－1 的基本组成部分外，在前置部分中还包括封面和封二、序或前言、目录页、插图和附表清单，以及包含符号、缩略词、首字母缩写、单位、术语、名词注释等内容的注释表。期刊杂志上发表的学术论文除非必要一般不包含这些内容，而一些毕业论文（学位论文）或单行本的科技报告常常要列出此类相关内容。本章结合国标规则（GB7713－87），以药学专业的实验研究型科技论文为主，就一般科技论文基本组成部分的内容和一般要求作简要说明和介绍，供同学们学习应用。

第二节 前置部分的写作要求

一、题名

1. 题名的作用

题名又称为篇名、题目、标题，是以最恰当、简明的词语反映论文中最重要特定内容的逻辑组合。

题名要突出表现论文的主题，应告诉读者该篇论文的核心内容是什么，是讨论什么对象的；应能充分反映论文的价值，反映论文的新意。科技论文要讲究创新、观点新颖，而创新性要体现在论文的题名中，此类题名常给读者耳目一新的感觉。面对浩瀚如烟的文献资料，新颖的题名能即刻引起读者兴趣，牢牢抓住他们的眼球，使他们迫不及待的读下去。这从另一方面体现出了论文的价值所在。

二次文献机构、数据库系统通常会把论文题名、关键词以及摘要收录在内，以满足读者检索之需。所以题名应尽可能包含有主题词或关键词，以便于文献机构选用和读者检索。在查阅文献时，读者首先看的是文章的题名，看题名是否符合自己的检索要求，产生兴趣后才会接着读论文摘要，最后判断是否有必要读全文。将来写文献综述或写论文时，要对手头的文献材料进行归类总结，也是先从文章题名开始的。因此，写好文章的题名至关重要。

2. 题名的要求

科技论文的题名一般应做到以下几点：准确、简洁、新颖和规范。

（1）准确　题名应能准确地向读者传达论文的主题，恰如其分地反映研究的对象、内容，范围和深度，不人为夸大也不缩小。

题名不准确、与论文内容不相符，是同学们平常写科技论文（尤其是毕业论文）时常犯的毛病之一。这类毛病主要表现为大题名，小内容；题名过于笼统，让人不明就里；题名过于泛化，缺乏特色，不能吸引人等。

例 7-1：某一论文题目为“OTC 感冒药销售市场的调查”，仅从题目看该论文应该是通过做市场调查，讨论 OTC 感冒药的销售情况，但题名没有说明销售市场调查的时间和空间范围（如：是过去某段时间还是未来某段时间内的销售预期调查？是针对国外、国内还是国内某一地区的调查?），而实际该论文讨论的内容却是有关某市的某一药品连锁店的 OTC 感冒药销售情况。这是典型的文不对题，大题目、小内容的毛病。其实，在该题目前加上一些限定词，如“某地区、某一药品连锁店”，或加一副标题对主题名内涵进行限制，就能清楚地向读者传达论文要讨论的主题内容和范围了。

例 7-2：又如“药物不良反应报告分析”、“新时期的医院药学”，这两个题目都缺乏特色，过于泛化。对于前者而言，药物的不良反应种类很多，范围较广，这里没有明确说明是哪类不良反应，在什么范围内讨论，用药不符合规范、不安全用药等也会引起不良反应。对于后者而言，医院药学概念的外延很广，可讨论的内容较多，题目虽有“新时期”限定，给人一种太泛化的感觉，没有特色。相比之下，“从药品分类管理看安全用药问题”、“新形势下连锁药店经营策略的探讨”则较为合适。前者明确告诉读者论文要探讨“安全用药”，限定词—“从分类管理”，进一步将讨论的范围缩小，便于把握。后者则用“新形势”、“连锁药店”、“经营策略”等词语明确说明论文要讨论的内容和范围。

例7-3：又如“浅谈中国药品零售业经营策略”，经营策略的概念外延范围很广，而文中实际只讨论了零售业经营中现存在的问题和应对措施，宜改为“当前药品零售业存在的问题及对策”或“试论当前药品零售业经营策略的调整（转变）”。

（2）简洁　题名应该是高度概括了论文主题内容及范围，因此用词要简短精炼、简单明了，让读者一看就清楚论文将要讨论哪方面的内容，随即可初步判断出该篇论文符合自己的检索要求，是否对自己有价值，是否感到有兴趣进一步查阅。一些无关紧要的词、或可有可无的词语，要尽量删减。但也要注意不能一味追求题名的简单而忽略了反映论文主题特色的要求，否则题名让人觉得太过笼统、泛化，没有特点，很快即被读者忘记。

例7-4：“××××××问题的分析研究”，“分析”与“研究”，显得重复累赘，完全可以删掉其中的一个词。“××××××的研究与探讨”，“研究”与“探讨”也可删去其中之一。

例7-5：“浅谈我国医药贸易的过去、现在、未来”，该题目给人感觉是要讨论国内不同时期医药贸易的状况，也很简洁，但没有特色，显得笼统，没有吸引力。题目既没有说明具体的时间范围，也没有点明要讨论医药贸易哪方面的内容（医药贸易的范围很广，要全部讨论显然非本科毕业论文能力所及）。

题名一般不要超过20个汉字，必要时也可适当增加以便于准确反映论文的主题。有时题名不易删减，可以在主题名（表示论文的中心内容或论点）下另加一副题名，表示论文的中心内容或论点涉及的范围，起到对主题名的内容限制作用。

例7-6：抗癌中药的研究. I.
中药的抗癌作用

益母草化学成分之研究. Ⅰ.
益母草碱甲之研究（1）

也有在下面的副标题前加注符号“——”表示对上文的说明。

例7-7：×××施工保护技术
——×××的设计与施工

（3）新颖　具体来说就是指文章题目要有新意、创新。题名别具一格才显得醒目，容易引起读者的兴趣。我们常说科学研究要讲究创新，文章题名只要体现出科研主题内容的创新点，自然就有了新意。

要注意的是，题名的新颖是在准确恰当、简短精炼的前提下实现的。切不可为了新颖而故意标新立异、堆砌华丽的词藻，使题名读来拗口，看得臃肿。也有的文章主题内容属老生常谈，通篇乏新可陈，但题名故意搞得惊艳脱俗，以期达到吸引读者注意之功效，显得名不符实。这纯属新瓶装老酒，不值得提倡。其实，题名的新颖实质在于要把论文主题的新意体现出来，而不是故意选用一些非同一般的词汇。

（4）规范　题名的用词要符合有关规则要求　一方面，题名的用词要符合国标规则。“避免使用不常见的缩略词，首字母缩略字、字符代号和公式等”。如确实必需，也要尽量采用同行业公知公用、熟悉的缩略语、代号等。考虑到论文题名经常被文献数据库收录，而且也常是文章主题词、关键词的选择来源，因此题名的用词也要尽量符合这些方面的要求。为了尽快澄清一些读者心中的疑惑，必要时也可以在后面的论文摘要或前言中尽量靠前的位置对提名中的缩略语给予说明。

例 7－8：以下两篇文章的题名都采用了在专业领域公知的英文缩写词，显得紧凑简练。

“××× RP－HPLC 色谱指纹图谱的建立及其质量研究”，其中的“RP－HPLC”是行业公认的“反相高效液相色谱法”的英语缩写。

“×××的 VEGF－脂质体体外靶向杀伤××××××××××”，其中的“VEGF”在生物、医药领域公知是指“血管内皮生长因子”的英语缩写。

另一方面，题名用词要符合汉语的逻辑修辞规则，做到通顺、达意。通常采用一个完整的句子，或完整的词组作为题名。词组多用偏正结构的名词性词组，尽量少用动宾结构的词组。

例 7－9：“一种×××的新方法”、“×××类手性药物色谱拆分的热力学研究”、“×××技术在给药系统中的研究进展”、“中药效应物质×××的思路与方法”等。

并非所有的题名都适宜采用名词性偏正结构，在有些情况下采用动宾结构反而会使题名显得更为通顺、简练。像“（试）论……”、“（浅）谈……”等形式的动宾结构题名就可以采用。中心动词有状语修饰时，有时采用动宾结构更为合适。

例 7－10：“基于×××细胞的抗肿瘤药物的体外筛选”，此题名中心词“体外筛选”前有二个修饰词组，用了二次“的”，读起来显得拗口，如改为“应用×××细胞体外筛选抗肿瘤药物”，则语句更为通顺。

偏正结构题名的中心词前有多个修饰语时，往往要用到多个“的”，要特别注意保证语句的通顺、简练，以及语意完整、清晰。可以多朗读几遍，从语感上感受语句是否通顺，语意是否清晰。必要时删减、合并掉一些“的”，确保语句精炼。

例 7－11：“应用×××细胞系进行抗癌药物的筛选”，如删掉“的”，改为“应用×××细胞系进行抗癌药物筛选”则读起来更为简练。

3. 题名的布置

题名一般置于文章最前面，居中布置。如果题名用词较多，应考虑采用两行布置的结构，但要注意在换行处不能把一个完整的词组分开置于两行。多行题名的布置可以采用倒三角（上长下短）、正三角形（上短下长）、上下错位排列等形式（图 7－2）。

倒三角型	正三角型	上下错位型	
××××××××××	××××××	××××××××××	××××××××
××××××	××××××××××	××××××××××	××××××××××

图 7－2　题名布置

二、署名

1. 署名的位置和内容要求

科技论文要有署名，位置一般紧挨着题名在其下方。署名同时还要给出作者工作单位，有的科技期刊还要求列出作者所在城市、邮编及电子信箱等。一篇论文如有多个作者署名，且作者分属不同单位时，可分别在作者名字右上角加注角标，再另起行作说明。

按照国标（GB7713－87）规定，论文署名作者应“只限于那些对于选定研究课题和制定研究方案、直接参加全部或主要部分研究工作并作出主要贡献以及参加撰写论文并能对内容负责的人，按其贡献大小排列名次。至于参加部分工作的合作者、按研究计划分工负责具体小项的工作者、某一项测试的承担者以及接受委托进行分析检验和观察的辅助人员等，均不列入。这些人可以作为参加工作的人员一一列入致谢部分或排在脚注。”

作者署名要用真实姓名，不能像文学作品用笔名。署名当中一般要有至少一位通讯联系作者，主要负责与读者的通讯联系、解答问题。通讯作者往往是研究生攻读学位期间的指导老师或该篇研究论文所属课题承担人。

2. 署名目的

科研工作人员在论文上署名并在期刊杂志上公开发表是在向世人宣示，他们对该课题已经进行了研究并取得了相应成果，他们拥有该科技论文的著作权和相应科研成果的拥有权。公开发表也是人类社会对他们辛勤劳动成果承认的方式之一。

科研人员公开署名也是在表明他们对自己科研成果负责任的态度，即所谓的文责自负。这其实也反映了科研人员诚实、严谨的科学态度。

科技论文的读者大多是在相关领域长期从事科研的同行，通过公开署名，使他们了解从事本领域研究的人员状况。署名同时也公布了通讯联系方式，便于相互间的学术交流，有利于促进科研发展。

例 7－12：署名举例

×××××胶囊血清药化学研究

张××[1]，丁××[1*]，王××[2]，罗××[3]，张××[2]，施××[2*]

（1. ×××××大学，江苏××市 210029；2. ××市××××医院，江苏××市 226006；3. ××大学，江苏××市 226006）

三、摘要

摘要是对论文核心内容的概括性陈述，读者仅通过阅读摘要就可了解该篇论文的主题内容和主要成果，可以说摘要是对论文的高度浓缩。

1. 设立摘要的目的

科技论文设立摘要的主要目的是方便交流。20 世纪以来，人类社会进入知识大爆炸时代，记载人类知识结晶的各类科技文献著作的发表数量呈几何指数增长。科研人员对行业动态的了解、专业信息的掌握，主要还是通过对专业文献阅读、参加各类学术会议等。而短小精悍的摘要极大方便了科技工作者的此类活动，为他们节省了大量时间。

科研选题的主要途径之一是文献查阅。通常的做法是先检索到题名后，再阅读文献摘要。仅通过阅读文献题名、摘要，研究人员可以迅速而较全面地了解该文献的主要成果或创新点，并决定是否需要进一步阅读全文。否则，如果所有的文献都通读一遍，则要耗费大量时间、精力。在写文献综述时，要先对查阅到的文献进行思考判断、归纳分类，这需要对文献核心内容反复阅读、筛选，而此时文献摘要（以及题名）的使用则能提供很多便利。

目前，各类电子文献数据库已成为查阅文献资料的主要来源。而文献摘要是这些数据库二次文献收录的对象之一。符合要求的摘要可以不经修改直接收录，大大减少收录人员的工作量，这又进一步方便了读者及时、快速查阅相关的文献。因此，写好论文的摘要非常重要。这不仅于他人，于己也是有益的。

2. 摘要的内容

摘要的主要内容包括：研究的目的、内容与方法、结果（结论）及其应用意义等。简而言之，目的就是指进行该项研究的理由、原因，拟进行的研究对专业学术发展或对人类社会发展能起到什么作用；内容与方法是指论文研究主要进行了哪些方面的工作，研究的对象、材料是什么，主要采用了什么实验方法和理论，数据的调查统计手段等；结果（结论）是指论文研究所取得的主要结果，包括实验结果、调研的结果等，重点突出创新性的成果；应用意义可以理解为对所取得的成果在学术理论上、社会实践中的价值预测，以及对今后研究的启发、建议等。

不同的期刊杂志尽管对摘要格式的要求有所不同，但摘要的基本内容（如上段所述）不变。有的期刊杂志上论文摘要将“内容”合并到“方法”项中，有的将“应用意义”的内容合并到“结论”项中。有的医药类期刊杂志上的论文摘要中，明确列出“目的”、“方法”、“结果”、“结论”等引导词，以示醒目清晰。因此，在具体写作时要注意根据所投稿杂志的要求，对摘要内容作细节处的调整。

3. 摘要的写作要求

摘要应做到短小精炼。前文已讲过，摘要是论文内容的高度浓缩，因而写作摘要时，要惜墨如金，用语明确而具体，不要有笼统空泛的词语；要做到篇幅虽短，但表意清晰、完整。

摘要应独立成段，内容完整。摘要作为一个独立的段落，应完整的包含研究目的、内容与方法、结果与结论、应用意义等内容。也就是说，摘要应包含整篇论文的主要内容，拥有与论文同等量的主要信息，使读者仅通过阅读就能了解该篇论文的主要信息。

摘要的写作内容还要符合一定的格式要求。在摘要段落里尽量以文字为主，不要有图表、化学结构式、数学公式、非公知公用的符号和术语等，缩略语在首次出现时要给予说明。摘要段落中不要列出例证和研究过程的描述，避免重复文章题名和简单罗列正文中的段落标题，更不要重复本专业领域公认的信息。

摘要应做到描述的客观性。客观性一方面是指对论文主要内容的描述应该是客观的、实事求是的、不加评论的；另一方面指尽量采用第三人称，语句少用主语，不要用

“我们”、“本文”、“本研究”作为开头。

摘要的语言要符合有关规范。用词要符合汉语语法习惯和逻辑修辞规则，尽量用简单句，少用复杂的长句，以免产生歧义。

4. 摘要的分类

摘要大致可划分为三类：报道型、指示型、报道－指示组合型。

报道型摘要（又称为资料性文摘、情报性摘要）：包含了摘要的所有规定内容，在有限的篇幅内向读者提供尽可能多的定性、定量信息，充分反映该论文研究的创新之处。科技论文一般采用此类型文摘，字数一般控制在200～300字以内。

指示型摘要（又称为概述性文摘、简介性文摘）：主要说明论文的主题内容和主要研究结果的性质状况，使读者对该论文的主要内容有一个大致了解。一般期刊的简报、问题讨论等栏目以及技术性期刊等采用此类型文摘，篇幅100字左右为宜。

报道－指示型摘要：介于上述两者之间，采用报道型摘要表述论文中的主要创新结果，而以指示性摘要的形式表述其余部分。篇幅以200字左右为宜。

例7－13：报道型摘要举例

复方五仁醇胶囊血清药化学研究

摘要：目的 对复方五仁醇胶囊进行血清药化学研究，以便与该制剂血清药理学研究结果进行谱效关系分析，阐明其药效物质基础。**方法** 以已经建立的高效液相色谱指纹图谱分析方法，比较复方五仁醇胶囊含药血清色谱图和空白血清色谱图，分辨该制剂给药后血清中产生的药源性成分，进一步比较全方制剂及各缺味、单味制剂给药后的血清色谱图，分析血中药源性成分的来源，并通过对照品比对对部分成分进行鉴定。**结果** 灌胃给药后血清中产生药源性成分13个，13个成分全部来自君药五味子，其中8个为制剂原形成分，包括五味子醇甲、五味子甲素、五味子乙素，其余5个为代谢产物。**结论** 复方五仁醇胶囊体内直接作用物质很可能出自血清中的13个药源性成分，结合血清药理学对其作进一步研究有助于阐明该制剂药效物质基础。

例7－14：指示型摘要举例（上文报道型摘要改写）

摘要：采用高效液相指纹图谱方法进行复方五仁醇胶囊血清药化学研究，确定给药后血清中药源性成分的来源，以便与该制剂血清药理学研究结果进行谱效关系分析，阐明其药效物质基础。

四、关键词

关键词是为了文献标引工作从论文中选取出来用以表示全文主题内容信息的单词或术语，是最能代表论文主题内容特征的词或词组。几个关键词简单地组合在一起就应能清楚地告诉读者论文研究的对象、材料、方法、考察的指标等内容。

目前，电子文献数据库都设有关键词检索项，读者利用检索工具中的关键词索引即可以方便、快速地检索到相关类的电子版文献。关键词也是各数据库为每篇论文选定主题词的参考来源之一。因此，对关键词的选取应给予足够重视。

1. 选词来源

关键词往往是论文中出现频率较高的词语，其选择来源主要有：

(1) 题名　高度浓缩了论文主题内容，是关键词选择的主要来源。

(2) 摘要　摘要是论文核心内容的概括性陈述，包括了论文研究的目的、内容与方法、结果与结论等要点，而这些内容正是关键词要表达的含意，因而也是关键词选择的重要来源。

(3) 论文中的前言和小标题。

2. 关键词的用词要求

(1) 关键词个数　不同的类型的科技论文对关键词个数要求不尽相同，但通常 3 ~ 5 个。太多反而有冲淡主题之嫌。

(2) 使用表示单一概念的单词或术语　为了方便读者准确地检索到需要的文献，关键词应使用表示单一概念的单词或术语，忌用表示复合概念的词组。

(3) 避免使用含义相近、重复的词语　关键词总的数量有限，而每个关键词仅用于表达某一方面的含义，将数个关键词的简单组合才能准确地表达论文的主题内容。因此，同义词、近义词等不要同时出现。

(4) 使用含义具体的词语　关键词应尽量使用含义明确而又具体的词汇，不要使用概念内涵笼统的词，诸如“研究”、“分析”、“方法”等词汇，这会降低关键词的专指性。

(5) 有机化合物　对于复杂的有机化合物，一般选取表示其基本结构的名词作关键词。化学式不应出现在关键词中。

关键词的一般置于摘要下方。通常左顶格写“关键词”，其后空格依次排列各关键词。两个关键词之间应空一格书写，也有要求加注“；”符号，具体情况可视不同要求而定。

例 7－15：关键词举例

题名：高效液相色谱法测定人血浆中磷酸哌喹

关键词：磷酸哌喹；血药浓度；高效液相色谱法

题名：复方五仁醇胶囊血清药化学研究

关键词：复方五仁醇胶囊；血清药化学；含药血清

第三节　主体部分的写作

一、引言

引言又称前言、绪论、引子、绪言、导言等，它是论文的开篇部分。其作用是向读者介绍文章的主题内容和研究背景。

1. 引言的主要内容组成

(1) 论文研究的背景介绍　该部分主要介绍论文研究所属领域的现状，即：在该领域开展研究的意义或价值，该领域内前人已开展了哪些工作、取得了哪些进展，目前还存在哪些问题，这些问题的解决有何意义等。

（2）研究设想　根据前面的背景介绍，提出拟就现存的哪个问题开展研究，以及自己的初步研究设想。在研究设想部分，简要介绍研究的理论基础、实验方法、技术路线等。

（3）研究的预期结果和意义　论文研究的预期结果主要指预计要达到的目的、实现的目标等；研究结果的意义可以理解为预期研究结果的价值、作用、对该学术领域发展的贡献等。也有的论文是将研究的主要结果（或重要创新结果）及其作用意义列入该部分。

以上是一般情况下引言写作的基本内容。由于不同专业领域要求不同，因而在论文的实际写作过程中，引言各部分具体内容视情况不同而有相应详略变化。

2. 引言的写作要求

（1）言简意赅、条理清晰　引言只须向读者交代清楚论文研究课题的来龙去脉，让读者了解与该论文研究课题有关的学术发展背景、课题研究设想和研究结果即可，其他无关的内容无须涉及。因此，引言部分的语言要精练，最好开门见山，直奔主题，不要讲客套话。即使做一些必要的铺垫也不要太远、绕大圈子。引言内容要紧扣要求，叙述要有条理，将规定的内容讲清楚、讲全面就行了。

引言部分的篇幅没有硬性规定，一般600～800左右，短的有不足100字的，长的有愈1000字的，具体视实际需要而定。

（2）背景介绍要突出重点和深度　引言中做课题背景介绍时，要对与论文研究课题有关的前人的研究结果做一回顾，必要时要引用他人文献里的实验结果、结论或观点。

文献引用要有重点。特别是一些热点领域，参与研究的人员较多，发表的文献也很多，没必要面面俱到，都囊括其中。只须引用与本论文课题紧密相关、有代表性的文献，其他的可以一带而过；否则引言将变成一篇综述，有违科技论文对引言的要求。

尽量引用最新的、近几年发表的文献资料。对于一些该研究领域公认经典的、高水平的、开创性研究文献，尽管发表时间可能较远，必要时仍可引用的。

行业领域中公认的原理、具有普遍性的知识不必一一赘述。

（3）慎重评价　在提出自己的研究设想时，除非确有把握，否则慎用一些评价性的词语，例如“首次提出”、“首创”、“国际水平”等。

3. 引言评析举例

例7－16

题名：复方五仁醇胶囊血清药化学研究

引言：（原始文献中为一整段，为方便评析而划分成数段）

20世纪80年代日本学者田代真一提出了“血清药理学”与“血清药化学”相结合研究中药药效成分的方法[1]，其基本思路是：中药虽成分众多，但只有那些被消化吸收进入血液的成分或其代谢产物（本研究将这些成分和代谢产物统称为药源性成分）才有产生药效的可能，中药药效成分研究应该以给动物或人服用药物后的血清（即含药血清）为入手点。

（文章开宗明义点出“血清药化学”和“血清药理学”的提出背景和基本研究思路，并引用一篇代表性文献。）

血清药理学主要通过体外试验研究含药血清药效及作用机制，血清药化学主要是对进入血清的移行成分进行分析、分离、鉴定等。

（提出研究方法的定义、对象。以上二段主要介绍论文研究拟采用的理论和方法。）

我国中药界对以上方法给予了高度评价和关注，相关研究也见报道，因为此法不但大大简化了中药复方这一复杂体系，而且对血清中所含复方化学成分进行进一步分析、鉴定，把得到的成分与复方再次进行药效学比较，就有可能揭示复方药效成分[2,3]。

（该方法在中药界的应用现状，在中药复方研究中优点、意义，引用二篇相关文献进一步说明该方法在揭示复方药效成分方面的可行性。）

复方五仁醇胶囊由五味子、三七、柴胡等4味中药组成，是一种治疗急慢性肝炎的制剂[4]，不但具有组方简单的特点，而且临床疗效确切，所以本实验选定该制剂为研究对象，根据以上思路，进行含药血清谱（指纹图谱）效（药效）关系分析探寻中药复方药效物质基础的方法学探讨。

（提出本课题研究的对象、理论依据、方法和目的。）

本篇论文采用血清药理学和血清药化学方法的思路对中药复方五仁醇胶囊展开研究，探讨复方药效成分。引言首先提出了“血清药理学”和“血清药化学”的研究思路，并进一步对有关概念进行定义。接着提出该思路在研究复方制剂药效成分的可行性。最后顺理成章地提出根据该思路研究中药复方五仁醇胶囊的药效物质基础。

例 7－17

题名：高效液相色谱法测定人血浆中磷酸哌喹

引言：（原始文献中为一整段，为方便评析而划分成数段）

磷酸哌喹（piperaquine phosphate，PQP）化学名为1,3－双［4－（7－氯－喹啉－4基）哌嗪－1－基］丙烷四磷酸盐四水合物（图1），是我国自行研发的一种长效抗疟疾药物，它与青蒿素类药物组方被认为是当今最有前景的抗疟疾药物[1]。

（提出本课题研究对象的性质、背景和价值。）

国内外文献报道的人血浆中磷酸哌喹浓度检测方法[2~6]，试验条件苛刻，步骤烦琐，一般实验室难以进行。

（国内外研究现状和存在的不足，引用有关血浆中浓度检测方法的文献。）

本文建立了一个简单快速的HPLC检测方法，以磷酸氯喹（chloroquine phosphate，CQP）为内标，进行分析。该法噪音低，灵敏度高，峰对称性好，可用于人血浆中磷酸哌喹的药物动力学及生物利用度研究。

（说明本论文研究提出了一种新的检测方法，以及该方法优点、应用前景。）

该篇论文主题内容是研究一种新的测定人血浆中磷酸哌喹浓度的方法，属方法学研究论文。引言首先介绍了测定对象的背景，说明其研究的价值。接着说明目前测定对象的血浆检测方法现状、存在的不足。最后提出新建HPLC方法的优点、应用潜力。整篇引言简单、明了，没有多余的话。

二、正文

正文是一篇论文的核心组成部分，有关该论文研究的实验方法、数据统计处理、结果与讨论、结论观点等内容都在此部分内展开。

不同专业、不同类型的论文在此部分的内容有较大差异，很难对正文的写作统一规定标准。在此，我们主要对医药类的科技论文正文部分的写作做简要说明，重点放在药学专业实验型论文写作。

科技论文正文大致可划分为三部分：实验部分、结果与讨论。不同专业期刊杂志的具体划分名称虽有所不同，但实质内容均大同小异，下面就从这几方面对正文的写作予以阐明。

1. 实验部分

一般进入正文部分后，首先要介绍该论文研究的实验情况。不同专业期刊在该部分的标题名称不尽相同，例如，有的称之为“材料与方法”，有的为“仪器与试药（试剂）”，有的则干脆分别连续用“仪器”、“试剂”、“实验方法”等几个小标题来表示。尽管表示方式不同，但目的都是一个，即讲清楚本论文研究所采用的实验材料、仪器、方法等。

（1）实验部分的内容要求

①材料　系指实验所用试剂（药品）名称、纯度、规格、性质、来源；动物的名称、规格、种类、来源、数量、分级、性别、年（月）龄、体重、健康状态、分组情况等；实验样品的来源、品级、规格等。

实际论文写作时，具体情况具体分析，上述各项内容不一定都要列出，按通常的做法进行，只要能说明问题即可。

②仪器设备　系指所用实验仪器的规格、型号、生产商等。

③方法　系指具体的样品处理方法、试剂处理方法、实验（测定）方法、数理统计方法等。

（2）具体写作要求　实验部分的内容介绍应能使读者详细了解实验情况，读者根据此部分的说明能重复出实验结果，做到实验的再现性、可重复性。

有些情况下，实验方法可从简叙述，没必要详细说明。如果是采用文献已发表的方法或是有关技术标准方法，可简述并注明出处或直接注明出处，如：××××方法详见文献［×××］。

对于已经发表但大家不是很熟悉的方法，要给出参考文献，同时可作简要说明；如使用经过修改的方法，应简述原因；对于自己创新的实验方法，通常要详述，如有知识产权保护之虑则可简述之。

2. 结果与讨论（结果与分析）

本部分是论文核心中的核心。在论文的此部分中，作者通过对实验结果的分析、论证阐明论文的结论性观点。

结果与分析可以分开做二部分，也可以放在一起作为一个整体部分来写。

（1）内容要求

①实验结果 论文中要给出实验测定结果，此结果是论文结论形成的依据。实验原始数据要先经过必要的统计处理（如误差处理），之后转化成图、表的形式列于论文内容中。数据以图、表的形式给出显得条理清晰、一目了然，既方便了作者写作时结合数据展开讨论，也便于读者阅读。

②讨论 在该部分内容中，作者通过对实验结果分析、讨论从而得出结论。该部分的写作极为灵活，没有统一的标准。一般而言，在讨论过程中可以对实验结果进行定性或定量的分析综合、归纳推理；也可以运用已有理论对实验结果给予理论上解释，必要时可引述他人的实验结果或观点作为佐证；也可以将实验结果与别的文献结果进行比较，探讨其不同，从而得出结论；也可以综合运用多种逻辑论证方法推出结论。总之，作者要通过对实验结果的分析总结阐明自己的新发现、新见解，并对之进行归纳总结得出结论性的观点。

（2）写作要求

①实验数据 实验中获得的数据可能很多，但不要把所有的数据都给出来，给出与研究主题有关的实验数据即可。要特别关注一些异常的数据，不能随意舍弃；要先经过误差分析，确系实验误差所致可以考虑舍弃；否则也要一同列出，并给予合理的解释。这些异常数据的背后可能隐藏着令人意外的结果，由此会引出新的发现。

数据要经过统计分析处理，尽量用图、表形式给出。尽量选用专业作图软件工具作图，例如 Origin 软件。数据表要采用三线表格式，这已是国内外科技期刊杂志的惯例。

实验数据记录要真实、准确，不得伪造，不得根据主观愿望随意取舍。这是一篇科技论文真实性、科学性、创新性的基础，也反映了论文作者是否以诚实、严谨的科学态度从事科研工作，此尤为切记。

③讨论的写作 科技论文实际上属于议论文的范畴，其讨论部分即相当于对论点展开论证。讨论的写作过程中要特别注意三点：论点突出、逻辑严谨、论据充分。

语言要简明、准确，讲究科学性。讨论过程中的用词要确切，对于涉及到的概念、定义、判断等，表述要清晰，不能模棱两可。另外，语言要符合科学常识、规律，不能留有让读者质疑的把柄或漏洞，否则这会大大降低文章论点在读者心目中的可信度。

另外，讨论的内容要丰富。很多同学的论文都有讨论内容贫乏、论证不充分的通病。其表现为实验数据很充分，但相关讨论却寥寥数语，让人感觉文章瘦骨嶙嶙、不够丰满。究其原因，一是相关基础理论、课题背景知识贫乏，文献资料阅读得少，提笔写作时，大脑空空自然写不出很多内容；二是语言文字功底差；三是没有掌握一定的写作技巧，不知道如何去写。如果属于上述前两者原因，只有靠自己平时多看有关的理论专业书刊、文献，多了解相关背景知识，多读一些文学书籍或多做一些写作练习。如果仅是第三种情况，则可以通过学习有关的写作技巧加以弥补，多看有关文献，细心揣摩别人是如何写讨论的。日积月累，自然写作水平就提高了。

其实，要想使讨论内容显得丰满不难做到。例如，结合数据讨论某一分论点，可以分别从正、反两个方面论证，同时加入进一步延伸论述，或尝试用已有理论加以解释，或与他人的实验结果比较异同点、优劣点等。这样讨论就显得内容充分，不是只见骨头不见肉。

三、结论

在结果与讨论部分，作者结合实验结果分别从不同侧面就论文的主题内容展开讨论，并得出若干分论点。在结论部分，则是将这些分论点进一步经过判断、归纳、推理、总结等逻辑思维过程，使之上升到理论的高度进而得到新的学术观点或见解，这是整篇论文的总论点。

结论部分主要包括以下几方面的内容：

①该论文研究得出的创新性结论，该结论对学术理论的发展或实际问题的解决有何意义、其适用范围如何等；

②该论文研究所得结论对本领域前人的研究成果有哪些补充、修正、完善或否定；

③该论文研究尚存在的不足或待解决的问题，并对今后进一步的研究提出建议、展望等。

结论的写作要注意以下几点：

① 用词要精练、明确、完整、具体、突出重点　结论部分是要提出全文的总论点，也是对讨论中的分论点进行高度的总结概括而得出的结论性观点，不需要进行长篇大论式的论述，用语一定要精练，不能拖沓。同时，因为提出的是结论性的观点，因而又要求用词的含义准确、具体、完整，不能含糊、模棱两可。另外，避免简单的将前面得出的分论点罗列在一起作为全文的总论点。最后，结论的提出要有重点，突出论文的创新性成果。

② 结论要有根据　再次强调，结论部分提出的总论点是对分论点的高度总结和概括，这是以实验结果为依据的，不能随意引申、发挥，作无根据的或不合逻辑的演绎、推理。

③ 下结论要谨慎　提出的结论性论断一定要恰如其分，既不人为夸大，也不有意缩小。通常结论部分不对论文的成果作自我评价，不能随意褒己贬他。

不是所有的实验研究一定都能得出确切的结论。结论性的判断只有在确有把握、实验数据充分支持时才做出，否则不要勉为其难，强下结论。此种情况下，结合实验结果，展开讨论即可。

四、致谢

对于在实验研究过程中，或在论文撰写过程中，对自己直接提供过各种形式支持和帮助的团体和个人，均应表示谢意。

致谢一般放在“结论”段之后。长篇幅的论文（如硕士、博士毕业论文）通常加“致谢”作为小标题，而短篇幅的学术论文（或本科毕业论文）可以不加，直接表达谢意。实际操作可参照具体不同要求而定。

致谢的对象包括：

① 对研究提供资金支持的团体、个人；

② 提供设备、实验材料、文献资料、对实验给予帮助的团体和个人；

③ 对实验、论文曾给予指导、提出建设性意见的人员。

致谢用词要简短、恰当。如致谢的人员多，可仅考虑贡献较大的几个人，其他人可一带而过。

例 7－18：致谢举例

本研究曾得到×××基金的帮助（资助等），谨此致谢；

×××对研究工作给予了很大帮助，×××对论文初稿提出了宝贵意见，在此一并谨表谢意。

五、参考文献

论文最后列出参考文献的目的主要有：

①说明作者的论文研究的可信性和科学性，反映出真实的科学依据。

②说明论文中的观点哪些是自己的，哪些是引用别人的，以体现作者对所引用文献原作者的尊重和自己严谨的治学态度。

③说明作者查阅文献资料的范围和水平，同时也是为了指明引用资料出处，便于他人检索。

文献的著录格式可参见文献综述一章的有关描述，不再重复。

第四节 科技论文的撰写过程

科技论文的撰写是科学实验工作的继续，属于科研工作的一部分。当做完了实验工作、获得了原始数据之后，作者要对其进行合理的分析、判断等一系列逻辑思维活动，确定实验结果是否达到了预期目的、还有哪些不足、还需补充哪些实验、能得出哪些明确的结论等。科技论文写作的实质就是把实际的实验活动和作者的这些逻辑思维活动用文字的形式条理清晰、简明严谨地描述出来的过程。由此观点出发，可以将科技论文的撰写过程大致可划分为以下几个阶段：数据资料的整理、确立主题论点、拟订提纲、写初稿、修改定稿。

一、数据、资料的整理

将所有的原始测定数据收集整理并做必要的分析统计，将之转化为相应的图、表，并分别给出标记、说明。将所有查阅到的、与本研究课题有关的文献资料收集在一起，放在手边便于查阅。

目前电子技术应用普遍，论文的写作通常在电脑上完成。建议在自己的电脑上专为此论文课题的研究建立一个文件夹，里面再设立不同的分文件夹，分别放置不同类别的资料，如数据、文献等，并最好将查阅到的文献资料按一定的规则归类存放。

二、确立论文主题论点

论文的主题论点（中心论点）来源于实验结果。作者要结合本学科领域的基本理论、文献资料的结论性观点，对实验结果展开一系列的逻辑思维活动，从中得出结论性的观点。通常每个论文的实验研究开始之前预设有实验方案，该实验方案明确规定了不同的实验活动，通过这些实验活动获得有关数据以期从不同的角度验证实验设想、揭示其背后可能隐藏的规律性的结论。每个实验活动对应的实验结果产生相应的分论点，而各分论点有机地综合在一起，即形成了论文的总论点，或叫做主题论点（中心论点），这亦是论文要表达的主要创新性结论。

三、拟订提纲

拟订提纲是理清写作思路、确定文章结构的过程，也是论文写作必经之过程。面对手头数量众多的文献资料、实验数据，事先未经谋篇布局、没有形成一个合理的构思，而是直接动手写作，势必形成想到哪里就写到哪儿、东一榔头西一棒槌的状况，其写作效果可想而知。以这种方式写成论文很难达到论点突出、结构严谨、条理清晰、读来令人赏心悦目的要求（这是对一篇高质量论文的基本要求）。拟订提纲的目的就是将手头的这些资料进行合理的布局、形成一个基本的写作思路（构思），循着此思路进行写作，做到收放有据，最后完成一篇高质量的科技论文。

1. 提纲拟订的原则

提纲最好写成文字的形式。开始拟订提纲时，可以先在脑海里反复思考大致勾画出文章的整体结构，这是在打腹稿。一旦初步的构思形成，立刻用文字进一步细化，形成提纲，必要时再做修改。如仅存在记忆里，时日一久难免遗忘，影响日后写作的顺利进行。

拟订的提纲要尽量全面、细化，能初步构画出文章的大致轮廓。具体拟订提纲时应思考以下几方面的内容：①文章题名（可先暂定）；②文章主题论点所隶属的各分论点，即拟打算从哪几个方面论证中心论点，必要时某些分论点也可再往下细分所隶属的小论点；③论证每个分论点所要用到的实验资料（实验数据图、表）、理论资料（拟引用的文献观点、专业基础理论），拟采用的论证方法，拟进一步引申说明的问题等；④对各分论点综合、概括而得出的总论点，即文章的主题论点。

拟订提纲时要注意做好论文的谋篇布局，从整体上把握文章的逻辑结构，做到重点突出、详略得当、层次分明、结构严谨。首先，要明确文章的论述是围绕着一个中心论点进行，而各个分论点的阐述则是从不同角度或层面对中心论点进行论证。其次，要弄清楚各个分论点间的相互隶属关系，有上下级隶属关系的应当合并在一起单独作为一个分论点。每一分论点作为一个论述层次，这样论文中心论点的论述就是由多个层次构成。接下来拟订提纲时候，就要考虑在整篇论文中这些层次以什么样的结构来布置（即这些分论点讨论展开的顺序），各层次内容详略的安排等。各层次内段落的安排也按同样方式考虑。

并列式、递进式、树状式或复合式（由前三种方式混合组成）等都是论文写作中常用的层次方式，具体采用哪种方式视各分论点相互间的逻辑关系而定。具体到某一层次内部的结构安排，同样要注意每一层次以一个分论点为中心展开讨论，分论点下的各小论点、层次内部自然段落的结构安排等也要有严谨的逻辑性，其处理方式与层次安排相同。总之，要做到中心论点突出、层次结构分明。

科技论文的主要构成部分包括：引言、实验部分、结果与讨论、结论。其中，实验部分一般是据实描述实验的材料、对象、仪器和方法等，处理起来相对简单；结论部分是将讨论中得出的各分论点进行综合概括而形成论文的总论点，内容相对较少。因此，提纲拟订的内容可以重点放在引言、结果与讨论两部分，其他的可适当简化。

提纲拟订好后，还要再检查、做必要的修改。从通篇整体角度检查论文提纲是否做到了围绕中心论点开展论证或中心论点是否突出，各层次逻辑结构是否合理，层次划分标准是否统一（标准不统一常会引起层次结构安排混乱）等。从具体论证过程的角度检查各分论点或分论点下小论点的论证方法是否合适，论据是否充分、是否需要再补充论据等。

2. 提纲拟订具体方式

论文提纲拟订方式有多种，这里采用常见的标题式提纲写法，做一示例说明。

(1) 引言
——实验研究背景
研究对象的提出：性质、特点简述
在医药领域应用价值、意义等
重要的研究进展：该领域开创性的研究观点（引用文献××××）
目前取得的成果（引用文献××××）
方法、对象、材料等（引用文献××××）
——目前存在的不足：方法、材料、仪器或理论
某一领域或某对象还未开展研究等
开展这些研究有何价值、作用等
——本论文的研究设想简述：拟采取哪些改进措施、理论依据
拟对哪些对象开展研究、拟采用何种方法等
——实验目的：研究欲达到什么效果或实验主要预期结果简述
(2) 实验部分
试药（剂）、材料与对象、仪器与方法
(3) 结果与讨论
——分论点1：实验结果（图××、表××）
与其他文献结果比较（文献××××）
理论解释（文献××××）
新的观点
论证方法
——分论点2
小论点Ⅰ：实验结果（图××、表××）
与其他文献结果比较（文献××××）
理论解释（文献××××）
新的观点
论证方法
小论点Ⅱ：实验结果（图××、表××）

与其他文献结果比较（文献××××）

理论解释（文献××××）

新的观点

论证方法

（4）结论

——总论点的阐述

——与已有结果的比较

——应用价值

——尚待解决的问题

——今后的展望

以上内容仅是针对一般情况下的示例说明。不同专业领域的研究内容千差万别，实际论文的写作方式也灵活多变。在具体的科技论文写作时，上述提纲中的项目完全可以做必要的增减、修改。

四、写初稿

初稿的写作有两种方式：一是按照既有提纲的内容顺序，依次从头开始写到结尾；二是分段式写作，将论文分成数段，分别完成，不特定遵从一定的顺序。前者有利于保持文章前后语言风格一致，段落、层次间衔接较易做到自然、顺畅。后者是作者根据自己对文章各部分理解、掌握程度不同分别撰写。可以先写熟悉的部分或容易的部分，其他的后写，最后将各部分组合到一起构成整篇论文。由于是分段撰写，各部分间的衔接可能不一定照顾到，最后组成整篇论文时还要做相应修改。

很难就说上述的两种写作方式中哪种更好。实际写作时，依据个人喜好、能力而定。总之，适合自己的就是最好的。

初稿写作注意事项如下：

1. 尽快开始初稿的写作

提纲拟订完成后尽快开始初稿的写作。拟订提纲过程中已经对论文的思路、形成的论点、选用的材料、论证的方法有了较为周密的思考。此时大脑思维处于活跃状态，正是所谓思如泉涌、下笔流畅时节，是开始写作的极佳时间。一段时间后，思路可能中断，大脑的思维不再活跃，此时开始写作会有思维顿挫、流畅不再的感觉。还需重新查阅有关文献资料、实验数据、思考提纲，以激活大脑中的思维活动。

另外，文章写作时最难的是开始的第一笔，应趁大脑最为活跃时机开始写作。一旦开头的部分顺利完成，再加上拟订提纲时周密的思考作基础，之后的写作会感觉思路豁然开朗，如洪水出闸滔滔不绝，又如水银泻地无孔不入。在流畅的思路引导下，文章写起来倍感得心应手，遣词造句也酣畅流利。

2. 选择合适的写作方式

如果是一气呵成写完初稿，则写作过程中不必过多考虑句子结构、词句是否恰当，个别数据图表安排是否合理，尽管沿着自己的思路写下去完成初稿。这种写法很适合篇幅较短的科技论文，主要缺点是以后修改的工作量较大。

分段式的边写边修改更适合于篇幅较长的论文（如毕业论文）。一段时间内，可以集中精力思考、写作、完善论文的某一部分内容。论文成文后修改的工作量相对较小。但由于是分段、在不同时间写作，文章的整体思路有时难以连贯。

3. 尽量写全面

撰写初稿时，尽可能把所能想到的内容都写出来，而且要写得翔实，待修改时，再根据需要做大幅删减。根据经验，文章内容由多减少要比由少增多更容易做到，也更容易保持文章脉络不变。

4. 用语简明、准确

科技论文是对科研活动和思维的文字形式的描述，要求表述准确、明晰，不能产生歧义。为防止出现表述含糊、语意理解偏差现象，初稿写作时就要做到：

（1）用词准确、概念明晰，语言要客观，不能带有感情色彩，更不能有意做文学修饰。

（2）语句洁，尽量多采用简单句，少用结构复杂的复合句；为了行文活泼，不至于显得呆板、单调，可在简单句中适当插入简单的复合句格式。所谓简单复合句，可以理解为复合句所包含的子句间相互逻辑关系简单、明晰，不会产生歧义。要特别注意含三个以上子句的复合句，这类语句容易因子句间相互逻辑关系不明确而产生语意混淆。

（3）内容简单明了，要做到开门见山，直奔主题，少说废话、兜圈子的话、与主题无关的话。

五、修改定稿

论文初稿只能算是写作过程中完成的“半成品”，还有诸多不尽人意之处，有待进一步的精加工——待修改、完善。

1. 初稿修改应主要考虑的内容

（1）主题论点是否突出　对照提纲检查：论文内容是否围绕一个主题论点展开、是否有多中心论点现象；主要创新点论述是否详细、是否观点鲜明等。

（2）把握整体结构　论文整体结构是否合理，是否做到了层次分明、逻辑严谨，各层次间、段落间逻辑关系是否清晰等。

（3）论点的论证过程　各论点的论证过程是否符合逻辑：概念和定义是否明确、论据是否充分支持论点、论证方法是否合理、是否需要补充论据。

（4）内容增减　对比提纲检查初稿中是否有遗漏或增加的内容，增加的内容对于论点的论证是否合适、是否影响了文章的逻辑结构；是否有与主题关系不大的内容或不适合用在本论文中的内容等。

（5）语言文字和符号　词语含义是否符合科学性要求，不要出现有违客观常识、不符合科学规律的语言内容；语句是否通顺、符合汉语的语法修辞习惯，语言是否简练；表达是否符合规范，主要指有无错别字、用词不当、标点符号错误，各种符号、图、表、计量单位、数据、参考文献等书写格式是否符合有关规定。

2. 修改方式

建议初稿完成后立即开始第一次修改。初稿撰写过程中，常常会发现有写得不合适、要修改的地方（特别是一气呵成完成初稿时），但在行文过程中为了不打断思路而暂时未做修改。初稿刚完成时，大脑中对论文的思路还记忆犹新、对论文内容细节的思考依然处于活跃状态，此时“趁热”修改容易保持全篇行文语意连贯。

“趁热”修改的缺点是大脑思维处于原有的思路当中，易受既有思维定势束缚，很难发现文章既有的缺陷。最好在第一次修改之后将初稿“冷置”一段时间，再做进一步修改。此时，大脑中原有思路业已中断，有可能以一个全新的角度去审视初稿，更容易发现论文中隐藏的、不易察觉的结构性错误。将论文交与他人审改或同学之间相互修改，也能起到相同作用。因为不同的人阅历不同，兴趣、爱好不同，知识结构也不同，在看同一篇文章时，思考问题的角度也不同，容易发现论文中的问题。

论文的修改往往要经历反复多次。在确认主题、逻辑结构没有问题后，要对语句、用词、各种符号术语反复推敲、修订。正所谓初稿就如同是一件工艺品的“毛坯”，需经历“精雕细琢”般的反复加工、修改才能脱胎换骨成为一件为读者喜爱的精美“工艺品”——一篇高质量的科技论文。

3. 定稿

论文最后修改完成后，还要对格式做必要调整。科技论文的写作目的不同，最终的格式调整要求也有所不同。如果是为了投稿发表，则要根据投稿期刊的具体格式要求做最后修订；如果是作为毕业论文之用，则可能还要根据有关规定增加相关内容、修改格式，此处不再详述。

所有修改工作完成后，应再通读全文，检查是否还有错误，尤其是语法、错别字等。如没再发现新的错误，则可作为最后的版本定稿。

第五节 科技论文撰写过程中的逻辑问题

科技论文写作的整个过程离不开逻辑。概念和定义的提出、对文献资料的归纳整理、对论点的推理论证等属于逻辑思维范畴，而对文章的谋篇布局、内容层次结构的安排等也离不开逻辑。大文豪郭沫若先生说过：“要使文章写得好，恐怕总得懂一点逻辑、文法和修辞”。因此，掌握、了解必要的逻辑知识，并成功运用于科技论文写作对于写好科技论文显得尤为必要。

这里就逻辑思维的基本知识做一简要说明。有关逻辑思维的详细理论，请查阅有关专著。

一、逻辑思维（抽象思维）定义

这里的逻辑思维是指初级形态的形式逻辑思维，是人们在认识过程中借助于概念、判断、推理反映现实的过程。它是用科学的抽象概念、范畴揭示事物的本质，表达认识现实的结果。

逻辑思维是以逻辑推理为主要内容的思维方法，其特点是根据一个或若干个正确的条件或前提，舍弃对象的外在形态而把握住内在本质，推理出一系列新的论断。这种抽象思维的结果不是一个活生生的画面，而是一种规律、必然、趋势、定理。它具有规范、严密、确定和可重复的特点。

二、逻辑思维过程中用到的思维形式

1. 概念

（1）概念的定义　概念是反映事物特有属性的思维形式。事物的特有属性是人类在实践中不断接触到事物，随着对之认识的逐步深入而发现的只为该事物所具有而其他事物所不具有的属性。

（2）概念的内涵与外延　概念的内涵指概念的内容，表示概念所反映的事物的特有属性。如“药材”这个概念，其内涵是指可供制药的原料。概念的外延指概念的适用范围，指具有概念所反映的某一种本质的对象。如“药材”的外延包括各种可供用于制药的西药和中药原材料或半成品材料。

在论文写作中，概念要明确，这是逻辑思维和语言表达的根本要求之一。概念明确；一是指概念的内含和外延明确；二是指概念的种类要明确；三是概念间的种种逻辑关系也明确。

2. 判断

（1）判断的定义　判断是对思维对象有所断定的思维形式。例如，日常生活中人的大脑经常要对周围的事物有所断定，或肯定点什么，或否定点什么，这就是在做判断。

判断是由概念构成的。例如“这袋中草药是冬虫夏草”这个判断，“中草药”表示判断对象的概念，即“谁”或“什么”，也就是语法中的主语（主词）；“冬虫夏草”也是一个概念，说明对象“是什么”或“怎么样”，也是表示判断对象所具有的属性的概念，语法中也叫做宾语（宾词）；“是”表示主语和宾语的关系，叫做系词。“是”表示肯定判断，“不是”表示否定判断。有时系词可以省略。

判断的二个最基本的逻辑特征：对思维对象有所肯定或有所否定和任何判断都有真假。如果判定情况符合实际，则此判定就是真的；否则就是假的。

（2）判断的分类

①按本身是否包含其他判断来分，判断可分为简单判断和复合判断。

• 简单判断　由概念组成并且只有一个判断的一类判断。它只包含一个主词、一个系词、一个宾词。此类判断又称作“直言判断”，是直接对事物作肯定或否定，不附加任何条件。如“实践是检验真理的唯一标准”、“这袋中草药是冬虫夏草”等。

• 复合判断　自身包含了其他判断，通常由两个或两个以上的判断组成，用各种复合句来表达。理科中常用复合判断表示定律、定理和结论，只是其中有时省略了一些宾词、结论而已。复合判断又可分为联言判断、选言判断、假言判断和负判断。

联言判断：断定几种事物情况同时存在的判断。联言判断的支判断不少于两个。如“西药可以制成胶囊制剂，中药也可以制成胶囊制剂”。

联言判断的系词多用“和”、“同”、“也”、“并且”、“既……又……”、“虽然……但是……”、“不但……而且……”、“一方面……另一方面……” 等。

选言判断：对几种可能事物情况至少存在其一的判断。例如，“通常情况下，一个物体要么是固体，要么是液体，要么是气体”。选言常用的系词有：“或是……或是……”、“不是……就是……”、“要么……要么……”。有时也可不用系词。

假言判断：对某一事物情况的存在是另一事物情况存在的条件的判断。例如，“如果一个矩形的一个内角是 90 度，则这个矩形是正方形”。假言判断又分三种情况：充分条件、必要条件和充分必要条件。表示充分条件判断的句式有：“如果……就（那么）……”、“假若……则……”、“只要……就……”；表示必要条件的判断句式有：“只有……，才……”。

三种假言判断情况的前、后件关系比较：

充分条件——其条件是“多因”，每一个原因都可以分别、独立地产生同一结果。

必要条件——其条件是“合因”，必须几个原因合起来才能产生一个结果。

充要条件——其条件是“一因”，只有这个原因才能产生这个结果。

负判断：否定一个判断的判断。因为是对一个判断的否定，所以，原判断如真，负判断则假；原判断如假，负判断则真。例如，“并不是一切植物都能入药” 就是 “一切植物都能入药” 的负判断。

②按照判断的主词和宾词的联系程度（即模态）划分，判断又可以分为：或然判断、实然判断、必然判断。

• 或然判断　表明客观事物可能有或可能没有某种属性的判断。例如，“这些中药材可能有假”。或然判断常用 “可能”、“或许”、“大概”、“大约” 等词表明对客观事物断定的程度。

• 实然判断　实然判断是反映客观事物确实有或确实没有某种属性的判断。例如，“这个品牌的产品质量确实有保证”。汉语中，表示实然判断的词有 “确实”、“的确”、“实在”、“真正”、“是”、“不是” 等。

• 必然判断　必然判断是反映客观事物必然有或不可能有某种属性的判断。必然判断常用 “必然”、“不可避免地”、“一定”、“势必” 等词表示对客观事物断定的程度，有时也可不用。

（3）判断要恰当　判断恰当是指所做的判断要恰如其分、实事求是，要符合客观规律。科技论文写作中经常要做出判断，例如，对搜集到的资料要进行判断，筛选出有用的资料；对有关资料、数据做出判断、推理，形成新的论点等。判断反映了作者在科研活动中对客观事物的认识，只有做出恰当的判断，才能在论文写作中表达出正确的观点。

3. 推理

（1）推理的定义　推理是以一个或几个已知的判断为根据推出另一个新判断的思维形式。推理总是由前提和结论两部分组成。前提是推理的依据，通常来自于已有的知识；结论是从前提得出的新判断，也就是得到的新知识。

推理是人类获得新知识的重要方法。知识的来源：一是直接经验；二是间接经验。间接经验就是由已知推出的新知。推理正确的必要条件有两个：一是前提必须真实；二是推理要合乎规则。这两个条件缺一不可。

汉语中表示推理的语言形式有："因为……，所以……"、"既然……，所以……"、"……，由此可见（因此）……"等。

（2）推理的分类　根据前提的数量多少划分：

①直接推理：由一个判断做前提，不经过其他判断，而是经过各种变换推出另一个判断的推理。

②间接推理：具有两个以上前提的推理。

根据推理过程的方向划分，间接推理又可分为：

演绎推理：由普遍性的前提推出特殊性结论。

归纳推理：由特殊的前提推出一般性的结论。

类比推理：从两个或两类对象具有某些相同属性出发，推出它们可能具有别的相同属性的结论。

演绎推理的基本形式是由三个判断组合而成，分作三段来表述推理过程的，所以又称作"三段论"。例如，

凡三角形的三个内角之和等于180°；　①

等腰三角形也是三角形；　②

所以，等腰三角形的三个内角之和等于180°　③

在这个三段论中，①是大前提，②是小前提，③是结论。大前提可以由不同种类的判断来充当。大前提①是一个直言判断，所以这个三段论称为直言三段论；以假言判断充当大前提的，叫做假言三段论；以选言判断充当大前提的，叫做选言三段论。

三、逻辑思维的基本规律

1. 同一律

在同一思维过程中，在相同时间、条件下，反映同一对象的概念或判断必须保持内容同一。一个概念同一是指概念的外压、内涵不变；一个判断保持同一是指该判断的组成成分保持不变。违反同一律的错误有混淆概念、偷换概念和转移论题等。

2. 矛盾律

在同一思维过程中，两个互相否定的思想不能同真，必有一假。矛盾律又被称为"无矛盾律"。如"这袋冬虫夏草是真品"和"这袋冬虫夏草不是真品"互相矛盾，其一真，另一个必定假。平时在论文写作中不能说前后矛盾的话。

3. 排中律

在同一思维过程中，在是非、真假之间要作出非此即彼的选择，不能模棱两可。亦即，对两个互相矛盾的判断，不能都否定，必须肯定其中之一，而无第三者居于其间存在的可能。

4. 充足理由律

在同一思维过程中，一个真实的判断必须有它的充足理由为依据。理由"充足"并不是指理由的数量多，而是指从理由推出的结论要能够被理由所证明。

四、逻辑思维的方法

在逻辑思维过程中，要用到比较、分析、综合、抽象、概括等方法，以实现对事物认识的深化过程。

1. 分析与综合

分析就是把研究对象分为几个部分、方面、因素，分别予以考察、研究，发现各部分的本质、属性和彼此间的联系。综合则是指将已获得的对研究对象各部分、方面、因素的认识有机地结合起来，形成一个对研究对象的整体认识。

分析与综合是思维的两个方面，具有相互依存、相互转化、互为前提的对立统一关系。分析要以研究对象的整体或各部分间的联系为基础，目的是综合，最终还要从整体认识研究对象。综合以分析为基础，把研究对象的各方面属性有机结合，使思维上升到更高的水平。思维进程中，大脑反复进行分析、综合两个过程，最终揭示出研究对象的本质属性和规律。

分析经常表现为从待定的结论出发，寻找结论成立的充分条件。综合则表现为从已知前提条件出发，找出所要的结论。

2. 归纳与演绎

归纳是指从个别事物的性质、特点和联系出发，得出某一类事物的普遍具有的性质、特点和联系，即从特殊到一般。演绎则是从一类事物普遍具有的一般规律出发，推断该类中个别事物的属性，即从一般到特殊。

在科学研究过程中经常要用到归纳与演绎的方法。例如，通过对大量文献资料所报道的实验结果进行归纳总结，得出一个一般性的结论，再经过演绎和其他逻辑方法提出一假说，进而在此假说指导下进行预测或进行实验，通过获得的结果反过来进一步验证提出的假说的真伪。门捷列夫在大量实验基础上总结出元素周期律，主要是用了归纳法；他又从元素周期律出发，预言了当时尚未发现元素的存在，这又是使用了演绎法。

3. 比较与分类

比较是指，将两个（或两个以上）研究对象进行对照，确定它们间的异同点。进行比较时要注意两点：一是在一定条件下比较，条件变化研究对象的性质会相应变化；二是根据一定的标准比较，没有明确标准的比较，其结果大相径庭。

分类法是指根据多个对象的异同点，把研究对象区分开来，即根据某种属性或关系将对象加以区分。进行分类一定要有明确、统一的标准，不能出现越级划分。

比较是分类的基础，分类是比较的抽象，通过比较才能搞清楚研究对象的异同点，再通过分类才能把对象的异同点区分开来。

科技论文写作中经常要用到比较与分类的方法。对于搜集到的大量资料，要先进行比较，确定其各自特点，再按一定标准区分，分门别类整理，把具有相同特性的资料归成一类。分别从不同的方面，用不同的资料进行说明、论证，这样就做到了论述有条理、清晰化。

4. 具体与抽象、概括

抽象指在比较、分析的基础上，透过事物的诸多表面属性抽取其本质属性，即由表及里地揭示事物的本质。概括是指把对一类事物中的某些事物所具有的共同本质属性，推广到对整个此类事物的认识上，是关于事物共同点的综合。具体是指把通过抽象、概括而得出的知识应用于具体的、个别的对象。

第六节 科技论文的结构与表达方式

一、科技论文的结构安排

论文结构反映了作者对论文中心论点论证的思路。作者通过对实验数据和有关文献资料的分析、综合、比较、分类、概括、总结等过程，确定了主题论点，明确了主论点与各分论点间、分论点间、论据之间、论点与论据之间的相应逻辑关系，即确定了文章内容展开的结构。好的结构应做到结构完整、层次分明、论证合乎逻辑。

文章结构的安排主要考虑层次、段落、开头与结尾、过渡与照应及论述的详略等，要求做到合理、完整、严谨。这里仅就层次和段落做简要说明，其他从略。

1. 层次

将主题论点细化、分解成几个分论点，各个分论点分别从不同角度对中心论点展开说明，各分论点下面又可以根据需要再进一步细分不同小论点。每一层次对应一个分论点，每一个层次内又可以根据需要再进一步细分成各小层次，这样主题论点的阐述就形成了层次。

文章层次的安排要遵循三个原则：一是各层次要围绕一个主题论点；二是同一层次的划分标准要统一，不能随意变更，否则层次产生混乱；三是根据主题论点所属各分论点相互间的逻辑关系，各层次要按一定的顺序展开。

一般常见的议论文层次结构有以下几种：

(1) 并列式结构　先提出总论点，再分别从不同方面、不同角度阐述，最后再加以总结。各层次间相互独立，并无逻辑制约关系。

(2) 递进式结构　按照事物发展的某种方式或认识事物的规律，由表及里，由浅入深，由此及彼，层层深入，最后得出结论。这种结构的层次关系是垂直的、逐层深入的。前一个层次是后一层次的基础，后一层次是前一层次的逻辑发展。论文中描述实验步骤、方法等可以采用此种方式。

(3) 树状结构　某一层次的分论点由二个或二个以上小论点单元支持，且只有当这些小论点单元都同时成立时，上一层次的分论点才成立。

(4) 综合式　又称为总分式或分总式。通常先提出中心论点，再分不同层次从不同角度加以阐述，各层次内的小层次可相应采用并列式、递进式或树状结构，最后加以综合。实际应用时很少单独采用上述其中的一种，往往是混合使用。使用综合式既能保持文章脉络清晰，也不至于显得结构呆板。

科技论文经常采用加有编号的小标题以表示不同的层次划分。用小标题的好处是醒目，一些必要的层次段落的过渡也可相应省略。

2. 段落

段落是文章内容表达的基本结构单元。论文由多个层次构成，而每一层次内容又由段落组成。这种结构设置有助于将文章内容脉络清晰地展示给读者。

（1）段落要求

①单一　每一个段落中只表达一个中心思想。

②完整　每一自然段要完整地表达一个意思，过渡段起乘上启下作用，有时会有二个意思存在。

③段落长短要合适。

④内在的联系　同一层次内的各段落为一个中心论点服务，因而段落的内容含义上要有一定联系性。

（2）段落写作　通常每一段落都设有一个主题句，表明该段的中心意思。主题句可以设在段首，然后围绕主题意思展开论述。主题句根据需要也可设在段中或段尾。

二、科技论文的表达方式

科技论文通常由引言、实验部分（文献综述没有实验部分）、结果与讨论、结论等组成。不同部分的内容要求不同，采用不同的表达方式。

常用的表达方式有四种，即说明、描写、记叙和论证。说明是用言简意赅的语言揭示某种事务本质特征。描写是对客观存在事务的陈述，即将发生的现象如实记叙下来，侧重于写实。叙述一般记述过去发生的事情或未来将要发生的事情，常用于引言和实验方法部分。论证则是运用论据证明论题正确的推理过程，包括论题、论据、论证方式。

一般议论方式大致分为两种：立论和驳论。科技论文多属于立论论文。对于立论论证，一般要求：论点要正确、鲜明；论据要真实、充分；论证必须符合正确的推理形式。

常用到的论证方法有：

（1）例证　又称为归纳论证、事实论证，用具体实例证明论点，由个别特殊事例推出一般性的结论，论文中普遍采用。

（2）演绎　又称为引证论证、理论论证，它是根据一般原理或结论来论证个别事例的，即用普遍性的论据来证明特殊性的论点。

（3）类比　从已知事物的某种属性出发，推出类似的别的事物也会有某种属性的结论。

（4）对比　通过比较两个事物相反或相异的属性，形成鲜明对照，从而证明论点。

（5）因果　也称为因果分析，通过对论点和论据间的因果关系的揭示，从而证明论点的正确性、合理性。

（6）归谬　先假定某一论点正确，再以此为前提，导出一个显然错误的结论，进而证明假定的论点错误。

（7）反正　从反面证明论点，数学上常用。

（8）引申　通过对某一结论的合理引申，以强调正确的论点，显示错误论点的荒谬性，主要用于驳论。

第七节 英文摘要

GB7713－87规定，为了国际交流，科学技术报告、学位论文和学术论文应附有外文（多用英文）摘要。通常科技论文都要将题名、作者、摘要、关键词等内容翻译成相应英文。原则上讲，科技论文对这些部分的编写要求都适用于相应的英文内容，但英语有其自己的表达方式、语言习惯，在撰写、编辑、加工英文内容时应特别注意。这里仅就相关的英语写作的基本常识做一简要说明。

一、英语科技论文写作的基本要求

除了符合语法、词意恰当外，科技论文中英语的写作还要求做到：简洁（concise）、清楚（clear）、精确（precise）、完整（completeness）。这与汉语写作要求类似。

1. 词、句

（1）基本要求　采用正式的、书面用语，不要用日常口语词汇。甚至一些广告、报纸、新闻杂志、畅销书籍中的常用词语也要谨慎采用，它们并不见得都合适。

科技论文不是文学作品，用词要简朴。不要使用文学修饰词语、华丽的词藻或表达情感的词语，更要避免使用结构复杂的词、矫揉造作的词语、谦卑的词语。

遇到有多意的英语单词时，尽量按单词的主要语意、原始语意选择使用；尽量避免选择语意冷僻的词，避免非常用的、非正式的词语表达方式。

不要使用俚语、俗语。

对于语句，尽量使用简单句子，必要时使用简单复合句，以使整篇文章语句不至于显得单调。句子中的不必要的、可有可无的词务必删掉。段落中的不必要的语句、与主题无关的语句要删掉。尽量用肯定句表达肯定的语意，不要用双重否定句来表达肯定。

（2）正确选择词和句组　英语里有些词语使用要谨慎，如使用不当易产生歧义。例如，用“because”而非“since”表示“因为”的含意，用“although”而非“while”表示“尽管”的含意；“only”在句中不同位置表达的含意不同。其他的还有“assure”、“ensure”、“insure”、“affect”、“effect”、“impact”等，类似的例子很多，这里不再一一枚举。

2. 动词时态

一般而言，陈述过去已完成的事情（无论是自己，还是他人做的）可以用一般过去时；对于陈述一般的事实、定理，常用现在时；对于结果、讨论、结论的叙述，既可以用现在时，也可用一般过去时。

3. 人称和语态

一般使用第三人称和被动语态。当主动语态的表达语意显得更直接、准确、简洁、清楚，且更易阅读时，最好还是采用主动语态。例如：

The fact that such processes are under strict stereoelectronic control is demonstrated by our work in this area.（不好）

Our work in this area demonstrated that such processes are under strict stereo – electronic control.（好）

有时采用第一人称能更好保持语意清晰，更方便表达目的或决定。此时，不必勉强一定要采用第三人称。例如：

We present here that a detailed research……

Our recent work（has）demonstrated……

但是，切记避免使用“We believe……”、“We feel……”、“We concluded……”、“We can see……”等，以及避免表达个人意见。

二、英文题名

英文题名（Topic or Title）应当简短、符合语法，同时又能独立表达准确而完整的语意。

题名应尽量选用专业性的词语。避免使用诸如“on the”、“a study of”、“research on”、“report on”、“regarding”、“use of”等类的词语，也要避免使用无意义的、非定量的词，例如“new”、“rapid”。题名开始时一般不加“the”。一般需要动词表示的要换成动名词或分词代替。

除了介词和非首词的冠词用小写字体外，其余的名词、形容词、动名词等首字母应为大写字母体。但有的杂志只要求首词的首字母大写，其他的均小写。写作时要注意视具体要求而定。

三、英文摘要

与中文文摘类似，英文摘要（Abstract）内容主要包括：研究目的、研究方法、研究途径、研究结果或实验所得到数据结果、结论或意见。

1. 时态

如果是对某种研究趋势的叙述，则可以使用现在完成时（例如：Previous research has confirmed ……）。

对于叙述研究目的或主要研究活动，如采用“该论文……”的表达方式，常采用现在时（如：This paper presents……）；如采用“该研究……”的表达方式，则常采用过去时（如：This study investigated……）。

对于叙述实验程序、方法和主要结果通常用现在式。

实验中的情况在过去完成，或过去实验中发生的事，一直持续到现在的动作，使用现在完成时（例如：We have constructed a series of……）。

过去实验中发生的动作或存在的情况，如介绍研究中的材料、方法等，可用一般过去时（例如：In this paper，a DNA aptamer，……，was immobilized on a chromatographic support.）。

2. 常用词汇

（1）引导词　目的：Objective；方法：Methods；结果：Results；结论：Conclusion。

（2）回顾研究背景 review，summarize，present，outline，describe 等。

例如：We review evidence for this view of addiction……

（3）阐明写作或研究目 purpose，attempt，aim 等。另外还可以用动词不定式充当目的状语来表达。

例如：We attempt to recover……

To investigate the mechanism of ……

（4）绍论文的重点内容或研究范围 include，focus，emphasize，emphasis，attention 等。

例如：Here we focus on the dependence of ……

（5）介绍有关研究、实验的情况 test，present，study，investigate，examine，experiment，discuss，consider，analyze，analysis，measure，estimate，calculate 等。

例如：We present an analysis of……

This study presents estimates of……

（6）介绍应用、用途 use，apply，application 等。

例如：As an application，we implement a coding algorithm that……

（7）说明研究结果、陈述论点 show，result，present，suggest，report，explain，expect，describe 等。

例如：The chromatography graph shows this cell death to be……

The results suggest that……

（8）介绍结论 summary，introduce，conclude 等。

例如：We introduce a procedure……

By means of……，we conclude that……

（9）阐明论点 support，provide，indicate，identify，find，demonstrate，confirm，clarify 等。

例如：We showed that it is possible……

These results demonstrate……

（10）推荐和建议 suggest，suggestion，recommend，recommendation，propose，necessity，necessary，expect 等。

参考文献

［1］沈自飞，王元恒．理科类学生毕业论文写作指导［M］．杭州：浙江大学出版社，2004.

［2］马维绪，马玉英．科技论文写作［M］．北京：煤炭工业出版社，1999.

［3］储佩成．经济管理类毕业论文写作指南［M］．广州：中山大学出版社，2002.

［4］Janet S. Dodd. The ACS style：a manual for authors and editors［M］. 2nd ed. Washington，D. C.：American Chemical Society，1997.

［5］窦志华，丁安伟，王陆军等．复方五仁醇胶囊血清药化学研究［J］．中草药，2006，37（8）：1137－1140.

[6] 刘昌辉，黄天来，洪馨等．高效液相色谱法测定人血浆中磷酸哌喹［J］．药物分析杂志，2007，27（1）：63－65.
[7] 郑颐寿，林承璋．新编修辞学［M］．厦门：鹭江出版社，1987.

（张红武）

第八章 CHAPTER

科技论文的投稿、修改与发表

第一节　投稿前准备

不同期刊有各自的特点和载稿要求，要选择符合自己论文特点的刊物投稿，提高稿件的命中率。因此，应对投稿刊物有所了解，了解期刊类型、特点和要求。可从杂志内容、征稿简则判断是否适合本稿件。同一类期刊的性质可能相同，但报道侧重点不同，可从栏目的设置了解期刊报道的侧重点，判断是否合适。最后要了解出版周期，根据自己的特定要求进行选择。

一、专业学术性刊物

主要刊登某一学科领域的研究论文、实验报告、专题评述等科技论文。

1. 杂志（Journal）

是连续出版的学术性刊物，通常由国家级的某一学会、协会、研究院（所）、高等院校或其它研究机构主办。以刊登学术、专业性较强的专业论文为主。多数刊物属国际性刊物，在全世界范围内征稿。杂志出版大致分两种：一是由有关学会、协会、研究单位、高校或其他机构组稿、编辑出版；二是由有关学术机构组稿、编辑、发稿后交给出版社出版。

2. 学报（Acta）

也称学刊、会报、汇刊等，英文名称里常有 Acta，Transaction，Learned Journal，Journal 等。学报与会志没有明显区别。编委会由某一学科权威人士组成，主办单位为高校、学会或其他学术团体、出版社。刊稿内容是高校、科研单位、学术团体成员科研成果。

二、国内期刊分类和特点

按出版性质和报道内容划分为如下几类：

1. 综合性期刊

内容是国家科技方针政策、法律法规、科技管理经验等，特点是政策性、指导性，读者对象多为科技领导、管理者、科研人员、工程人员。

2. 学术性期刊

内容是研究报告、学术论文、综述，特点是按专业划分为不同专业类型期刊，一次性文献，学术性、理论性强，反映最新科技成果等。读者对象多为中高级科技人员、高校教师、研究生、科技管理者。

3. 技术性期刊

内容有新技术、新工艺、新设备、新材料等，特点是专业性、实用性和技术性，读者对象多为中初级科技人员、高校师生、科技管理者、技术工人。

4. 检索类型期刊

内容是原始文献经过加工、浓缩，按照一定著录规则编纂的目录、文摘、索引等，特点是文献涉及面广、检索方便、及时，适合各级科技人员阅读。

5. 科普性期刊

内容为科学普及知识，特点是内容丰富多彩、图文并茂、通俗，具科学性、知识性、趣味性，读者为各阶层大众读者。

三、投稿的论文要求

论文是否能被发表，稿件的质量是第一位的。任何一篇论文，评价它的好坏标准一般是：政治性、学术性、可读性。论文学术性主要包括科学性、创新性等。科技论文也会涉及政治问题，例如某杂志编辑部曾收到过一篇论文，因为引用的是美国的文献资料，该论文列举国家地名时就出现了“中国（大陆）”、“中国（台湾）”字样，这就出现了两个“中国”的严重政治问题，按照我国规定，应该表示为“中国”、“中国台湾省”。

1. 论文要有“创新性”

“创新性”是一篇论文的灵魂所在，是决定论文质量的最主要标准。论文有创新，才有发表的价值。强调创新，并非要求论文的所有内容都是新的领域，利用新的研究方法或新的实验材料或用新的途径解决一个陈旧的问题，哪怕是在一个关键点上有所创新、弥补某一缺陷，都是“创新性”的具体表现。尤其是论文中的操作方法、结果和结论部分要突出创新点、关键点。只有创新，才能吸引编辑的注意，从而提高录用概率。

2. 论文的真实性与科学性

论文的立足点就是科学性。论文中采用的资料必须真实可靠，数据必须准确无误，实验的设计、技术路线的确定、实验材料的选择、实验方案的实施和实验结果的分析等都必须科学公正。统计方法要得当，结论要简明、真实；引用文献要在文中相应处标明角码，并在文后按正确格式规范标引。

3. 论文的可读性

科技论文要经得起推敲，要具有逻辑性。经不起重复检验的结论，只能是人力、物力、时间的浪费。可读性不仅要求编写格式符合规范化要求，还要求文字表达要科学严谨，语句通畅流利。如果论文语意含混，语句杂乱，就没有了可读性，选题再好，也会让编辑忍痛割爱。

第二节 投 稿

一、选择稿件的杂志投向

1. 针对性，投其所需

任何期刊都有自己的办刊范围、风格特色。投稿务必要有针对性，应抓好4点。

(1) 抓栏目 作者投稿时务必要弄清所投期刊特色、重点、常设栏目内容，弄清有无自己所涉猎的研究版块。同时，还要关注所投期刊的有关“征文”信息，这是“知彼知己，有的放矢”，避免盲目投稿。

(2) 抓要素 看要素是否齐全，即“文题（大标题）、作者及单位信息、论文摘要、关键词、引言、正文、结论或结束语、参考文献”等8个要素是否齐备。缺任何一项要素，都容易在编辑初审时被告之退回修改而后再投；如果缺项或缺重要项，编辑很容易认为该文作者缺乏严谨的治学态度，其文稿可信性自然难以谈及，将其当成“劣质稿件”剔除，连退稿修改的机会都会失去。

(3) 注重基金项目 很多编辑部往往对基金论文开辟“绿色通道”，对于有基金资助的论文，特别是国家重大基金（例如国家863高技术研究发展计划项目，国家重大基础研究项目，国家自然科学基金项目，国家八五、九五计划项目）支持的论文，会从快处理、优先发表。所以，基金资助论文应注明，并根据要求附上基金证书复印件。被列入基金项目的论文，一是表明其创新性强或学术价值高；二是易被引用和文献检索，有利于提高期刊的知名度；三是可为期刊评优提供硬性指标。因此，期刊编辑部对省部级以上科研项目、基金项目经常会提供优先发表的机会。

(4) 抓模式 应尽可能使论文与期刊模式吻合，以获得期刊编辑的好感。要研究所投期刊的行文模式，例如：行文格式有何要求，语言表达有何特点，图表制作有何标准等。当一篇符合所投期刊模式的论文摆在编辑面前时，编辑会产生阅读好感，那些论文无形中传递着一个信息：作者是严谨、认真的，所研究成果可信度会高。如此就有利于文稿通过编辑初审关，顺利进入“专家再审程序”。所以，作者应在规范性上下点功夫。论文符合期刊模式，就会大大减少编辑审稿、技术加工的工作量，大大增加其投稿成功和快速发表的可能性。

2. 了解刊物的性质、宗旨和类别

一个刊物的性质和办刊宗旨可以从以下几方面去了解：①看刊名，是学报类，还是非学报类；是学术性的，还是实用性的。②看栏目设置，能较为具体地反映出刊物的定位和固定报道内容。③研读刊物，能了解刊物的出版周期，是否为核心期刊或统计源期刊，还是一般性期刊；是以阐述学术理论为主的纯学术期刊，还是以实用性为主的技术应用类期刊；是综合性期刊还是专门性、科普或信息类期刊。只有对所投期刊的性质与特色心中有数，才能增强针对性，提高投稿效率和命中率。

3. 选择专业对口的刊物

由于各期刊报道的内容侧重不一，作者要认真了解各种期刊的专业范围和栏目设置，了解把握相关刊物刊载内容的侧重点，写论文时首先必须根据所准备的资料与题材，选择适合的栏目形式来撰写，便于编辑选取和安排。撰写的文稿应有的放矢，明确目标，依据文稿质量、学术水平和杂志内容选择合适刊物。只要符合所投刊物的办刊宗旨，稿件又具备科学性、创新性等基本要素，即使作者写作水平上有某些欠缺或不足，编辑也会为作者提出具体的修改建议。

4. 研究刊物的特色和风格

每种期刊，都有各自的特色和编辑风格。作者撰稿时，先充分了解编辑部对作者的要求，然后再调整好自己的稿子，使风格尽量与所投的刊物一致。许多刊物在每年年初，会在刊物的适当位置公布当年的报道计划和重点，作者投稿前如能对所投刊物当年的报道重点有所了解并在其规定的范围内投稿，在稿件质量相同的情况下，编辑部一定会优先照顾重点报道对象。作者在投稿前应根据论文学术水平的高低及所属范围决定其投向，选择和论文相似特点的刊物投稿。

5. 弄清稿源状况

各期刊 Index 因子、稿源、要求不同。出版周期长短不一，根据自己论文创新水平、时间要求等具体情况选择。一般来说，稿源丰富的期刊，发表慢；稿源不丰富的期刊，发表快。全国性期刊大多稿源多、历史久、影响大、竞争性强，刊出率低，而地方性期刊稿件受地域性限制，稿源较少，刊出率较高。但是，国家级期刊并非无一般化的平庸论文，地方性期刊报道的最新研究成果，其中也有不少好的文章。

6. 认真阅读刊物投稿须知和征稿启事

每一份刊物对稿件都有自己独特的要求，包括写作格式、注意事项等，这些要求通常长期刊登在刊物上或放在期刊专用网站上，以“投稿须知”、“征稿启事”、“作者须知”等栏目详细地做了规定。要熟悉所投刊物的“投稿须知”，按照其规定的格式撰写，这能够收到“事半功倍”的效果。投稿时要做到“齐、清、定”，即齐稿，文稿（插图、表格）齐全；清稿，文稿清楚易辨；定稿，文稿确定，发排后无需改动。由于写作时注意与刊物的要求相一致，会大大减少论文退修的概率，缩短论文的录用时间。如果能找到一本拟投刊物进行研究、学习写作是最好的。

7. 分辨内刊、增刊、境外期刊和非法期刊

近年来，国内非法学术出版物比较猖獗，另外以增刊冒充正刊，以境外期刊冒充正刊的现象也较严重。我国内地出版的合法期刊可分为正式出版物（有正确 CN 号并仅限境内注册的）和非正式出版物（有“内部资料准印证”，也称为内刊），都必须经过国家新闻出版署审批和备案。理论上说，凡是不符合上述规定的，都属于非法期刊。非法期刊往往具有录用率高、发表快、不能开正规发票等特点。公开发行的合法期刊必须同时具备国际刊号 ISSN 和国内刊号 CN，非法期刊的两种刊号往往都是杜撰出来的。投稿时要分辨是非，避免上当受骗。

二、注重题名和规范表达

题名是学术论文最引人注目的部分，要求词语精练、概括力强，能准确地表达文章的主旨，使人一看标题就知道文章的中心内容。编辑在处理大量来稿时，往往是先浏览题名和摘要，然后再确定是否要留下文章作进一步的阅读。所以作者在定稿时要特别重视标题的撰写。

科技论文撰写格式要规范。按照GB7713－87的要求，科技论文要有统一格式。科技语言和标点符号要规范运用。科技论文要准确、简明地表达研究成果，使科学技术信息得到有效的传播与贮存，其语言的使用要求是：准确、简明、生动；采用书面语言。

三、投稿注意事项

1. 不涉密、不侵权

目前在一些来稿中，有的作者没有保密意识，不知不觉中泄露了国家的政治、军事、科技和经济秘密。凡有涉密问题，编辑部往往不敢用此论文。我国的《著作权法》强调了知识产权的法律保障。但有些论文仍存在一些侵犯知识产权的问题，例如引用别人文献不加以文内标注；为晋升职称或完成科研工作量抄袭或拼凑文章等。

2. 不一稿多投或一投多稿

一稿多投不仅是版权法明令禁止的做法，而且也会影响刊物的声誉。“一稿多投”是作者不负责任的表现，编辑部对“一稿多投”深恶痛绝，一旦发现某作者有此现象，以后就不再轻易采用其来稿。另外，一投多稿也不利于论文的发表。有不少作者一次给同一家刊物投多篇论文，以为这样可以提高命中率，其实不然。因为作者的多篇论文质量有差异，编辑部往往择其中质量较高的一篇进入审稿流程，其他的就可能放弃不用。作者同时有几篇论文想发表时，可以根据几种相关专业刊物的特点和要求，分别投向这些刊物。

3. 认真反复修改和校对所投论文

写好的文章，不妨多修改几次，放置几日再去阅读可能就又有新的认识和构思。多读多看几遍再投出，并在此阶段细细推敲，改正专业技术人员将俗称、行话替代规范术语的现象。有些论文的数据、计算结果有差错，错别字、符号、标点错误较多。对于这样的论文，往往给人“草率、不严谨”的印象，编辑不会首选这样的论文。即使采用，也要经过作者的多次修改，发表的时间会延后。因此，论文一定要认真校对，尤其要杜绝数据及关键字的错误。同时，如果编辑没能看出差错而出版了，会对读者产生误导，甚至引起不必要的纠纷。文稿要打印清楚和装订好再投出。

4. 投稿优先原则

优先选择办刊质量好的杂志。凡进入国际数据库者优先考虑，国际数据库通常是指《美国化学文摘数据库》（CA）、荷兰《医学文摘库》（EM）等，这类期刊往往质量较高。被选期刊如都未进入国际数据库的，可以从期刊创办时间、期刊出版周期、论文发表费用、期刊印刷质量、被国内数据库收录情况等方面考虑。

5. 及时与编辑部沟通

目前投稿方式有邮寄、E－mail或网上投稿系统。稿件应寄给编辑部，不要寄给个人。尽可能的通过电子投稿或者网上投稿，现在大多数期刊都已经实现网上办公。网络投稿要注意正确操作，主题不可空白，至少要写上“投稿”二字，以免被认为是来历不明的电邮而遭误删。在投稿的同时，给编辑部写一封短信，简单而实事求是地说明论文的主要创新点或实用意义。建议作者留下详细通讯地址、联系电话、E－mail等信息。在单位介绍信上说明所有作者同意作为作者在某刊发表，以及单位对所投稿件没有抄袭、剽窃、一稿多投和不存在利益冲突等情况的证明。最后要按时交纳审稿费和版面费。

第三节 修改稿件

通常编辑部会找至少两个同专业的知名学者审查稿件。如在编辑部约定期限内未收到任何回音，很可能是稿件不被采用，也有给作者退稿信的。退修指杂志社根据评审专家审稿意见对作者提出修改意见，请作者修改后重新寄回编辑部审定。一般修改意见分两种：

1. 修改后发表

文章基本肯定，但存在某些问题需修改，如篇幅过长、局部不符合规范、语句不通顺、结构欠合理等。

2. 修改后再审定

多指文章主要内容大致可以肯定。但存在重要问题需修改、补充，是否被录用，取决于修改结果。

对于修改好的稿件，编辑部在排好版打出清样后，一般要求作者校对。作者应将此校对看作消除原稿中错误的最后一次机会，予以认真对待。要消除侥幸心理、依赖思想，认真校对、通读原稿。正确使用校对符号。按编辑部要求的日期，及时完成校对工作，将校样和原稿寄回。

校对时从以下几方面进行修改：文题是否相符；论点是否鲜明；论据是否充分；论证是否严密；结论是否科学客观；用词是否符合医药学术语；文稿是否符合医药学论文写作规范或稿约要求；标点符号应用是否正确；有无错别字等。

要正确对待编辑的修改建议。能否正确对待编辑的修改建议，对论文是否能够发表也是十分重要的。一般情况下，编辑都希望作者尊重自己的修改意见。应仔细阅读退修单上的说明及审稿人和编辑部的具体意见，逐条修改。对于作者认为确实难以修改或不妥的地方，最好诚恳而婉转地说明并坚持自己的学术观点，使编辑能够比较容易地接受作者本人的意见。对非原则性问题，希望作者尽可能尊重编辑的修改意见。另外，稿件修改录用后，要与期刊编辑部取得联系，询问稿件的安排刊期和发表时间，以便早日发表。

另外，还要正确对待退稿。退稿对所有科学工作者来说都是很正常的。只要投稿就有被发表和收到退稿两种可能性。论文被拒绝的常见理由为：研究并未关注重要的科学专题；研究并非原创，也就是他人已有相同或相似的报道；研究并未真正验证作者自己提出的假说（目的）；样本数太少或严重不足；实验条件控制不好或控制不充分；统计学分析方法不对或不够妥当；作者未能公正客观地从其实验结果中去得结论；论文语言写作和表述太差，难以理解等。

对于退稿，作者要保持冷静，正确对待，稳妥的作法是根据退稿原因，听取专家、编辑对论文修改的意见和建议，应该进一步研究，完善实验设计与方法，使结果更准确，结论更正确。作适当修改后，再投往该刊或者其他刊物。历史上，Crebs 发现三羧酸循环的研究论文，一开始遭英国《自然》（Nature）杂志退稿，后改投《酶》杂志得以发表，并因此获得诺贝尔生理学及医学奖。因此我们应正确对待退稿。

第四节 首次发表和重复发表

作者在投寄稿件时，应向编辑部充分说明是否存在有与全部的投稿材料相同的首次或重复发表的研究工作被报道过。这些材料的复印件应主动随同原稿一起寄给编辑部，以便于刊物对这些材料做恰当的处理。

（1）学术会议的新闻报道作为首次发表通常是允许的，但这类报道不可太详细，不能附加详细的资料和有关图、表的拷贝等。

（2）使用两种不同文字的期刊编辑对同一原稿用两种文字发表一事有充分了解，其中负责第二次发表的编辑应当得到该文首次发表的复印件，再次发表可以是正当的。

（3）首次发表的优先权应得到尊重，再次发表应在首次发表后两周以上。

（4）再次发表的版本应忠实反映首次发表论文的资料和论点。

（5）在再次发表的论文的标题页，应采用脚注向读者、同行及文献检索机构表明，该文已经编辑，即将平行发表。同时应说明本文与首次发表的论文中材料和论点相同。该脚注的恰当写法是：“本文是根据［期刊名称和详细出处］首次发表的研究结果而写成的。”

要快速发表科技论文，应掌握必要的投稿策略。但作者真正应下功夫的地方，是把握科技论文立论新颖、题名准确而精炼、结构层次清晰、语言表达规范等写作要点，从而为论文的发表打下良好的基础，才能争取论文及早发表。

例 8－1 国外杂志投稿 Cover Letter 举例

Dear Dr. 主编 name：

We submit our manuscript entitled “ 文章 title” to 杂志名 for publication.

接着简单介绍你文章的主要创新点和意义，不宜过多，但要突出新意和关键点。

All authors have seen the manuscript and approved to submit to your journal.

Thank you very much for your attention and consideration.

Sincerely yours,

通讯作者

参考文献

[1] 关开澄. 基于编辑实践的科技论文投稿策略 [M]. 科技与出版，2005，5：10－12.
[2] 徐行. 科技论文的投稿策略[M]. 西安航空技术高等专科学校学报，2007，25 (3)：77－80.
[3] 张建军，李继平. 科技论文的写作与投稿[M]. 中国比较医学杂志，2008，18 (11)：80－83.

（曾爱华）

第九章 CHAPTER

毕业论文（设计）与毕业答辩

第一节　毕业论文（设计）概述

毕业论文又称为学位论文。按照国家标准（GB7713－87）规定，学位论文应是表明作者从事科学研究取得创造性成果，或有了新的见解，以此为内容完成的、申请相应学位评审的学术论文。

本科毕业论文（设计）是高等学校本科专业人才培养方案的重要组成部分，是大学本科教育最后一个实现培养目标的重要实践教学环节。其目的是通过让本科学生参与毕业实习并撰写毕业论文，初步培养他们综合运用所学知识技能分析、解决实际问题的能力，这也是在培养大学生的科学研究能力，使他们初步掌握进行科学研究的基本程序和方法。从另一方面来讲，这一实践教学环节也是对学生知识、能力的综合检验，所以毕业论文（设计）质量在一定程度上反映高校人才培养质量和教学科研水平。

毕业论文虽属学术论文中的一种，但和学术论文相比，又有所不同，具有自身的一些特点：

（1）在老师指导下完成　毕业论文是在导师指导下完成的科学研究成果。对于如何进行科学研究，如何撰写论文等，教师都要给予具体的方法论指导。相比于硕士、博士论文，老师对本科毕业论文给予的指导更多、更详细。这主要是因为本科生之前不具有或很少有相关经验、经历，这就像幼儿刚开始蹒跚走路，需要有人在旁边精心呵护。

（2）习作性质　本科毕业论文写作的主要目的是为了培养学生综合运用所学知识解决实际问题的能力，为将来作为专业人员写学术论文做好准备，它实际上是一种习作性的学术论文。因此，对其要求也就相对较低，这主要体现在论文的创新方面不如专业性的学术论文。

整个毕业论文（实习）的实践教学环节包括毕业实习、毕业论文选题、开题报告和毕业论文写作、毕业答辩等环节。本章则从毕业论文选题开始，详细阐述毕业实习中各环节的基本要求和有关写作注意事项，以期通过对本章的学习，使同学们对毕业论文（设计）的基本程序、内容、撰写的原则及毕业答辩有一较为详细的了解。

第二节　本科毕业论文的分类与选题

一、本科毕业论文的分类与撰写

不同专业的毕业生对毕业论文要求不同。对于工科类的本科毕业生，一般要求他们针对某一课题，运用本专业的有关理论和技术，做出解决实际问题的设计，并撰写相应的学位论文。而理科类的本科毕业生仅是要求针对某一课题，运用自己所学专业基础知识和基本技能，撰写阐述某一个问题的学术论文，即学位论文。

按所申请学位级别不同，毕业（学位）论文又可分为学士学位论文、硕士学位论文和博士学位论文。

根据学生专业方向或毕业实习工作内容不同，药学专业本科生毕业论文大致可分为实验研究型、文献综述型、调查报告型三类。这三者都属于科技论文的范畴。

实验研究型毕业论文通常由一篇文献综述和一篇实验学术论文组成。文献综述撰写是用来培养和考察学生独立查阅文献资料的能力、对文献资料的分析和综合的能力、对课题研究背景和前沿的掌握状况。实验研究论文是针对某一实验课题而写。通常实验课题和实验方案已由指导老师确定，学生按照执行，如遇到问题则在老师指导下解决。这个过程更多是培养实验动手操作能力和解决实验中遇到的实际问题的能力。

文献综述型和调查报告型是医药贸易、医药情报类专业或在实习单位从事非实验类实习工作的学生通常写的毕业论文类型。一般结合所学专业和所在单位实际情况撰写完成。文献综述通常是选定某一医药类专题，收集一定数量的文献资料，并经过分析、综合和归纳，撰写出的阐述有关该专题研究发展现状的情报研究型论文。调查报告通常是记录、描述某个课题的调查材料和分析结果的报告型论文。此类论文要求提供一定数量的调查数据，并作相关分析讨论。

这三类都属于科技论文的范畴，对于科技论文写作的基本原则要求同样适合于这三种类型的毕业论文。在本书前面已对文献综述型、实验研究型和调查报告型科技论文的写作要求分别给予了阐述，同学们在写作中参照执行即可。

二、本科毕业论文选题原则

毕业论文写作是本科生初次进行有关科研论文的撰写，特别是在选题时，难免有无所适从的感觉。前面已专门就论文选题作了详细介绍。这里结合本科毕业论文写作的特点，再做几点原则性说明：

（1）题目宜小，范围宜窄　抓住某个重要小题，或大问题的某一方面，予以深入探讨，提出独立见解。

（2）选择自己熟悉、能够胜任的题目　选题时要注意到主、客观条件能否保证在有限的时间内完成毕业论文。主观条件指个人知识、技能水平，兴趣爱好；客观条件指科技水平限制，设备、资金、材料限制，有关文献、资料能否很方便查阅、获得等。

（3）从社会客观需要选题　文献综述和调查报告型论文选题尽量从社会生产实践需要的角度考虑。那些关系国计民生、人民群众卫生健康的话题，在日常生活中很容易接触到，也很有实际价值。如遇到别人已讨论过的题目，自己可以考虑从新的、不同以往的角度重新讨论也是可行的。很多同学是到医院、药厂、连锁药店、医药贸易公司实习，选题要注意结合所在单位实际情况。要避免闭门造车，从网上或文献上抄袭别人的话题，那样是做不出符合要求的毕业论文的。

（4）创新性　本科毕业论文研究虽说是侧重于培养分析、解决实际问题的能力，但也要求有一定的创新性。创新性可以体现在应用成熟的理论或方法去解决一个实际问题，或体现在就某一个问题提出自己的、新的见解，并给出翔实的论据和论证过程，或体现在根据课题需要自己动手设计一个问卷调查表、获得自己的调查统计数据作为论据等。总之，此创新性不要求很高。

（5）写作中的引用　论文写作过程中，难免要借鉴别人的观点。要注意按要求引用其他文献的观点，如果引用原话应注明出处。将别人的原话进行改编，变成自己的话写在论文里是允许的，但严禁照抄、照搬别人的原话。

第三节　开题报告

毕业论文课题确定后，在有关文献调研基础上撰写开题报告。

开题报告是指为阐述、审核和确定学位论文题目而做的专题书面报告，是实施学位论文课题研究的前瞻性计划和依据，同时也是训练学生科研能力与学术作品撰写能力的有效的实践活动。

开题报告主要说明论文课题研究进行的理由，现有条件以及准备如何开展研究（研究方案）等问题，也可以说是对课题的论证和设计。这里以广东药学院本科毕业实习开题报告为例进行说明。

一、选题依据

包括目的、意义、国内外现状和发展趋势、主要参考文献等。

（1）选题的目的与意义　回答为什么要做该课题研究，交代研究的价值、需要、背景以及开展该问题研究的必要性。由存在的问题导出课题研究的实际意义，即现实需要、价值。

要求内容具体、客观，具有针对性，注重资料分析基础，注重时代、地区或单位发展的需要，切忌空洞无物的口号。

（2）国内外研究现状　目前有关该问题研究的国内外情况，主要从以下方面考虑：前人已在哪些方面开展了研究，已有研究的不足之处，该问题研究存在的空白点。

（3）创新之处　论文选题在整个问题研究中所占地位、优势、突破点、不同之处；该课题可能有的实际用途；该问题研究的未来发展趋势、未来深入或延续性研究的必要性（视课题情况取舍）。

（4）主要参考文献　与科技论文相同，开题报告也要列入参考文献。主要目的在于说明选题依据的科学性、客观性、真实性或可实现性，反映课题的理论依据和方法根据。

尽量选用最新的文献，选用在本专业高水平杂志上发表的最新文献，表明立题的权威性、可信性。

二、研究内容

（1）具体研究（设计）内容　指具体研究对象、考察指标、研究方法和手段。

（2）重点解决的问题　研究中会遇到的技术难点、拟采用的关键技术和方法、实验研究的重点、关键点。

（3）预期结果　课题研究预计达到的程度、问题可能解决到哪一步；预期实现的主要技术指标；社会经济效益或理论意义；课题完成的形式（发表论文、申请专利）。

本科毕业论文课题研究预期结果一般说明能否如期完成、解决的问题即可，其他可酌情处理。

三、研究方案

包括研究（设计）方法、技术路线，理论分析、计算、实验（研究、调查）方法、步骤及其可行性，可能出现的技术问题及解决办法。

研究方案其实就是目标、内容更具体化的表述。技术路线如果能用图表示就显得精练而有说服力。

四、工作基础

（1）文献资料调研　参考文献、有关资料，如临床处方、销售资料等。

（2）实验设备　仪器设备是否齐全、使用便利等。

（3）实验材料和试剂是否方便获得等。

（4）其他条件　指导老师的指导、实习单位提供的便利条件等。

五、工作计划

指整个毕业实习及论文写作的计划安排，遵照学校有关规定执行即可。

工作分阶段进行的时间和顺序上的安排；每一阶段的起止时间；每一阶段相应的工作内容及成果；阶段之间不能间断，以保证研究进程的连续性。

六、开题报告举例评析

题目：三种治疗下呼吸道感染用药方案的成本－效果分析

（一）选题依据

包括目的、意义、国内外现状和发展趋势，主要参考文献。

1. 目的

通过运用药物经济学[1]的成本－效果分析方法，计算下呼吸道感染的治疗成本，进行药物经济学评价。对治疗下呼吸道感染的3种用药方案进行成本－效果分析，从而寻找最佳治疗方案，指导临床更合理选择和应用药物。

该部分的两句话内容有重复，可以精简改写为：

运用药物经济学[1]的成本－效果分析方法，对治疗下呼吸道感染的3种用药方案进行分析，从而寻找最佳治疗方案，指导临床更合理选择和应用药物。）

2. 意义

下呼吸道感染是常见的医院感染疾病，*其临床诊断包括病变部位、病期、病情估计及预后判断、病因学诊断等*，它是临床上最常见的疾病之一[2]。药物经济学的开展对节约卫生资源、减少浪费、更合理的选择和利用药物有积极的意义[3]，也可以为临床用药提供参考意见，近年来药物经济学已引起广泛的关注[4]。

（本段从下呼吸道感染疾病到药物经济学方法之间的过渡生硬，不够流畅，另外斜体部分内容与主题关系不大，可以删掉。可以将本段改写为：

针对临床疾病用药方案开展药物经济学研究，对节约卫生资源、减少浪费、更合理的选择和利用药物有积极的意义[2]，因而引起业界内的广泛关注[3]。下呼吸道感染是临床上最常见的疾病之一[4]，本研究以此疾病的用药方案为对象，开展药物经济学分析，对于指导临床合理用药，减少患者的医疗成本有一定应用价值。

3. 国内外现状和发展趋势

下呼吸道感染（lower respiratory tract infection，LRTI）亦称肺部感染或支气管－肺感染，系指声门以下的气道感染，包括急性支气管炎、慢性支气管炎急性发作、支气管扩张继发感染等气道感染及肺炎、肺脓肿等肺实质感染，广义上包括胸膜腔和纵隔感染。在我国人口死因中位居前列，老年患者病死率更高[2]。其致病微生物包括细菌、真菌、衣原体、支原体乃至寄生虫（卡氏肺囊虫），它以革兰阴性杆菌为主，约占70%，其中又以绿脓杆菌最多，革兰阳性球菌占20%，其中以金黄色葡萄球菌为常见，还有真菌与病毒[5]。病原体通过以下三个途径侵入患者下呼吸道：口腔和咽部的微生物侵入；含细菌的气溶胶吸入；其他部位感染的血源性播散[6]。

目前国内外治疗下呼吸道感染最常用的是青霉素类和头孢菌素类药物，都属于β－内酰胺类抗生素，是目前医院内使用最广泛的药物之一，占医院药品费用的20%以上[7]。临床合理有效地使用β－内酰胺类药物对有效降低医院药品费用和合理使用医疗保险基金起到积极的作用。

（药物经济学的成本－效果分析法属相对成熟的方法，本课题的创新点在于应用此方法于下呼吸道疾病的用药分析。因此，在研究现状部分应重点介绍目前国内外下呼吸道疾病治疗的用药情况，特别要说明是否有人对此作过药物经济学方面的研究，并适当兼顾药物经济学分析方法的介绍。而此处的有关下呼吸道疾病用药的介绍内容不完全，也很少，相反用了大量篇幅介绍下呼吸道疾病的一般知识，给人以本末倒置感觉。应将第一段内容压缩到2句话以内，或干脆删掉，扩充第二段的内容。）

4. 主要参考文献（略）

（二）研究内容

包括具体研究（设计）内容，重点解决的问题，预期结果。

选择三种临床常用抗生素作为药物经济学研究对象，采用前瞻性的随机临床试验的流行病学方法，运用药物经济学中最小成本分析法，对这三种研究药物治疗下呼吸道感染的成本－效果进行分析。

需重点解决的问题为采集三种药物的成本和病人的临床疗效数据。

预计三种药物的临床疗效没有显著性差异，而成本存在显著性差异，所以估计应主要从药物的成本来选择治疗下呼吸道感染的最佳方案。

（该部分内容基本符合要求。）

（三）研究（设计）方案

包括研究（设计）方法、技术路线，理论分析、计算、实验方法和步骤及其可行性，可能出现的技术问题及解决办法。

1. 研究方法及步骤

用方框图表示研究步骤、过程或技术路线，显得简洁、明晰。

2. 可能出现的技术问题及解决办法

（1）在选择病例中可能没有充足的适合研究用途的病例数，因而需要视情况而决定是否要重新选择其他研究药物。

（2）可能难以寻找临床疗效没有显著性差异而成本存在差异的三种药物，可借鉴各医师的临床经验，从而指导选择合适的研究药物。

（3）由于药物经济学中所用的变量通常较难准确地测量出来，经济学中所用的数据常有不确定性和潜在的偏倚，因此必须通过变化这些不确定的参数来检验结果的敏感性，即进行敏感度分析。

（该部分内容符合要求。）

（四）创新之处

多数研究人员都强调研究药物的疗效，而对整体药物治疗方案的成本的研究却得不到足够的重视。本课题正运用药物经济学中的最小成本分析法，解决了卫生资源的浪费、临床上的不合理选择和利用药物。在保证药物疗效的前提下，为患者找出最合适的治疗方案。

（明确说明本课题研究创新点在于用最小成本法分析用药方案。）

（五）工作基础及条件

在指导老师的指导下，收集医院病历资料，进行数据分析。

（六）工作计划

毕业论文（设计）工作计划

时间	工作内容	预期结果	
2007. 11. 19～12. 8	拟定方案、完成《开题报告书》	按期完成	
2007. 12. 9～2007. 12. 30	查阅文献、筛选治疗下呼吸道感染的药物	能选择出合适的研究药物	
2007. 12. 31～ 2008. 1. 20	查阅医院病历案件，收集资料，进行数据分析和统计	了解相关方面内容	
2008. 1. 21～2. 1	整理结果，撰写论文，完成中期检查	统计出本课题需要的数据	
2008. 2. 2～3. 21	撰写论文	顺利完成论文	
起止工作时间	2007. 11. 19～2008. 3. 21	预计答辩时间	2008. 4～6

第四节 毕业论文答辩

一、毕业论文答辩概述

答辩一般指答辩委员就他们所认为的论文中阐述内容不清楚、不详细、不完善、不确切之处提出问题，学位申请人当场回答或略作准备之后予以回答。

答辩是对学位申请人学术水平和研究能力的综合考核，对学位论文的最后检验。其主要目的有：①鉴别毕业论文（设计）的真实性；②评价毕业论文（设计）的质量，通过考察学生研究课题的深度与广度，评价论文的优劣程度；③培养、锻炼学生的临场发挥能力、语言表达能力、思维活跃能力。

二、对毕业论文的评价

通常，本科学生的毕业论文要有两位老师给出评语及相关分数。其中一位是具体负责指导学生论文的老师，另一位是作为评阅人给出评语的老师。论文的评价通常从选题、材料的取证、方案设计和有关计算、论文写作水平以及是否有新意等几个方面来考虑。本书末的附录中列出的是某校对论文评审标准的规定，供同学们参考。

三、对毕业答辩的评价

本科学生论文答辩一般由至少三位老师组成答辩小组，负责对学生的答辩考评。答辩成绩的评价通常从个人报告内容的陈述是否清晰、完整，个人语言表达是否流畅、严谨，研究内容是否有新意，是否在规定时间完成个人陈述，回答问题是否准确等方面进行考核。书末的附录中列有某校的答辩评审标准，供同学们参考。

四、毕业论文答辩程序

研究生毕业论文答辩主要程序（一般情况）：

（1）答辩前经有关程序将论文送交论文评阅人评阅，并给出评阅意见；

（2）论文连同评阅意见送交学位审查委员会审查是否同意答辩；

（3）答辩委员会主席宣布有关事项；

（4）答辩人做学位论文报告（自我陈述）；

（5）答辩委员会成员及与会者发表意见、提出问题，答辩人进行答辩；

（6）主席召开答辩委员会议，委员根据论文学术水平、答辩情况、评阅人评语、学习成绩，给出答辩评语，不记名投票表决，决定是否授予学位；

（7）主席宣布答辩委员会评语和决议。

一般情况下，学士学位答辩时间为15～30分钟，其中自述10～15分钟；研究生为60～160分钟，自述30～50分钟。具体时间由各单位视实际情况作相应调整。

由于学士学位答辩人员较多，通常由相应专业的老师组成的答辩小组取代答辩委员会组织学生答辩。

五、答辩准备

1. 做好个人陈述报告的准备

近年来，申请学士学位答辩的学生很多，给予每人的答辩时间一般10分钟左右，其中个人陈述时间6～8分钟。这就要求答辩人必须在规定短时间内，用精炼话语讲清楚论文的核心内容。

（1）准备好陈述报告PPT　PPT主要内容包括：论文选题目的、意义或背景，研究现状；采用的关键研究方法、材料、对象；主要创新性结果；分析讨论，要高度浓缩概括论文里对主要创新性结果的讨论内容，论点、论据；结论、成果价值、未来展望等。

（2）对应PPT准备好报告的文字内容，并熟记。

（3）准备好论文等有关资料。

2. 做好回答问题准备

答辩问题可能涉及到的内容主要包括：

（1）论文工作是否是本人所作　主要考察对论文研究的理解、掌握程度等。

（2）论文课题研究中的问题　例如论文课题研究的问题，包括选题意义、重要观点及概念等有关基本理论知识，课题新意、课题细节、课题薄弱环节、背景及现状。

（3）论文写作的问题　如论文书写的规范性，数据来源，对论文提到的重要参考文献以及有争议的事项，论文中的错误观点等。

（4）对个人陈述报告或幻灯片内容的问题　针对幻灯片中某些图片或图表提出问题，要求进一步解释；或解释个人陈述中未讲清的、不详细之处。

（5）课题相关地扩展性问题　有时答辩老师会要求作者对论文研究工作做自我评价、对今后继续开展此项工作的看法，包括一些论文研究工作中未涉及到或未做过的问题等。

（6）其他与论文答辩有关的问题，考察学生学术水平、治学态度、解决问题的能力和表达能力。

通常，参加答辩的老师并不一定事先都仔细看过每一位同学的毕业论文，主要通过个人陈述报告和PPT了解其论文研究的情况。因此，结合以上谈到的可能涉及的问题，在答辩前要有针对性地精心准备。

首先，要熟记论文的整体框架结构与相互逻辑关系、论文各部分内容以及各原始数据来源等情况；第二，特别是关于论文研究的背景、实验操作步骤细节、数据调研的细节、研究的思路或技术路线、课题研究的理论或技术方法依据等要熟悉；第三，要清楚论文研究的主要创新点、论文里提出的新见解和观点（自己提出来的）；第四，因时间限制，在个人陈述报告或PPT里没有涉及到的，但与论文研究有密切关系的问题有哪些；第五，目前还有哪些自己还没有搞清楚、在论文中论述得不够透彻或自己在实验中遇到还无法解释的问题；第六，由于有时间限制，一定要对每页PPT的讲解内容、时间安排做周密考虑，确保在规定时间内完成个人陈述。

3. 试讲

对论文报告内容试讲练习，直至熟练、从容自如，并且要在规定时间内完成。可以组织几位同学当听众，相互提问，指出不足。

六、问题回答

答辩时，携带必要的参考资料，如论文及其他资料，以备不时之需。要保持沉着、冷静，充满自信，语气从容不迫。

一定要听清问题后，并经过思考再做回答。如果没有听清楚问题，可请老师重复问题，或解释；回答要求条理清晰、符合逻辑、重点突出，切中要害，不要绕圈子。

要有实事求是、虚心求教的态度。对于没有把握的问题、回答不出的问题，不可强辩，知道多少就回答多少，即使讲得不确切也不要紧，只要是同问题有所关联就行。如果确是自己没有搞清的问题，就应该实事求是地讲明自己对这个问题还没有搞清楚，表示今后一定认真研究这个问题，切不可强词夺理，进行狡辩。

必要时可与老师展开辩论。对于一些学术性探讨问题，还没有定论，可与老师辩论。有时主答辩老师会提出与你的论文中基本观点不同的观点，然后请你谈谈看法，此时就应全力为自己观点辩护，反驳相对立的观点。辩论的同时也要注意态度。

答辩结束时学生要有礼貌地表达谢意。

第五节 答辩 PPT 制作技巧

PPT 幻灯片是为了配合答辩人的自我陈述而设置，是采用必要的文字、图、表等内容，配合答辩人的演讲，得以简明扼要地向答辩小组的老师介绍毕业论文的研究成果。由于时间、篇幅限制，仅限于介绍论文的核心内容，即论文研究的背景、所采用的主要方法和材料、主要结果和相关讨论。除了必要的解释说明外，PPT 内容要高度概括，用词精练，不能长篇大论。必要时，可在陈述时予以口头简要说明。总之，通过个人陈述和 PPT 演示，要达到清晰、完整讲述论文核心内容的目的。

一、PPT 内容格式

学士学位论文答辩的个人陈述 6 ~ 10 分钟，15 页内容已足够。主要是学生讲解，PPT 起辅助性作用。

1. PPT 首页

通常首页占用一张 PPT，主要内容包括：

（1）毕业论文题目，居中，用醒目字体表示。

（2）论文题目下依次列出专业、年级、姓名、学号、指导老师等内容，字体大小可小于论文题目。

2. 前言

通常占用 1 ~ 2 张 PPT，要求：

（1）简明扼要（一两句话）说明课题研究背景、意义。

（2）简要说明国内外相关研究现状，最后简要述评，引出自己的研究（待研究的问题与目标）。

3. 材料与方法

该部分占用 1~2 张 PPT，主要内容包括：拟采用的关键研究方法、材料、对象、考察的指标。

4. 结果与讨论

该部分占用 2~3 张 PPT，要列出：

（1）主要创新性实验（调研）结果，可以图、表的形式给出；

（2）与之相关的主要讨论点，实验数据的综合、分析，理论分析等；

（3）结论。

该部分占用 1~2 张 PPT，主要内容包括：主要结论，应用价值，未来的展望如关于深入、持续研究的前景。

5. 致谢

向在实习期间给予过帮助的老师、同学表达谢意。具体致谢对象包括：实习单位、学校、指导老师、论文评阅人，以及其他给予实习工作、论文写作帮助、便利的老师、同学。此部分占用一张 PPT 即可。

二、PPT 制作注意事项

PPT 的内容要做到条理清晰、醒目而又美观，要让观众短时间内即可迅速抓住每页 PPT 所列出的主要内容。

1. 文字内容

（1）尽量采用纲要（指示）性文字，忌讳大量文字与数字堆砌；最好采用标题式，讲解时按照标题发挥。

（2）文字内容要高度概括，语言精炼，并用项目符号或编号标注，显得简洁明了。

（3）每页 PPT 幻灯片应在边缘适当留出空间，不要让整幅幻灯片被文字内容塞得满满的。

（4）内容紧扣主题　PPT 幻灯片上的内容要和个人陈述内容协调统一，不能出现两张皮现象。同时，PPT 的内容要直奔主题，不要列入无关的内容、绕圈子的内容。另外，还要注意确保讨论部分内容围绕主要实验结果进行，防止讨论漫无边际。答辩老师往往针对个人陈述和 PPT 内容提出问题，如果 PPT 内容紧密围绕自己熟悉的方面展开，这样提问的问题往往回答更容易。

2. 字体

字体不要太小，正文字号不宜小于 28 号，一般 36 或 32 号，标题可适当大些，如 40 号。字体可加粗，显得清晰。标题或重点内容也可采用与正文不同字体或颜色以示强调。英文字体尽量采用 Times New Roman。

每页幻灯文字一般 6~7 行，不宜多于 10 行。行与行之间、段与段之间要有一定的间距，标题之间的距离（段间距）可大于行间距。

3. 图表

实验数据尽量采用图、表的形式给出。图的效果好于表的效果，表的效果好于文字叙述的效果。特别是一些调查统计数据，用统计图（如直方图、饼图）表示更为直观。

图表生成可采用相关作图软件工具，像 Origin 图形软件、Office 图形编辑功能，Excel功能、PowerPoint 中的表格生成功能等。

4. 颜色

字体颜色应与背景有显著差异。标题字体的颜色要和正文字体有区别，同一级别的标题字体要用相同颜色和大小，并通篇保持不变。

字体颜色一般不宜多于 3 种，要与模板相适应。正文中的重要内容可用不同颜色以显示强调、版面活泼，但不可多用，避免给人花哨之感。

5. PPT 模板

对于毕业答辩的 PPT 模板完全可以遵循个人喜好、技能选择，但要注意几个基本原则：

（1）毕业答辩的 PPT 模板应以庄重、大方为本，如兼具专业或个性特点更佳。不宜搞得太花哨，与答辩气氛不协调。

（2）模板的底色尽量相同　至少要在放文字或图片的地方保持同一颜色。如果采用两种或多种底色且反差较大，文字颜色搭配难以达到协调。例如，蓝天白云的底色，白色字在白云上则难以看清。

建议模板底色尽量采用浅颜色，这样可以有较多的选择不同字体颜色。而采用深的底色，则字体只能选择浅颜色，选择余地大幅缩水。

（3）颜色种类　一张幻灯片上的颜色尽量不要超过 3 种，不要在一个主题下显示多种颜色。

在一个句子里使用多种颜色（超过 2 种）表示强调，反而给人花哨的感觉。

（4）整个 PPT 的模板不宜频繁更换　最好始终采用一种模板，必要时根据内容变化适当调整个别 PPT 模板底色。标题、正文字体的颜色、字号等不宜频繁变动。

（5）不要过多使用动画　PPT 幻灯片不同页面的切换，必要时可以采用动画以增加播放的活泼性，不至于显得过于呆板。但要注意，动画类型不宜过多。

关于 PPT 的其他制作技巧，同学们可参照 Office 办公软件的有关说明学习掌握，这里不再详述。

参考文献

[1] 沈自飞，王元恒．理科类学生毕业论文写作指导［M］．杭州：浙江大学出版社，2004.

[2] 马维绪，马玉英．科技论文写作［M］．北京：煤炭工业出版社，1999.

[3] 储佩成．经济管理类毕业论文写作指南［M］．广州：中山大学出版社，2002.

[4] 郭有献等．学位论文写作指导［M］．北京：北京邮电大学出版社，1999.

（张红武）

附　录

附录1　文后参考文献著录规则

［GB/T 7714－2005 文后参考文献著录规则（摘录）］

1. 术语和定义

文后参考文献：为撰写或编辑论文和著作而引用的有关文献信息资源。

主要责任者：对文献的知识内容或艺术内容负主要责任的个人或团体。主要责任者包括著者、编者、学位论文撰写者、专利申请者或所有者、报告撰写者、标准提出者、析出文献的作者等。

专著：以单行本或多卷册形式，在限定的期限内出版的非连续性出版物。包括以各种载体形式出版的普通图书、古籍、学位论文、技术报告、会议文集、汇编、多卷书、丛书等。

连续出版物：一种载有卷期号或年月顺序号、计划无限期的连续出版发行的出版物。包括以各种载体形式出版的期刊、报纸等。

析出文献：从整本文献中析出的具有独立篇名的文献。

电子文献：以数字方式将图、文、声、像等信息储存在磁、光、电介质上，通过计算机、网络或相关设备使用的记录有知识内容或艺术内容的文献信息资源，包括电子书刊、数据库、电子公告等。

顺序编码制：一种文后参考文献的标注体系，即引文采用序号标注，参考文献表按引文的序号排序。

2. 著录项目与著录格式

（1）专著著录格式

主要责任者．题名：其他题名信息［文献类型标志］．版本项．出版地：出版者，出版年：引文页码［引用日期］．获取和访问路径．

（2）专著中的析出文献著录格式

析出文献主要责任者．析出文献题名［文献类型标志］．// 专著主要责任者．专著题名：其他题名信息．版本项．出版地：出版者，出版年：析出文献的页码［引用日期］．获取和访问路径．

（3）连续出版物著录格式

主要责任者．题名：其他题名信息［文献类型标志］．年，卷（期）－年，卷（期）．出版地：出版者，出版年［引用日期］．获取和访问路径．

（4）连续出版物中的析出文献著录格式

析出文献主要责任者. 此处文献题名［文献类型标志］. 连续出版物题名: 其他题名信息, 年, 卷 (期): 页码［引用日期］. 获取和访问访问路径.

(5) 专利文献著录格式

专利申请者或所有者. 专利题名: 专利国别, 专利号［文献类型标志］. 公告日期或公开日期［引用日期］. 获取和访问路径.

(6) 电子文献著录格式

除上述 (1)、(2)、(4) 涉及的其他电子文献按如下格式著录。

主要责任者. 题名: 其他题名信息［文献类型标志/文献载体标志］. 出版地: 出版者, 出版年 (更新或修改日期)［引用日期］. 获取和访问路径.

3. 参考文献使用下列规定的标志符号

. 用于题名项、析出文献题名项、题名、其他责任者、析出文献其他责任者、连续出版物的“卷、期、年、月或其他标志”项、版本项、出版项、出处项、专利文献的“公告日期或公开日期”项、获取和访问路径以及“著者 - 出版年”制中的出版年前。每一条参考文献的结尾可用“.”号。

: 用于其他题名信息、出版者、引文页码、析出文献的页码、专利国别前。

, 用于同一著作方式的责任者、“等”或“译”字样、出版年、期刊年卷期标志中的年或卷号、专利号、科技报告号前。

; 用于期刊后续的年卷期标志与页码以及同一责任者的合订题名前。

//用于专著中的析出文献的出处项前。

( ) 用于期刊年卷期标志中的期号、报纸的版次、电子文献更新或修改日期以及非公元纪年。

[ ] 用于文献序号、文献类型标志、电子文献的引用日期以及自拟的信息。

/ 用于合期的期号间以及文献载体标志前。

- 用于起讫序号和起讫页码间。

附录2　文后参考文献著录格式与部分示例表

文献类型	主要责任者	题名项			其他责任者	版本项	出版项					获取和访问路径	备注
专著		题名	其他题名信息	［文献类型标志］			出版地	出版者	出版年	引文页码	［引文日期］		
印刷或电子	√	√	√	√		√	√	√	√	√			第一版免注，空白项选注下同
联机	√	√	√	√		√	√	√	√	√	√	√	
例1	［1］余敏.出版集团研究［M］.北京：中国书籍出版社，2001：179–193. ［2］辛希孟.信息技术与信息服务国妹研讨会论文集：A集［C］.北京：中国社会科学出版社，1994. ［3］全国文献工作标准化技术委员会第七分委员会.GB/T5795–1986 中国标准书号［S］.北京：中国标准出版社，1986. ［4］PEEBLES PZ，Jr.Probability，random variable，and random signa1 principles［M］.4th ed. New York：McGraw Hill，2001.												
例2	［1］赵耀东.新时代的工业工程师［MOL］.台北：天下文化出版社，1998［1998–09–26］.http//www.ie. nthu.edu. tw/info/ie.newie.htm(Big5).												

文献类型	析出文献主要责任者	析出文献题名项		析出文献其他责任者	出处项			版本项	出版项					获取和访问路径
专著中析出文献		析出文献题名	［文献类型标志］		专著主要责任者	专著题名	其他题名信息		出版地	出版者	出版年	析出文献的页码	［引文日期］	
印刷或电子	√	√	√		√	√	√	√	√	√	√	√		
联机	√	√	√		√	√	√	√	√	√	√	√	√	√
例	［1］马克思.关于《工资、价格和利润》的报告札记［M］//马克思，恩格斯.马克思恩格斯全集：第44卷.北京：人民出版社，1982：505. ［2］国家标准局信息分类编码研究所.GB/T2659–1986世界各国和地区名称代码［S］//全国文献工作标准化技术委员会.文献工作国家标准汇编：3.北京：中国标准版社，1988：59–92. ［3］陈晋镳，张惠民，朱士兴，等.蓟县震旦亚界研究［M］//中国地质科学院天津地质矿产研究所.中国震旦亚界.天津：天津科学技术出版社，1980：56–114.													

文献类型	主要责任者	题名项			卷、期、年、月或其他标志	出版项				获取和访问路径	备注
连续出版物		题名	其他题名信息	［文献类型标志］		出版地	出版者	出版年	［引用日期］		
印刷或电子	√	√	√	√		√	√	√			常见论文中此类引用较少
联机	√	√	√	√		√	√	√	√	√	
例	［1］中国地质学会.地质评论［J］.1936，1（1）–.北京：地质出版社：1936–. ［2］中国图书馆学会.图书馆学通讯［J］.1957（1）–1990（4）.北京：北京图书馆，1957–1990.										

续表

<table>
<tr><td>文献类型</td><td rowspan="2">析出文献主要责任者</td><td colspan="2">析出文献题名项</td><td colspan="4">出处项</td><td rowspan="2">获取和访问路径</td><td rowspan="2">备注</td></tr>
<tr><td>连续出版物中析出文献</td><td>析出文献题名</td><td>［文献类型标志］</td><td>连续出版物题名</td><td>其他题名信息</td><td>年，卷（期）标志与页码</td><td>［引用日期］</td></tr>
<tr><td>印刷或电子</td><td>√</td><td>√</td><td>√</td><td>√</td><td>√</td><td>√</td><td></td><td></td><td rowspan="2">论文中最常见的引用类型，例1-3为印刷版或电子版文件，例4则为电子版联机文件</td></tr>
<tr><td>联机</td><td>√</td><td>√</td><td>√</td><td>√</td><td>√</td><td>√</td><td>√</td><td>√</td></tr>
<tr><td>例</td><td colspan="9">［1］李晓东，张庆红，叶瑾琳．气候学研究的若干理论问题［J］．北京大学学报：自然科学版，1999，35（1）：101-106．
［2］唐丽娟，刘玮炜，史大华，等．薄层层析在植物黄酮类化合物研究中的应用［J］．时珍国医国药，2009，20（12）：2917-2918．
［3］KANAMORIH．Shaking without quaking［J］．Science，1998，279（5359）：2063-2064．
［4］莫少强．数字式中文全文文献格式的设计与研究［J/OL］．情报学报，1999，18（4）：1-6［2001-07-08］．http：//periodical．wanfangdata．com．cn/periodical / qbxb / abxb99 / qbxb9904 /990407．htm</td></tr>
</table>

<table>
<tr><td>文献类型</td><td rowspan="2">专利申请者或所有者</td><td colspan="4">题名项</td><td colspan="2">出版项</td><td rowspan="2">获取和访问路径</td><td rowspan="4">备注</td></tr>
<tr><td>专利文献</td><td>专利题名</td><td>专利国别</td><td>专利号</td><td>［文献类型标志］</td><td>公告日期或公开日期</td><td>［引用日期］</td></tr>
<tr><td>印刷或电子</td><td>√</td><td>√</td><td>√</td><td>√</td><td>√</td><td>√</td><td></td><td></td></tr>
<tr><td>联机</td><td>√</td><td>√</td><td>√</td><td>√</td><td>√</td><td>√</td><td>√</td><td>√</td></tr>
<tr><td>例</td><td colspan="9">［1］姜锡洲．一种温热外敷药制备方案：中国，88105607．3［P］．1989-07-26．
［2］西安电子科技大学．光折变自适应光外差探测方法：中国，01128777.2［P/OL］.2002-03-06［2002-05-28］.http：//211.152.9.47/sipoasp/zljs/hyjs-yx-new. asp？ recid=01128777．2 & leixin=0．</td></tr>
</table>

<table>
<tr><td>文献类型</td><td rowspan="2">主要责任者</td><td colspan="3">题名项</td><td colspan="5">出版项</td><td rowspan="2">获取和访问路径</td><td rowspan="2">备注</td></tr>
<tr><td>电子文献</td><td>题名</td><td>其他题名信息</td><td>［文献类型标志］</td><td>出版地</td><td>出版者</td><td>出版年</td><td>（更新或修改日期）</td><td>［引用日期］</td></tr>
<tr><td>电子文献</td><td>√</td><td>√</td><td>√</td><td>√</td><td>√</td><td>√</td><td>√</td><td>√</td><td>√</td><td>√</td><td>电子图书、电子图书中的析出文献以及电子报刊中的析出文献的著录项目与著录格式分别按上述规则处理。除此以外的电子文献按本规则处理</td></tr>
<tr><td>例</td><td colspan="11">［1］PACS-L：the public-access computer systems forum［EB/OL］．Houston，Tex：University of Houston Libraries，1989［1995-05-17］.http：//info．lib．uh．edu/pacsl．html．
［2］Online Computer Library Center，Inc．History of OCLC［EB/OL］．［2000-01-08］．http：//www．oclc．org / about / history / default．htm．
［3］HOPKINSONA．UNIMARC and metadata：Dublin Core［EB/OL］．［1999-12-08］．http：//www．ifla．org / IV/ifla64 / 138-16le．htm．
［4］Scitor Corporation．Project scheduler［CP/DK］．Sunnyvale，Calif：Scitor Corporation，c1983．</td></tr>
</table>

附录3 文献类型和标志代码

参考文献类型	普通图书	论文集 会议录	汇编	报告	学位论文	专利	期刊	报纸	标准	数据库 da tabase	计算机程序 computer program	电子公告 electronic bulletin board
文献类型标志	M	C	G	R	D	P	J	N	S	DB	CP	EB

附录4 电子文献载体和标志代码

电子文献载体	磁带（magnetic tape)	磁盘（disk）	光盘（CD-ROM）	联机网络（online）
文献载体类型	MT	DK	CD	OL

附录5　毕业论文评审标准

×××××本科毕业论文（设计）指导教师评审标准

序号	评审项目	指标	满分
1	工作量、工作态度	按期圆满完成规定的任务，难易程度和工作量符合教学要求，体现本专业基本训练的内容	10
		工作认真，遵守纪律，作风严谨务实	10
2	调查论证	能独立查阅文献和调研	5
		能正确翻译外文资料	5
		能较好地作出开题报告	5
		有综合、收集和正确利用各种信息的能力	5
3	设计、实验方案、实验技能与综合知识运用能力	设计方案、实验方案科学合理，联系实际，具体可行	5
		能独立操作实验，数据采集、计算、处理正确，或有较强的经济分析能力和现代技术应用能力	10
		结构设计合理、工艺可行、推导正确或程序运行可靠	5
4	分析与解决问题的能力	能运用所学知识和技能及获取新知识去发现与解决实际问题	5
		能对课题进行理论分析，并得出有价值的结论	5
5	论文（设计）质量	立论正确，论据充分，结论严谨合理	5
		实验正确，分析、处理问题科学	5
		综述简练完整，结构格式符合论文（设计）要求	5
		文理通顺，技术用语准确，规范，图表完备、制图正确	5
6	创 新	具有创新意识，对前人工作有改进、突破，或有独特见解，有一定应用价值	10

×××××本科毕业论文（设计）评阅人评审标准

序号	评审项目	指标	满分
1	选题	选题达到本专业教学基本要求	10
		难易程度、工作量大小合适	5
2	综述材料调查论证	根据课题任务，能独立查阅文献资料和从事有关调研	5
		有综合归纳、利用各种信息的能力，开题论证较充分	5
		翻译外文资料的水平较高	5
3	设计、推导计算、论证	方案设计合理，具有可操作性	20
		推导正确，计算准确，结构合理，工艺可行	20
4	论文设计质量	论点明确，论据充分，结论正确	10
		条理清楚，文理通顺	5
		用语符合技术规范，图表清楚，书写格式规范	5
5	创新	对前人工作有改进、突破或有独特见解；有一定应用价值	10

×××××本科毕业论文（设计）答辩评审标准

序号	评审项目	指标	满分
1	报告内容	思路清新	10
		语言表达准确，概念清楚，论点正确	10
		实验方法科学，分析归纳合理	10
		结论严谨，论文（设计）有应用价值	10
2	报告过程	准备工作充分，具备必要的报告影像资料	5
		报告在规定的时间内作完	5
3	答辩	回答问题有理论依据，基本概念清楚	20
		主要问题回答简明准确	20
4	创新	对前人工作有改进、突破或有独特见解	10

附录6　本科毕业论文（设计）撰写规范

本规范提供予学生作为撰写毕业论文（设计）的参考及基本要求，各二级学院可根据学科专业以及实际情况作进一步规范、严格的修订。

1　毕业论文（设计）内容组成

本科毕业论文（设计）应包括以下几个部分：

1. 论文封面（可下载，统一用A3天蓝色皮纹纸打印，可参照样板）；2. 诚信声明（可下载）；3. 中文摘要（中文设计总说明）、关键词；4. 英文摘要（英文设计说明）、英文关键词；5. 目录；6. 正文；7. 注释；8. 参考文献；9. 综述（必要时）；10. 致谢；11. 附录（必要时）。

2　毕业论文（设计）的撰写要求

2.1　题名

论文题名应该简短、明确、有概括性；字数要适当，一般不宜超过20个汉字。如有特殊要求，可加注副标题。

2.2　摘要（设计总说明）

摘要是论文的内容不加注释和评论的简短陈述。摘要应具有独立性和自含性，即不阅读报告、论文的全文，就能获得必要的信息。摘要一般应说明研究工作目的、实验方法、结果和最终结论等，而重点是结果和结论。中文摘要约300个汉字，并翻译成英文。

设计总说明介绍设计任务来源、设计标准、设计原则及主要技术资料，中文字数以300字左右为宜，并译成英文。

2.3　关键词

关键词是为了文献标引工作从论文中选取出来用以表示全文主题内容信息款目的单词或术语。关键词数量为3～5个。

2.4　目录

目录由论文的篇、章、条、附录、题录等的序号、名称和页码组成。目录按三级标题编写，要求标题层次清晰。目录中的标题及页码应与正文中的一致。

2.5　主体部分

主体部分一般包括前言、正文、结论三部分。主体部分必须由另页右页开始。每一篇（或部分）必须另页起。

前言简要说明研究工作的目的、范围、相关领域的前人工作和知识空白、理论基础和分析、研究设想、研究方法和实验设计、预期结果和意义等。前言不要与摘要雷同，不要成为摘要的注释。一般教科书中有的知识，在引言中不必赘述。毕业论文的前言为了需要反映出作者确已掌握了坚实的基础理论和系统的专门知识，具有开阔的科学视野，对研究方案作了充分论证，因此，有关历史回顾和前人工作的综合评述，以及理论分析等，可以单独成章，用足够的文字叙述。

正文是核心部分，占主要篇幅，可以包括：调查对象、实验和观测方法、仪器设备、材料原料、实验和观测结果、计算方法和编程原理、数据资料、经过加工整理的图表、形成的论点和导出的结论等。由于研究工作涉及的学科、选题、研究方法、工作进程、结果表达方式等有很大的差异，对正文内容不能作统一的规定。但是，必须实事求是，客观真切，准确完备，合乎逻辑，层次分明，简练可读。

论文的结论是最终的、总体的结论，不是正文中各段的小结的简单重复。结论应该准确、完整、明确、精练。可以在结论中提出建议、研究设想、仪器设备改进意见、尚待解决的问题等。

2.6　注释

正文中引用他人的观点及原话、主要数据等必须注明出处，有需要解释的内容，可以加注说明。

2.7　参考文献

参考文献是毕业论文不可缺少的组成部分，它反映毕业设计（论文）的取材来源、材料的广博程度和材料的可靠程度，也是作者对他人知识成果的承认和尊重。参考文献应按文中引用出现的顺序列全，附于文末。一篇参考文献在论文中多处引用时，序号以第一次出现的位置为准。

2.8　综述

文献综述是在毕业论文（设计）开题前针对某一研究领域或专题搜集大量文献资料的基础上，就国内外在该领域或专题的主要研究成果、最新进展、研究动态、前沿问题等进行综合分析而写成的、能比较全面的反映相关领域或专题历史背景、前人工作、争论焦点、研究现状和发展前景等内容的综述性文章。“综”是要求对文献资料进行综合分析、归纳整理，使材料更精练明确、更有逻辑层次；“述”就是要求对综合整理后的文献进行比较专门的、全面的、深入的、系统的评述。

2.9　致谢

可以在正文后对以下方面致谢：

协助完成研究工作和提供便利条件的组织或个人；在研究工作中给予指导的教师、提出建议和提供帮助的人；其他应感谢的组织或个人。

2.10　附录

根据论文的内容要求，确定是否需要附录。包括放在正文内过分冗长的公式推导、以备他人阅读方便所需的辅助性教学工具、重复性的数据图表、论文使用的符号意义、缩写、程序全文及有关说明等。

3　各类毕业论文（设计）具体要求（作参考）

我校毕业设计（论文）大体分工程设计类、实验研究类、调查研究类、计算机软件研制类、经管文类，具体要求如下：

3.1　实验研究类

学生须独立完成一个完整的实验，取得足够的实验数据，实验要有探索性，而不是简单重复已有的工作。要完成 8000 字以上的论文，其中包括文献综述（在前言中体现）、实验部分的讨论与结论等内容。参考文献不低于 10 篇，其中 2 篇以上外文文献。

3.2　调查研究类

学生必须独立设计调查问卷，确定调查对象，深入现场完成调查研究。要完成8000字以上的论文，其中包括文献综述（在前言中体现）、调查结果的分析讨论与结论等内容。参考文献不低于10篇，其中2篇以上为外文文献。

3.3　软件开发类

计算机类毕业论文大致可分为论述型论文和系统开发类论文。论述型论文要求学生取得足够的数据，并给出一定的模型或原理，然后进行分析论证，论文要求写出8000字以上。系统开发类论文要求学生独立完成一个系统或较大系统中的一个模块，要有足够的工作量，同时要写出符合规定字数的论文和必要的系统使用说明书，论文应包括系统总体设计、详细的程序设计、系统实现（要求写出≥1000行的主要代码）、性能分析和评价、结论。参考文献不低于10篇，其中2篇以上外文文献。

3.4　工程设计类

学生必须独立完成一定数量的工程图纸绘制，其中至少有1张是计算机打印图；一份8000字以上的设计计算说明书（论文）；参考文献不低于10篇，其中外文文献在2篇以上。

3.5　经管文法类

学生根据医药经济建设情况或企业实际，提出问题，调查研究，分析数据，完成论文字数在10000字以上。参考文献不低于15篇，其中2篇以上外文文献。

4　毕业论文（设计）撰写格式

4.1　毕业论文（设计）页面设置

纸张打印：A4纸双面打印。

页边距：Microsoft Word默认。上边距2.54cm、下边距2.54cm、左边距3.17cm、右边距3.17cm。

页码：论文页码从前言部分开始，至附录，用阿拉伯数字连续编排，页码位于页脚居中。封面、中英文论文摘要（设计总说明）和目录不编入论文页码。

4.2　毕业论文封面格式

下载统一格式，用A3天蓝色皮纹纸打印，参照样板。详见样本1。

4.3　诚信声明

下载统一格式，打印后必须由作者亲笔签名。详见样本2。

4.4　论文摘要、关键词格式

4.4.1　中文摘要（中文设计总说明）、关键词

中文摘要（中文设计总说明）标题用论文题目（三号黑体加粗，居中）；段前、段后各1行。

中文摘要（设计总说明）正文由“摘要”（小四号黑体加粗）二字开头，摘要正文小四号宋体，1.5倍行距，首行缩进2个中文字符。

中文摘要（中文设计总说明）正文后下空一行打印“关键词”三字（小四号黑体加粗），关键词一般为3~5个（小四号宋体），每一关键词之间用分号隔开，最后一个关键词后不打标点符号。首行缩进2个中文字符。关键词用小四号Times New Roman

字体，1.5 倍行距。

见样本 3。

4.5　英文摘要（英文设计总说明）、关键词

英文摘要（英文设计说明）另起一页，其内容及关键词应与中文摘要一致，并符合英语语法，语句通顺，文字流畅。

英文摘要（英文设计说明）题目用英文论文题目，三号 Times New Roman 字体加粗，居中，段前、段后各 1 行。

英文摘要（英文设计说明）正文以“Abstract”（小四号 Times New Roman 字体加粗）开头，正文小四号 Times New Roman 字体，1.5 倍行距，首行缩进 4 个字符。

英文摘要（英文设计说明）正文后下空一行打印" Keywords"（小四号 Times New Roman 字体加粗），关键词间用 2 个空格间隔。英文关键词用小四号 Times New Roman 字体，1.5 倍行距。

见样本 4。

4.6　目录

“目录”二字居中，用三号黑体加粗，“目”字与“录”字之间空 4 个空格。

目录用三级标题，按 1……、1.1……、1.1.1……的格式编写，与正文中的标题相对应，后附规范的页码号，1.5 倍行距。

大纲级别 1 级的标题顶格，四号宋体加粗；

大纲级别 2 级的标题顶格，小四号宋体加粗；

大纲级别 3 级的标题顶格，小四号宋体。

建议用 Microsoft Word 中的" 索引和目录" 直接生成。见样本 5。

4.7　主体部分

4.7.1　标题及层次

正文分章节撰写，每章应另起一页。各章标题要突出重点、简明扼要。标题字数一般在 15 字以内，标题末不得使用标点符号。层次以少为宜，根据实际需要选择。各层标题均单独占行书写。

正文层次的编排和代号要求统一（详见样本 6 ~ 样本 9）：

一级标题（包括前言、结论等），如“1”，大纲等级设为 1 级，居中，序号后空一格写标题，三号黑体加粗，段前、段后各 1 行。

二级标题，如“1.1”，大纲等级设为 2 级，序号顶格书写，后空一格写标题，用小三号黑体加粗，段落间距段前、段后各 0.5 行。

三级标题，如“1.1.1”，大纲等级设为 3 级，序号后空一格写标题，用四号黑体加粗，段前、段后各 0.25 行。

4.7.2　正文

正文用小四号宋体（英文用小四号 Times New Roman 字体），1.5 倍行距，首行缩进 2 个中文字符。正文页不再打印论文题目。

4.7.3 图

4.7.3.1 制图标准

插图应符合国家标准及专业标准。

机械工程图：采用第一角投影法，严格按照 GB/T 4457 ~ 4460 – 84，GB 131 – 83《机械制图》标准规定。

流程图：原则上应采用结构化程序并正确运用流程框图。

对无规定符号的图形应采用该行业的常用画法。

4.7.3.2 图题及图中说明

每幅插图均应有图题（由图号和图名组成），通篇统一编制序号，如全文篇幅较长，亦可按章编制，如第二章第 3 图，可写为“图 2 – 3”。图题置于图下，用五号宋体。有图注或其他说明时应置于图题之上，用小五号宋体。图名在图号之后空一格排写。引用图应说明出处，在图题右上角加引用文献号。图中若有分图时，分图号用（a）、（b）等置于分图之下。

正文中所有图示须列明标题，相关图示对应文字处括弧注明“见图 n”字样。

图中各部分说明应采用中文（引用的外文图除外）或数字项号，各项文字说明置于图题之上（有分图题者，置于分图题之上）。

插图与其图题为一个整体，不得拆开排写于两页。插图处的该页空白不够排写该图整体时，将图移至次页最前面。

曲线图的纵横坐标必须标注“量、标准规定符号、单位”。此三者只有在不必要标明（如无量纲等）的情况下方可省略。坐标上标注的量的符号和缩略词必须与正文中一致。

照片图要求主题和主要显示部分的轮廓鲜明，便于制版。如用放大缩小的复制品，必须清晰，反差适中。照片上应该有表示目的物尺寸的标度。

见样本 7。

4.7.4 表

表的编排，一般是内容和测试项目由左至右横读，数据依序竖排。推荐用三线表（顶线、底线和栏目线）。顶线和底线宽度均为 1 磅，栏目线宽度 0.5 磅。必要时可加辅助线（宽度 0.5 磅）。

正文中所有表格须列明表题（由表号和表名组成）。通篇统一编制表序，如全文篇幅较长，可按章编制。表序与表名之间空一格，表名末尾不加标点。表号与表名置于表上居中（五号黑体，数字和字母为五号 Times New Roman 体加粗）。

正文中与相关表格对应文字处须在括弧中注明“见表 n”字样。

表头设计应简单明了，尽量不用斜线。表头与表格为一整体，不得拆开排写于两页。

全表如用同一单位，将单位符号移至表头右上角。

数字空缺的格内加“ – ”字线（占 1 个字符），不允许用“（”、“同上”之类的写法。

表体的文字说明（五号宋体居中），句末不加标点。表中若有附注时，用小五号宋体，顶格写在表的下方，句末加标点。仅有一条附注时写成："注：…"；有多条附注时，附注各项的序号一律用阿拉伯数字，写成："注：1…"。

见样本 8。

4.7.5 公式

公式一律使用 Microsoft 公式编辑器编写。

公式应另起一行，公式序号按章序编排，序号标注于该式所在行（当有续行时，应标注于最后一行）的最右边。较长的式，另行居中横排，最好从等号"＝"处转行，如难实现，则可在＋、－、×、÷、<、>运算符号处转行。

文中引用公式时，一般用"见式（n）"或"由公式（n）"。

见样本 8。

小数点用"."表示。大于 999 的整数和多于三位数的小数，一律用半个阿拉伯数字符的小间隔分开，不用千位撇。对于纯小数应将 0 列于小数点之前。

示例：应该写成 94 652. 023 567；0. 314 325

不应写成 94，652. 023，567；0. 314，325

4.7.6 标点符号

标点符号应遵守《中华人民共和国国家标准标点符号用法》的规定。

4.7.7 数字

数字使用应执行《中华人民共和国国家标准出版物上数字用法》的规定。

4.7.8 参考文献的引用

参考文献的引用标示方式应全文统一，并采用所在学科领域内通用的方式，用上标的形式置于所引内容最末句的右上角，用小四号字体。所引参考文献编号用阿拉伯数字置于方括号中，如："……成果[1]"。当提及的参考文献为文中直接说明时，其序号应该用小四号字与正文排齐，如"由文献［8，10～14］可知"。

不得将引用参考文献标示置于各级标题处。

见样本 9。

4.7.9 注释

注释序号用①、②、③…，宋体五号字。注释一般用尾注，即将注文置于正文之后，不可用夹注。

4.8 论文参考文献

参考文献的著录均应符合国家有关标准（按 GB7714－2005《文后参考文献著录规则》执行）。另起一页，以"参考文献"居中（三号黑体加粗，段前、段后各 1 行，大纲等级为 1 级）排作为标识；参考文献的序号左顶格，并用数字加方括号表示，如［1］，［2］，…，以与正文中的指示序号格式一致，空 1 格写文献内容。每一参考文献条目的最后均以"."结束。见样本 10。

著作方式相同的责任者不超过 3 个时，全部照录。超过 3 个时，只著录前 3 个责任者，其后加"，等"或与之相应的词。

参考文献著录格式示例：

4.8.1　连续出版物中的析出文献（期刊）

［序号］析出文献主要责任者．析出文献题名［文献类型标志］．连续出版物题名：其他题名信息，年，卷（期）：页码［引用日期］．获取和访问途径．

例如：［1］李晓东，张庆红，叶瑾琳．气候学研究的若干理论问题［J］．北京大学学报：自然科学版，1999，35（1）：101－106.

4.8.2　专著中的析出文献

［序号］析出文献主要责任者．析出文献题名［文献类型标志］．析出文献其他责任者//专著主要责任者．专著题名：其他题名信息．版本项．出版地：出版者，出版年：析出文献页码［引用日期］．获取或访问途径．

例如：［3］白书农．植物开花研究［M］//李承森．植物科学进展．北京：高等教育出版社，1998：146－163.

4.8.3　会议论文集

［序号］主要责任者．文献题名［A］//主编．论文集名［C］．出版地：出版者，出版年：页码．

例：［3］毛峡．绘画的音乐表现［A］．中国人工智能学会2001年全国学术年会论文集［C］．北京：北京邮电大学出版社，2001：739－740.

4.8.4　学位论文

［序号］主要责任．文献题名［D］．保存地：保存单位，年份．

例：［4］张和生．地质力学系统理论［D］．太原：太原理工大学，1998.

4.8.5　报告

［序号］主要责任．文献题名［R］．报告地：报告会主办单位，年份．

例：［5］冯西桥．核反应堆压力容器的LBB分析［R］．北京：清华大学核能技术设计研究院，1997.

4.8.6　专利文献

［序号］专利申请者或所有者．专利题名：专利国别，专利号［文献类型标志］．公告日期或公开日期［引用日期］．获取或访问途径．

例：［6］姜锡洲．一种温热外敷药制备方案：中国，88105607.3［P］．1989－07－26.

4.8.7　国际、国家标准

［序号］标准代号，标准名称［S］．出版地：出版者，出版年．

例：［7］GB/T 16159－1996，汉语拼音正词法基本规则［S］．北京：中国标准出版社，1996.

外国作者的姓名书写格式一般为：名的缩写、姓。例如A. Johnson，R. O. Duda

引用参考文献类型及其标识说明如下：根据《文献类型与文献载体代码》GB 3469－83规定，以单字母方式标识以下各种参数文献类型，如表1：

表1　参数文献的标识

参考文献类型	专著	会议录	报纸	期刊	学位论文	科技报告	技术标准	专利
文献类型标识	M	C	N	J	D	R	S	P

关于参考文献的未尽事项可参见中华人民共和国国家标准（GB/T 7714－2005）《文后参考文献著录规范》。

4.9　综述

综述另起一页撰写，题目用小二号黑体加粗居中（综述题目尽量不与毕业论文题目雷同）。综述在目录中以“综述”二字表示并标注页码，综述内部小标题不再体现于目录中。综述正文格式参考毕业论文（设计）正文格式。

综述一般应包含以下四部分：概述、主题、总结和参考文献。

概述部分：主要是说明写作的目的，介绍有关的概念、综述的范围，扼要说明有关主题的现状或争论焦点，使读者对全文要叙述的问题有一个初步的轮廓。

正文部分：是综述的主体，其写法多样，没有固定的格式。可按年代顺序综述，也可按不同的问题进行综述，还可按不同的观点进行比较综述，不管用哪一种格式综述，都要将所搜集到的文献资料归纳、整理、进行分析比较，阐明有关主题的历史背景、现状和发展方向，以及对这些问题的评述，主题部分应特别注意代表性强、具有科学性和创造性的文献引用和评述。

总结部分：与一般论文的小结有些类似，将全文主题进行扼要总结，提出自己的见解并对进一步的发展方向做出预测。

参考文献：是进行毕业论文（设计）和研究的基础，撰写文献综述的依据，列出这些参考文献不仅表示对被引用文献作者的尊重及引用文献的依据，而且也为评审者提供查找线索。参考文献的编排应条目清楚，格式规范，查找方便，内容准确无误。参考文献的格式参考上述毕业论文（设计）参考文献格式。综述参考文献要求 8 篇以上。

4.10　致谢

“致谢”字样用三号黑体加粗，居中，段前、段后各 1 行，大纲等级为 1 级。谢辞正文用小四号宋体，1.5 倍行距。见样本 11。

4.11　附录

论文的附录依序用大写正体 A，B，C……编序号，如：附录 A。附录中的图、表、式等另行编序号，与正文分开，也一律用阿拉伯数字编码，但在数码前冠以附录序码，如：图 A1；表 B2；式（B3）等。见样本 12。

附录 7 本科毕业论文样本

廣東藥學院

本科毕业论文(设计)

O-羧甲基壳聚糖的研制与结构分析

二号黑体加粗居中

二级学院	药科学院
专　　业	药学(医院药学方向)
班　　级	2006 级(2)
学生姓名	张三
学　　号	0606060606
指导教师	李四

三号黑体加粗

样本 1

2010 年 4 月

诚 信 声 明

我声明，所呈交的毕业论文（设计）是本人在老师指导下进行的研究工作及取得的研究成果。据我查证，除了文中特别加以标注和致谢的地方外，论文（设计）中不包含其他人已经发表或撰写过的研究成果，也不包含为获得其他教育机构的学位或证书而使用过的材料。我承诺，论文（设计）中的所有内容均真实、可信。

毕业论文（设计）作者（签名）：______________

年　　月　　日

该页直接从学校网上下载，作者签名必须为本人的亲笔签名，不得打印。

目 录

大纲1级，三号黑体加粗居中，段前、段后各1行

目录开列至二级。若为调查类论文，目录格式也应一致。只是“仪器试剂”换为“数据来源”；“实验方法”换为“数据分析与处理方法”等。

O–羧甲基壳聚糖的研制与结构分析

三号黑体加粗居中
段前、段后各1行

摘要： 目的……方法……结果……结论……

小四号黑体加粗

小四号宋体
1.5倍行距

关键词： 甲壳素；O–羧甲基壳聚糖；胶体滴定

小四号黑体加粗

小四号宋体
1.5倍行距

五号宋体
1.5倍行距

自拟课题删除此句

注：本论文（设计）题目来源于教师的国家级（或省部级、厅级、市级、校级、企业）科研项目，项目编号为：__________。

三号Times New Roman体加粗居中
段前、段后各1行

Study on Synthesis and Structure Analysis of O-Carboxymethyl Chitosan

小四号Times New Roman体加粗

Abstract: O-Carboxymethyl Chitosan (O-CMC), one of the derivatives of chitosan, ...

小四号Times New Roman体
1.5倍行距

Keywords: Chitin, O-Carboxymethyl Chitosan, Colloid titration

小四号Times New Roman体加粗

小四号Times New Roman体

1 前言

大纲1级，三号黑体加粗，段前、段后各1行

甲壳素（chitin，几丁质）学名β-(1,4)-2-乙酰氨基-2-脱氧-D-葡萄糖，属线性多糖类的天然高分子，大量存在于甲壳动物(如蟹、虾)的甲壳中。甲壳素/壳聚糖（chitosan）与植物纤维素的结构和功能相似，被称作动物纤维素，是地球上第二大可再生生物资源，也是数量最多的含氮有机物，表现出生物相容性好、生物降解性好、生物活性优异等特性，被广泛用于医药保险、生态农业、绿色工业等所涉及的 200 多个领域，显现出巨大的科学价值、社会利益和经济价值[1]。

……

小四号宋体
1.5倍行距

2 仪器与试剂

大纲1级，三号黑体加粗，段前、段后各1行

小四号宋体
1.5倍行距

2.1 仪器

小三号黑体加粗，大纲2级
段落间距段前0.5行，段后0.5行

傅里叶红外光谱扫描仪（Perkin Elmer, Spectrum 100）……

2.2 试剂

无水乙醇（分析纯，广州化学试剂厂）……

小四号宋体
1.5倍行距

3 实验方法

大纲1级，三号黑体加粗
段前、段后各1行

3.1 取代度的测定——胶体滴定法

大纲2级，小三号黑体加粗，段前、段后各0.5行

PVSK 标准溶液的配制与标定：称取 PVSK0.1g，用去离子水溶于 100ml 容量瓶中，稀释至刻度，用移液管准确吸取 5ml，放入 50ml 锥形瓶中，加 1 滴 TB 指示剂，用待标定的 PVSK 标准液滴定至溶液呈红紫色，此时被滴液体由浑浊转清并有沉淀出现，同时作一个空白试验。

PVSK 标准液的浓度 $W(N_1)$计算见式(3-1)：

$$\begin{aligned} W(N_1) &= H_{0.1} + \int_{C^{-1}}^{C^{-1}+1} L_{\alpha f}^{\gamma-2rdaN_1} d_\alpha \\ &= R(N_0) + \int_{C^{-1}}^{C^{-1}+1} L_{\alpha e}^{\gamma-2rdaN_1} d_\alpha + O(P^{r-n-v}) \end{aligned} \tag{3-1}$$

式中：$W(N_1)$——PVSK 溶液的浓度，mol/L

五号宋体

……

3. 1.1 羧甲基壳聚糖氨基含量的测定

大纲3级，四号黑体加粗，段前、段后各0.25行

准确移取上述稀溶液 5ml 于锥形瓶中，加入 0.2mol/L 的盐酸溶液 2ml，……

4 结果讨论

大纲1级，三号黑体加粗
段前、段后各1行

4.1 红外图谱（IR）

图中甲壳素的基本特征峰是：3443cm-1（游离氨基和羟基合并宽峰），2927cm-1（—CH_3甲基吸收），1659cm-1（酰胺I谱带仲酰胺—C=O吸收）；（见图1）

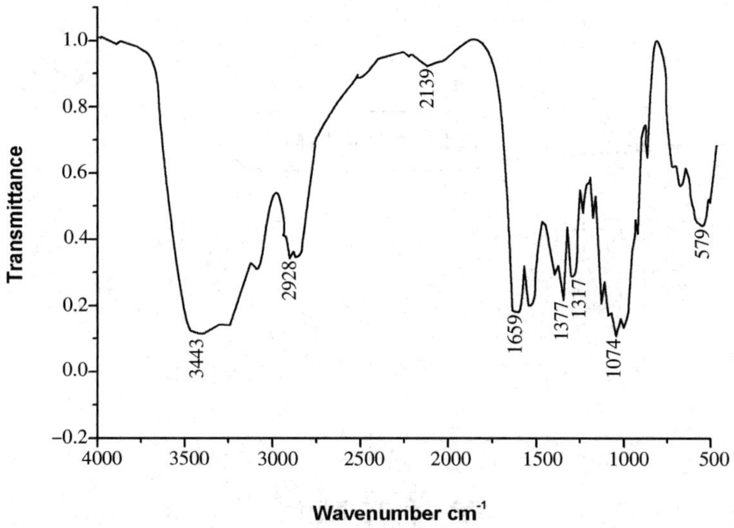

图1 甲壳素红外光谱图

五号宋体居中

壳聚糖的基本特征峰是：3379cm-1……

五号黑体居中

五号，汉字一律为宋体，数字、西文字符一律为Times New Roman

4.2 羧甲基壳聚糖取代度、分子量测定结果

栏目线0.5磅

顶线1磅

表1 羧甲基壳聚糖分子量、取代度

试样	胺基含量（%）	羧甲基含量（%）	脱乙酰度	取代度	粘均分子量 ×10^4	产率（%）
O-CMC-F7	5.86	20.9	0.787	0.885	8.11	52.5
O-CMC-F8	5.25	21.8	0.756	0.842	51.5	57.1

注：O-CMC-F7试样为PVSK标准溶液。

小五号宋体

底线1磅

……

4.3 影响产物的条件分析

4.3.1反应介质碱性强度的影响

本反应类似Willamson法制备醚的反应，即壳聚糖分子中羟基首先要和氢氧化钠键合，形成活性中心（Chitosan-O-Na^+）后和氯乙酸反应[8, 10-14]。因此碱化步骤是整个反应的关键。碱化程度越高，约有利于反应的进行。实验中，强碱条件下，同时提高氯乙酸的量有利于提高取代度。

……

5 结论

此部分为非必写项

本文系统的研究了……，

参考文献

［1］高怀生，黄是是，张世达，等．壳聚糖的结构分析［J］．天津化工，1996，14（2）：21－22.
［2］X. －G. Chen，H. －J. Park. Chemical Characteristics of O－Carboxymethyl Chitosans Related to the Preparation Conditions［J］. Cacinogtnesis，1996，17（2）：135－140.
……

三号黑体加粗居中

致　谢

本论文是在李四老师的悉心指导下完成的，……。在此我对他表示由衷的敬意和至深的感谢！……

三号黑体加粗居中

附录A 羧甲基壳聚糖红外光谱图

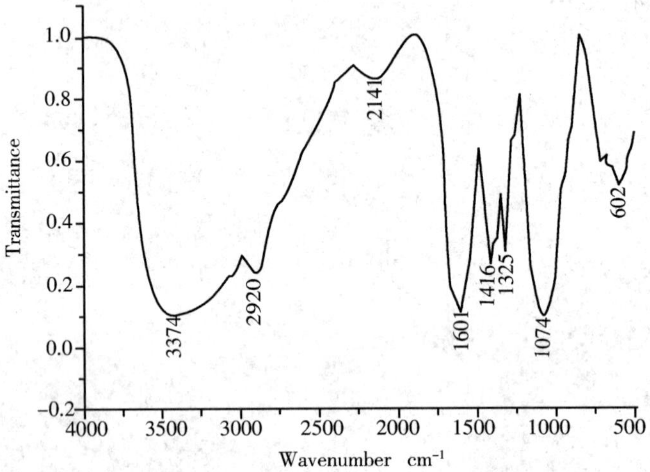

图A1 羧甲基壳聚糖红外光谱图

五号宋体居中

附录8　名优中成药夏桑菊颗粒质量控制研究

摘要　目的：建立夏桑菊颗粒中桑叶的薄层鉴别，野菊花中蒙花苷的薄层鉴别；修订原标准中夏枯草的薄层鉴别条件。色谱条件：1. 夏枯草以甲苯－乙酸乙酯－冰醋酸（24∶8∶1）为展开剂。2. 桑叶以甲苯－乙酸乙酯－甲酸（5∶2∶1）的上层溶液为展开剂，置于展开剂预饱和的展开缸内展开。3. 野菊花以乙酸乙酯－丁酮－三氯甲烷－甲酸－水（15∶15∶6∶4∶1）为展开剂。在与对照品薄层色谱相应的位置上，供试品显相同颜色的斑点。结论：该方法灵敏度高，重现性好，鉴别出的斑点颜色清晰。

关键词：夏枯草，桑叶，野菊花，薄层色谱

Abstract: Object: to establish the standard of identify prunella vulgaris L. with TLC – analyzing method in xiasangju granules, the standard of linarin in wild chrysanthemum flower. Chromatographic conditions: 1. Toluene – ethyl acetate – acetic acid (24∶8∶1) is used as the developer of brunellae spica. 2. Toluene – ethyl acetate – formic acid (5∶2∶1) is used as the developer of chrysanthemum indicum L., which will be delamination when they are mixed together, and the up liquid is applied. 3. Ethyl acetate – (2 – butanone) – trichloromethane – formic acid – water (15∶15∶6∶4∶1) is used as the developer of morus alba L. If the granules contain ingredients of wild chrysanthemum flower, the same blotches will be showed on the same places with the same clolour under the light of UV lamp.

Keywords: Prunella vulgaris L., Morus alba L., Chrysanthemum indicum L., TLC – analyzing method

1　前言

夏桑菊颗粒是由夏枯草、野菊花、桑叶三味中药材提取制备而成的中成药制剂，收载于《卫生部药品标准》中药成方制剂第十五册[1]，具有清肝明目，疏风散热、除湿痹、解疮毒的功效，用于治疗风热感冒、目赤头痛、高血压、头晕耳鸣、咽喉肿痛、疔疮肿毒等症。夏枯草具有清火，明目，散结，消肿的功效。用于目赤肿痛，目珠夜痛，头痛眩晕，瘰疬，瘿瘤，乳痈肿痛；甲状腺肿大，淋巴结结核，乳腺增生症，高血压症[2]。桑叶有泻肺平喘，利水消肿的功效，用于肺热喘咳，水肿胀满尿少，面目肌肤浮肿。野菊花有清热解毒的功效，主要治疗疔疮痈肿，目赤肿痛，头痛眩晕[2]。文献报道野菊花所含主要化学成分有黄酮类化合物、萜类、挥发油以及棕榈酸、多糖、β2胡萝卜素、蛋白质、氨基酸、嘌呤、胆碱、水苏碱、鞣质、维生素、叶绿素、微量元素等其他成分。具有抑菌、降压、增加冠脉流量、降低心肌耗氧量、抑制血小板聚集、促进白细胞吞噬功能及抗氧化等药理作用[3,4]，20世纪60年代陈政雄[5]等首次从野菊中提得有效成分黄酮苷，证明为蒙花苷。

原《卫生部药品标准》中该制剂只建立了夏枯草的薄层鉴别方法，其他两味药材桑叶和野菊花未有鉴别项。原标准中夏枯草的薄层鉴别中，存在着样品处理方法烦琐，

展开剂中含有毒溶剂三氯甲烷等缺点。因此，通过修订原标准中夏枯草的薄层鉴别方法，建立处方中桑叶和野菊花的薄层鉴别方法，对产品质量控制具有重要意义。

2　仪器与试药

2.1　仪器

DGF20022 型电热鼓风干燥箱（中国重庆实验设备厂）

CQ250 超声清洗器（上海超声波仪器厂）

超声波清洗机 MODELHN1006［中国华南（广州）超声设备厂］

赛多利斯 BP121S 电子分析天平（上海予安实验设备有限公司）

G&G T－1000 型电子天平（常熟双杰测试仪器厂）

CAMAG UV－CABINT Ⅱ型紫外光灯（德国 CAMAG 公司）

2XZ－2 直联型旋片式真空泵（上海博生水泵制造有限公司）

市售预制硅胶 G 板（青岛海洋化工分厂）

2.2　试药

药材：桑叶、野菊花、夏桑菊颗粒（批号：CA11731，DA10363，DA10364，DA10365，DA10367，DA10368，DA10370，DA10371，DA10372，DA10373，DA10374）均由广州星群（药业）股份有限公司提供。

对照品及对照药材：夏枯草对照药材（中国药品生物制品检定所，120993－200403），桑叶对照药材（中国药品生物制品检定所，120993－200403），野菊花对照药材（中国药品生物制品检定所，120996－200403），熊果酸对照品（中国药品生物制品检定所，110742－200415），蒙花苷对照品（中国药品生物制品检定所，111528－200303）；其余试剂均为分析纯。

3　结果与讨论

3.1　夏枯草的薄层鉴别

3.1.1　提取方法的选择

3.1.1.1　原标准提取方法

取本品 20g，研细，置磨口烧瓶中，加水 100ml、盐酸 15ml，将其置于水浴中加热回流 2h，取出过滤，弃去滤液。残渣挥干，用乙醚振摇提取 3 次，每次 25ml，合并乙醚提取液，挥干乙醚，残渣用 2ml 乙醚溶解，作为供试品溶液。

3.1.1.2　修订后提取方法

由于原方法存在着提取过程复杂烦琐，定容溶液乙醚易挥发，难以定量等缺点。参考《中国药典》2010 年版一部和文献资料[6]，拟采用乙醇超声提取的方法进行提取。方法如下：夏桑菊颗粒 20g，研细，置 100ml 具塞三角锥型瓶中，加无水乙醇 40ml，摇匀，超声 20min，滤过，滤液置水浴锅上蒸干，残渣加 1ml 无水乙醇微热使溶解，作为供试品溶液。

照原标准的展开方法进行展开，结果表明，该提取方法与原提取方法，样品与对照品在相同位置上显相同颜色的斑点，斑点清晰，两种方法未见区别，说明采用乙醇超声方法进行提取，方法可行，且具有操作方便的特点。

3.1.2　提取溶剂量的选择

分别比较提取溶液乙醇量对薄层鉴别结果的影响。平行操作，取三份样品，每份20g，研细，置100ml具塞三角锥型瓶中，分别加入无水乙醇30ml、40ml和50ml，摇匀，超声20min，滤过，滤液置水浴锅上蒸干，残渣分别加1ml无水乙醇微热使溶解，作为供试品溶液。照原展开条件展开，结果显示，40ml乙醇提取量较30ml乙醇提取样品斑点颜色清晰，而40ml溶剂提取与50ml溶剂提取未见差异，故选择溶剂提取量为40ml（见图1）。

3.1.3　提取时间的选择

分别比较不同提取时间对薄层鉴别结果的影响。提取时间分别为10min、20min和30min。

取三份样品，平行操作，每份20g，研细，置100ml具塞三角锥型瓶中，分别加入无水乙醇40ml，摇匀，分别超声10min、20min和30min，滤过，滤液置水浴锅上蒸干，残渣分别加1ml无水乙醇微热使溶解，作为待测溶液。

照原展开条件展开，结果显示，10min、20min、30min处理的样品，三个斑点的颜色深浅无明显差别。但是考虑到仪器等各种因素的影响，最终确定超声时间为20min（见图2）。

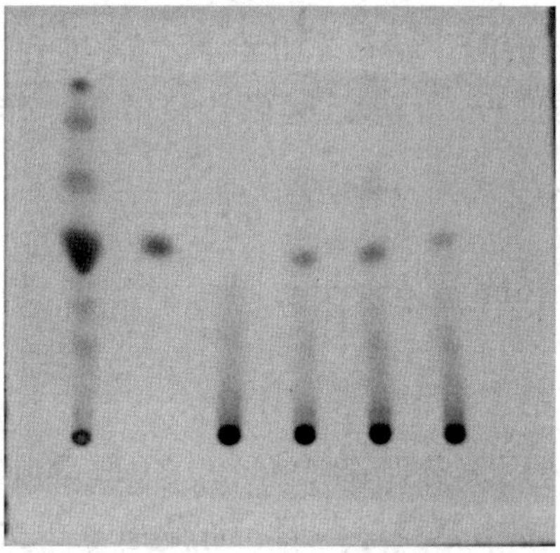

1　2　3　4　5　6

图1　不同溶剂量乙醇超声比较

1. 夏枯草对照药材　2. 熊果酸对照品

3. 阴性对照　4、5、6分别为用溶剂体积50ml，40ml，30ml处理的样品

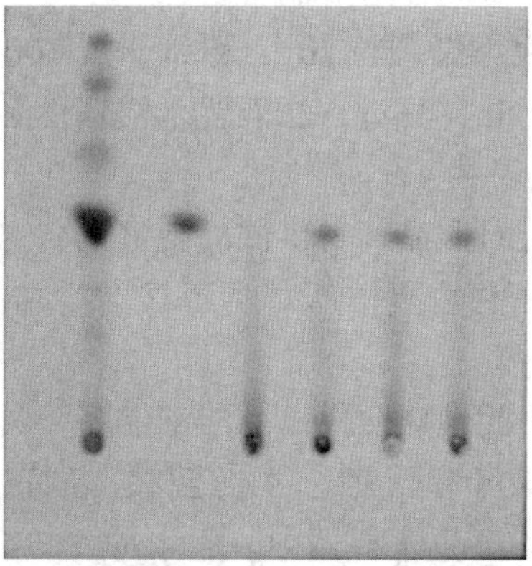

1　2　3　4　5　6

图2　不同超声时间处理比较

1. 夏枯草对照药材　2. 熊果酸对照品

3. 阴性对照　4、5、6分别为用超声时间10min，20min，30min处理的样品

3.1.4　不同展开溶剂的选择

对原展开系统进行了修订，参考有关文献[6]，拟采用甲苯－乙酸乙酯－冰醋酸（24∶8∶1）为展开剂，并与原展开系统进行比较，结果显示，该展开系统效果良好，斑点显色清晰，样品 R_f 值适中，故采用该展开系统（见图3和图4）。

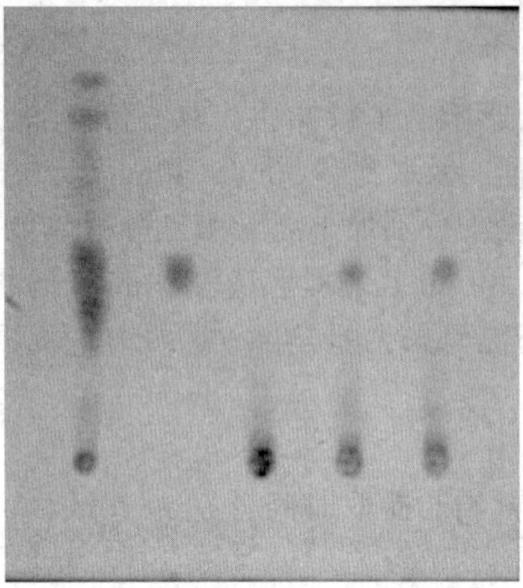

图3 按原展开系统展开

1. 夏枯草对照药材 2. 熊果酸对照品

3. 阴性对照 4、5 均为样品

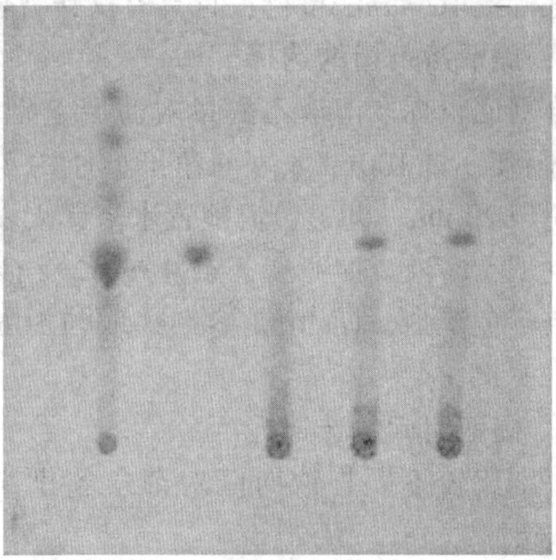

图4 用甲苯 - 乙酸乙酯 - 冰醋酸（24∶8∶1）为展开剂展开

1. 夏枯草对照药材 2. 熊果酸对照品

3. 阴性对照 4、5 均为样品

3.1.5 最终确定夏枯草的鉴别方法

3.1.5.1 待测样溶液制备

取夏桑菊颗粒20g，研细，置100ml具塞三角锥型瓶中，加无水乙醇40ml，摇匀，超声20min，滤过，滤液置水浴锅上蒸干，残渣加1ml无水乙醇微热使溶解，作为供试品溶液。

3.1.5.2 对照品药材供试品溶液制备

精密称取夏枯草对照药材1g，加无水乙醇20ml，其余步骤同3.1.5.1，制成供试品溶液。

3.1.5.3 阴性对照供试品溶液制备

取桑叶和野菊花两味药材，经拣选除去非药用部分及杂质异物，称取桑叶87.5g，野菊花40g置水提器中。用水冲洗，弃去洗水，加水至浸过药面，加热煎煮2次，每次1.5h（以沸腾起计），合并煎煮液，滤袋滤过滤液。浓缩至生药量的1/2（*V/W*），加两倍量的95%乙醇，随加随搅拌，静置过夜，吸取上清液，滤袋滤过，余渣用适量的乙醇洗涤之后，过滤式离心机过滤，合并滤液，滤液回收乙醇，减压浓缩至相对密度为1.25～1.26，加入适量的蔗糖粉，混匀，制成颗粒，干燥。取颗粒20g研细，其余步骤同3.1.5.1制成供试品溶液。

3.1.5.4 对照品、供试品溶液制备

取熊果酸对照品，加乙醇制成每1ml含1mg的溶液，作为对照品溶液。

吸取供试品溶液，对照药材溶液，阴性对照溶液5μl，对照品溶液2μl，分别点于同一硅胶G薄层板上，以甲苯 - 乙酸乙酯 - 冰醋酸（24∶8∶1）为展开剂[4]，置展开缸内饱和10min，展开，取出晾干。喷以10%硫酸乙醇溶液，在100℃加热至斑点显色清晰。供试品色谱中，在与对照品色谱相应的位置上，显相同颜色的斑点[6]。

3.1.6　样品鉴别

取夏桑菊样品10批，照上述夏枯草鉴别方法操作，结果如图所示，说明该鉴别方法方便可行，可作为夏桑菊中夏枯草药材的鉴别（见图5）。

3.1.7　灵敏度实验

取熊果酸对照品，加乙醇制成每1ml含0.5mg的溶液。吸取0.1μl，0.3μl，0.5μl，0.7μl，1.0μl，1.5μl，2.0μl分别点于同一硅胶薄层板上，以甲苯－乙酸乙酯－冰醋酸（24∶8∶1）为展开剂，置展开缸内饱和10min，展开，取出，晾干。喷以10%硫酸乙醇溶液，在100℃加热至斑点显色清晰（见图6）。由结果可以看出，最低检出量为0.3μl。选择2μl点样量，斑点清晰。

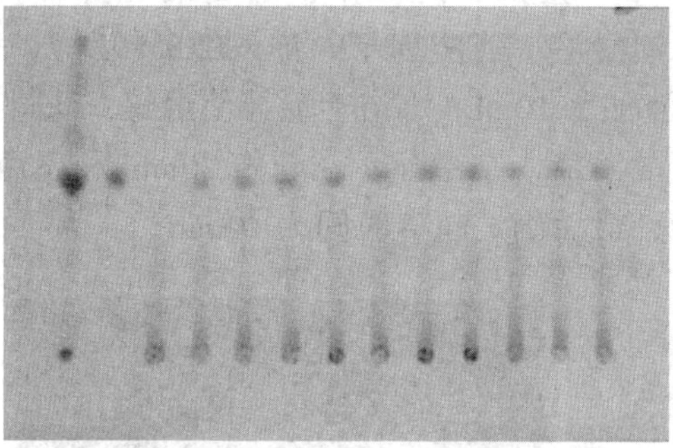

图5　夏桑菊颗粒十批样品中夏枯草的薄层鉴别

1. 夏枯草对照药材　2. 熊果酸对照品　3. 阴性对照4～10为样品

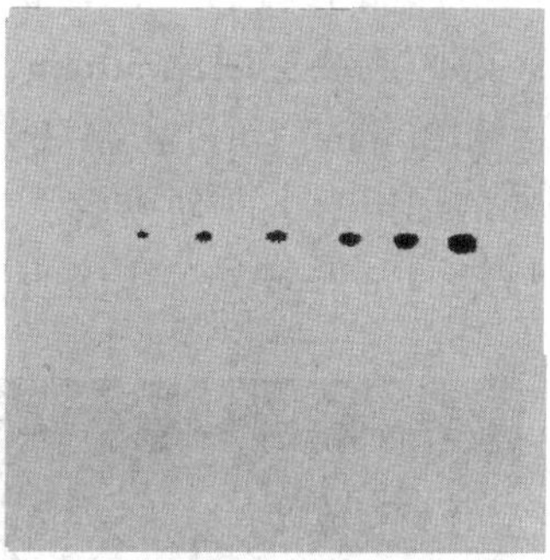

图6　熊果酸的灵敏度实验

1. 0.1μl　2. 0.3μl　3. 0.5μl　4. 0.7μl　5. 1.0μl　6. 1.5μl　7. 2.0μl

按中药成方制剂制备待测品，加乙醚萃取时，由于乙醚沸点低，挥发快，很难回收尽。残渣用乙醚溶解后，会挥发得很快，薄层实验时，供试品的点样量很难控制。而参照肖东华等人[6]的方法加无水乙醇做溶剂，沸点高，不易挥发。但是无水乙醇的极性大，提取时溶解的化合物会比较多，因此展开系统用极性小的甲苯，对极性小的熊果酸进行展开时，主斑点集中，分离度理想。大量实验表明，改进后的方法中供试品的点样量为5μl，与原标准中的15μl比较，操作方便，且斑点易集中，灵敏度高，检验周期缩短。在溶剂量和超声时间的选择上，溶剂量对斑点的影响较小，而超声时间对斑点的显色有一定影响，实验表明超声时间不宜太短，以20min为宜。

3.2　桑叶的薄层鉴别

3.2.1　提取方法

参照《中国药典》2010年版一部中桑叶的薄层鉴别方法[2]，拟用如下方法处理样品：

取10g夏桑菊粉末，置圆底烧瓶中，加石油醚（60～90℃）30ml，装好回流装置回流30min，弃去石油醚液，药渣挥干，加乙醇30ml，超声处理20min，滤过，滤液蒸干。残渣加水10ml，水浴上搅拌使溶解，滤过，滤液蒸干，残渣加甲醇1ml使溶解，作为供试品溶液。

3.2.2　乙醇提取溶剂量的选择

分别比较提取溶液乙醇量对薄层鉴别结果的影响。取三份样品，每份10g，研细，置圆底烧瓶中，加石油醚（60～90℃）30ml，装好回流装置回流30min，弃去石油醚液，药渣挥干，分别加入乙醇20ml，30ml，40ml，摇匀，超声20min，滤过，滤液蒸干。残渣加水10ml，水浴上搅拌使溶解，滤过，滤液蒸干，残渣加甲醇1ml使溶解，作为供试品溶液。照《中国药典》展开条件展开。结果显示，20ml，30ml，40ml乙醇提取量显示的斑点颜色深浅无明显区别，所以选择溶剂提取量为20ml。

3.2.3　提取时间的选择

分别比较不同提取时间对薄层鉴别结果的影响。提取时间分别为20min、30min。

取两份样品平行操作，每份10g，研细，置圆底烧瓶中，加石油醚（60～90℃）30ml，装好回流装置回流30min，弃去石油醚液，药渣挥干，加入20ml乙醇，分别超声20min和30min，滤过，滤液蒸干。残渣加水10ml，水浴上搅拌使溶解，滤过，滤液蒸干，残渣加甲醇1ml使溶解，作为供试品溶液。结果显示，超声20min和超声30min处理后显示的斑点颜色深浅无明显的区别，最后确定超声时间为20min。

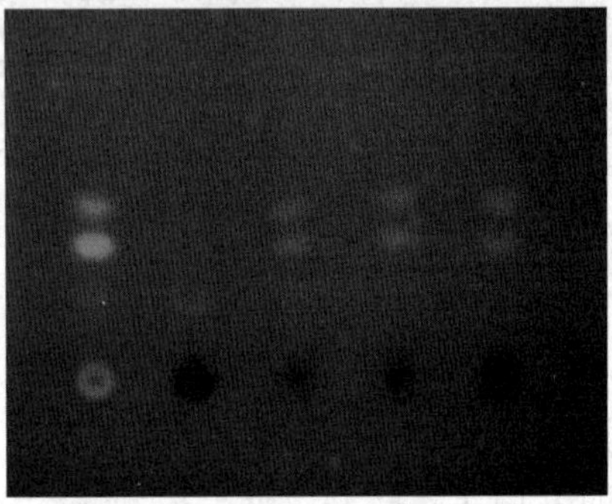
1　2　3　4　5

图7　用不同溶剂量乙醇超声比较

1. 桑叶对照药材　2. 阴性对照　3、4、5分别为用溶剂量20ml，30ml，40ml处理的样品

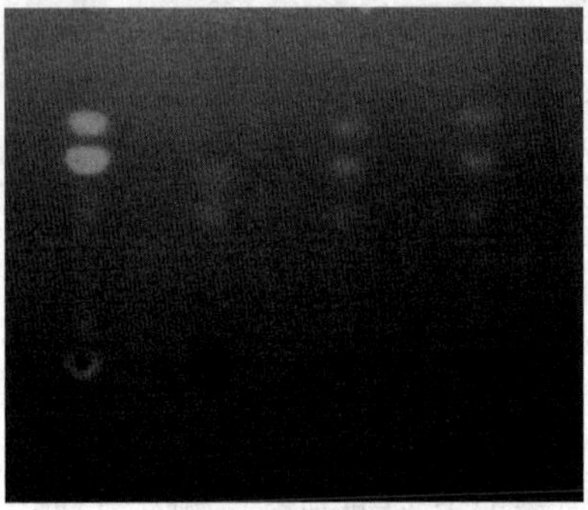
1　2　3　4

图8　用不同时间超声比较

1. 桑叶对照药材　2. 阴性对照　3、4分别为用超声时间为20min，30min处理的样品

3.2.4　最终确定桑叶的提取方法

3.2.4.1 样品供试品溶液的制备

取夏桑菊粉末10g研细，置圆底烧瓶中，加石油醚（60～90℃）30ml，装好回流装置回流30min，弃去石油醚液，药渣挥干，加乙醇20ml，超声处理20min，滤过，滤液蒸干。残渣加水10ml，水浴上搅拌使溶解，滤过，滤液蒸干，残渣加甲醇1ml使溶解，作为待测品溶液。

3.2.4.2 对照药材供试品溶液的制备

精密称取桑叶对照药材粉末2g，其余步骤同3.2.4.1制成供试品溶液。

3.2.4.3 阴性对照供试品溶液的制备

取夏枯草和野菊花两味药材，经拣选出去非药用部分及杂质异物，称取夏枯草250g，野菊花40g置水提器中。用水冲洗，弃去洗水，加水至浸过药面，加热煎煮2次，每次1.5h（以沸腾起计），合并煎煮液，滤袋滤过滤液浓缩至生药量的1/2（*V*/

W)，加两倍量的95%乙醇，随加随搅拌，静置过夜，吸取上清液，滤袋滤过，余渣用适量的乙醇洗涤之后，过滤式离心机过滤，合并滤液，滤液回收乙醇，减压浓缩至相对密度为1.25～1.26，加入适量的蔗糖粉，混匀，制成颗粒，干燥。取颗粒10g研细，其余步骤同3.2.4.1制成供试品溶液。

3.2.5 鉴别

吸取上述各种溶液5μl，分别点于同一硅胶G薄层板上，以甲苯－乙酸乙酯－甲酸（5∶2∶1）的上层溶液为展开剂，置用展开剂饱和10min的展开缸内展开，取出晾干，置紫外灯（365nm）下检视，在供试品色谱图中，在与对照药材色谱相应的位置上，显相同颜色的荧光斑点（见图9）。

3.2.6 样品鉴别

取夏桑菊样品10批，照上述桑叶鉴别方法操作，结果如图10所示，说明该鉴别方法方便可行，可作为夏桑菊中桑叶药材的鉴别（见图10）。

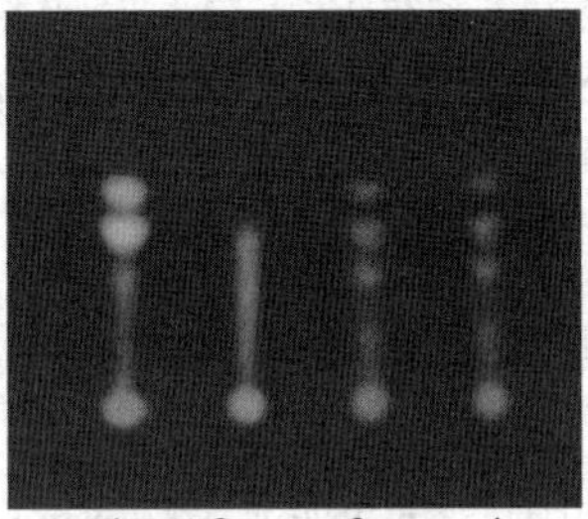

1 2 3 4

图9 夏桑菊颗粒中桑叶的薄层鉴别

1. 桑叶对照药材 2. 阴性对照 3、4. 均样品

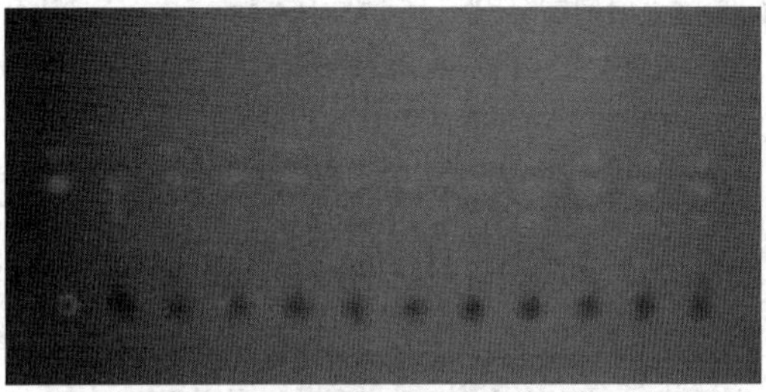

1 2 3 4 5 6 7 8 9 10 11 12

图10 夏桑菊颗粒十批样品中桑叶的薄层鉴别

1. 桑叶对照药材 2. 阴性对照 3～12. 样品

在桑叶的鉴别中，没有考虑乙醚的用量和回流时间，因为用乙醚回流完毕后弃去的是乙醚，留下的是残渣，弃去的是溶于乙醚的杂质，而并非所需要的成分，所以只考虑了超声时间和乙醇的用量。用甲醇作为溶剂，点样时很容易挥发也容易使点样的斑点过大，这样跑出来的斑点就会不清晰，所以每次点样时动作要快。

3.3 野菊花的薄层鉴别

3.3.1 提取方法

参照《中国药典》2010年版一部野菊花的鉴别方法，拟用甲醇超声的方法提取。方法如下：取夏桑菊颗粒20g研细，加甲醇30ml，超声处理30min，放冷，滤过，滤液浓缩至约1ml，作为供试品溶液。

3.3.2 提取溶剂量的选择

分别比较提取溶液甲醇量对薄层鉴别结果的影响。平行操作，取两份样品，每份20g，研细，置50ml三角锥型瓶中，分别加入甲醇30ml、40ml，摇匀，超声30min，滤过，滤液置水浴锅上浓缩至约1ml，作为供试品溶液。照药典展开条件展开，结果显示，30ml甲醇提取量和40ml甲醇提取样品斑点颜色无明显区别，故选择溶剂提取量为30ml（见图11）。

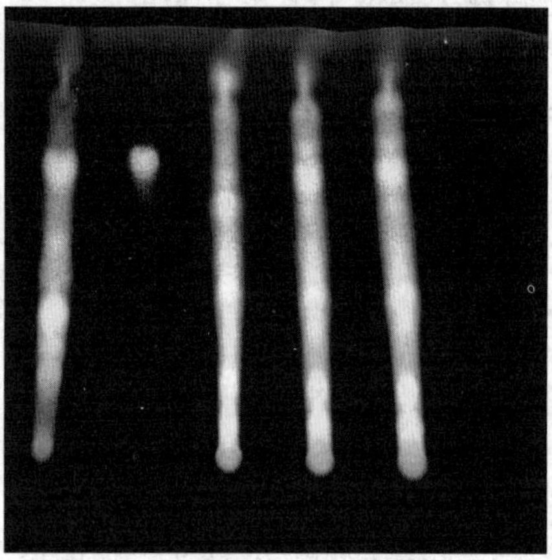

图 11　用不同溶剂量处理比较

1. 野菊花对照药材　2. 蒙花苷对照品
3. 阴性对照　4、5 为用溶剂量为 30ml、40ml 处理的样品

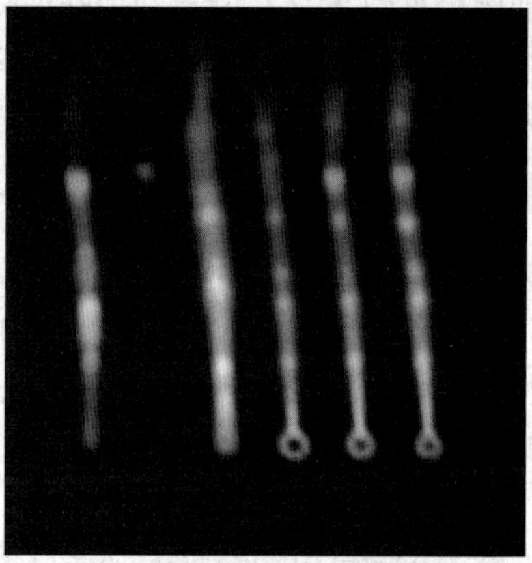

图 12　用不同超声时间处理比较

1. 野菊花对照药材　2. 蒙花苷对照品
3. 阴性对照　4、5 为超声时间为 20min、30min、40min 超声处理的样品

3.3.3　提取时间的选择

分别比较不同提取时间对薄层鉴别结果的影响。提取时间分别为 20min、30min 和 40min。

取三份样品，每份 20g，研细，置 50ml 具塞三角锥型瓶中，分别加入甲醇 30ml，摇匀，分别超声 20min、30min 和 40min，滤过，滤液置水浴锅上浓缩至约 1ml，作为供试品溶液。

照原展开条件展开，结果显示，处理时间为 20min 的样品斑点颜色很浅，很难辨认出来，而 30min 和 40min 处理的样品斑点颜色无明显区别，确定超声时间为 30min（见图 12）。

3.3.4　最终确定的样品处理方法

3.3.4.1 待测样品溶液的制备

取夏桑菊颗粒 20g 研细，加甲醇 30ml，超声处理 30 分钟，放冷，滤过，滤液浓缩至约 1ml，作为供试品溶液。

3.3.4.2 对照药材供试品溶液的制备

取野菊花对照药材粉末 0.3g，加甲醇 15ml，处理方法同 3.3.4.1 制成供试品溶液

3.3.4.3 阴性对照供试品溶液的制备

取夏枯草、桑叶两味药材，经拣选除去非药用部分及杂质异物，称取夏枯草 250g，桑叶 87.5g，用水冲洗弃去洗水，加水至浸过药面，加热煎煮两次，每次 1.5h（以沸腾起计），合并煎煮液，滤袋滤过，滤液浓缩至生药量的 1/2（*V/W*），加两倍量的 95% 乙醇，随加随搅拌，静置过夜，吸取上清夜，滤袋滤过，余渣用适量乙醇洗涤后，用过滤式离心机过滤，合并滤液，滤液回收乙醇，减压浓缩至相对密度为 1.25 ~ 1.26，加入适量蔗糖粉，混匀，制成颗粒，干燥。取颗粒 10g 研细，加甲醇 30ml，处理方法同 3.3.4.1 制成供试品溶液。

3.3.4.4 对照品溶液的制备

取蒙花苷对照品，加甲醇制成每 1ml 含 0.2mg 的溶液，作为待测品溶液。

3.3.5 鉴别[7]

吸取上述溶液各 3μl 分别点于同一聚酰氨薄膜上，以乙酸乙酯－丁酮－三氯甲烷－甲酸－水（15：15：6：4：1）为展开剂，置预饱和 10min 展开缸内，进行板预饱和 10min，再展开，取出，晾干，喷以 2% 三氯化铝溶液热风吹干，置紫外光灯（365nm）下检识。在供试品色谱中，在与对照品色谱相应的位置上，显相同颜色的荧光斑点。

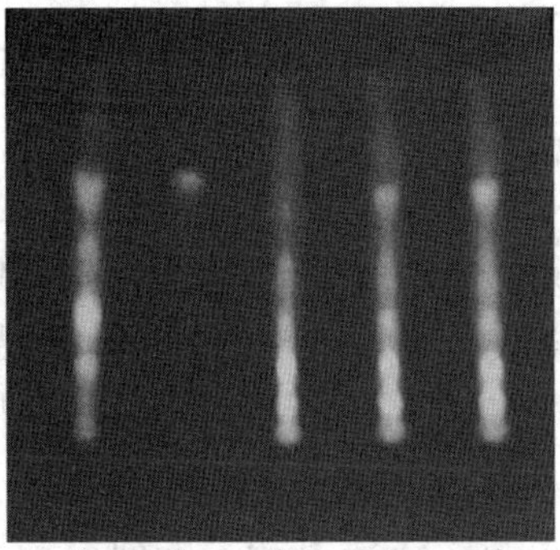

图 13 夏桑菊颗粒中野菊花的薄层鉴别

1. 桑叶对照药材 2. 蒙花苷对照品

3. 阴性对照 4、5 为样品

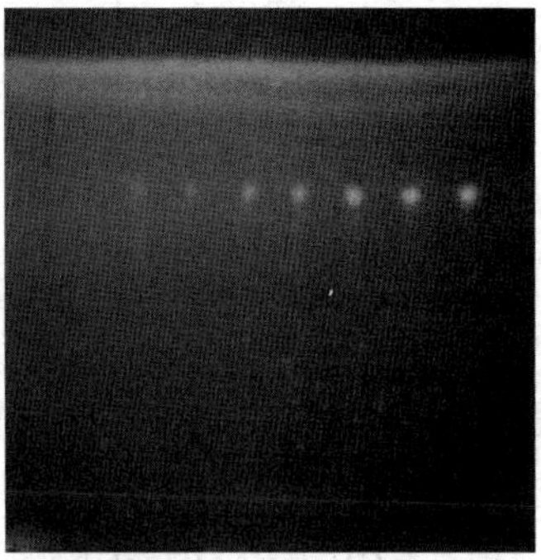

图 14 蒙花苷的灵敏度实验

1. 0.1μl 2. 0.3μl 3. 0.5lμl 4. 0.7μl

5. 0.9μl 6. 1.3μl 7. 1.7μl 8. 2.0μl

3.3.6 灵敏度实验

取蒙花苷对照品，制成每毫升含 0.025mg 的溶液，吸取 0.1μl，0.3μl，0.5μl，0.7μl，0.9μl，1.3μl，1.7μl，2.0μl，分别点于同一聚酰氨薄膜上，以乙酸乙酯－丁酮－三氯甲烷－甲酸－水（15：15：6：41）为展开剂，展开，取出，晾干。喷以 2% 三氯化铝溶液，吹干，置紫外光灯（365nm）下检视。如图 14，蒙花苷的最低检出量为 0.1μl。

3.3.7 样品鉴别

取夏桑菊样品 10 批，照上述野菊花鉴别方法操作，结果如图 15 所示，说明该鉴别方法方便可行，可作为夏桑菊中野菊花药材的鉴别。

图 15 夏桑菊颗粒中十批样品中野菊花的薄层鉴别

在野菊花的供试品溶液，对照药材溶液，阴性对照溶液的制备过程中，必须注意浓滤液的浓缩，否则浓度溶液太低，斑点不易显色，会加大鉴别的难度。在溶剂量和超声时间的选择上，溶剂量对斑点的影响较小，而超声时间对斑点的显色有一定影响，超声时间太短，跑出来的斑点就很难看见，这是因为提取的时间不够所致，所以超声时间不宜太短，以30min为宜。

4 结论

本实验改进了夏枯草的提取方法和展开条件，建立了桑叶和野菊花的薄层鉴别方法。

（1）夏枯草的原有薄层鉴别方法中，其提取溶剂乙醚污染大，对人身体也有一定的毒害作用，改用无水乙醇作为溶剂用量少，既经济又低污染。对其超声时间和溶剂量的选择上也进行了研究；对实验的展开系统也做了修改，用毒性较小的甲苯代替三氯甲烷可以减少对环境的污染和对人体的伤害。建议药厂在对样品进行鉴别是可以使用此方法，该方法操作简便，利于实验。

（2）现在国内关于夏桑菊颗粒中桑叶的鉴别方法暂时还没有相关的研究或者报道，本实验参照药典对其提取的方法，提取的溶剂量和超声时间进行了研究，建立了夏桑菊颗粒中桑叶的薄层鉴别方法，虽然处理待测品的过程比较繁琐，但是在色谱图上可以看到待测品的斑点颜色显色清晰，干扰的斑点也比较少，证明该方法具有可行性。

（3）现有的野菊花鉴别方法都是针对野菊花药材或者其他制剂中的野菊花，但是对夏桑菊颗粒中野菊花的薄层鉴别依然空白，本文实验参照药典中野菊花的薄层鉴别方法进行实验，并对超声时间和溶剂量对野菊花斑点显色的影响进行研究，建立了夏桑菊颗粒中野菊花的薄层色谱方法。

参考文献

[1] 卫生部药典委员会. 卫生部药品标准中药成方制剂第十五册［S］, 1998, 164.

[2] 国家药典委员会. 中华人民共和国药典一部. 北京：化学工业出版社. 2005, 198, 209, 219.

[3] 吴钉红, 杨立伟, 苏薇薇. 野菊花化学成分及药理研究进展［J］. 中药材, 2004, 27 (2)：142.

[4] 中华人民共和国卫生部药政管理局、中国药品生物制品检定所. 现代实用本草［M］. 北京：人民卫生出版社, 2000, 88.

[5] 陈政雄, 钱名堃, 曾广方, 等。中药黄酮的研究［J］. 药学学报. 1962, 9 (6)：370－374.

[6] 肖东华, 吕越。夏桑菊颗粒有效成分测定中薄层色谱鉴别发的改进［J］. 河南中医学院学报, 2003. 107：34－35.

[7] 植物药分析中的薄层色谱, 转载 http：//www. instrument. com. cn/bbs/shtml/20051224/309454/

附录9　复方脑得生提取物中总黄酮和总皂苷的含量测定

摘要： 为了建立复方脑得生提取物中总黄酮总皂苷的含量测定方法。采用分光光度法，以芦丁为对照品经 $Al(NO_3)_3-NaNO_2-NaOH$ 显色测定总黄酮含量，以三七总皂苷为对照品经高氯酸显色测定总皂苷含量。分别建立了芦丁和三七总皂苷浓度与吸光度关系的回归方程。其线性范围分别为 0.01 ~ 0.10mg/ml（r = 0.9995）和 0.40 ~ 2.00mg/ml（r = 0.9998），平均回收率分别为 96.31%（RSD = 0.92%，n = 6）和 98.99%（RSD = 0.05%，n = 6）。该法简便、准确、灵敏度高、重现性好，可用于复方脑得生总黄酮和总皂苷产品的含量测定。

关键词： 复方脑得生提取物；总黄酮；总皂苷；紫外－可见分光光度法

Determination of Total Flavnoids and Total Saponins in Naodesheng Extract by UV Spectroscopy

Abstract： To determine the total flavonoids and total saponins in Naodesheng Extract by UV Spectroscopy, rutin and sanchinoside were used as the reference compounds respectively. The calibrations for total flavnoids and triterpenoidal saponins showed good linearity over the ranges of 0.01 ~ 0.10mg/ml（r = 0.9995）and 0.40 ~ 2.00mg/ml（r = 0.9998）, respectively. The recoveries were 96.31 %（RSD = 0.92%，n = 6）for total flavnoids and 98.99 %（RSD = 0.05 %，n = 6）for triterpenoidal saponins. The methods were practical, rapid, accurate, and sensitive. This method also can be used to determine total flavnoids and total saponins with the satisfactory results.

Key words： Naodesheng extract；Total flavnoids；Total saponins；UV spectroscopy

1　前言

脑得生具有活血化瘀，疏通经络之功效，用于脑动脉硬化、缺血性脑中风及脑出血后遗症等[1]。该药由葛根、川芎、红花、三七、山楂五味中药组成。川芎嗪可以提高脑片的耐缺氧能力，对脑缺血大鼠大脑皮层的超微结构具有保护作用，可有效防止缺氧对脑细胞造成的不可逆性损伤[2]。红花中水溶性活血化瘀的有效成分可抑制血小板激活因子诱发的血小板聚集，为血小板激活因子受体拮抗药[3]。葛根、山楂中总黄酮有扩张脑血管，增加脑血流量，扩张冠状动脉，增加冠脉流量，抑制血小板聚集的作用[4]。三七总皂苷（PNS）具有扩张血管、降低心肌耗氧量、抑制血小板凝集、延长凝血时间、降血脂、清除自由基、抗炎、抗氧化等药理作用，特别是近年来在对脑血管缺血缺氧损伤、脑缺血再灌注损伤的保护作用，对脑神经细胞凋亡的抑制作用有许多新的进展[5]。为保证其质量，我们以该处方中总黄酮和总皂苷为定量指标控制其质量。

2　仪器与试剂

岛津紫外分光光度仪 UV－2450：上海胜斯贸易有限公司；电子天平：上海分析仪

器厂；葛根、山楂、川芎、三七：购自致信药业集团；芦丁标准品（100080－200306）：购自中国药品生物制品检定所；NaOH 溶液、$NaNO_2$ 溶液、$Al(NO_3)$ 三种溶液、高氯酸溶液：均为分析纯；蒸馏水；三七总皂苷对照品（734000－200503）：购自中国药品生物制品检定所。

3 方法与结果

3.1 总提取物的制备

取《中国药典》2010 年版一部脑得生丸项下除红花外其余四药 1/10 处方量，加含水乙醇连续提取 2 次，每次 1h，减压抽滤，合并滤液，回收乙醇，将其通过 AB－8 大孔吸附树脂进行吸附，水洗至无色，再用含水醇洗脱，收集醇洗液，将其浓缩至干即得。按上述方法制备三批，分别为第 1 批、第 2 批、第 3 批。

3.2 总黄酮含量测定

3.2.1 供试品试液的配制 取以上复方脑得生提取物适量，置 25ml 量瓶中，加甲醇适量，超声提取 30min，加甲醇至刻度，即得。

3.2.2 对照品试液的配制 精密称取芦丁对照品 25.40mg，置 50ml 量瓶中，加无水乙醇稀释至刻度，即得 0.508mg/ml 的标准溶液。

3.2.3 测定波长的确定 以芦丁为对照品测定脑得生提取物中总黄酮的含量。精密取对照品液、供试品液各适量，分别加入 25ml 容量瓶中，按 3.2.4 项下方法操作。并在 400～700nm 范围内扫描，结果均在 510nm 处有最大吸收峰，其他成分对测定无干扰，故选择 510nm 为测定波长。

3.2.4 标准曲线的制作 精密吸取芦丁对照品（0.508mg/ml）0.0、0.5、1.0、2.0、3.0、4.0、5.0ml，分别至 25ml 量瓶中，精密加入 5% 亚硝酸钠溶液 1.0ml，摇匀，放置 6min，再加入 10% 硝酸铝溶液 1.0ml，放置 6min，再加入 4% 氢氧化钠溶液 10.0ml，然后分别用蒸馏水稀释至刻度，摇匀，放置 15min，在 510nm 处测定吸光度，以芦丁空白为参比，记录各吸光度测量值并绘制标准曲线，线性回归方程为 $A=10.959C-0.0037$，$r=0.9995$。芦丁对照品浓度在 0.01～0.10mg/ml 间成线性关系。结果见表 1。

3.2.5 精密度实验 精密吸取对照品溶液 5.0ml，按照 3.2.4 中的处理方法及条件测定吸光度，连续测定 6 次。结果见表 2，RSD 为 1.70%，表明该方法的精密度良好。

表 1 标准曲线测定结果

对照品体积（ml）	0.5	1.0	2.0	3.0	4.0	5.0
含量（mg）	0.25	0.51	1.02	1.52	2.03	2.54

表 2 精密度结果

编号	1	2	3	4	5	6
吸光度（A）	0.397	0.395	0.392	0.389	0.388	0.385
RSD（%）			1.7			

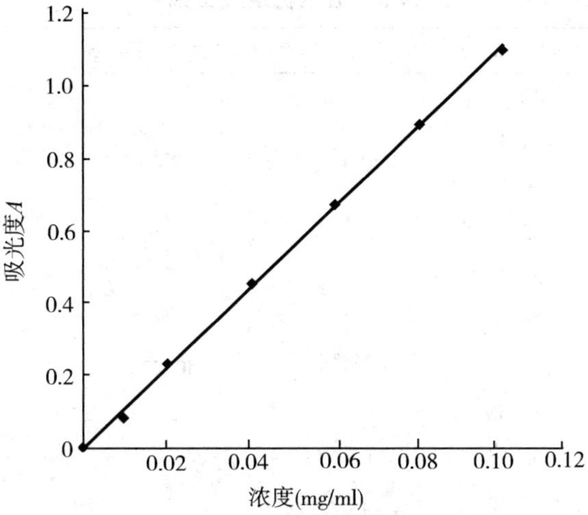

图 1　芦丁标准曲线

表 3　重复性结果

编号	1	2	3	4	5
含量（mg/g）	37.75	37.65	37.65	36.96	36.36
平均含量（mg/g）			37.45		
RSD（%）			1.6		

3.2.6　重复性实验　取同一批等量的复方脑得生提取物 5 份，精密称定，按 3.2.1 供试品溶液制备方法制备，精密吸取供试品溶液均 5.0ml，按照 3.2.4 中的方法及条件测定吸光度，结果见表 3，RSD 为 1.61%，表明该方法测定总黄酮的重复性良好。

3.2.7　稳定性实验　精密吸取供试品溶液 1.0ml，放置 0h、2h、4h、8h、12h、24h 后按照 3.2.4 中的方法显色，测定其吸光度，结果见表 4。结果显示，样品在 24h 内稳定，RSD 为 1.51%。

表 4　稳定性结果

时间（h）	0	2	4	8	12	24
含量（mg/g）	41.23	40.83	40.24	40.24	39.94	39.54
平均含量（mg/g）				40.34		
RSD（%）				1.5		

3.2.8　显色稳定性实验　精密吸取供试品溶液 0.5ml，按照 3.2.4 中的方法显色后立即测定其吸光度，之后每隔 5 分钟测定一次，结果见表 5。由结果可知，样品溶液显色后 30min 至 60min 内基本稳定，吸光度相对偏差 RSD 为 0.33%。

表5　显色稳定性结果

时间（min）	含量（mg/g）	平均含量（mg/g）	RSD（%）
0	42.23		
5	41.43		
10	40.74		
15	39.94		
20	39.44		
25	39.05		
30	38.75	40.23	3.2
35	38.56		
40	38.36		
45	38.30		
50	38.27		
55	38.25		
60	38.20	38.32	0.33

3.2.9　回收率试验　精密称取等量已知含量的复方脑得生提取物6份，分别精密加入芦丁对照品等量，按照3.2.1项下供试品溶液制备方法制备，依法显色测定，并计算回收率，计算回收率结果见表6。

表6　回收率试验结果

编号	样品量（mg/ml）	加标量（mg/ml）	测定量（mg/ml）	回收率（%）	平均回收率（%）	RSD（%）
1	0.0400	0.0425	0.0806	95.53		
2	0.0400	0.0425	0.0810	96.47		
3	0.0400	0.0425	0.0803	97.65		
4	0.0400	0.0425	0.0812	96.94	96.31	0.92
5	0.0400	0.0425	0.0808	96.00		
6	0.0400	0.0425	0.0805	95.29		

3.2.10　样品的含量测定　称取3批总提取物各2g，精密称定，按3.2.1供试品溶液制备方法制备，按3.2.4中的方法显色测定，计算样品中总黄酮含量和相对标准偏差，结果显示总黄酮在复方脑得生提取物中的含量为38.88mg/g，RSD为0.64%。

表7　样品中总黄酮含量测定结果（$n=3$）

编号	总黄酮含量（mg/g）	平均含量（mg/g）	RSD（%）
1	39.14		
2	38.65	38.88	0.64
3	38.84		

3.3　总皂苷的含量测定

3.3.1　供试品溶液的制备　取以上复方脑得生提取物适量，加水10ml超声溶解，置分液漏斗中，用水饱和正丁醇萃取3次，每次5.0ml，合并正丁醇液，再用1%氢氧化钠溶液洗至无色，正丁醇液水浴挥干，然后用适量甲醇溶解，转移至10ml量瓶中，加甲醇稀释至刻度，摇匀，即得。

3.3.2　对照品溶液的制备　精密称取三七总皂苷对照品适量，加甲醇制成每1ml含9.98mg的溶液，摇匀，即得。

3.3.3　测定波长的确定　精密吸取三七总皂苷溶液0.5ml，挥干后加5.0ml高氯酸溶液显色15min后，按照紫外-可见分光光度法（《中国药典》2010年版一部附录ⅤA）于400~700nm范围内进行波长扫描。结果在536nm处，有最大吸收峰，故确定测量波长为536nm。

3.3.4　标准曲线的制备　精密吸取对照品溶液0.0、0.2、0.4、0.6、0.8、1.0ml，置10ml具塞试管中，挥干，分别精密加入高氯酸溶液5.0ml，摇匀，于室温下放置15min，以高氯酸溶液为空白，测定吸光度。以吸光度值A为纵坐标，三七总皂苷的浓度（mg/ml）为横坐标，绘制标准曲线，回归方程为：$A = 0.4333C - 0.0044$，$r = 0.9998$。表明三七皂总苷在0.40~2.00mg/ml范围内呈良好的线性关系（表8和图2）。

3.3.5　精密度试验　精密吸取对照品溶液0.5ml，置10ml具塞试管中，挥干，精密加入高氯酸溶液5.0ml显色，连续测定6次的吸光度。对照品的RSD为1.60%，表明该方法精密度良好，结果见表9。

表8　标准曲线测定结果

对照品体积（ml）	0.2	0.4	0.6	0.8	1.0
含量（mg）	2.00	3.99	5.99	7.98	9.98

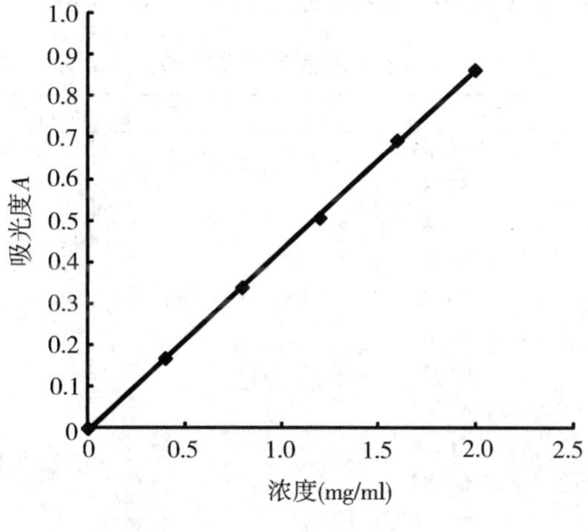

图2　三七总皂苷标准曲线

表9　精密度结果

编号	1	2	3	4	5	6
吸光度A	0.429	0.435	0.439	0.443	0.445	0.447
RSD（%）			1.6			

3.3.6　重复性试验　取同一批等量的复方脑得生提取物5份，精密称定，按3.3.1供

试品溶液制备方法制备，精密吸取供试品溶液均0.5ml，置10ml具塞试管中，挥干，精密加入高氯酸溶液5.0ml显色测定。RSD为1.17%，表明该方法测定总皂苷重复性良好（表10）。

表10 重复性结果

编号	1	2	3	4	5
含量（mg/g）	59.09	59.62	59.91	60.56	60.82
平均含量（mg/g）			60.00		
RSD（%）			1.2		

3.3.7 稳定性实验 精密吸取供试品溶液0.5ml，分别放置0h、2h、4h、8h、12h、24h后，挥干，精密加入高氯酸溶液5.0ml显色，测定吸光度，结果见表11，显示在24h内稳定，RSD为0.11%。

表11 稳定性结果

时间（h）	含量（mg/g）	平均含量（mg/g）	RSD（%）
0	59.58		
2	59.51		
4	59.48	59.53	0.11
8	59.56		
12	59.60		
24	59.42		

3.3.8 显色稳定性试验 精密吸取供试品溶液0.5ml，挥干，精密加入5.0ml高氯酸溶液显色，振摇，放置不同时间，测定吸光度。结果见表12。由结果可知，放置30min后至60min内基本稳定，吸光度相对标准偏差RSD为0.27%。

表12 显色稳定性结果

时间（min）	含量（mg/g）	平均含量（mg/g）	RSD（%）
0	56.83		
5	57.37		
10	58.43		
15	58.89		
20	60.39		
25	60.87		
30	61.47	59.18	3.0
35	61.67		
40	61.79		
45	61.88		
50	61.96		
55	62.05		
60	62.13	61.91	0.27

3.3.9 加样回收试验 精密称取等量已知含量的复方脑得生提取物6份，分别精密加入三七总皂苷对照品等量，按照3.3.1项下供试品溶液制备方法制备，依法显色测定，并计算回收率，计算回收率结果见表13。平均回收率为98.99%，RSD为0.05%。

表 13　回收率试验结果

编号	样品量（mg/ml）	加标量（mg/ml）	测定量（mg/ml）	回收率（%）	平均回收率（%）	RSD（%）
1	0.7530	0.7565	1.5016	98.95		
2	0.7530	0.7565	1.5018	98.98		
3	0.7530	0.7565	1.5013	98.92	98.99	0.05
4	0.7530	0.7565	1.5021	99.02		
5	0.7530	0.7565	1.5019	98.99		
6	0.7530	0.7565	1.5025	99.07		

3.3.10　样品的含量测定　称取3份供试品各2g，精密称定，按3.3.1供试品溶液制备方法制备，依3.3.4法显色测定，计算样品中总皂苷的含量，结果见表14。显示复方脑得生提取物中总皂苷的含量为62.37mg/g，RSD为2.02%。

表 14　样品中总皂苷含量测定结果（$n=3$）

编号	总皂苷含量（mg/g）	平均含量（mg/g）	RSD（%）
1	61.14		
2	63.66	62.37	2.0
3	62.30		

4　讨论

含黄酮类化合物的原料经一定的方法提取纯化后，可直接于最大吸收波长处测定其吸收度，以芦丁为对照品计算其含量[6]。黄酮类化合物分子中若具有32羟基、52羟基或邻二酚羟基，则易于与金属盐类如铝盐、锆盐、锶盐、镁盐等反应，生成有色的金属络合物[7]。本文用Al（NO_3）$_3$－$NaNO_2$－NaOH络合法[7]。先用$NaNO_2$还原黄酮，再加Al（NO_3）$_3$络合，最后加NaOH溶液显色，产生红色化合物进行比色测定，是使用最广泛的中草药、中药制剂总黄酮类化合物测定法。测定复方脑得生提取物中总黄酮含量，选择最大吸收波长为510nm。实验结果表明：复方脑得生提取物中总黄酮含量为38.84mg/g，RSD为0.64%，回收率为96.31%，RSD为0.92%。利用紫外分光光度法测定复方脑得生提取物中总黄酮含量，其线性范围和回收率良好，具有快捷，方便等优点，能直接测定黄酮含量，可作为复方脑得生提取物中总黄酮含量的测定方法。

在测定总皂苷的实验中对供试品溶液的制备方法进行了考察，采用乙醇回流提取后，提取液挥干，加乙醇溶解定容，经上述方法显色，于400～700nm范围内进行波长扫描。供试品虽然在536nm处有吸收，但杂质对其干扰较大，并536nm处的吸收有干扰。采用水饱和正丁醇对供试品溶液进行萃取后，供试品溶液在536nm处仍有吸收，与未除杂前的样品吸光度进行比较，吸光度已经不受明显干扰，故确定样品经乙醇提取后，再用水饱和正丁醇萃取以除去干扰测定的杂质。本实验采用高氯酸显色[8,9]，用紫外可见分光光度法测定脑得生丸中三七总皂苷的含量。实验结果表明：复方脑得生提取物中总皂苷含量为62.37mg/g，RSD为2.02%，回收率为98.99%，RSD为0.05%。

该方法简便、准确，适合，为复方脑得生提取物中总皂苷的定量分析和品质评价及含量测定提供了快速、准确、有效的分析方法。

参考文献

[1] 国家药典委员会编．中华人民共和国药典2005年版一部［S］．北京：化学工业出版社，2005，571－572.

[2] Chen J W，Tang X J，Wan W C. Protective effects of ligustrazine on acute cerebralischemia－hypoxia in rats. Journal of Guangzhou University of Traditional Chinese Medicine，1998，15（1）：60－63.

[3] Zang B X，J in M ，Si N ，et al. Antagonistic effect of hydroxysafflor yellow A on the platelet activating factor receptor. Acta Pharm Sin，2002，37（9）：696－699.

[4] 曹钟灵，李建北，张东明．葛属植物中异黄酮类化合物的研究进展［J］．中国药材，2005，28（1）：67－71.

[5] 余昌东，邱雄泉，梅全喜，等．三七总皂苷对脑血管的药理作用研究新进展［J］．中国医疗前沿，2008，3（14）：37.

[6] 梁生旺．中药制剂分析［M］．北京：中国中医药出版社，2003，131.

[7] 颜仁梁，刘志刚．中草药、中药制剂中总黄酮类化合物含量测定方法综述［J］．广州医药，2005，36（6）：6－10.

[8] 岳磊，朱丹妮，严永清等．生脉散制剂中总皂苷含量的测定［J］．中成药，2004，11（26）：897－900.

[9] 李敏，费曜，李丽霞等．天冬中总皂苷含量测定方法的探讨［J］．成都中医药大学学报，2004，4（27）：46－48.

附录 10　2 型糖尿病患者口服降糖药的成本－效果分析

摘要　目的　比较分析 7 种治疗 2 型糖尿病药物的成本－效果。方法 把 235 例 2 型糖尿病患者分成 7 组，运用药物经济学成本－效果分析方法，对 7 组口服降糖药［A 组：马来酸罗格列酮（文迪雅）；B 组：二甲双胍；C 组：格列齐特（达美康）；D 组：格列美脲；E 组：格列喹酮（糖适平）；F 组：拜糖平；G 组：卡博平］进行评价；并且同时做了敏感性分析。结果　在 2 型糖尿病的治疗中，二甲双胍为疗效较好且最经济的方案。

关键词　药物经济学　成本－效果分析　2 型糖尿病　降糖药

Cost－effectiveness analysis of oral hypoglycemic drug in patients with type2 diabetes mellitus

Abstract　**Objective**：To compare and analyze the cost－effectiveness of 7 kinds of different drugs in the treatment of type2 diabetes mellitus（DM）. **Methods**：235 cases with type2 DM were divided into 7 groups，and were analyzed using the method of drug cost－effectiveness. Seven kinds of oral hypoglycemic drugs（Group A：rosigltazone maleate；GroupB：meltformin；GroupC：gliclazide；GroupD：glimepiride；GroupE：giquidone；GroupF：glucobay；GroupG：kaboping）were compared；at the same time，sensitive analysis was performed. **Result**：During the treatment of type2 DM，metformin is the most economical drug and has better therapeutic effect.

Keywords：Pharmaco－economics；Cost－effectiveness analysis；type2 diabetes mellitus；Hypoglycemic drug

前言

糖尿病（DM）是一种由于胰岛素生物活性或其效应绝对或相对不足，引起糖、蛋白质、脂肪代谢紊乱，血中葡萄糖升高而发生的疾病[1]。随着人民生活水平提高，人口老龄化，生活方式改变，DM 发病率增高，已成为次于恶性肿瘤和心血管疾病之后的第三大健康杀手。目前全球约有 1.5 亿糖尿病患者，预测到 2025 年将增加至 3 亿，据估计，我国糖尿病患者人数已居世界第 2 位，仅次于印度，现有糖尿病患者 3000 万人，其中 95% 左右为 2 型糖尿病。可见糖尿病已严重影响了人们的生命质量，并给个人、家庭、政府带来沉重经济负担[2]。因而，如何针对糖尿病的不同人群，选择具有良好经济效益的治疗方案，是当前需要重视并解决的问题。

药物经济学正是运用经济学原理和方法来提高药物资源的配置效率，控制药品费用的增长，促进临床合理用药，为药品的市场经营决策和药品管理决策提供依据。在临床药物治疗中应用药物经济学方法制订合理的成本效果处方，可为临床合理用药和制定科学的治疗方案提供决策依据。在药物经济学看来，对于临床药物治疗方案的评价，只考虑效果，不顾成本消耗是不可取的；只考虑成本，不考虑效果也是无意义的，关键在于平衡成本与效果，寻求一个最佳点。在多个治疗方案中，一个治疗方案即使成本较高，但临床效果显著，仍不失为较佳的治疗方案。因此，成本效果最佳的治疗方案未必是实现特定治疗目标费用最低的。在选用药物经济学成本效果分析法时，要综合考虑效果与成本在临床治疗方案评价中的作用，使成本效果分析更加科学化。

本文中，笔者利用已有文献资料[3~6]，从药物经济学的角度出发，从某医院选取七组治疗方案进行成本－效果分析，旨在为临床安全、有效、经济用药提供参考。

1　资料与方法

1.1　资料来源

据文献报道[3~6]，筛选出235例2型糖尿病病例，根据其治疗方案不同，分为7组。其中：A组：罗格列酮（文迪雅）29例；B组：二甲双胍54例；C组：格列齐特（达美康）40例；D组：格列美脲28例；E组：格列喹酮（糖适平）38例；F组：拜糖平25例；G组：卡博平21例。

1.2　治疗方案

对于type2 DM的治疗，往往不需要依靠胰岛素治疗来维持生命，主要以长期服用口服降糖药为治疗手段。本文中患者选择的口服降糖药有七种，其相应的治疗方案及给药成本详见表1。

表1　7组药物的治疗方案及给药成本

组别	治疗方案	病例数	用法与用量	成本（元/日）	总有效率（%）
A	罗格列酮（文迪雅）	29	2mg，qd	323.15	82.8
B	二甲双胍	54	0.25g，tid	22.07	81.5
C	格列齐特（达美康）	40	80mg，bid	152.28	87.5
D	格列美脲	28	1mg，tid	186.9	85.7
E	格列喹酮（糖适平）	38	30mg，bid	177.84	84.2
F	拜糖平	25	50mg，tid	450.47	88.3
G	卡博平	21	50mg，tid	372.6	82.9

2　结果

2.1　疗效判定[7]

以血糖的下降值为标准。血糖下降3.3mmol/L者为显效；下降2.2～2.3mmol/L者为有效；无变化者为无效。总有效率＝显效率＋有效率。

2.2　成本的确定

成本，指社会在实施某一药物治疗方案或其他治疗方案的整个过程中所投入的全部财力资源，物质资源和人力资源的消耗。成本不仅指药品价格，还包括治疗费用，仪器损耗，实验检测和劳动消耗等一切费用。药物经济学分析中常对这些费用的直接成本，间接成本，隐性成本进行评估[8]。

为方便成本－效果分析，其他成本因素排除不计，本文所指成本只计药品的直接费用。本文依据本院门诊自费药房的零售价格（截止至2007年1月）计算药品成本，即马来酸罗格列酮片（商品名：文迪雅，史克必成生产，规格4mg×7片/盒，单价83.78元/盒）；二甲双胍（琼赞邦生产，规格0.25g×24片/盒，单价3.27元/盒）；格列齐特（商品名：达美康，天津新新药业生产，规格80mg×60片/盒，单价84.6元/盒）；格列美脲（商品名：亚莫利，黔天安生产，规格2mg×12片/盒，单价27.69元/盒）；格列喹酮（北京万辉生产，规格30mg×30片/盒，单价49.4元/盒）；拜糖平（京拜耳生产，规格50mg×30片/盒，单价83.42元/盒）；卡博平（浙华东生产，规格50mg×30片/盒，单价69元/盒）。

2.3 成本－效果分析（CEA）

成本－效果分析，是以特定的临床治疗目的或临床效果为指标，比较不同治疗方案单位治疗效果的成本高低[9]。即成本、效果均以货币单位测定，所有治疗的结果不必一样，它假定资源是有限的，最终是要使投资效益最大化。CEA的目的在于平衡成本和效果，在二者之间寻求一个最佳点，找出达到某一治疗效果时其成本最低的治疗方案。而成本－效果比（C/E）就是单位疗效所花费的成本；增量成本－效果比（ΔC/ΔE）是以最低成本为对照（本文以治疗方案组B为基准），其他方案与之对比而得到的增量成本－效果比，是成本－效果分析的主要依据。其相应的计算公式如下：C/E＝治疗方案组的治疗成本/总有效率；ΔC/ΔE＝（其他治疗方案组的成本－治疗方案组B的成本）/（其他治疗方案组的总有效率－治疗方案组B的总有效率）。

本次CEA以B方案（二甲双胍）作对照，结果详见表2。

表2 成本－效果分析

治疗方案	成本（C）	总有效率（%）（E）	C/E（10^2）	ΔC/ΔE
A	323.15	82.8	3.90	231.6
B	22.07	81.5	0.27	—
C	152.28	87.5	1.74	21.70
D	186.90	85.71	2.18	39.15
E	177.84	84.2	2.11	57.69
F	450.47	88.3	5.10	63.00
G	372.60	82.9	4.49	250.38

2.4 敏感度分析

药物经济学研究中所用的变量通常较难准确规定，这是因为应用的数据具有不确定性和潜在的偏倚，而且每个治疗方案在不同的人群或不同医疗单位中的成本和效果可能不同，另外，很多难以控制的因素对分析结果也有影响，所以必须采取某些假设或估算数据[10]。而敏感度分析能对研究中的某些不确定因素进行波动分析，验证不同假设或估算数据的变动对分析结果的影响，是数据可靠性的验证方法。这里只考虑价格的不同对结果产生的影响，假设药价下降15%，进行敏感度分析，分析结果亦验证了7种药物受参数影响不大，详见表3。

表 3 敏感度分析

治疗方案	C	E	C/E (10^2)	ΔC/ΔE
A	274.68	82.8	3.32	196.86
B	18.76	81.5	0.23	—
C	129.44	87.5	1.48	18.45
D	158.86	85.71	1.85	33.28
E	151.16	84.2	1.80	49.03
F	382.90	88.3	4.34	53.55
G	361.71	82.9	3.82	212.82

3 药理作用浅析

7 种降糖药的药理作用详见表 4。

表 4 7 种降糖药的药理作用[11]

药物	药理作用
罗格列酮（A）	为噻唑烷二酮类药，通过增加胰岛素的敏感性，降低骨骼肌、肝脏的胰岛素抵抗，促进外周组织对葡萄糖的利用，并使肝糖输出减少。主用于以胰岛素抵抗为主的 type2 DM
二甲双胍（B）	为胰岛素增敏剂，主要是胰外作用，提高靶细胞对胰岛素的敏感性，增加胰岛素介导的葡萄糖利用，增加肌肉外周组织对葡萄糖的摄取与利用。为肥胖 2 型糖尿病患者的首选药
格列齐特（C）	为磺脲类药，促进胰岛素分泌，改善微血管的作用，恢复 2 型糖尿病患者的前列腺素平衡和血小板的功能，缓解糖尿病血管并发症的发生与发展。用于 type2DM，经饮食治疗后血糖尚不能达到正常者
格列美脲（D）	为磺脲类药，与磺脲类受体上的 65kDa 亚单位特异性结合，调节 ATP－依赖性 K^+ 通道，刺激胰岛细胞分泌胰岛素。用于经饮食治疗、体育锻炼及减肥后仍不能满意控制血糖的 2 型糖尿病患者
格列喹酮（E）	为磺脲类药，具有刺激胰岛素分泌和增强胰岛素的作用，且是唯一的非主要经肾脏排泄的降糖药，轻度和中度肾功能不全的患者也适用。用于 type2DM，尤其是合并糖尿肾病者
拜糖平（F）	α－糖苷酶抑制剂，在肠道内竞争性抑制葡萄糖苷酶，可降低多糖及蔗糖分解生成 Glc，具有降低饭后高血糖和血浆胰岛素浓度的作用。用于 1 型或 2 型糖尿病患者经饮食治疗后血糖仍不正常者
卡博平（G）	α－糖苷酶抑制剂，抑制小肠中糊精，淀粉和双糖的吸收，降低餐后高血糖，减轻胰岛素抵抗

4 讨论

4.1 糖尿病用药的合理性

21 世纪的今天，越来越多人关注糖尿病问题，因为其威胁不仅在于它的高发病率、高死亡率和高经济费用，而且在于其是导致产生失明，下肢坏死，肾脏功能衰竭等慢性并发症的主要原因[12]。对于我国这样一个卫生资源相对缺乏的发展中国家，迅速增长的费用让需要长期服药的患者们难以承受。因此，选择安全、有效以及从药物经济学角度制定合理的治疗方案是很有意义的，可以节约卫生资源和减轻患者们的医疗负担。

4.2 PE 研究用于 Type2 DM 的目的

2 型糖尿病的药物经济学研究目的是为了指导临床合理用药，优化医药卫生资源，减少浪费，为患者提供有效性、安全性和经济性的用药方案，而药物的经济性已越来越倍受关注。强调用药的经济性，是指获得单位用药效果所投入的成本应尽可能低，即以尽可能少的药费支出，换取尽可能大的治疗效益。其中，成本－效果分析（CEA）是较为完善的综合经济评价形式之一，其不是简单地追求成本越少越好，而是费用最合理，成本－效果的优化统一。因为，效果是重要的目标，舍此而单纯考虑费用节约是违背医学伦理道德的；相反，不考虑经济利益，所谓社会效益也是无意义的，二者要处于同等位置，即把“有效”和“经济”融为一体。现以此方法具体地应用于对 7 种口服降糖药治疗方案的评估，寻求达到最佳治疗效果时的最小成本的治疗方案。

4.3 对结果的分析

根据药物经济学原理，C/E 比值越小意味着单位所需成本越低，该方案的实施就越有益；ΔC/ΔE 越小意味着单位增量效果所需追加的成本越低，该方案实际意义就越大。从表 2 可知，7 种口服降糖药均具有降低血糖，控制糖尿病症状的作用。其中，二甲双胍是 C/E 最低的药物，拜糖平是疗效最好而 C/E 却最高的药物，通过增量分析，可知其与成本最低的二甲双胍相比，ΔC/ΔE ΔC/E，故仅从药物经济学的角度，二甲双胍优于拜糖平；但从治疗结果来看，拜糖平优于二甲双胍。根据相关报道[13]，二甲双胍是唯一被大型、前瞻性、随机临床试验（UKPDS）所证实能控制血糖，又能改善大血管并发症的抗糖尿病药物。除非有肾脏损害证据或风险，2 型糖尿病患者都应从初治时就选择二甲双胍。在联合用药时，只要患者能够耐受，联合治疗的方案都应该包括二甲双胍。原因有三：①二甲双胍是唯一有证据表明可以降低大血管并发症的降糖药物；②二甲双胍可以在控制血糖的同时控制体重；③从药物经济学角度来说更加节省医疗费用。由此说明二甲双胍是既经济又具有较好疗效的一线药物，是在药物经济学范畴中最优的降糖药，确实能做到控制血糖，延缓并发症，提高患者的生活质量，减轻社会、家庭的负担。

4.4 影响因素

考虑到药品价格可能对成本－效果分析的结果产生影响，笔者进行了敏感性分析。由表 3 可知，药品价格的改变在一定限度范围内不影响分析的结果，即敏感性分析与成本－效果分析的结果一致，说明成本－效果分析可信。然而在现实中，由于不同药品的疗效、日服用量、价格的不同等均影响病人的治疗效果，而且不同病人的年龄、性别、体重、经济承受能力和思想观念的不同可以使选择的治疗方案也不尽相同。因此，医师在选择治疗方案时要综合考虑患者的身体状况，用药习惯，经济上的支付能力，做到个体化给药才是真正的合理用药。譬如年长者血糖不太高时慎用强磺脲类药，不用降糖灵；肥胖者应主要控制饮食、减轻体重，首选使用双胍类药；消瘦者宜用磺脲类或苯甲酸类药等。特别指出，医师还应提高患者在药物治疗过程中的依从性。因为一直以来，我们都将口服降糖药作为治疗 2 型糖尿病的主要手段，需要患者长期服药，但很多口服药都需 1 日多次服用，这种给药方式会大大降低患者的依从性，从而影响血糖的控制。而在本文中马来酸罗格列酮（A 组）的用法是 1 日 1 次，其服用最方便，依从性最好，在一定程度上可以提高治疗效果。

5 结论

本文运用药物经济学的原理，对 7 组口服降糖药的治疗方案进行了成本 – 效果分析。结果显示，二甲双胍是治疗 2 型糖尿病效果较好且最经济的药物，拜糖平是效果好但价格最高的药物，并且患者的用药选择还应受其他因素影响。综上所述，在治疗 2 型糖尿病时，需要医师根据患者的具体情况进行个体化给药，选择安全性最佳，疗效最好，费用最合理的治疗方案。

参考文献

[1] 焦素英．糖尿病的饮食治疗［J］．赤峰学院学报，2006，22（6）：33 – 34.

[2] 胡善联，陈文等．药物经济学研究荟萃［M］．第二军医大学出版社，2006：221.

[3] 马国辉，张石革．4 种方案治疗 2 型糖尿病的成本 – 疗效分析［J］．中国医院用药评价，2003，3（5）：298 – 299.

[4] 张美玲，蔡捷.3 种磺脲类降糖药治疗 2 型糖尿病的药物经济学分析［J］．中国药房，2004，15（11）：676 – 677.

[5] 况荣华，张慧明.2 型糖尿病两种治疗方案的成本 – 效果分析［J］．实用临床医学，2005，6（12）：51 – 52.

[6] 冯颐，路振岗.3 种糖尿病药物治疗方案疗效成本 – 效果分析［J］．天津中医学院学报，2003，22（3）：13 – 14.

[7] 周侠，田晓云等.2 型糖尿病三种治疗方案的成本 – 效果分析［J］．实用临床医学，2006，7（4）：18 – 19.

[8] 何文，宋金春等．药物经济学［M］．中国医药科技出版社，2005，60.

[9] 彭康．药物经济学理论在医院药学工作中的应用［J］．中国药师，2000，3（4）：214 – 215.

[10] Alberti KGMM. The cost of non2insulin2dependent diabetes mellitus［J］. Diabetic med，1997，14：7.

[11] 第六章 口服降糖药详细说明．百度快照，www. tnbw. cn，2007. 1.

[12] Ruth S. Weinstock，MD. Treating Type2 Diabetes Mellitus：A Growing Epidemic［J］. Mayo Clinic Proceeding，2003，78（4）：411 – 413.

[13] IDF 全球 2 型糖尿病指南：二甲双胍为一线药，搜狐健康，www. tnb123. com，2007. 1.

附录11　慢性阻塞性肺疾病急性加重期抗菌药物应用分析

摘要　目的　了解慢性阻塞性肺疾病急性加重期住院患者抗菌药物的使用情况，为抗菌药物的合理使用和科学管理提供依据。方法：回顾某医院2006年10月－2007年9月慢性阻塞性肺疾病出院病历115份，对抗菌药物应用情况进行统计分析。结果：抗菌药物使用率达到99.1%，应用频率较高的是头孢菌素类、喹诺酮类和林可酰胺类。联合应用抗菌药物占99.1%，最常用的联用组合为头孢菌素＋喹诺酮类。结论：我院慢阻肺住院患者的抗菌药物使用基本合理，但也存在抗菌药物联合使用不当、更换抗菌药物不合理等问题，应进一步加强对抗菌药物使用的监督管理，促进合理用药。

关键词：慢性阻塞性肺疾病　急性加重　抗菌药物　合理用药

Abstract　**Objective**: To investigate the use of antibacterial drugs for the inpatients in status of the acute exacerbation of chronic obstructive pulmonary disease, to promote the rational use of antibacterial drugs. **Methods**: The medical records of 115 inpatients from October 2006 to September 2007 with the acute exacerbation of chronic obstructive pulmonary disease were reviewed and analyzed. Results: The application rate of antibacterial drugs was 99.1%, of all used antibacterial drugs, the expending amount of the cephalosporins was the largest, the second was quinolones, and the third was lin lactams; the most typic combining－method was cephalosporin ＋ quinolones. **Conclusion**: The utilization of antibacterial drugs was basically rational, but there still exists some problems, such as improper combining－usage of antibacterial drugs, we should enhance the managementof application of antimicrobial drugs.

Keywords: COPD; Acute exacerbation; Antibiotics; Rational use of drugs

1　前言

慢性阻塞性肺疾病（COPD）是不可逆进行性发展的气流阻塞性疾病，老年人最常见的慢性疾病之一，COPD目前居全球死亡原因的第4位，世界银行预计[1]：2020年COPD将排在死亡原因的第三位，慢性致残原因的第5位。而COPD急性加重（AECOPD）是患者就医和死亡的主要原因。由于COPD急性加重多由细菌感染诱发，故抗生素治疗在COPD加重期治疗中具有重要地位，而又是最有争议的问题。我国目前临床治疗AECOPD抗生素应用方面最突出的问题是过多、过滥[2]。不合理使用抗菌药物可能导致宿主体内菌群失调等不良反应，特别是加快、加重了细菌耐药性的产生，浪费了医药资源，并增加了其治疗的难度。现对我院一年内慢性阻塞性肺疾病（COPD）抗菌药物的应用情况及趋势进行调查并做出客观评估。为进一步加强药品管理，提高抗生素类药物的合理应用水平提供可靠的依据。

2　资料和方法

2.1 资料

抽取本院2006年10月－2007年9月COPD出院病历，采用回顾性调查方法，按预先设计的表格填写，记录内容包括患者姓名、年龄、住院时间、抗菌药物名称、用法用量、用药起止时间、联合用药情况、致病菌培养及药敏实验结果等。

2.2 判断标准

COPD抗菌药物应用依据《慢性阻塞性肺疾病诊治指南（2007年修订版）》及2004年《抗菌药物临床应用指导原则》中的有关规定。

3　结果

3.1 患者及所患疾病基本情况

调查病历115例，60岁以下6例（5.2%），60～75岁43例（37.4%），75岁以上66例（57.4%）。平均年龄75.2岁，最小53岁，最大92岁，以老年患者为主。其中单纯AECOPD共94例，占总病历数的81.7%，COPD合并肺炎共16例，占13.9%，COPD合并肺癌共4例，占总病历数的3.5%，COPD合并肺结核有1例，占总病历数的0.9%。COPD严重分级为轻度16例（13.9%），中度43例（37.4%），重度52例（45.2%），极重度4例（3.5%），其中进行COPD肺功能检查的有59例，占51.3%。

3.2 抗菌药物使用一般情况

本次调查115份病历中有114份使用抗菌药物，使用率达到99.1%。仅1例未用抗菌药物，为病毒感染引起COPD急性发作。其余114例患者都在出现气促加重，咳嗽痰量增多及出现脓性痰等提示有细菌感染的情况下应用了抗菌药物。

使用抗菌药物共7大类26个品种，其中使用频率较高的是头孢菌素类、喹诺酮类和林可酰胺类。头孢菌素类以头孢哌酮钠/舒巴坦钠为主；喹诺酮类以左氧氟沙星使用率最高；林可酰胺类则以克林霉素磷酸酯为代表（各类抗菌药使用频率见表1，抗菌药物使用频率前十位见表2）。

表1　各类抗菌药使用频率

序号	药物类别	使用例次（例次）	使用频率（%）
1	头孢菌素类	151	43.1
2	氟喹诺酮类	89	25.4
3	林可酰胺类	60	17.1
4	青霉素类	35	10.0
5	其他β－内酰胺类	8	2.3
6	碳青霉烯类	4	1.2
7	大环内酯类	3	0.9
合计		350	100

3.3 病原菌检查及药敏实验

115例中，病原学送检标本89例，占77.4%。31例标本细菌培养呈阳性，占

34.8%。进行药敏试验29例，占32.6%。检出率低（临床检出的病原菌情况见表3）。

表2　抗菌药使用频率前十位

排序	药品名称	使用例次（次）	使用频率（%）	注射（例次）	口服（例次）
1	克林霉素磷酸酯	60	17.1	60	
2	头孢哌酮钠/舒巴坦钠	51	14.6	51	
3	左氧氟沙星	47	13.4	46	1
4	头孢他啶	28	8.0	27	1
5	哌拉西林钠/舒巴坦钠	27	7.7	27	
6	加替沙星	26	7.4	25	1
7	头孢地嗪钠	24	6.8	24	
8	头孢呋辛酯	22	6.3	3	19
9	头孢唑肟钠	10	2.8	10	
10	氨曲南	8	2.3	8	

表3　临床检出的病原菌情况（包括混合菌）

病原菌分类	构成比（%）	检出菌株	例数
革兰阴性菌	67.6	鲍氏不动杆菌	5
		铜绿假单胞菌	3
		流感嗜血杆菌	3
		肠埃希菌	3
		肺炎克雷伯菌	2
		琼氏不动杆菌	2
		洋葱伯克霍尔德菌	1
		副流感嗜血杆菌	1
		弗氏柠檬酸杆菌	1
		脑膜脓毒性金黄杆菌	1
		荧光恶臭假单胞菌	1
革兰阳性菌	23.5	金黄葡萄球菌	4
		凝固酶阴性葡萄球菌	3
		卡他布拉汉菌	1
白色念珠菌	3	真菌	8.9

3.4 抗菌药物联用情况

仅有1例使用1种抗菌药物，使用2，3，4，5，6种抗菌药的病例数分别为46（40.3%）、29（25.4%）、19（16.7%）、9（7.9%）、7（6.2%），使用最多达7种抗菌药，有3例，占2.6%。

二联用药172次（96.6%），三联用药6次（3.4%）。最常用的联用组合为头孢菌素+喹诺酮类。二联用药中有3例为抗菌药物与抗真菌药联用，1例为抗菌药物与抗结核药联合使用（抗菌药物联用情况见表4，抗菌药物联用组合使用频率前十位见表5）。

表4　抗菌药物联用情况

排序	联用组合	出现次数（例次）	构成比（%）
1	头孢菌素+喹诺酮类	72	40.4
2	头孢菌素+林可酰胺类	55	30.9
3	青霉素类+喹诺酮类	27	15.2
4	青霉素类+林可酰胺类	7	3.9
5	喹诺酮类+其他β-内酰胺类如氨曲南	6	3.4
6	头孢菌素+大环内酯类	3	1.7
7	青霉素类+其他β-内酰胺类	1	0.6
8	林可酰胺类+其他β-内酰胺类	1	0.6

表5　抗菌药物联用组合使用频率前十位

排序	联用组合	出现次数（例次）	构成比（%）
1	头孢哌酮钠/舒巴坦钠+克林霉素磷酸酯	29	16.9
2	头孢哌酮钠/舒巴坦钠+左氧氟沙星	25	14.5
3	头孢他啶+克林霉素磷酸酯	9	5.2
4	头孢地嗪钠+克林霉素磷酸酯	9	5.2
5	哌拉西林钠/舒巴坦钠+左氧氟沙星	6	3.5
6	头孢他啶+加替沙星	6	3.5
7	头孢地嗪钠+左氧氟沙星	5	2.9
8	头孢哌酮钠/舒巴坦钠+加替沙星	4	2.3
9	头孢他啶+左氧氟沙星	4	2.3
10	头孢唑肟钠+左氧氟沙星	4	2.3

3.5 抗菌药物使用不合理的表现

3.5.1 选药不合理

114例应用抗菌药物的患者中，43例选用抗菌药物不当，全部属于高选，COPD严重分级为轻度或中度，却选用第3代头孢菌素或头孢哌酮/舒巴坦、哌拉西林/他唑巴坦等。

3.5.2 老年患者的用药剂量偏大

AECOPD患者以老年人为主，本次调查中患者平均年龄75.2岁，最大92岁。老年患者肝、肾功能减退，代谢排泄药物的能力减弱，使药物的半衰期延长，血药浓度升高，易发生不良反应。因此，应注重老年人抗菌药物治疗的特殊性，推行个体化给药方案[3]。高龄患者接受主要自肝、肾排出的抗菌药物时，应按轻度肾功能减退情况减量给药，可用正常治疗量的1/2~2/3[4]。但调查发现多数老年病例还是按照常规剂量使用，有12例肾功能不全患者选用头孢他啶、氨曲南、万古霉素等药物时没有调整给药方案，亦没有及时复查肝、肾功能。

3.5.3 溶媒选择不合理

本次调查中发现最多的不合理用药表现为静脉输液药物浓度过高。克林霉素磷酸酯合适的浓度是≤6mg/ml，60例使用克林霉素磷酸酯注射剂的患者中，52例患者实际使用浓度达12mg/ml，远远高出规定稀释浓度。

3.5.4 疗程偏长、药物更换不合理

本次调查的病例中，疗程过长或过短或频繁换药的现象较为常见。疗程过长主要表现为患者在咳嗽、咳痰、气促等症状消失后72h仍继续用药。不合理换药主要是同一成分不同商品名药物之间的互换，如康丽能注射剂（头孢地嗪钠）与金抗注射剂（头孢地嗪钠）更换使用，二者成分相同，互换无实际意义。另有1例为凯济注射剂（头孢哌酮钠/舒巴坦钠）因不明原因更换成凯斯注射剂（头孢哌酮钠/他唑巴坦钠），二者的主要成分都为头孢哌酮钠，没有更换必要。

3.5.5 联用不合理

在没有合并肺炎，病原菌检查也没有发现铜绿假单胞菌的情况下，无指征联用抗菌药物达90例，另外，也出现作用机制相同的药物联用，如同属氟喹诺酮类药物的加替沙星与左氧氟沙星同时联合使用（抗菌药物使用不合理情况见表6）。

表6 抗菌药物使用不合理情况

评价项目	不合理表现	不合理例次数	构成比（%）
药物选择	高选	43	18.8
用法用量	高龄肾衰患者剂量过大	12	5.3
	用量超出最大限定剂量	3	1.3
溶媒	静脉输液药物浓度过高	57	25.0
疗程	症状消失后72小时仍继续用药	3	1.3
更换用药	相同成分药物互换使用	2	0.9
	更换药物没有指征	9	3.9
	药物更换过快	4	1.8
	没有根据药敏试验更换药	2	0.9
联合用药	无指征	90	39.5
	重复用药	3	1.3

3.6 不良反应

本次调查不良反应发生率较低，其中福德（克林霉素磷酸酯注射剂）引起血清转氨酶升高1例；爱兴（左氧氟沙星氯化钠注射液）引起头晕、声音嘶哑1例，引起四肢冰凉、麻木、颤抖1例；来佳（加替沙星氯化钠注射液）引起胸闷1例，引起精神兴奋副反应1例；还有1例患者因长期使用抗生素而造成肠道菌群失调，引起肠道炎症。

4 讨论

4.1 选药档次偏高

2007 年 4 月中华医学会颁布《慢性阻塞性肺疾病诊治指南》最新修订，明确了 COPD 急性加重期的临床严重分级与 AECOPD 抗菌药物治疗的标准，COPD 轻度或中度时主要致病菌多为肺炎链球菌、流感嗜血杆菌及卡他莫拉菌。一般可口服青霉素、第 1 代或第 2 代头孢菌素等[5]。但本次调查中，存在抗生素选用档次偏高，COPD 严重分级为轻度或中度共 59 例，有 43 例出现高选，其中有 27 例选用第 3 代头孢菌素，16 例选用哌拉西林钠/舒巴坦钠，且都为静脉给药。根据《抗菌药物临床应用指导原则》，轻症感染可接受口服给药者，应选用口服吸收完全的抗菌药物，不必采用静脉或肌内注射给药[4]。因此，轻度或中度 COPD 患者可尽量选用口服吸收完全的抗菌药物，而不必采用静脉输液给药。

4.2 病原菌检查情况分析

本次调查中我院 AECOPD 患者中细菌培养送检查率为 77.4%，符合国家卫生部要求的 50% 以上送检率[6]。检验结果：革兰阴性杆菌为主要致病菌，占 67.6 %。主要为不动杆菌、假单胞菌；革兰阳性菌占 23.5%，以葡萄球菌为主；真菌占 8.9%。与国内外相关文献作对比，Miravitlles M 等[7]对 91 例 AECOPD 病人痰培养结果进行统计，发现 64% 为细菌感染。其中最多为流感嗜血杆菌（占 22%），其次为铜绿假单胞菌（占 15%）和链球菌（占 10%）。黄隽敏，徐爱晖[8]对 COPD 发生下呼吸道感染 186 例患者检出的病原菌进行了分析：COPD 患者痰病原菌种类革兰阴性杆菌占 64.0%，以铜绿假单胞菌、不动杆菌为主；革兰阳性菌（20.7%），主要为葡萄球菌及肺炎链球菌。吴英，古莉[9]对 145 例 COPD 合并肺部感染老年患者的痰标本进行细菌培养，结果：以革兰阴性菌为主占 69.38%，主要为铜绿假单胞菌、克雷伯菌属、不动杆菌属、肠杆菌属；革兰阳性菌感染占 14.22%，以肺炎链球菌为多，真菌感染占 16.40%。从国内外研究结果看来，AECOPD 的革兰阳性菌感染有所上升。

虽然 77.4% 的送检率达到国家卫生部要求，但细菌培养呈阳性仅占 34.8%，药敏试验为 32.6%，检出率与药敏试验率偏低。呼吸道病原菌检查以痰培养为主，标本易受上呼吸道正常菌群的覆盖及污染菌的干扰，影响检出结果[10]低检出率还可能与以下原因有关：临床标本采集方法不正确，取样不合格，取样后送检不及时，细菌的变异性等。由于病原菌检出率与药敏试验率低，AECOPD 临床抗菌药物选用基本上以习惯和经验为主，缺乏针对性。经验性用药有着很大的盲目性，据相关研究，药敏试验与临床疗效有很好的相关性，符合率能达到 70 % 以上[11]。因此，医院应进一步加强检验标本正确采集方法的训练，可采用经纤支镜保护性毛刷采样法，经人工气道采样法和支气管灌洗液取标本等方法，减少标本污染机会，提高阳性准确率。以便临床能尽早掌握患者的感染病原体，有针对性选用和更换抗菌药。

4.3 抗菌药物联用情况

据调查资料显示，我院 AECOPD 抗菌药物使用主要集中在头孢菌素类、喹诺酮类和林可酰胺类。头孢菌素类中，头孢哌酮钠/舒巴坦钠使用率最高；林可酰胺类以克林霉素磷酸酯为代表；喹诺酮类以左氧氟沙星使用率最高。这个与 AECOPD 多为不动杆菌、假单胞菌、肺炎链球菌与葡萄球菌等感染有关。抗菌药物联用率达 99.1%，以二联为主占 78.9%，三联用药仅占 2.8%。最常用的联用组合为头孢哌酮钠/舒巴坦钠 + 克林霉素磷酸酯，头孢哌酮钠/舒巴坦钠 + 左氧氟沙星。

近年来革兰阴性杆菌因产生了 β－内酰胺酶，对多类抗菌药物呈不同程度耐药，β－内酰胺酶抑制剂复方制剂逐渐广泛应用，β－ 内酰胺类抗生素对于繁殖期细菌具有较强的杀菌作用，属于繁殖期杀菌剂，对人类的不良反应少。第 3 代头孢菌素对部分革兰阴性杆菌、革兰阳性菌、厌氧菌有效，临床疗效高、毒性低、适合高龄患者使用，与 β－内酰胺酶抑制剂组成复方制剂后，不仅保持了原有的抗菌谱，显著提高头孢菌素类不耐酶抗生素的抗菌作用，进一步增强了抗菌活性，减少细菌耐药性发生。

克林霉素类属于作用于细菌蛋白质合成的广谱抑菌剂，对各种厌氧菌的抗菌活性较强，革兰阴性杆菌、肺炎支原体和其他衣原体对本品耐药。对金葡菌（包括产酶株）、肺炎球菌等均有很强的抗菌活性。

以左氧氟沙星为代表的新一代的氟喹诺酮类药物抗菌谱广，对包括铜绿假单胞菌有效，除了加强抗革兰阳性菌（如肺炎链球菌和金黄色葡萄球菌等）的活性，对支原体和衣原体也有良好活性[12]，有体内分布广泛，组织浓度高，消除半衰期较长等优点。对于中、重度呼吸道感染治疗安全、有效。临床常与头孢菌素联用治疗 AECOPD 合并肺炎。

本次调查中，无指征联用抗菌药物的情况较突出。根据 2007 年 4 月中华医学会颁布《慢性阻塞性肺疾病诊治指南》的最新修订，在重度或极重度 COPD 急性加重加有铜绿假单胞菌感染的情况下，才建议联合使用头孢哌酮/舒巴坦与氟喹诺酮类。单纯 AECOPD 患者，在没有合并肺部感染，病原菌检查也没有发现铜绿假单胞菌的情况下，是否需要联合用药值得商榷。

另一联用不合理表现为作用机制相同的药物联用，如 1 例患者以来佳注射液（加替沙星）+ 爱兴注射液（左氧氟沙星）联用，由于爱兴与来佳同属氟喹诺酮类药物，作用机制都是通过抑制细菌的 DNA 旋转酶而起杀菌作用，二者联用后会产生竞争性拮抗作用，也容易增加毒性反应。

抗菌药物联合应用的目的在于发挥药物的协同作用，提高抗菌效力，防止和延迟抗药性的产生，以及减少毒性作用较强药物的用量[13]。抗菌药物的联合应用要有明确指征，应从药理学上考虑，尽可能产生协同作用，减少毒副反应以及减少经济支出，避免不必要的联用。

5 结论

综上所述，我院 AECOPD 抗菌药物的应用基本合理，遵循了《抗菌药物临床应用指导原则》与 2007 年《COPD 诊治指南》，按照安全、有效、经济、合理的用药原则使用抗生素。仍存在不合理现象，主要原因有：医生未严格按照药品的理化特性、药动学特点给药；个别医生习惯性用药，没有按药敏结果选药，忽略了《抗菌药物临床应用指导原则》；护理工作的繁重以及护理人员的紧缺，导致一些药物的规范用法未能很好地执行，降低了药物的疗效等。为了使抗菌药物应用更趋合理，减少和延缓细菌耐药性的产生，医院应进一步加强对抗生素使用的监督管理力度，同时加强对医生、药师的专业知识培训和继续医学教育，准确掌握抗生素的适应证、用法用量，充分利用血药浓度监测、细菌培养、药敏试验等结果指导临床用药，从而进一步提高临床合理使用抗生素水平。

参考文献

[1] Lopez AD，Murray CC. The global burden of disease，1990 – 2020. Nat Med，1998，4(11)：1241 – 1243.

[2] 何礼贤．慢性阻塞性肺疾病急性加重的抗菌治疗要防止“太过”与“不足”[J]．内科急危重症杂志，2003，2：259 – 260.

[3] 刘晶，金桂兰，唐雯．呼吸科住院患者抗菌药物使用调查分析．中国药师，2005，8（1）：43 – 44.

[4] 抗菌药物临床应用指导原则［S］．中华医学会，2004：3 – 5.

[5] 中华医学会呼吸病学分会慢性阻塞性肺疾病学组．慢性阻塞性肺疾病诊治指南［S］（2007 年修订版），2007：17.

[6] 申东翔，郭振辉，胡文魁等．我院抗生素应用存在问题及对策［J］．中华医院管理杂志，2005，21（4）：232 – 234.

[7] Miravitlles M，Espinosa C，Fernandetaso EJ，et al．Relationship between bacterial flora in sputum and functional impairment in patient s with acute exacerbations of COPD [J]．Chest，1999，116：40 – 46.

[8] 黄隽敏，徐爱晖，李永怀，等．COPD 急性加重期病原菌感染及耐药性分析[J]．山东医药，2007，47（31）：43.

[9] 吴英，古莉，叶会明．145 例慢性阻塞性肺部疾病合并肺部感染患者痰培养和药敏结果分析［J］．中国医药导报，2007，4（32）：88 – 89.

[10] Caroline C，et al，Pyogenic bacterial pneumonia，lungabscess and empyema，in Murroy's Textbook of Respiratory Medicine Saunders，Philadel – Phia，1998：806.

[11] 张玲，雍小兰，姜云平．2003 年我院内科住院病人抗菌药物应用情况调查［J］．四川医学，2004，25（12）：1354 – 1355.

[12] Pickerill KE，Paladino JA，Schentag JJ1 Comparison of the fluoroquinolones based on pharmacokinetic and pharmacodynamic parameters1 Pharmacotherapy，2000，20：417 – 428.

[13] 张庆，许军，郑萍，等．呼吸科住院病人抗菌药物使用及不良反应调查［J］．第一军医大学学报，2005，25（2）：236 – 238.

全国医药职业教育药学类规划教材

药品调剂技术

（第二版）

（供中职使用）

主　编　韦　超

编　者　（以姓氏笔画为序）

韦　超　杨红宁

钟　珍　莫远红

中国医药科技出版社

内容提要

本书是全国医药职业教育药学类规划教材，以医疗机构药房和社会药房为背景，以中、西药品调剂为主线，围绕药品调剂的工作流程与内容，构建了由药房概述、法规与制度2章组合而成的通用模块，由西药调剂基础与西药调剂2章组合成的西药调剂模块以及由中药调剂基础、中药调剂2章组合而成的中药调剂模块，并设计了相关实训项目和内容。

本教材供中等职业学校、中等专业学校药学类专业学生使用，还可作为医药技工学校学生和相关企业职工培训的教材。

图书在版编目（CIP）数据

药品调剂技术/韦超主编．—2版．—北京：中国医药科技出版社，2009.8

全国医药职业教育药学类规划教材．供中职使用

ISBN 978-7-5067-4268-9

Ⅰ．药…　Ⅱ．韦…　Ⅲ．调剂学-专业学校-教材　Ⅳ．R942

中国版本图书馆CIP数据核字（2009）第082948号

美术编辑　陈君杞

版式设计　郭小平

出版　中国医药科技出版社

地址　北京市海淀区文慧园北路甲22号

邮编　100082

电话　发行：010-62227427　　邮购：010-62236938

网址　www.cmstp.com

规格　787×1092mm $^1/_{16}$

印张　14 $^3/_4$

字数　238千字

初版　2006年8月第1版

版次　2009年8月第2版

印次　2021年8月第13次印刷

印刷　三河市万龙印装有限公司

经销　全国各地新华书店

书号　ISBN 978-7-5067-4268-9

定价　27.00元

编写说明

随着我国医药职业教育的迅速发展，医药院校对具有职业教育特色药学类教材的需求也日益迫切，根据国发［2005］35号《国务院关于大力发展职业教育的决定》文件和教育部［2006］16号文件精神，在教育部、国家食品药品监督管理局、教育部高职高专药品类专业教学指导委员会的指导之下，我们在对全国药学职业教育情况调研的基础上，于2007年7月组织成立了全国医药职业教育药学类规划教材建设委员会，并立即开展了全国医药职业教育药学类规划教材的组织、规划和编写工作。在全国20多所医药院校的大力支持和积极参与下，共确定78种教材作为首轮建设科目，其中高职类规划教材52种，中职类规划教材26种。

在百余位专家、教师和中国医药科技出版社的团结协作、共同努力之下，这套“以人才市场需求为导向，以技能培养为核心，以职业教育人才培养必需知识体系为要素、统一规范科学并符合我国医药事业发展需要”的医药职业教育药学类规划教材终于面世了。

这套教材在调研和总结其他相关教材质量和使用情况的基础上，在编写过程中进一步突出了以下编写特点和原则：①确定了“市场需求→岗位特点→技能需求→课程体系→课程内容→知识模块构建”的指导思想；②树立了以培养能够适应医药行业生产、建设、管理、服务第一线的应用型技术人才为根本任务的编写目标；③体现了理论知识适度、技术应用能力强、知识面宽、综合素质较高的编写特点。④高职教材和中职教材分别具备“以岗位群技能素质培养为基础，具备适度理论知识深度”和“岗位技能培养为基础，适度拓宽岗位群技能”的特点。

同时，由于我们组织了全国设有药学职业教育的大多数院校的大批教师参加编写工作，强调精品课程带头人、教学一线骨干教师牵头参与编写工作，从而使这套教材能够在较短的时间内以较高的质量出版，以适应我国医药职业教育发展的需要。

根据教育部、国家食品药品监督管理局的相关要求，我们还将组织开展这套教材的修订、评优及配套教材（习题集、学习指导）的编写工作，竭诚欢迎广大教师、学生对这套教材提出宝贵意见。

全国医药职业教育药学类

规划教材建设委员会

2008 年 5 月

第二版前言

随着医药行业的发展，药剂专业、中药专业毕业生大量就业于药品零售企业及基层医疗机构。为了适应毕业生就业岗位群的变化，满足学生未来职业岗位能力的需求，必须开发与学生就业岗位综合素质要求相适应的专业课程体系。为此，在对药品行业价值链进行调查，同时对行业内职业岗位群进行工作分析的基础上，我们开发、编写了《药品调剂技术》教材。

本教材以医疗机构药房和社会药房为背景，以中、西药品调剂为主线，围绕药品调剂的工作流程与内容，整合了《中医药基础》、《药理学》、《药剂学》、《药事法规》等多门相关学科的知识，构建了由药房概述、法规与制度二章组合而成的通用模块，由西药调剂基础与西药调剂二章组合而成的西药调剂模块以及由中药调剂基础、中药调剂二章组合而成的中药调剂模块。为突出应用性、技术性与培养学生的执行能力，设计了相关实训项目和内容。西药调剂模块、中药调剂模块相对独立，可适应不同专业或岗位人才培养的需求，不同专业可根据培养目标选择其中的模块实施教学。

药品调剂技术课程为药剂、中药专业的核心课程之一，是在药学基础、医学基础、药品商品学、中药鉴定技术等课程之上构建的综合性应用型技术课程，与这些课程具有较强的相关性。通过本课程的学习，学生应具备药品调剂的基本知识与技能，能综合应用相关学科知识，熟练、规范地完成中、西药处方的调配工作，并具有一定用药咨询与指导能力，养成良好服务意识和习惯。

本教材是在《药品调剂技术》第一版的基础上进行修订。在此，我们感谢第一版编者们的辛勤劳动。本教材第一章、第三章由韦超、莫远红编写，第二章、第四章由韦超编写，第五章由杨红宁编写，第六章由钟珍编写。钟珍还协助主编完成了统稿、修改工作。

本教材编写过程中参考、引用了一些相关教材和资料，在此向相关的编者表示衷心感谢。

由于编者水平有限、时间仓促，教材中疏漏之处在所难免，恳请读者予以批评和提出建议，使本教材通过修改、调整不断完善。

编　者

2009 年 3 月

目　录

第一章 药房概述

第一节 医院药房

一、医院药房的性质与任务

医院药房又称医疗机构药剂科，它是医疗机构中从事诊断、治疗疾病所用药品的供应、调剂、配制制剂、提供临床药学服务、监督检查药品质量等工作的部门。

（一）医院药房的性质

1. 事业性机构性质

药房是医疗机构中的一个部门，直属院长领导，不具备法人资格，不承担投资风险。这是与社会药房的根本区别。

2. 专业技术性

药房主要工作的专业技术要求高，反映在要求医院药师能解释和调配处方；能评价处方和处方调配中的药物；掌握配制制剂的技术并有建立制剂条件的能力；能承担药物治疗监护工作；能够回答患者、医师、护士有关处方中药物的各方面问题等。《药品管理法》明确规定必须配备依法认定资格的药学技术人员，非药学技术人员不得直接从事药剂工作。

3. 综合性

药房既具有专业技术性，同时又具经济性，经济活动频繁；还具有对药品质量检查、抽查的监督性。这是和医疗机构的临床科室、医技科室不同之处。

4. 与临床药物治疗密切相关性

药房工作必须以患者为中心，一切工作围绕保证药物治疗的合理与经济。

（二）医院药房的任务

由于医院的规模、性质和任务不同，医院药剂科的任务也不完全一致。其基本任务如下。

（1）根据本院医疗和科研需要，按照《基本用药目录》采购药品，按时供应。

（2）及时准确地调配处方，按临床需要制备制剂及加工炮制中药材。

（3）加强药品质量管理，建立健全药品质量监督和检验制度，以保证临床用药安全有效。

（4）做好用药咨询，结合临床做好合理用药、新药试验和药品疗效评价工作，收集药品不良反应，及时向卫生行政部门汇报并提出需要改进和淘汰品种意见。

（5）根据临床需要积极研究中、西药品的新制剂，运用新技术创制新制剂。

（6）承担医药院校学生实习、药学人员进修。

二、医院药房的基本组织机构

《医疗机构药事管理暂行规定》指出：医疗机构应根据本机构的功能、任务、规模，按照精简高效的原则设置相应的药学部门。药学部门具体设置的业务科室，主要依据该机构的性质，就诊人数、住院人数、医院的建筑、药学部门的任务等多种因素综合考虑来定。目前，医院实施“以患者为中心”的服务理念，设置药学部门时，要充分体现以患者为中心，保证预防、医疗、保健等中心任务的完成。

我国综合性医院药房组织机构属于直线型组织机构类型。其机构设置如图 1－1 和图 1－2 所示。

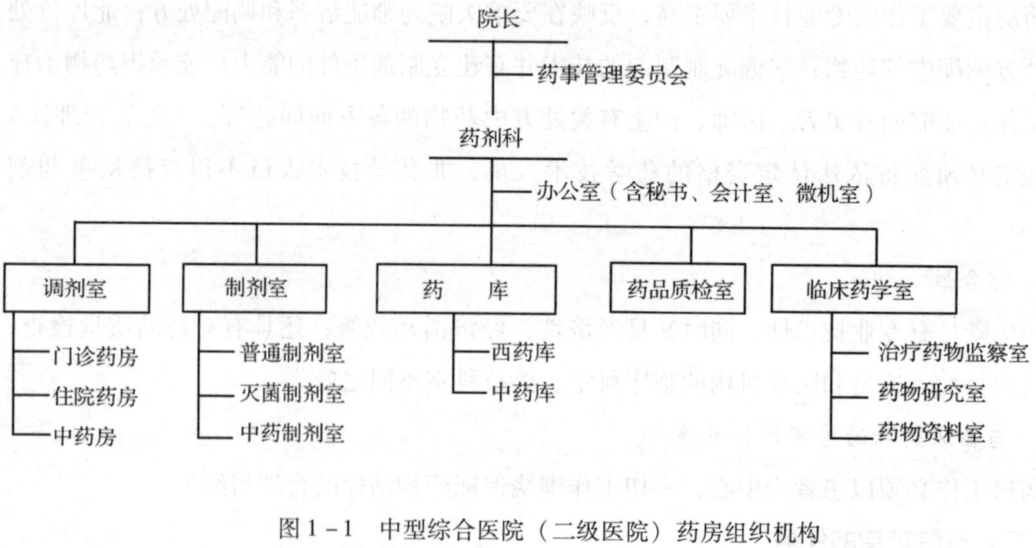

图 1－1　中型综合医院（二级医院）药房组织机构

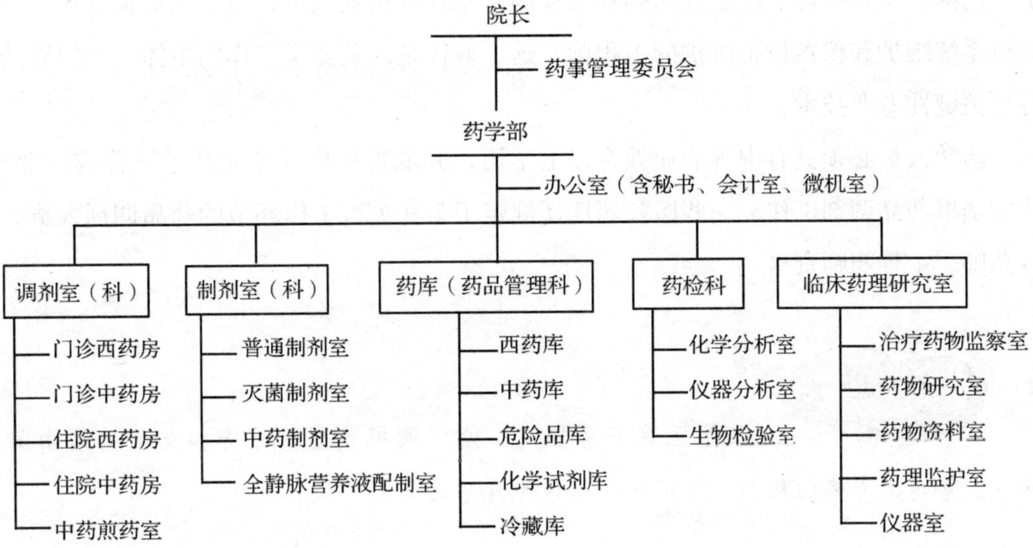

图 1－2　大型综合医院（三级医院）药房组织机构

三、医院药房岗位设置与人员分工

（一）医院药房的岗位设置

医院药房应根据医院规模不同设置岗位。一般药房应设置药品调剂、药品制剂、药品检验、药品采购、药品保管与养护、中药加工炮制、临床药学研究、药学信息收集、药物研究及行政管理等岗位。

（二）人员职责分工

医院药房人员分为行政管理人员、专业技术人员和辅助人员三个群体。药剂科各类人员都必须接受过必要的教育或培训，取得与所从事业务相应的资格。

相关链接

《医疗机构药事管理暂行规定》总则第五条规定："按国家有关规定依法经过资格认定的药学专业技术人员，方可从事药学专业技术工作。非药学专业技术人员不得从事药学专业技术工作。"

药学专业技术人员即具有中专职业教育以上学历和专业技术职称的人员。主要是药剂士、药师、主管药师、副主任药师和主任药师系列的药剂人员，也包括负责制剂生产、计算机系统维护和仪器设备维护的工程师。这个群体是医院药学工作的主体，承担着药剂科各项关键性专业技术工作。

药学人员必须具有中等职业教育以上学历，并取得相应的专业技术职称或职业资格，才能从事药品调剂工作。一些医院药房还规定了某些关键工作环节的药品调剂人员，需具有药师、主管药师资格。

想一想

某些医院药房规定：处方调配流程中审方、发药必须由具有药师、主管药师资格的药剂人员担任。你认为其意义如何？

四、药品调剂岗位

（一）门诊药房调剂岗位

1. 门诊药房调剂岗位任务

门诊药房调剂岗位的任务是根据医师处方为患者提供优质的药品，同时按处方要求向患者说明每种药品的用法用量、使用中需要注意的事项、可能出现的常见不良反应，以及出现常见不良反应的简单处理。

2. 门诊药房调剂岗位工作特点

（1）随机性　门诊调剂直接服务于门诊患者，工作随门诊患者的数量、病种等情况的变化而不断发生变化。患者来源的随机性导致了门诊调剂工作的随机性。

（2）规律性　虽然门诊调剂业务呈现一定的随机性，但每个地区、每个季节患者的发病率都有一定的规律，因此调剂用药具有规律性。

（3）紧急性　一般医院的急诊调剂室往往隶属门诊调剂，也有单独设置的，其服务工作直接面向急诊患者，根据患者起病急、病情严重的特点而具有紧急性，故为保障急救工作顺利进行，门诊调剂室宜单独设急救药品专柜，实行分类保管。

（4）终端性　门诊药房调剂是门诊患者经诊断后，采用药物治疗的最后一个环节，具有终端的性质。其工作质量往往缺少外部监督机制，发现调配差错时往往对患者已造成较大危害，所以门诊药房调剂室应有严格而完整的规章制度，严格操作规程，严防差错事故的发生。

（5）咨询服务性　药品调剂逐渐从药品供应服务型向技术服务型转型，咨询服务在门诊工作中已占有越来越重要的主导地位，其服务不仅在数量上，而且在质量上有了改变，咨询服务成为或即将成为医院药学的主流。

想一想

医院药学从药品供应服务型向技术服务型转型，咨询服务成为医院药学的主流。这对医院药学从业人员的素质提出了什么要求?

（二）住院药房调剂岗位

1. 住院药房调剂岗位任务

住院药房又称住院调剂室，包括西药调配室、中心摆药室、中成药调配室和中药调配室。承担着住院患者的用药调配及管理。其具体任务如下。

（1）紧密配合临床各科，依据规章制度和操作规程，调配住院患者的处方和临床科室的请领单，保证给患者的药品准确无误、质量优良，疗效确切。

（2）做好病房常备药品的请领、保管和供应，力求品种齐全，使医生有选用药品的余地。在保障药品及时供应的同时，应避免药品的积压、过期失效，流失和浪费。

（3）严格执行药品管理制度，特别是麻醉药品、精神药品、医疗用毒性药品、贵重药品及效期药品的管理，建立药品账册，定期盘点，做到账物相符。

（4）深入临床科室了解病区药品保管和使用情况，监督并协助病区做好药品请领保管和合理使用，以保证药品的安全有效。

（5）配合临床，积极参与病区危重患者的抢救，及时供应病区所需急救药品。

（6）为医生、护士、患者提供药物咨询服务，主动向临床科室推荐新药或代用品，提供药品供应信息，搜集药品尤其是新药在使用中的反馈信息，为药库及临床科室的联系起到双向沟通的作用，为药库采购药品提供可靠信息。

（7）搜集患者用药中的不良反应资料，并及时上报；在药事管理委员会的统一安排下，协助医师对新药进行观察研究、评价等工作。

（8）协助药学专业学生实习、药师在职进修等工作，共同探讨药物治疗学等学科的研究。

（9）加强住院患者用药教育及出院患者带药的延伸用药指导等工作。保证患者用药安全有效。

2. 住院药房调剂岗位工作特点

（1）用药复杂性　住院调剂室所面向的是住院患者，大多病情重、病程长、病种复杂，因此用药情况比较复杂。贵重药、抗感染药、麻醉药、血液制品、输液（含静脉营养液）消耗量大，药品品种要求齐全，供应量要充足。因此加强药品管理尤为重要。

（2）工作主动性　由于住院药房现在多实行计算机化管理，除少数药品需凭方发药外，病房所需药品信息可直接通过计算机传送至调剂室。调剂人员可主动安排好室内各项工作，在完成调剂工作的同时，抽出一定时间从事用药咨询，深入病房进行用药调查，为临床安全、有效、合理用药提供保障。

（3）具备良好的业务技术　住院药房药品调配是一项技术性和咨询服务性要求较高的工作，在人员配备上应挑选医德好、业务知识全面、专业技术理论与实践水平高的药学人员担任。

（三）中药调剂岗位

1. 中药调剂岗位任务

中药调剂岗位的任务一是根据医师门诊中药处方为患者提供优质的中药及中成药，同时按中药处方要求向患者说明中药汤剂的煎煮方法、用法用量、使用中需要注意的事项、可能出现的常见不良反应，以及出现常见不良反应的简单处理；二是担负住院患者中药处方的调配任务。此外，根据医师处方的要求进行某些中药的特殊炮制。

2. 中药调剂岗位特点

一般综合性医院仅设一个中药房，中药调剂岗位担负着门诊和住院中药调剂的职责，故具有门诊和住院药品调剂的特点。此外，由于中药处方比较复杂，组方按“君臣佐使”构成，多味药占的比重大；有时也因地区用药习惯不同，用药剂量亦有与常用剂量不同的情况，全靠中药知识和经验去判断正确与否；中药调剂岗位人员不仅要对调配的药物品种和数量负责，而且对药品的真伪优劣、炮制是否得当，以及医师处方有无配伍禁忌、毒性中药剂量和煎服方法正确与否等均负有责任。故中药调剂岗位对审方、配方工作的要求高。

（四）调剂岗位职责制

药品调剂人员必须严格执行岗位职责制。其主要内容包括以下几方面。

（1）树立以患者服务为中心的职业观念，并有良好的职业道德。

（2）对严格执行各项规章制度和操作规程负责。

（3）熟练掌握调剂业务操作。

（4）对做到“四保证”负责。即对保证供应、保证药品质量、保证正确指导患者合理用药、保证使患者按医师处方要求用药负责。

（5）对按规定进行药品统计报销负责。

（6）对以良好工作、热情服务负责。

（7）对做好岗位清洁卫生负责。

小资料

我国西南部某省卫生行政机构对乡镇卫生院药学人才调查结果表明，乡镇卫生院药学人员的专业与层次结构为：从事药学工作的人员中兼职从事其他岗位工作的占21.3%，药学专业毕业的人员仅占药学工作人员的49.6%，且药师以上技术职称人员仅占药学人员的27.5%。

做一做

选择一两个乡镇卫生院作为调查对象，进行以下内容的调查。

1. 该乡镇卫生院药房从业人员人数、所学专业、学历、职称情况。

2. 该乡镇卫生院药房制度建设情况。

要求根据调查结果写出调查报告。

第二节 社会药房

一、基本概念

1. 零售

零售是指“将小量产品直接销售给最终消费者”。零售商和批发商都是商品流通渠道的中间商，批发商是流通领域的起点或中间环节，零售商是流通领域的终端环节。二者根本不同之处是，批发商的销售对象是零售商或另一批发商，而零售商的销售对象是最终消费者。

2. 药品零售企业的定义

《药品管理法实施条例》对药品零售企业的定义是：“药品零售企业是指将购进的药品直接销售给消费者的药品经营企业”。

广义的药品零售机构，包括药品零售经营企业，又称零售药房或称社会药房以及医疗机构药房（包括医院药房、诊所药房及各种保健组织的药房）。

二、社会药房的性质与特点

社会药房必须按法定程序，经法定部门审定必须具备的基本条件，准予注册取得许可证，然后才能开始经营活动。

社会药房的特点如下。

（1）具有企业性质，这是与医疗机构药房不同之处，社会药房由于具有企业性质，要承担投资风险。医疗机构药房是医疗机构的组成部分，不具法人资格，不承担投资风险。

（2）数量众多、分布很广。

（3）经营多种商品。我国药品管理法规定，药品经营企业分专营企业和兼营企业，后者除药品外还可经营其他商品。

三、社会药房的类型

社会药房的分类方法多样，形成了各类型药房。按照所销售的药品类型，可分为处方药药房（也可以卖非处方药）和非处方药药房（不能卖处方药）；也可分为中药房和西药房。还可按组织形式、所有制、规模、销售方法等分类型。我国的社会药房类型有以下几种。

（1）零售药店和零售连锁药店

①零售药店：依法取得《药品经营许可证》的单一门店的药品零售经营企业，称零售药店或称独立的零售药店。

②零售连锁药店：依法设置的药品零售连锁企业，是指经营同类药品，使用同一商号的若干门店，在同一总部的管理下，采取统一采购配送、统一质量标准、采购同销售分离、实行规模化管理的组织形式。药品零售连锁企业由总部、配送中心和若干门店构成。总部是连锁企业经营管理的核心；配送中心是连锁企业的物流机构，只准向该企业连锁范围内的门店进行配送，不得对该企业外部进行批发，零售；门店按总部的制度、规范要求，承担日常药品零售业务，门店不得自行采购药品。药品零售连锁企业应是企业法人，总店和各个门店必须依法分别取得《药品经营许可证》。

（2）经营处方药、甲类非处方药的零售药店和经营乙类非处方药的零售药店（或零售点） 经营处方药、甲类非处方药的零售药店，必须配备执业药师或其他依法经资格认定的药学技术人员。经营乙类非处方药的零售药店，可以不配备执业药师，但应配备经县级或市级药品监督管理局组织考核的业务人员。

（3）经营中药饮片的零售药店　这是指以调配中医处方（检药配方）为主的中药零售药店，亦称中药铺。这类药店应配备执业中药师，经依法认定资格的中药技术人员和资深老药工。

（4）定点零售药　定点零售药店是指经统筹地区劳动保障行政部门审查，并经社会保险经办机构确定的，为城镇职工基本医疗保险参保人员提供处方外配服务的零售药店。处方外配是指参保人员持定点医疗机构处方，在定点零售药店购药的行为。定点零售药店必须配备执业药师或依法经资格认定的药学技术人员，具备及时供应基本医疗保险用药和提供 24 小时服务的能力。

小资料

目前，随着社会基本医疗保险的发展和需求，定点零售药店已成为社会药房的重要组成类型。同时，社会保险经办机构对定点零售药店也提出了严格的资格条件，除应具备药店的基本条件外，各地区根据当地现有的社会医疗保险市场情况，对定点零售药店的资格申请提出了不同要求和准入条件，主要焦点集中在药店的药师配备、药店面积、距离限制等条件。如在“珠三角”一些城市，申报定点零售药店必须配备药师 3 名以上（含 3 名），其中至少有西药师 1 名、中药师 2 名；营业场所面积在 $200m^2$ 以上的，应配备执业药师；并且要求营业场所使用面积 $100m^2$ 以上，所处地理位置与其他定点零售药店相隔距离应在 300m 以上。

四、社会药房药品调剂

社会药房的西药调剂多为处方药，中药调剂可以是处方药，也较多调配非处方中药。具调剂岗位设置、调剂流程、操业方式、要求与注意事项与门诊药房药品调剂相同。

（韦　超　莫远红）

第二章 法规与制度

第一节 法 规

药品是与每一个人的身体健康和生命安危息息相关的一种特殊商品，因而其也是受法律严格控制的商品之一。目前各国政府都制定相应的法律、法规来管理药品。药品管理的法规是国家关于药政管理工作的法令、法规、条例、细则、规则和规定等文件的总称，是全国药品研制、生产、经营、使用、检验、进出口和监督管理单位及个人都必须严格遵守和认真执行的行为规范。作为即将进入药学行业工作而接受药学教育的学生，必须熟悉、掌握药品管理的法律和法规，并能自觉遵守。以下着重介绍与药品调剂相关的法规。

一、特殊药品的管理办法

《药品管理法》第三十五条规定："国家对麻醉药品、精神药品、医疗用毒性药品、放射性药品，实行特殊管理。管理办法由国务院制定"。2005 年 7 月 26 日国务院通过《麻醉药品和精神药品管理条例》，自 2005 年 11 月 1 日起施行。此外国务院还颁布了《医疗用毒性药品管理办法》、《放射性药品管理办法》，国家食品药品监督管理局颁布了《戒毒药品管理办法》。目的在于正确发挥其防病治病的积极作用，严防因管理不善或使用不当而造成对人民健康、公共卫生以及社会治安的危害。

特殊药品管理相关法规是特殊药品研究、生产、经营、使用与管理的法律依据，必须严格执行。本教材重点介绍麻醉药品、精神药品及医疗用毒性药品经营、使用管理的相关规定。

（一）特殊管理药品的定义、分类与常见品种

麻醉药品、精神药品、医疗用毒性药品的定义、分类与常见品种见表 2－1。

表 2-1 麻醉药品、精神药品、医疗用毒性药品的定义、分类与常见品种

	麻醉药品	精神药品	医疗用毒性药品
定义	连续使用后易产生身体依赖性、能成瘾癖的药品	直接作用于中枢神经系统，使之兴奋或抑制，连续使用能产生依赖性的药品	毒性剧烈、治疗剂量与中毒剂量相近，使用不当会致人中毒或死亡的药品
分类	阿片类、可卡因类、大麻类、合成麻醉药类及卫生部指定的其他易成瘾癖的药品、药用原植物及其制剂	第一类精神药品和第二类精神药品，其中第一类更易产生依赖性且毒性和成瘾性更强	毒性中药28个品种 毒性西药11个品种
常见药品举例	阿片、可卡因、吗啡、芬太尼、美沙酮、可待因、哌替啶（度冷丁）、罂粟壳、阿桔片、吗啡阿托品注射液等	第一类：司可巴比妥、丁丙诺啡、三唑仑、哌醋甲酯（利他林）等 第二类：安钠咖、咖啡因、地西泮（安定）、艾司唑仑、阿普唑仑、去甲伪麻黄碱、巴比妥等	毒性中药：生马钱子、生附子、生半夏、生南星等 毒性西药：阿托品、洋地黄毒苷、毛果芸香碱、水杨酸毒扁豆碱等原料药

想一想

麻醉药品与精神药品所产生的依赖性有何不同？

做一做

《麻醉药品和精神药品管理条例》第三条规定："本条例所称麻醉药品和精神药品，是指列入《麻醉药品目录》、《精神药品目录》（以下称目录）的药品和其他物质。精神药品分为第一类精神药品和第二类精神药品。"请查询我国生产的麻醉药品和精神药品有哪些？

（二）特殊药品的经营管理

1. 麻醉药品和第一类精神药品的经营管理

《麻醉药品和精神药品管理条例》规定："国家对麻醉药品和精神药品实行定点经营制度。"麻醉药品和第一类精神药品只能由国家食品药品监督管理部门或省级食品药品监督管理部门批准的经营单位经营，其他任何单位和个人均不得经营。

麻醉药品和第一类精神药品的定点批发企业，应当具有保证供应责任区域内医疗机构所需麻醉药品和第一类精神药品的能力，并具有保证麻醉药品和第一类精神药品安全经营的管理制度。全国性批发企业和区域性批发企业向医疗机构销售麻醉药品和第一类精神药品，应当将药品送至医疗机构。医疗机构不得自行提货。

麻醉药品和第一类精神药品不得零售。

2. 第二类精神药品的经营管理

《麻醉药品和精神药品管理条例》第二十四条规定："专门从事第二类精神药品批发业务的企业，应当经所在地省、自治区、直辖市人民政府药品监督管理部门批准。全国性批发企业和区域性批发企业可以从事第二类精神药品批发业务。"

经所在地设区的市级药品监督管理部门批准，实行统一进货、统一配送、统一管理的药品零售连锁企业可以从事第二类精神药品零售业务。

第二类精神药品零售企业应当凭执业医师出具的处方，并经执业药师或其他依法经过资格认定的药学技术人员复核，按规定剂量销售第二类精神药品，处方保存2年备查；禁止超剂量或者无处方销售第二类精神药品；不得向未成年人销售第二类精神药品。

药品经营企业对第二类精神药品应严加管理，专柜加锁，专用账册，相关业务人员和管理人员应当相对稳定，并每年接受一定时间的精神药品管理业务培训。

3. 医疗用毒性药品的经营管理

毒性药品的收购、经营，由各级药品监督管理部门指定的药品经营单位负责；配方用药由医疗机构和有调配处方资格的药品经营企业零售药店负责。其他任何单位或个人均不得从事毒性药品的收购、经营与配方业务。

各级药品批发部门及零售药店必须配备药剂士以上的药学技术人员负责管理、复核、调配和发售毒性药品。

群众自配民间单、秘、验方需用毒性中药，购买时要持有本单位或城市街道办事处、乡（镇）人民政府的证明信，销售门店方可发售。每次购用量不得超过二日极量。

毒性药品的经营和使用单位必须建立健全保管、验收、领发、核对等制度，严防收假、发错，严禁与其他药品混杂，做到专库专仓或专位、专柜加锁，并由专人保管。

（三）特殊药品的使用管理

1. 麻醉药品的使用管理

医疗机构需要使用麻醉药品的，应当经所在地设区的市级人民政府卫生主管部门批准，取得麻醉药品、第一类精神药品购用印鉴卡（以下称印鉴卡）。医疗机构必须有专职的麻醉药品管理人员，有获得麻醉药品处方资格的执业医师，有保证麻醉药品安全储存的设施和管理制度，才能申领印鉴卡。凭印鉴卡向本省、自治区、直辖市行政区域内的定点批发企业购买麻醉药品。麻醉药品只限用于医疗、科研和教学的需要。

医疗机构对采购回来的麻醉药品应当及时入库储存，且必须做到专人负责、专柜加锁、专用账册、专册登记。严禁非法储存、转让或借用。对变质或损坏的麻醉药品，使用单位每年报损一次，由单位领导批准后就地监督销毁，并及时向当地食品药品监督管理部门报告备案。

医疗机构要按照国务院卫生主管部门的规定，对本单位执业医师进行有关麻醉药品使用知识的培训、考核，经考核合格的，授予麻醉药品处方资格。执业医师取得麻醉药品的处方资格后，方可在本医疗机构开具麻醉药品处方，但不得为自己开具该种处方。麻醉药品处方的相关规定见《处方管理办法》。

因抢救患者急需麻醉药品的，有关医疗单位和麻醉药品经营单位应立即迅速办理，但只限于该病例一次性使用剂量，手续不完备的，可事后补办。

2. 精神药品的使用管理

第一类精神药品的使用管理与麻醉药品相同。执业医师要根据治疗需要合理使用第二类精神药品，严禁滥用。精神药品处方的相关规定见《处方管理办法》。

3. 医疗用毒性药品的使用管理

医疗机构凭医师签名的正式处方，供应和调配毒性药品。零售药店凭盖有医师所在的医疗单位公章的正式处方，方可供应和调配毒性药品。每次处方剂量不得超过二日极量。

药学人员调配毒性药品处方时，必须认真负责，计量准确，按医嘱注明要求，并由配方人员及具有药师以上技术职称的复核人员签名盖章后，方可发出药品。对处方未注明“生用”的毒性中药，应当付炮制品。如发现处方有疑问时，须经原处方医生重新审定后再行调配。处方一次有效，取药后处方保存两年备查。

4. 戒毒药品的使用管理

戒毒药品系指控制并消除滥用阿片类药物成瘾者的急剧戒断症状与体征的药品。分为麻醉性戒毒药品和非麻醉性戒毒药品。麻醉性戒毒药品只供应经国家批准的戒毒医疗机构开展戒毒治疗使用。

医生应当根据成瘾者的医疗需要合理使用戒毒药品，禁止滥用。麻醉性戒毒药品的处方应保存两年备查。

戒毒医疗机构对麻醉性戒毒药品的保管与麻醉药品的管理要求相同，要做到专人负责、专柜加锁、专用账册，按季度盘点，做到账物相符等。

做一一做

通过网络检索的方法，查找一两个滥用特殊药品的案例，并讨论加强特殊药品管理的意义。

二、处方药与非处方药分类管理办法

（一）概述

根据《中共中央、国务院关于卫生改革与发展的决定》（中发〔1997〕3号）精神和《中华人民共和国药品管理法》的规定，我国实施处方药和非处方药分类的管理办法。

我国实施药品分类管理的目标是：从2000年开始，初步建立起符合我国国情的处方药与非处方药分类管理制度，以及与之相适应的药品监管法规体系，再用若干年，建成比较完善的、具有中国特色的分类管理制度。

1. 处方药与非处方药分类管理的意义

（1）利于保障人民用药安全有效　通过实施药品分类管理，改变过去药品自由销售状况，规范非处方药的监管，加强处方药的监管，对那些安全性较小、毒副作用大的药品实行处方药管理，使其在医生监督下使用，可减少不合理用药的现象，防止药品滥用，从而保证人民用药的安全。

（2）利于合理利用医疗卫生与药品资源　随着我国医疗卫生体制、医疗保险制度等各项改革的不断深入，医疗费用实行国家、单位和个人合理负担。实行非处方药制度，节约了药品资源，能够降低医疗费用，减轻国家财政负担。

（3）利于增强人们自我保健、自我药疗意识　随着我国社会和经济的发展，人们物质、文化、生活水平的不断提高，人们自我保健意识逐渐增强，对安全有效、方便合理用药的要求也越来越高，故提供质量可靠、安全有效的非处方药，以保证消费者能够支付的费用额，必将有助于人们自我保健意识的提高。

（4）利于促进我国药品监督管理模式与国际接轨　药品分类管理是国际通行的管理办法。我国实行药品分类管理，才能更好地进行国际间的交流与合作，提高合理用药水平，同时完善新的药品监督管理法规体系，从而使我国药品监督管理模式尽快与国际接轨。

2. 非处方药的遴选原则

（1）应用安全　药品的安全性大，无不良反应或较轻，无潜在毒性，无“三致”作用，不引起依赖性。

（2）疗效确切　根据长期临床使用证明，药物的作用显著，功能主治明确。

（3）质量稳定　药物的质量可控，在规定条件下具有良好的稳定性。

（4）应用方便　以口服、外用、吸入等剂型为主，患者不需要专门技术就能方便使用，用药时不需做特殊检查和试验。

3. 非处方药（OTC）专有标识

国际上通用的OTC专有标识图案为椭圆形背景下的“OTC”三个英文字母。其中甲类非处方药的图案颜色为红色，乙类非处方药的图案颜色为绿色。

（二）处方药与非处方药的关系与区别

1. 处方药与非处方药的关系

处方药与非处方药本质上都是药品，都具有药品的共同质量特性，只是非处方药是经过医药学专家的严格遴选而产生的，因此，就其安全性而言，相对于处方药更安全些。

只有列入《国家非处方药目录》中的药品是非处方药。为进一步保障公众用药安全有效，国家食品药品监督管理局根据收集汇总的有关药品临床使用安全性监测和不良反应报告等药品信息，开展处方药和非处方药转换评价工作，对《非处方药目录》实行动态管理。因此，有些处方药也可能被选入“目录”中而成为非处方药，同理，原来“目录”中的非处方药也可能转换为处方药，按处方药管理。

2. 处方药与非处方药的区别

处方药与非处方药是从管理的角度上进行划分的。处方药与非处方药的主要区别见表2－2。

表2－2　处方药与非处方药的主要区别

分类	处方药	非处方药
疾病类型	病情较重、需要医生确诊	病情较轻、诊断明确的疾病
疾病诊断者	医生	患者自行判断和辨别
取药凭据	医生处方	不需处方
购药地点	医院药房、零售药店	零售药店（甲类、乙类）或超市（乙类）
用法用量	遵照医生嘱咐	依药品说明书使用或在药师指导下使用
用药安全性	较小	较大
宣传对象	医生	消费者
广告载体	专业性医药报刊	大众传播媒介

（三）处方药的管理

处方药（简称 Rx 药），是必须凭执业医师或助理执业医师处方才可调配、购买和使用的药品。这种药通常都具有一定的毒性及其他潜在的影响，用药方法和时间都有特殊要求，必须在医师、药师或其他医疗专业人员监督或指导下方可使用。国家规定必须凭处方销售的处方药，在医疗机构和药品零售企业都必须做到凭处方销售。

目前我国对处方药药品监管采取“双轨制”的办法，即计划分期、分批公布必须凭处方购买的处方药类别品种，并加强管理，除必须凭处方购买的处方药以外，消费者可以持方购买，也可以直接购买药品。经过若干年的时间，实现所有处方药药品的销售必须凭处方购买和使用。

做一做

举例分析处方药与非处方药分类管理的意义。

三、城镇职工基本医疗保险用药范围管理办法

（一）概述

为了保障职工基本医疗用药，合理控制药品费用，规范基本医疗保险用药范围管理，根据《国务院关于建立城镇职工基本医疗保险制度的决定》，国家多部门联合制定了《城镇职工基本医疗保险用药范围管理暂行办法》，从 1999 年 5 月 12 日起施行。

基本医疗保险用药范围通过制定《基本医疗保险药品目录》（以下简称《药品目录》）进行管理。

（二）《药品目录》中药品的遴选

1. 纳入《药品目录》的药品

应是临床必需、安全有效、价格合理、使用方便、市场能够保证供应的药品，并具备下列条件之一。

（1）《中华人民共和国药典》（现行版）收载的药品。

（2）符合国家药品监督管理部门颁发标准的药品。

（3）国家药品监督管理部门批准正式进口的药品。

2. 不能纳入《药品目录》的药品

（1）主要起营养滋补作用的药品。

（2）部分可以入药的动物及动物脏器，干（水）果类。

（3）用中药材和中药饮片泡制的各类酒制剂。

（4）各类药品中的果味制剂、口服泡腾剂。

（5）血液制品、蛋白类制品（特殊适应证与急救、抢救除外）。

（6）人力资源和社会保障部规定基本医疗保险基金不予支付的其他药品。

（三）《药品目录》分类的相关规定

《药品目录》分“甲类目录”和“乙类目录”。

1. “甲类目录”的相关规定

“甲类目录”的药品是临床治疗必需，使用广泛，疗效好，同类药品中价格低的药品。

“甲类目录”由国家统一制定，各地不得调整。

使用“甲类目录”的药品所发生的费用，按基本医疗保险的规定支付。

2. “乙类目录”的相关规定

“乙类目录”的药品是可供临床治疗选择使用，疗效好，同类药品中比“甲类目录”药品价格略高的药品。

“乙类目录”由国家制定，各省、自治区、直辖市可根据当地经济水平、医疗需求和用药习惯，适当进行调整，增加和减少的品种数之和不得超过国家制定的“乙类目录”药品总数的15%。

使用“乙类目录”的药品所发生的费用，先由参保人员自付一定比例，再按基本医疗保险的规定支付。个人自付的具体比例，由统筹地区规定，报省、自治区、直辖市劳动保障行政部门备案。

（四）《药品目录》的修订

国家《药品目录》原则上每两年调整一次，各省、自治区、直辖市《药品目录》进行相应调整。国家《药品目录》的新药增补工作每年进行一次，各地不得自行进行新药增补。增补进入国家“乙类目录”的药品，各省、自治区、直辖市可根据实际情况，确定是否进入当地的“乙类目录”。

（五）《国家基本药物目录》与《国家基本医疗保险药品目录》的相关性

《国家基本医疗保险药品目录》中的西药和中成药是在《国家基本药物目录》的基础上遴选出来的。

四、中药饮片质量管理办法

（一）医疗机构中药饮片质量管理办法

为加强医疗机构的中药饮片监督管理，确保中药饮片质量和用药效果，保障人民用药安全，根据《中华人民共和国药品管理法》、《医疗机构管理条例》、《医院药剂管理办法》等有关法律、法规，制定了《医疗机构中药饮片质量管理办法》。其主要内容包括以下几方面。

1. 各岗位人员的素质要求

凡从事医疗机构中药材和饮片的管理、采购、质检、验收、炮制、保管、调剂工作的人员，必须是医药院校毕业或受过1年以上专门培训、热爱本职工作、具有职业道德和与其工作相适应的知识和技术的专业技术人员，非专业技术人员不得从事以上工作。

2. 饮片质量监督员的配置及其职责

各医疗机构应有1名中药专业技术人员担任饮片质量监督员工作。三级医院必须有1名副主任中药师以上专业技术职务人员；二级医院必须有1名中药师以上专业技术职务人员；一级医院和其他医疗机构必须有1名中药士或相当中药士以上专业技术水平的人员，担任饮片质量监督员工作。饮片质量监督员，对本机构使用的饮片进行不定期抽查，并做检查记录，检查工作每月不少于两次。发现质量可疑或不合格的饮片，医疗机构应立即停止使用，并查明原因，做出相应的处理。

3. 质量验收员的资格

医疗机构对中药材和饮片的质量验收，应选派严于律己、奉公守法，对中药材、饮片质量具备鉴别经验的中药专业技术人员专人负责。

（二）药品零售企业中药饮片质量管理办法

药品零售企业中药饮片质量管理办法主要内容包括以下几方面。

1. 各岗位人员的基本要求

从事质量管理、检验、采购、保管养护、调剂的人员，必须有相应的专业技术职称或技术等级以及15年以上老药工，经过有关药品法规和有关专业知识的培训，具有相应的专业技能，并经考试合格后方能上岗。

2. 质管员和质检员的能力要求

从事质量管理、检验的人员，应熟练掌握中药饮片鉴别技术，有能力对经营各环节出现的质量问题做出正确判断和处理。

3. 采购员的能力要求

从事中药饮片采购的人员，必须掌握本企业所经营中药饮片和购进饮片的《中华人民共和国药典》标准和地方质量标准和行业标准。

4. 保管员和养护员的能力要求

从事中药饮片保管、养护的人员必须熟悉各种中药饮片的性质，掌握保管方法和养护手段。

5. 调剂员的能力要求

从事饮片调剂的人员，必须熟练掌握饮片调剂的基本知识和操作技能。

第二节　医疗机构处方管理

一、概述

（一）处方的概念与种类

1. 处方的概念

处方是医疗和药剂配制的重要书面文件。狭义地说，处方是由注册的执业医师和执业助理医师在诊疗活动中为患者开具的、由取得药学专业技术职务任职资格的药学专业技术人员审核、调配、核对，并作为患者用药凭证的医疗文书。处方包括医疗机构病区用药医嘱单。广义地说，凡制备任何一种药剂的书面文件均可称为处方。

处方具有法律上、技术上和经济上三方面的重要意义。其法律意义体现在：因处方书写或调配错误而造成医疗事故时，开方医师或调剂处方的药剂人员应承担相应的法律责任。因此，要求医师和药剂人员在处方上签字，以示负责。其技术意义体现在：处方上写明了医师用药的名称、剂型、规格、数量及用法用量，是药师配发药品和指导患者用药的依据。其经济意义体现在：处方是患者已交药费的凭证及统计医疗药品消耗、预算采购药品的依据。

2. 处方的种类

处方按其性质分为三种，即法定处方、医师处方、协定处方。

法定处方是指经国家法定部门审核批准发布的处方，它具有法律的约束力。在制备法定制剂或医师开写法定制剂时均应照此规定。

医师处方是医师为患者诊断、治疗和预防用药所开具的处方。

协定处方是医院药剂科与临床医师根据医院日常医疗用药的需要，共同协商制定的处方。它适于大量配制和储备，便于控制药品的品种和质量，提高工作效率，减少患者取药等候时间。每个医院的协定处方仅限于在本单位使用。

（二）处方的格式与内容

处方格式由省、自治区、直辖市卫生行政部门统一制定，处方由医疗机构按照规定的标准和格式印制。处方格式由三部分组成。

（1）前记　包括医疗机构名称、费别、患者姓名、性别、年龄、门诊或住院病历号、科别、床位号、临床诊断、开具日期等，并可添列专科要求的项目。

麻醉药品和第一类精神药品处方还应当包括患者身份证明编号、代办人姓名和身份证明编号。

（2）正文　以 Rp 或 R（拉丁文 Recipe“请取”的缩写）标示，分列药品名称、剂型、规格、数量、用法用量等。

（3）后记　医师签名或加盖专用签章、药品金额以及审核、调配、核对、发药药师签名或者加盖专用签章。

处方必须按规定的格式统一印制。普通处方印刷用纸为白色；急诊处方印刷用纸为淡黄色，右上角标注“急诊”；儿科处方印刷用纸为淡绿色，右上角标注“儿科”；麻醉药品和第一类精神药品处方印刷用纸为淡红色，右上角标注“麻、精一”，第二类精神药品处方印刷用纸为白色，右上角标注“精二”。

二、医疗机构《处方管理办法》内容介绍

为规范处方管理，提高处方质量，促进合理用药，保障医疗安全，根据《执业医师法》、《药品管理法》、《医疗机构管理条例》、《麻醉药品和精神药品管理条例》等有关法律、法规，卫生部制定了《处方管理办法》，并于2007年5月1日起施行。

（一）处方权限的相关规定

（1）经注册的执业医师在执业地点取得相应的处方权。经注册的执业助理医师在医疗机构开具的处方，应当经所在执业地点执业医师签名或加盖专用签章后方有效。

（2）经注册的执业助理医师在乡、民族乡、镇、村的医疗机构独立从事一般的执业活动，可以在注册的执业地点取得相应的处方权。

（3）医师应当在注册的医疗机构签名留样或者专用签章备案后，方可开具处方。

（4）执业医师经考核合格后取得麻醉药品和第一类精神药品的处方权，药师经考核

合格后取得麻醉药品和第一类精神药品调剂资格。

（5）试用期人员开具处方，应当经所在医疗机构有处方权的执业医师审核并签名或加盖专用签章后方有效。

（6）进修医师由接收进修的医疗机构对其胜任本专业工作的实际情况进行认定后授予相应的处方权。

（二）处方书写的相关规定

处方书写应当符合下列规则。

（1）患者一般情况、临床诊断填写清晰、完整，并与病历记载相一致。

（2）每张处方限于一名患者的用药。

（3）字迹清楚，不得涂改；如需修改，应当在修改处签名并注明修改日期。

（4）药品名称应当使用规范的中文名称书写，没有中文名称的可以使用规范的英文名称书写；医疗机构或者医师、药师不得自行编制药品缩写名称或者使用代号；书写药品名称、剂量、规格、用法、用量要准确规范，药品用法可用规范的中文、英文、拉丁文或者缩写体书写，但不得使用“遵医嘱”、“自用”等含糊不清字句。

（5）患者年龄应当填写实足年龄，新生儿、婴幼儿写日、月龄，必要时要注明体重。

（6）西药和中成药可以分别开具处方，也可以开具一张处方，中药饮片应当单独开具处方。

（7）开具西药、中成药处方，每一种药品应当另起一行，每张处方不得超过 5 种药品。

（8）中药饮片处方的书写，一般应当按照“君、臣、佐、使”的顺序排列；调剂、煎煮的特殊要求注明在药品右上方，并加括号，如布包、先煎、后下等；对饮片的产地、炮制有特殊要求的，应当在药品名称之前写明。

（9）药品用法用量应当按照药品说明书规定的常规用法用量使用，特殊情况需要超剂量使用时，应当注明原因并再次签名。

（10）除特殊情况外，应当注明临床诊断。

（11）开具西药、中成药处方后的空白处划一斜线以示处方完毕。

（12）处方医师的签名式样和专用签章应当与院内药学部门留样备查的式样相一致，不得任意改动，否则应当重新登记留样备案。

处方剂量、数量的相关规定如下。

（1）药品剂量与数量用阿拉伯数字书写。剂量应当使用法定剂量单位：重量以克

(g)、毫克(mg)、微克(μg)、纳克(ng)为单位;容量以升(L)、毫升(ml)为单位;国际单位(IU)、单位(U);中药饮片以克(g)为单位。

(2)片剂、丸剂、胶囊剂、颗粒剂分别以片、丸、粒、袋为单位;溶液剂以支、瓶为单位;软膏及乳膏剂以支、盒为单位;注射剂以支、瓶为单位,应当注明含量;中药饮片以剂为单位。

议一议

在处方中注明临床诊断有何意义?

(三)处方开具的相关规定

(1)医师应当根据医疗、预防、保健需要,按照诊疗规范、药品说明书中的药品适应证、药理作用、用法、用量、禁忌、不良反应和注意事项等开具处方。

(2)医师开具处方应当使用经药品监督管理部门批准并公布的药品通用名称、新活性化合物的专利药品名称和复方制剂药品名称。

医师开具院内制剂处方时应当使用经省级卫生行政部门审核、药品监督管理部门批准的名称。医师可以使用由卫生部公布的药品习惯名称开具处方。

(3)处方一般不得超过7日用量;急诊处方一般不得超过3日用量;对于某些慢性病、老年病或特殊情况,处方用量可适当增加,但医师应当注明理由。

(4)处方开具当日有效。特殊情况下需延长有效期的,由开具处方的医师注明有效期限,但有效期最长不得超过3天。

(5)利用计算机开具、传递普通处方时,应当同时打印出纸质处方,其格式与手写处方一致;打印的纸质处方经签名或者加盖签章后有效。药师核发药品时,应当核对打印的纸质处方,无误后发给药品,并将打印的纸质处方与计算机传递处方同时收存备查。

(四)麻醉药品、精神药品处方管理相关规定

(1)除需长期使用麻醉药品和第一类精神药品的门(急)诊癌症疼痛患者和中、重度慢性疼痛患者外,麻醉药品注射剂仅限于医疗机构内使用。

(2)为门(急)诊患者开具的麻醉药品注射剂,每张处方为一次常用量;控缓释制剂,每张处方不得超过7日常用量;其他剂型,每张处方不得超过3日常用量。

第一类精神药品注射剂,每张处方为一次常用量;控缓释制剂,每张处方不得超过7日常用量;其他剂型,每张处方不得超过3日常用量。哌醋甲酯用于治疗儿童多动症时,

每张处方不得超过15日常用量。

第二类精神药品一般每张处方不得超过7日常用量；对于慢性病或某些特殊情况的患者，处方用量可以适当延长，医师应当注明理由。

（3）为门（急）诊癌症疼痛患者和中、重度慢性疼痛患者开具的麻醉药品、第一类精神药品注射剂，每张处方不得超过3日常用量；控缓释制剂，每张处方不得超过15日常用量；其他剂型，每张处方不得超过7日常用量。

（4）为住院患者开具的麻醉药品和第一类精神药品处方应当逐日开具，每张处方为1日常用量。

（5）对于需要特别加强管制的麻醉药品，盐酸二氢埃托啡处方为一次常用量，仅限于二级以上医院内使用；盐酸哌替啶处方为一次常用量，仅限于医疗机构内使用。

（五）调配处方的相关规定

（1）取得药学专业技术职务任职资格的人员方可从事处方调剂工作。

（2）具有药师以上专业技术职务任职资格的人员负责处方审核、评估、核对、发药以及安全用药指导；药士从事处方调配工作。

（3）药师应当凭医师处方调剂处方药品，非经医师处方不得调剂。

（4）药师应当按照操作规程调剂处方药品：认真审核处方，准确调配药品，正确书写药袋或粘贴标签，注明患者姓名和药品名称、用法、用量，包装；向患者交付药品时，按照药品说明书或者处方用法，进行用药交待与指导，包括每种药品的用法、用量、注意事项等。

（5）药师应当认真逐项检查处方前记、正文和后记书写是否清晰、完整，并确认处方的合法性。

（6）药师应当对处方用药适宜性进行审核，认为存在用药不适宜时，应当告知处方医师，请其确认或者重新开具处方。

药师发现严重不合理用药或者用药错误，应当拒绝调剂，及时告知处方医师，并应当记录，按照有关规定报告。

（7）药师调剂处方时必须做到“四查十对”。药师在完成处方调剂后，应当在处方上签名或者加盖专用签章。

（8）除麻醉药品、精神药品、医疗用毒性药品和儿科处方外，医疗机构不得限制门诊就诊人员持处方到药品零售企业购药。

（六）保管处方的相关规定

处方由调剂处方药品的医疗机构妥善保存。普通处方、急诊处方、儿科处方保存期限为1年，医疗用毒性药品、第二类精神药品处方保存期限为2年，麻醉药品和第一类精神药品处方保存期限为3年。

处方保存期满后，经医疗机构主要负责人批准、登记备案，方可销毁。

医疗机构应当根据麻醉药品和精神药品处方开具情况，按照麻醉药品和精神药品品种、规格对其消耗量进行专册登记，登记内容包括发药日期、患者姓名、用药数量。专册保存期限为3年。

三、处方常用拉丁缩写词

《处方管理办法》规定："药品名称应当使用规范的中文名称书写，没有中文名称的可以使用规范的英文名称书写"。但由于习惯和方便书写等原因，处方中药品剂型、用药方法仍然比较普遍采用拉丁缩写词。处方中常用的拉丁缩写词见表2-3。

表2-3 处方常用拉丁缩写词

缩写词	拉丁全文	中文
q. d.	quaque die	每天1次
q. h.	quaque hora	每小时1次
q. 6h.	quaque 6 hora	每6小时1次
q. 2d.	quaque 2 die	每2日1次
q. m.	quaque mame	每晨
q. n.	quaque nocte	每晚
h. s.	hora somni	睡时
s. i. d.	semel in die	每日1次
b. i. d.	bis in die	每日2次
t. i. d.	ter in die	每日3次
a. c.	ante cibos	饭前
p. c.	post cibos	饭后
a. m.	ante meridiem	上午
p. m.	post meridiem	下午
p. r. n.	pro re nata	必要时
s. o. s.	si opus sit	需要时
stat. !	statim	立即
cito. !	cito	急速地
Lent.	lente	慢慢地
i. d.	injectio intradermica	皮内注射
i. h.	injectio hypodermica	皮下注射
i. m.	injectio intramuscularis	肌内注射
i. v.	injectio intravenosa	静脉注射
i. v. gtt.	injectio intravenosa guttatim	静脉滴注
p. o.	per os	口服
ad us. int.	ad usum internum	内服
ad us. ext	ad usum externum	外用
pr. dos.	pro dosi	一次量，顿服
pr. ocul	pro oculis	眼用
pr. aur	pro auribus	耳用
pr. inf.	pro infántibus	婴儿用
pr. nar	pro náribus	鼻用
p. rect.	per rectum	灌肠
ad.	adde	加至

续表

缩写词	拉丁全文	中文
a. u. a.	ante usum agitetur	用前振摇
D. t. d. No.	Da tales doses Numero	给与同量
Div. i. p. aeq	Divide in partes aequales	分为等份
f.	fiat, fiant	制成
M. D. S.	Misce. Da. Signa.	混合，给与标记
No	Numero	数目
Rp.	Recipe	取
q. s.	quantum satis	适量
Sig. 或 S.	signa	标记（用法）
g. 或 gm	gramma	克
kg.	kilogramma	千克
meg.	microgramma	微克
mg.	milligramma	毫克
l.	litrum	升
ml.	millilitrum	毫升
i. u.	internationalis unitas	国际单位
u.	unitas	单位
Amp.	Ampulla	安瓿剂
Caps.	Capsulae	胶囊剂
Dec.	Decoctum	煎剂
Inj.	Injectio	注射剂
Lin.	Linimentum	搽剂
Mist.	Misturae	合剂
Ocul.	Oculentum	眼膏剂
Pil.	Pilulae	丸剂
Pulv.	Pulvis	散剂
Sol.	Solutio	溶液剂
Syr.	Syrupus	糖浆剂
Tab.	Tabellae	片剂
Tinct.	Tincturae	酊剂
Ung.	Unguentum	软膏剂
Neb.	Nebula	喷雾剂

第三节 调剂工作制度

为了保证调剂工作的顺利进行和药品调剂质量，药房必须建立和健全各项规章制度。由于药房的性质、工作对象不同，规章制度的形式、要求均有所区别。本节仅就调剂工作制度的内容加以说明。

一、岗位责任制度

从收处方到药品的发付，这一过程在药房内是需要经过多个环节的，每个岗位必须按其操作规程进行有序的工作。

药房的审查处方、划价、调配、核对、发药及药品分装、补充药品、处方统计与登记、处方保管等工作岗位。无论哪个岗位都应有明确职责范围、具体的内容、要求和标准。药房工作人员岗位责任制的内容要求具体化、数据化，这样便于对岗位工作人员的考核审查。

药房工作人员除确保药品质量和发给患者药品准确无误外，还应明确药房工作环境的卫生责任，并应经常进行对患者热情服务的教育。

二、核对制度

核对制度是保证药品调剂质量的重要措施。核对制度应规定处方调配、核对发药窗口岗位人员，必须对调配、发出的药品与处方内容一致负责，必须认真查对无误后方可发出。确保调配的处方和发出的药品准确无误。

三、领发制度

药房药品从药库领取，应有领药制度，控制领药的品种、数量和有效期，配发到病房及其他部门的药品必须有发药制度，领发制度除保证医疗用药的供应外，还具有药品账目管理的目的。

四、特殊药品和贵重药品的管理制度

药房领用的药品，如麻醉药品、精神药品、医用毒性药品、戒毒药品，应严格按特殊药品管理办法及相关管理法规要求执行。切实规定和落实特殊药品在药房的储存量、使用范围和处方保管。除特殊药品外，各药房还将部分价格较贵的药品，作为贵重药品制订贵重药品管理制度，其品种由药房自定。药房在管理贵重药品时亦应专账专人管理。药房的工作人员凭处方兑换。其主要目的是防止贵重药品丢失，一旦发生差错可及时核查。

五、效期药品的管理制度

调剂室对效期药品的使用应注意按批号摆放，做到先产先用，近期先用。应明确规定实行专人定期检查，并做好登记；发现临近失效期且用量较少的药品，应及时上报，以便各药房之间调配使用。药房对距失效期一定时间的药品不领用；发给患者的效期药品，必须计算在药品用完前应有1个月的时间。效期药品的管理制度主要是保证药品质量，避免管理失误造成医疗纠纷和经济损失。

六、药品分装管理制度

为了适应医疗需要，药房经常将药厂生产的大包装药品进行分装。在分装药品时，必须保证准确无误，对分装的原瓶（袋）与分装后的瓶（袋）的品名、规格、批号、有效期和数量严格核查，并由分装者和核对者在药品分装单上签字备查。在一种药品分装结束后，必须进行清场；分装现场不得同时分装二种或二种以上的药品，以免发生差错。

七、药品不良反应报告制度

药房应做好药品不良反应收集、报告工作。药房处于用药的第一线，门诊、急诊患者的用药效果都会直接或间接地反馈给药品调剂人员。药品调剂人员有责任收集整理患者的药品不良反应信息，目的是为了保障患者的用药安全。

药房应设专人负责药品不良反应收集、报告和管理工作，处理结果及时上报，给合理用药提供依据和参考。

八、药品的报销制度

药房在验收和使用过程中发现包装破损、残缺、无标签，或风化、潮解、挥发、污染、变质等不能使用的药品，以及必备急救药品超过有效期时，应申请报销，以保证账目和经济核算的平衡。报销药品申请批准后不得自行处理，应有专人监督销毁，并有记录备查。

九、差错登记制度

差错登记一方面是对医师处方差错进行登记；另一方面是对药品调剂人员调配和发药的差错登记。应对差错出现的原因、性质和后果进行定期分析，有利于提高医师和药师水平。一般与经济利益结合的差错登记制度有利于提高医药人员的责任心。

十、交接班制度

药房 24 小时工作的连续性，决定了交接班制度的重要性。交接班是清点麻醉药品、核对一类精神药品及贵重药品的使用情况，并转交给接班人员；以及将本班未完成需要下班继续完成的工作进行移交。一般药房应有交接班记录本，双方交接事项完成后，由二人签字。建立交接班制度的目的是保证工作的连续性，增强值班人员的责任感。

（韦　超）

第三章　西药调剂基础

第一节　西药调剂概述

一、西药调剂概述

（一）西药调剂的概念与特点

1. 西药调剂的概念

西药调剂是指药学技术人员根据医师西药处方或病区领药单，按配方程序和原则及时准确地调配和分发药品给患者使用的药剂综合工作。

2. 西药调剂业务活动的特点

（1）调剂业务活动非常繁重，一个500张病床的医院，一般每天有1000多张门诊处方，数百张住院患者处方。涉及数百种药品，不同剂量的分装，包装、写标签。需要向上千的患者、患者家属进行用药指导，必要时要和许多医生、护士交换意见。

（2）配方发药活动时间曲线。一般说来，我国每日门诊配方的高峰期，大约在上午9点~11点。

（3）调剂业务上升趋势。随着医药卫生事业的发展，药品品种、剂型不断增加，每张处方笺上药品品种数增多，不合理配伍可能性增加；另一方面因年轻医生增加，有问题的处方数增多；西药和中成药并用的处方笺数增多等原因，造成西药调剂工作的复杂性和工作量增加。

（二）西药调剂工作的发展沿革

调剂学可分为西药调剂学和中药调剂学。调剂学是药剂学的重要组成。随着国际交往，西医传入我国，医院建立了西药房。20世纪60年代以前的调剂工作，担任一定量的药物制剂任务，例如，根据处方，制备某些合剂、散剂、膏剂等临时性配制工作，以满足临床需要。随着制药工业的发展，各种片剂、胶囊剂、颗粒剂等的大量生产，缓释和控释制剂、微型胶囊、靶向制剂等新型制剂的成功应用，以及医院制剂室的建设和不断完善，许多合剂、酊、水、膏、滴剂等都由制剂室制备。调剂工作中的大部分配制任务，逐渐由药厂和制剂室承担了。目前西药调剂室的工作逐渐趋向三大任务："领"——从西药库领取药品；"分"——根据本院协定处方分装药品；"发"——调配发药。这三项工作任务繁重，如何采取现代先进的科学管理方法，以满足工作需要，是当前调剂工作面临的重要课题。近年来，多数医院药剂科已配备了计算机系统，如处理调剂工作中的计价收费、统计药品的消耗和结存数量、解答用药咨询等，提高了工作效率和服务质量。随着医院药学的发展，西药调剂工作的发展趋势是：随着国家处方药和非处方药分类管理制度的完善和医疗体制改革的深入，住院药房西药调剂工作不但不会削弱而且将会加强，但门诊西药调剂将逐渐淡化，而社会药房处方调配量将增加。

（三）西药调剂工作的重要性

西药调剂直接面对患者，实践性极强，它是综合应用《医学基础》、《药学基础》、《药用化学》、《药物商品学》等多门课程知识的一门操作技术。药品调剂工作是药学技术服务的重要组成部分，是医疗机构药学部门的重要任务，是药学部门工作的第一线，调剂工作量约占整个药学部门业务工作量的50%～80%。调剂工作不仅能从源头上堵截不合理用药的发生，还能指导医护人员科学合理地使用药物，使"医、药、护"三者充分协作，既能规范药物的合理应用，提高患者的临床治疗效果，还能有效地减少药物的不良反应，预防药源性疾病的发生。随着科学技术和医药学的发展，调剂工作在医院药学中的地位将更加突出。

二、影响西药调剂质量的因素

古人云："人命至重，有贵千金，一方济之，德逾于此……"。由此可知，调剂的质量是人命关天的大事，调剂工作完成得好与坏，对医疗质量有直接影响。一旦发生药品调剂差错，轻者贻误疾病的治疗，重者给患者带来不应有的痛苦和心理创伤，严重的甚至造成死亡。在调剂过程中，医师的处方书写是否正确、规范，调剂人员是否能按调剂操作规程进行调剂，药品摆设、储存是否科学合理均影响到西药调剂质量。

（一）医师处方因素

处方书写字迹不清楚，或英文药名书写错误，或随意简化药名，或不写明剂型、规格等；选药、剂型、剂量、用法、疗程的失误或错误；联合用药存在配伍禁忌等。

（二）调剂人员因素

（1）医师处方中出现错误，但收方、审方、调配、发药时未能发现，依照错误处方调配，发给患者。

（2）调配错误——调配时发生药品名称、规格、数量或用量用法方面的错误，未能及时核对发现而发给患者，或将甲患者的药错发给了乙患者等。

（3）标识错误——配方人员在药袋、药瓶的标签上错标了患者姓名、药品名称、规格或用法用量。

（4）调剂特殊管理药品未按国家有关规定进行。

（5）调剂人员擅自脱离岗位，延误急重患者的抢救时机。

（6）单人调剂发药无第二人核对。

（三）药品因素

（1）药品品种多，陈列不定位，不同剂型药品互混陈列、药品包装近似。如把维生素C片和维生素C注射液相邻陈列；不少药品，特别是同一厂家生产的药品，其药品外包装，除药品名称不同外，外包装的形状、式样、颜色完全相同，从而增加调剂人员调配处方，核对药品的困难。

（2）药品标签脱落，药品与标签不符。如药品上架陈列时不注意，把标签弄烂或脱落；备药人员错把A药补充到B药的装药瓶内。

（3）药品储存不当，导致霉变、失效，或已超过有效期。如盐酸肾上腺素水针剂长时间见光后易被氧化而变成玫瑰红色；甘油栓、糖衣片、胶囊剂吸湿变软，膨胀裂开或粘连，使微生物易于生长而霉变失效；丙种球蛋白、破伤风抗毒素等生物制品室温储存导致失效等。

（4）药品质量出问题，如药品拆零、分剂量时易受污染。

（四）环境因素

药架布局不合理，调剂室内光线暗，候药患者拥挤、噪声等。

三、提高西药调剂质量、预防差错事故的方法

（一）加强调剂人员思想教育，增强工作责任心

西药调剂人员应树立“预防为主”、“质量第一”、“安全第一”的思想，人人关心药品质量，个个参与药品质量管理。

（二）遵守药师的职业道德准则

药品调剂人员职业道德水平的高低，直接关系人民用药安全有效和身体健康。药品调剂人员必须把患者的健康和安全放在首位，以自己最大的能力和才智，为患者提供最佳的

药品和药学服务。

（三）认真执行调剂规章制度，实行岗位责任制

药品调剂人员必须明确岗位职责，认真执行调剂的相关法规和规章制度，如取得药学专业技术资格人员方可从事处方调剂、调配工作，非药学专业技术人员不得从事处方调剂、调配工作；调剂的关键环节，如处方审核、评估、核对、发药及安全用药指导由药师以上药学专业人员担任、把关；调剂处方时必须做到“四查十对”；必须由另一调剂人员核对所调配的药品；科学合理的摆设、储存药品等。这是确保安全、有效、合理用药的重要措施，可将差错事故发生率降到最低。

（四）加强专业技术的教育与培训

调剂人员应全面掌握临床使用的各种药物的作用、理化性质、相互作用、不良反应、配伍禁忌及注意事项，协助医师选药和合理用药，能正确指导用药。并根据临床药物应用情况，不断更新知识，适应工作需要。药学部（药剂科）要对调剂人员提出继续教育的要求，定期考核，促进调剂人员整体素质的提高，减少差错事故的发生，更好胜任本职工作。

小资料

药师誓言

此时此刻，我庄严宣誓，加入药学职业，将我的职业生涯奉献给为人类服务。我将以减轻人类痛苦，维护社会安宁为首任。我将以我的知识和经验，尽我最大能力，为公众和其他卫生专业人员服务。

在我的药学职业生涯中，我将尽最大努力与发展同步，保持专业能力。我将遵守药学实践的法律法规，并促进其实施。我将保持道德和伦理操行的最高标准。

我已充分认识公众赋予我的信任，谨此自愿立誓。

（美国药学院校协会 1983 年制定）

做一做

组织一次药师誓言的宣誓活动。并谈一谈自己对药学职业道德的认识。

第二节　药品不良反应

一、药品不良反应概述

药品是一把双刃剑。一方面，药品是预防、诊断和治疗疾病的重要工具之一，它可预防一些疾病的发生，能帮助医生进行疾病的诊断，还可以减轻、治愈患者的疾病，提高患者的生命质量；另一方面，药品本身也存在危害，即所谓的药品不良反应，它能损害患者，造成残疾，甚至死亡。由药品不良反应所造成的药物性损害（简称药害）已成为主要致死疾病之一，位于心脏病、癌症、肺病、脑卒中（中风）之后，居第5位；"药害"已对人类健康构成威胁，成为一个全球性问题，应引起人们的广泛关注。药品不良反应按患者的临床表现可分为以下几种。

（一）副作用

药物的副作用主要是指药物在正常用法、用量情况下，伴随其治疗作用而出现的其他不期望的有害作用。如服用阿托品治疗胃肠痉挛所引起的疼痛而出现的口干、视力模糊、眼压升高，解痉是它的治疗作用，口干、视力模糊、眼压升高则为它的副作用。副作用中比较多见的是胃肠道反应，如解热镇痛药（阿司匹林、吲哚美辛等）、铁剂、抗酸药、多数口服抗生素、激素类药、抗肿瘤药等都易引起恶心、呕吐、上腹不适、腹泻等胃肠道反应。

（二）毒性作用

药物在超过治疗剂量时能引起人体生理、生化方面的变化和脏器、器官的功能或形态方面的损害，这是药物的毒性作用，也叫毒性反应。有神经系统反应、造血系统反应、心血管系统反应及肝肾损害等。

神经系统反应，如氯丙嗪、奋乃静、利血平、胃复安等可致锥体外系反应；耳毒性抗生素（链霉素、卡那霉素、万古霉素、新霉素）及奎宁、氯喹、水杨酸类等可引起听神经障碍，如眩晕、耳鸣、听力减退或耳聋，老年、儿童病例尤易发生；造血系统反应，如抗肿瘤药（如甲氨蝶呤、阿糖胞苷、白消安、环磷酰胺等）、氯霉素等均可引起再生障碍性贫血，长期应用阿司匹林可导致缺铁性贫血，苯妥英钠、氯丙嗪、非那西丁、吲哚美辛、甲苯磺丁脲、异烟肼、利福平等可致溶血性贫血；心血管系统反应，如过量使用强心苷类常引起心律失常，严重时可致死，利血平可致窦性心动过缓，长期应用可致心力衰竭等；肝毒性，如多数抗肿瘤药、抗结核病药都有肝毒性，长期口服或大剂量静脉滴注四环素类、无味红霉素药可引起肝损害，大剂量保泰松也可致肝损害；肾毒性，如长期或大剂量应用卡那霉素、新霉素、多黏菌素 B、链霉素、两性霉素 B 等可引起肾毒性，使肾功能减退。

议一议

药物的副作用与毒性作用有何区别？

（三）二重感染（菌群失调）

在应用抗感染药物的过程中，由于体内对药物敏感的细菌被杀灭，而一些对抗感染药物具有耐药性、抗药性的细菌趁机大量繁殖，引起严重的感染，称为二重感染或菌群失调，广谱抗生素尤其容易引起二重感染。其主要临床表现有消化道感染（如鹅口疮、假膜性肠炎）、肺炎、尿路感染及败血症等。如四环素类药物引起鹅口疮，林可霉素和克林霉素引起的假膜性肠炎最多见，其次是头孢氨苄、氨苄西林等。

（四）过敏反应

常见的过敏反应包括皮疹、荨麻疹、皮炎、发热、血管神经性水肿、哮喘、过敏性休克等，其中以过敏性休克最为严重，甚至可导致死亡。青霉素的过敏反应率居各种药物过敏反应的首位。此外，链霉素、庆大霉素、四环素类、磺胺类、复方阿司匹林、咳必清、复方氢氧化铝片、普鲁卡因、阿托品、可的松、疫苗、类毒素等均可引起过敏反应。

（五）后遗反应

指停止用药后遗留下来的生物学效应，遗留的时间有长有短。如服用巴比妥类药物后，次晨的宿醉现象。

（六）特异质反应

特异质反应指有些人使用某些药物后出现一些与药物本身药理作用无关、也和一般人群不同的反应，这些反应的出现往往与这些人的先天性、遗传性因素有关。如葡萄糖－6－磷酸脱氢酶缺陷者服用某些磺胺类、阿司匹林、非那西丁、伯氨喹或在吃蚕豆以后容易出现溶血反应。

（七）药物依赖性

有些人长期使用某些药物后，虽然疾病已经治愈，但心理上总还有继续服用这些药物的愿望，产生心理依赖性，也称习惯性。有的人停药后甚至会出现一些病态表现和症状，体内没有这种药就不能维持正常的生理功能，属于生理依赖性。主要是长期使用麻醉药品、精神药品所致。

小资料

药物依赖性

药物依赖性可分为身体依赖性和精神依赖性两类。

身体依赖性是用药者渴求定期使用某种药物，以得到欣快感；在连续使用中有加大用量的趋势；一旦停止使用会产生严重的戒断反应。

精神依赖性也称心理依赖性，是为了追求欣快感而定期连续使用某种药品，断药时一般不引起严重的戒断反应，但用药者产生一种追求用药的强烈欲望，这种行为被称为“觅药行为”。目前认为成瘾性主要反映了药物的精神依赖性，过去把身体依赖性当作成瘾性的看法是不准确的。

具有依赖特性的药物，大部分同时兼有精神依赖性和身体依赖性，一般规律是在反复用药过程中，精神依赖性最早产生，然后产生身体依赖性，从而使精神依赖性进一步加重。药物依赖性可使人丧失意志、削弱劳动能力、行为堕落，甚至走上犯罪道路，危害社会。除对麻醉药品和精神药品应依法管理，谨慎使用外，药品不良反应监测主要要求对一些普通药品如复方阿司匹林（APC）、去痛片等非麻醉药品所致的依赖性予以呈报。

（八）致癌作用

有一些药物长期使用后，能引起机体某些器官、组织、细胞的过度增殖，形成恶性肿瘤。如己烯雌酚、环磷酰胺、苯丁酸氮芥、非那西丁等。

（九）致畸作用

某些药物经孕妇用后能引起婴儿的先天性畸形。如沙利度胺（反应停）、抗肿瘤药（白消安、环磷酰胺、甲氨蝶呤、巯嘌呤）、性激素（己烯雌酚、黄体酮、雄激素、孕酮）、四环素类等。

（十）致突变作用

药物引起人体细胞内的染色体及其中的脱氧核糖核酸（DNA）的构成和排列顺序发生变化，进而使某些器官在形态、功能上发生病变。药物的致突变作用与药物的致癌作用有密切关系。

二、导致药品不良反应的因素

药物不良反应是在药物与机体的互相作用下出现的，因为药物种类繁多，用药途径不同，体质又因人而异，因此，影响药物不良反应的因素也是复杂的。

（一）药物方面的因素

1. 药物的理化性质和化学结构

口服药物的脂溶性愈强，在消化道里愈容易吸收，从而愈容易出现不良反应。有些药物在化学结构上非常相似，产生的不良反应也相似，如青霉素类药物都能引起过敏反应。

2. 药物的杂质

同一组成的药物，可因厂家不同，制剂技术差别、杂质的去除率不同，而影响其不良反应的发生率。也可因药物在储存、保管、运输过程中产生的氧化、分解、降解、聚合产物等其他成分引起不良反应。如青霉素过敏反应是因制品中含微量青霉素烯酸、青霉素噻唑酸及青霉素聚合物等物质而引起的；氨苄西林中的蛋白质是发生药疹的原因；安妥明（冠心平）中的不纯物对氯苯酚是发生皮炎的原因。

3. 药物的剂型、剂量、给药途径

同一药物剂型不同，由于制备工艺和给药途径的不同，往往影响药物的吸收与血中药的浓度，亦即生物利用度有所不同，如不注意掌握，即会引起不良反应。

用药剂量过大，可发生毒性反应，甚至死亡。如有报道，当阿司匹林剂量低于600mg时，在312人中未发现耳聋；剂量为600～899mg时，在2273人中有3人耳聋（0.1%）；剂量为900～1199mg时，在269人中有12人耳聋（4.5%）；当剂量大于1200mg时，在120人中有18人耳聋（15%）。

给药途径不同，关系到药物的吸收、分布，也影响药物发挥作用的快慢强弱及持续时间，如静脉给药药物直接进入血液循环，立即发生效应，较易发生不良反应，口服刺激性药物可引起恶心、呕吐等。据报道，氯霉素口服时引起造血系统损害的较多，但胃肠外途径用药时，造血系统的损害较少，相反，外用氯霉素制剂时的过敏反应较多。

4. 连续用药的时间

一般来说，连续用药的时间越长，发生不良反应的可能性越大，甚至可发生蓄积作用而中毒。据报道，在同一剂量下服用螺内酯，时间在8周以内，未发现男性乳房增大，但服药24周以后，男性乳房增大的发生率可达66%。

5. 药物的相互作用

联合用药不当，由于药物的相互作用，不良反应的发生率亦随之增高。曾有报道，合并用药为2~3种时，不良反应发生率为1.8%~2.71%；4~6种时为3.88%~6.14%；7~10种时为7.29%~8.26%。

（二）机体方面的因素

1. 用药者的种族和民族

现已发现，一些药物的不良反应在不同种族、民族的用药者身上的情况存在差别。抗血吸虫药物甲硫蒽酮在别的种族中引起肝脏和中枢神经系统损害的较多，但在黑种人中这类不良反应较少；抗结核药物吡嗪酰胺引起肝脏损害的发生率在非洲黑种人中约为3.6%，而在香港本土居民中可达27.3%；解热消炎药异丁苯酸在英国人中容易引起肝脏损害，但在日本人中则比较少见等。

2. 性别

一般来说，对药物不良反应有女性较为敏感的趋势。据报告，不良反应男性发生率为7.3%（50/682），女性则为14.2%（68/478）。保泰松和氯霉素导致的粒细胞缺乏症，女性的发生率为男性的3倍。患慢性支气管哮喘的患者服用阿司匹林后发生过敏反应的人数中，男性占39%，女性占61%。但也有男性比女性多的情况，如在药物性皮炎中，男性发病者多于女性，其比率约为3∶2。

有些药物可通过胎盘屏障进入胎儿体内，对胎儿发育产生不良影响。有些药物能从母亲的乳汁中排泄，影响婴儿的生长发育，也有可能引起中毒。因此，女性在月经期、妊娠期、哺乳期服用药物，在不良反应方面还会有特殊情况需要注意。如在月经或妊娠期间，用峻烈的泻药（硫酸镁、蓖麻油等）可引起出血或流产；妊娠期用氨基糖苷类药物（如链霉素、卡那霉素），药物可通过胎盘进入胎儿血中或透入到羊水中，致胎儿耳毒性。

3. 年龄

婴幼儿的脏器功能发育不健全，对药物作用的敏感性高，药物代谢速度慢，肾脏排泄功能差，药物容易通过血－脑屏障，所以不良反应的发生率较高，而且其临床表现也可与成年人不同。儿童往往对中枢抑制药、影响水盐代谢和酸碱平衡的药物容易出现不良反应。

老年人存在着不同程度的脏器功能退化、药物代谢速度慢、血中血浆蛋白含量降低等情况，加之合并用药的种类增多以及对医师处方依从性（即患者对医师医嘱的执行程度）差，因此药物不良反应的发生率一般较高。老年人最易出现不良反应的药物有抗生素、镇痛药、强心苷类、中枢神经抑制药、抗心律失常药、抗高血压药、抗凝血药及利尿药等。有人调查了1600人的不良反应情况，发现60岁以下的人发生率为6.3%（42/667），而60岁以上的人为15.4%（76/493）。如青霉素在一般成年人的半衰期约为0.55小时，而在老年人可达1小时。苯妥英钠与血浆蛋白的结合率，老年人可比45岁以下的人低26%。

4. 血型

血型对不良反应的影响报道不多，但已发现少数妇女服用口服避孕药以后能引起静脉血栓，A型血的妇女出现这种不良反应的发生率比O型血的妇女高。

5. 用药者的病理状况

用药者的病理状况也能影响药物不良反应的临床表现和发生率。如患便秘者，口服药物在消化道内停留时间长，吸收量多，容易引起不良反应；腹泻时，口服药的吸收差，作用小；患有消化道溃疡者，低剂量的布洛芬也能引起消化道出血；患支气管哮喘的患者，对阿司匹林过敏的发生率高达28%，而一般人则很少对阿司匹林过敏；本身有中耳炎或有中耳炎病史的人，小剂量氨基糖苷类药物也能引起听神经的损害。

6. 肝脏疾病

肝脏是许多药物代谢的主要场所，因此当用药者患有肝脏疾病或肝功能不全时，药物的代谢减慢，使药物的血浆半衰期延长，血浆蛋白含量减少，血中游离型药物增多，容易引起药物不良反应。如地西泮（安定）在一般人的半衰期约为46.6小时，肝硬化患者可达105.6小时；哌替啶（度冷丁）的血浆半衰期为3.8小时，而急性病毒性肝炎患者可达7小时。

7. 肾脏疾病

肾脏是许多药物及其代谢物排泄的主要器官，当肾脏有病时，其排泄药物的能力减弱，影响药物的疗效并增加毒性。如多黏菌素在肾功能正常时的神经毒性反应发生率约为7%，而在肾功能不全者可达80%；肌注卡那霉素7mg/kg时，正常人的半衰期约为1.5小时，肾功能衰竭者可达25小时。

8. 饮酒和食物

乙醇是许多药物代谢酶的诱导剂，可以加速药物在体内的代谢转化，降低疗效。另一方面，少量饮酒可以使消化道血管扩张，增加药物的吸收，从而引起一些不良反应；长期饮酒也可以引起肝功能的损害，使许多药物的不良反应增加。

富含脂肪的食物能增加机体对脂溶性药物的吸收，在较短时间里达到较高的血药浓度；长时间的低蛋白饮食或营养不良，可使肝药酶活性下降，药物代谢减慢，容易引起不良反应。富含酪胺的食品如奶酪、啤酒、腌鱼、鸡肝等能促进去甲肾上腺素的释放，引起血压升高。

9. 个体差异

由于人与人之间在遗传、新陈代谢、酶系统以及生活习惯、烟酒嗜好等方面存在差异，因此在药物不良反应方面也存在着个体差异。有人观察药物不良反应出现与用药剂量的关系，给300名男性服用水杨酸钠，约有2/3的人在总剂量为6.5～13.0g时出现不良反应，少数人在3.25g时就出现，有人在总量达30.0g时才出现。

（三）环境因素

人们生产、生活环境中许多物理、化学因素不但能直接影响人的生理功能或直接危害人体，而且可以影响药物在人体的吸收、代谢和排泄，影响药物代谢酶系统，或者与药物发生不良的相互作用。如汞能损害许多代谢酶蛋白质结构上的巯基，苯能抑制骨髓的造血功能等。另外，许多食品、饮料中含有大量的添加剂，有的甚至把药物直接加进饮料。在家畜、家禽的饲料中加进己烯雌酚、抗生素、磺胺药等，肉类中残留的药物有时也引起人体的不良反应。

三、药品不良反应信息的收集与处理

为了保证人们用药的安全，给药物再评价、淘汰药品和临床用药提供信息，在2004年3月4日由卫生部和国家食品药品监督管理局共同下发了新的《药品不良反应报告和监测管理办法》，并于发布之日起实施。

（一）药品不良反应信息的收集

1. 从医药专著、期刊杂志或网站获取药品不良反应信息

（1）医药专著　如《新编药物学》、《药理学》、《中国药典临床用药须知》等。

（2）医药期刊杂志　如《药物不良反应杂志》、《中国药物警戒》、《中国药物应用与鉴别》以及所有医药杂志的药物不良反应专栏。

（3）网络查询　如中国生物医学文献数据库、药学之窗等多个医药网站均有药物不良反应信息。

2. 医疗机构间的交流

医疗机构医、药、护人员可与本市、本地区相关医院之间交流、研讨药品不良反应的相关信息。此外，我国许多省、市的大医院都建立本医院的局域网，网站均有临床用药咨

询、药品不良反应等内容，药学人员也可通过此途径获取药品不良反应信息。

3. 国家药品不良反应的信息来源及定期公布途径

（1）自愿报告系统（自发报告系统）　自愿报告系统不专门指定医院或医师，只是将报告单发到医院或开业医师，由他们自己选择药品填报。此方法优点是覆盖面大、花钱少、方法简便，报告人广泛、被报告的患者类别多。缺点是漏报、少报现象严重，内容不全等。

（2）制药企业的报告　各国药品管理法规都做出强制性规定，制药企业必须在产品上市后前3～5年实行连续监测，每年至少报告一次。此方法优点是克服了自愿报告系统的不足，但花费大，管理规模大。

（3）重点监测医院报告　由政府卫生行政部门和药品监督管理部门指定医院，进行药品不良反应的系统监测，并向卫生行政部门和药品监督管理部门报告。

（4）国家药品不良反应监测中心指定医院对指定的药品进行监测报告　这种监测重点突出，对象明确，但范围有限，技术性要求高，耗资大。

（5）专属监测部门　是在专家领导下自愿组织起来的研究机构，对药品不良反应监测和研究有一定作用。

（6）流行病学监测　目的是要澄清一些重大的或者潜伏期很长的、在其他情况下不易发现的药品的危害。如婴儿先天畸形、药品致癌、再生障碍性贫血等。

国家药品不良反应监测专业结构对药品不良反应监测报告进行收集、整理、分类、处理，由国家药品不良反应监测中心定期向社会公开发布《药品不良反应信息通报》，提醒公众警惕使用所公布的可能引起不良反应药品。

（二）药品不良反应信息的反馈

药品调剂人员收到患者或医护人员报告的可疑药物不良反应时，先建议患者降低剂量或停用可疑药物，并及时报告本医疗机构负责药品不良反应监测工作的人员。不良反应监测人员需要进行认真的因果关系分析，做出评价，并以出版药讯、单位内开展学术交流、向医药期刊杂志投稿的方式，将报告情况反馈给医务工作者及药品经营企业，提请医生注意，或限制使用，并按规定上报。

（三）药品不良反应信息的报告

在报告药物不良反应时，原则上要求“可疑就报”，但实际上一般只对新药的不良反应采取“可疑就报”，而对于老药只有发生严重的、罕见的、前所未有的不良反应、群体不良反应时才报告，并应进行因果关系的分析和评价。国家对药品不良反应实行逐级、定期报告制度。严重或罕见的药品不良反应须随时报告，必要时可以越级报告。对于药品发生的群体不良反应，应立即报告所在地的食品药品监督管理局、卫生行政管理部门和药物不良反应监测中心。药物不良反应报告程序为：

国家食品药品监督管理局药品不良反应监测中心

↑

省、自治区、直辖市食品药品监督管理局药品不良反应监测中心

↑

药品生产、经营企业和医疗机构药品不良反应监测领导小组

↑

药品生产、经营企业和医疗机构药学专业技术人员

↑

医疗机构临床信息员和药品使用者

四、药品不良反应的处理

（一）药品不良反应的告知

无论何种药物都或多或少存在一些不良反应，因此为了保证患者用药安全，尽量减少不良反应的发生或减轻其所带来的严重后果，在用药前或药物咨询时药师要向患者告知药物的作用与不良反应，预防或避免不必要的困扰与危险。应提醒患者：可能出现哪些不良反应，怎样识别这些不良反应，不良反应有多严重，出现了应采取什么措施。如解热镇痛药（阿司匹林、吲哚美辛等）、铁剂、抗酸药、各种口服抗生素、激素类药都易引起恶心、呕吐、上腹不适、腹泻等胃肠道反应；抗组胺药（马来酸氯苯那敏、苯海拉明等）有嗜睡、困倦的副作用，服药后不宜驾驶车辆、从事高空作业等；氨基糖苷类抗生素（链霉素、卡那霉素、庆大霉素等）的耳毒性；抗肿瘤药的肝及血液系统的毒性；服用降血糖药可能会出现头晕等低血糖反应。

（二）药品不良反应的预防

1. 审查处方时把关

调剂人员应严格按《处方管理办法》对每一张处方进行审查，杜绝大处方及有配伍禁忌的处方。青霉素、白喉抗毒素、破伤风抗毒素等易引起严重的过敏性休克，在注射前须先做皮试，在调剂时要注意审查开方医师是否已注明皮试字样等。

2. 从剂量上把关

药物剂量过小不产生治疗作用，过大又易引起毒性反应，因此处方用药剂量一般采用

常用量。调剂人员要仔细审查、核对处方中的每一种药物的常用剂量，特别要注意老年、儿童等特殊人群药物剂量要适当的调整，以免产生毒性反应。发药时要详细交代每一种药物的用法用量及用药注意事项，嘱咐患者务必要按时按量服用，不能自行增减剂量或漏服药，也不能随意延长疗程或突然停药。

3. 掌握正确服药方法、时间

告诉患者正确的服药方法，如口服药物宜站立服药，服后不应立即睡卧且多用温开水送服，以免黏附在食管壁上引起药物性食管溃疡；缓释与控释片、胶囊剂不能掰开或嚼碎服用。服用磺胺类药时，要多喝水，以减少对肾的毒性；口服液体制剂最好用有刻度的量杯准确量取，汤匙（调羹）是一个模糊概念，无法实现准确度量，不宜推荐。

告诉患者合理的服药时间，如缓泻药、催眠药睡前15～30分钟服；对有胃肠道刺激性的药物如解热镇痛药、铁剂等饭后15～30分钟服；抗酸药、胃肠解痉药、肠道抗感染药、利胆药饭前30～60分钟服。

4. 防止药物滥用

药物滥用指在一种已知的社会文化背景中偏离了社会常规与医疗允许的情况下间断或不间断地自行使用药物。常见的药物滥用包括麻醉性镇痛药、中枢兴奋剂、巴比妥类药物、维生素类药物和普通止痛剂等。

（1）麻醉性镇痛药、中枢兴奋剂、巴比妥类药物均属于麻醉药品或第一类精神药品，调剂员在调配此类处方时要严格按照特殊管理药品要求（如剂量、处方限量、是否对症用药、身份确认、专用处方等）进行调配，防止因使用剂量过大、时间过长产生精神依赖性，甚至生理依赖性，从而导致滥用。

（2）维生素是维持生命的要素，机体缺乏时，物质代谢就要发生障碍，影响正常的生理功能，甚至引起某些疾病（如夜盲症、脚气病、佝偻病等）。维生素对人体健康是至关重要的，但在一般情况下，只要正常进食，消化吸收功能正常，一般人不存在维生素缺乏的问题，不必另行补充。但如老年人患有慢性消耗性疾病或肠道吸收障碍时，则易出现维生素缺乏现象，需要适当补充，但不可滥用。滥用维生素C会削弱人体免疫能力，且可引起恶心呕吐、胃部不适及泌尿系统结石症状；滥用维生素A会出现毛发脱落，皮肤瘙痒、恶心呕吐、剧烈头痛等中毒症状；滥用维生素D可引起低热、烦躁、骨骼硬化等。因此，调剂人员在调配维生素类药时，应注意是否对症用药，且应告诉患者滥用此维生素可能出现的不良反应，并提醒患者通过均衡的饮食来补充维生素才是最安全的。

（3）普通止痛剂一般指解热镇痛药，如阿司匹林、安乃近、对乙酰氨基酚、布洛芬、吲哚美辛等。普通止痛剂在临床上被广泛使用与供应。正因如此，而易于被滥用。这类药物的依赖性虽不及麻醉性镇痛剂那么强烈而顽固，但其滥用也可导致头痛、耳鸣、胃痛、胃肠道出血等急性毒性反应；有的过敏体质者在使用阿司匹林、安乃近、吲哚美辛时，可发生过敏反应，出现皮疹，消化道、呼吸道及皮肤水肿，哮喘（“阿司匹林哮喘”）等症状，严重者可因喉头水肿窒息死亡。调剂员在调配解热镇痛药时，应提醒患者注意可能出现的不良反应，不要疼痛未确诊就盲目服用止痛药。

药师除了通过严格审查处方来防止药物滥用外，还应大力宣传合理用药知识。如通过提供药物咨询、出黑板报、印发小册子或开专题讲座等多种方式为患者普及药物知识(特别是常见的药物滥用)，加强合理用药教育。

（三）药品不良反应的一般处理原则

不良反应轻微的患者，建议其在医生、药师的指导下继续用药，必要时给予对症处理；使用对肝肾功能、造血系统、神经系统产生不良反应的药物，应建议患者定期检查器官功能，进行监测；毒性反应症状严重者，则需降低剂量或可能的话停止使用；如使用氨基糖苷类抗生素（链霉素、卡那霉素、庆大霉素）时，应定期检查听力和肾功能，若患者出现眩晕、耳鸣等耳毒性早期症状时，应建议患者尽快到耳鼻喉科做进一步检查；需长期服用解热镇痛药、激素类药的患者应建议其定期进行血常规检查，必要时做胃镜检查；应用氯霉素时，要定期检查血常规；如是患者使用某种药引起过敏反应，应将致病药物告诉病人，日后不得再用，以免重蹈覆辙等。

做一做

在临床使用的所有药物中，抗生素发生药品不良反应的频率最高，可以在不同程度上影响患者的治疗和药物的疗效，有的甚至可以引起死亡。请检索相关资料，归纳出青霉素类药物、喹诺酮类药物的不良反应。

小资料

非甾体抗炎药

非甾体抗炎药（简称NSAID）已有100多年的历史。由于其具有确定的抗炎、镇痛效果，被广泛用于风湿性疾病、疼痛、软组织疾病和运动损伤的治疗，此外，还用于心血管疾病及肿瘤的治疗、预防。据统计，全球每天约有3000万人使用NSAID，仅美国每年就有7亿~10亿张NSAID处方。在我国，NSAID的销售量仅次于抗感染药品，位居第二。但是，NSAID所致不良反应发生率之高，同样不容忽视。据有关统计资料表明，在使用NSAID的人群中，约有20%~25%出现不同程度的不良反应。

做一做

请检索相关资料，归纳NSAID的不良反应。

第三节　药物相互作用

一、药物相互作用概述

（一）药物相互作用的概念和意义

1. 药物相互作用的概念

药物相互作用是同时或相隔一定时间内使用两种或两种以上药物时，药物与药物之间所发生的相互影响。所谓“药物”包括治疗药物、诊断药物及预防用药，更广的范围也包括摄入的食物和饮料，甚至烟、酒和毒品以及环境化学物质等。

由于药物之间或药物与机体之间的相互作用，改变了药物原有的理化性质、体内过程或组织对药物的敏感性，从而改变了药物的药理效应和毒性作用。药物相互作用就是一种药物对另一种药物效应的修正，或是药物效应的相互修正，即改变药动学或药效学，使药物的效应增强、减弱或消失，甚至产生毒性效应。

2. 药物相互作用的意义

目前国内外应用的化学药物超过5000种，各种制剂数量更多。我国已有西药制剂和中药制剂各5000余种。随着大量新药、缓释与控释制剂、复方制剂不断出现，由于治疗的需要，临床上常常多种药物制剂联合应用；另外随着人们文化、医药学知识水平的不断提高，自我药疗已经进入社会的各个阶层，在药物应用中自然形成医生与患者、社会与家庭的不同方式，成为一种复杂的“用药体系”，因此容易造成药物应用品种和数量的增加。药物不良反应的发生率常随着联合用药的种类和数量的增加而增高。据某常用药物联合应用研究结果表明：用药5种以下的不良反应发生率为4%，用药6~10种的不良反应发生率为10%，用药11～15种的不良反应发生率为28%，用药16～20种的不良反应发生率则高达54%。在该项研究中，抗高血压药物与抗凝血药物的不良反应发生率最高，且表现严重。上海10个医院检查病历，发现有药物相互作用方面问题的占14.7%，并用5种药物以下者不良相互作用发生率约为4.2%，用药20种以上者药物不良作用发生率为45%。

药品调剂人员负有处方用药审查的职责，只有掌握药品相互作用，才能完成岗位所赋予的职责与任务，确保用药的安全性和有效性。

（二）药物相互作用的分类

药物的相互作用有多种分类方法，如按药物相互作用发生在应用于人体之前或进入体内之后，可分为体外和体内药物相互作用。

1. 体外药物相互作用

体外药物相互作用系指药物在未用于机体之前的相互作用，包括药物物理性的相互作用和化学性的相互作用。此类药物的相互作用极少发生在复方制剂中，往往较多发生在注射剂混合注射时。

2. 体内药物相互作用

体内药物相互作用包括药效学和药动学两方面的相互作用。前者主要是指一种药物影响另一种药物与受体作用，从而改变药理效应，但一般对该药的血药浓度没有明显影响。这种类型相互作用包括：相加或协同作用、拮抗作用、敏感性改变等。药动学过程包括药物的吸收、分布、代谢和排泄四个环节。在这四个环节上均有可能发生药物相互作用，即一种药物使另一种药物体内过程发生变化，从而影响另一种药物的血浆浓度，进而改变其作用强度。

此外，如按药物相互作用的结果分类，可将其分为合理的相互作用和不合理的相互作用。不合理的相互作用又可分为配伍困难和配伍禁忌。

二、药动学的相互作用

（一）药物消化道中吸收的相互作用

药物给药途径可分为胃肠道给药与胃肠道外给药。由于胃肠道给药所涉及的剂型之多、药物种类之广泛、用药剂量之大，是其他任何给药途径所不能比拟的。现代药物疗法又几乎都是复方或多剂型用药，并且药物用量也逐步递增。因此药物在胃肠道内相互作用的发生率也成倍的增加。胃肠道内药物相互作用具有重要意义。

口服药物由胃肠道吸收是一个复杂的过程，既取决于药物的理化特性、机体的生理、生化因素，又与合并用药密切相关。口服药物配伍应用对吸收的影响可从理化因素与生理、生化因素加以讨论。

1. 理化因素

（1）胃肠道 pH 变化　某些药物口服后能改变胃肠道的 pH，从而影响合用的药物在胃肠道中的溶解、解离度等，因而也就影响吸收。如阿司匹林用于治疗风湿性关节炎为了减轻对胃肠道的刺激，常与碳酸氧钠、氧化镁、氢氧化铝或复方氢氧化铝（胃舒平）等抗酸剂合用，由于抗酸剂使胃肠道 pH 增大，阿司匹林溶解度加大而吸收增加。H_2受体阻滞药西咪替丁不属于抗酸剂，但可提高胃内的 pH，因而增加阿司匹林等药物在胃肠道的吸收。碳酸氢钠与四环素合用可使后者吸收显著地降低，因为四环素在 pH5 左右溶解度最小，当与碳酸氢钠配伍时胃液 pH 增高，使四环素溶解度下降及溶出速度变慢，也就影响四环素的吸收。

当弱酸性药物与弱碱性药物同时服用时，可升高胃内 pH，对弱酸性药物胃内的解离度有一定影响，吸收率产生一定干扰。因此，一般情况下弱酸性药物最好不要与弱碱性药物同时服用。常用的弱酸性药物，如水杨酸类、巴比妥类、磺胺类、呋喃妥因、双香豆素、丙磺舒、苯妥英钠、甲苯磺丁脲、维生素 C、对氨基水杨酸钠等，不宜与弱碱性药物（如氨茶碱、麻黄碱、利血平、阿托品、地巴唑、咖啡因、异丙嗪、氯丙嗪、苯海拉明、马来酸氯苯那敏、普萘洛尔、长春新碱、甲氧苄氨嘧啶、四环素、红霉素、异烟肼及抗酸药等）同时服用。

（2）生成络合物或复合物　当含二价或二价以上的金属离子的药物与某些药物同服时，生成难溶性络合物或复合物而影响吸收。如四环素类和强力霉素与二价或三价阳离子的药物同时服用，可形成难溶解的络合物，可以使这些抗生素的血药浓度下降 50% ~ 90%，使治疗失败。另外，头孢菌素衍生物单独服用时，其血药浓度明显高于相同剂量药物与铁制剂同服后的血药浓度。同理，当红霉素与含 Mg^{2+}、Al^{3+} 的抗酸剂合用时，两药的血药浓度均降低。因此，在服用四环素类抗生素、红霉素、头孢类抗生素时不宜同服铁制剂或含钙、镁、铝离子的抗酸药如碳酸钙、氧化镁、氢氧化铝凝胶以及石膏、牡蛎、瓦楞子和海螵蛸等中药；由于乳制品中含有钙、镁或锌离子，也不宜和四环素类抗生素同服。中药四季青片、虎杖浸膏等含鞣质多，不宜与四环素、奎宁、洋地黄等合用。

药物之间形成复合物时，有时也可能增加药物的吸收。如麦角胺酒石酸盐与咖啡因形成的复合物溶解度增加，其吸收也增加。双香豆素与含氢氧化镁的抗酸剂合用时形成易溶性双香豆素－镁络合物，使双香豆素的血药浓度明显升高。

(3) 吸附作用　活性炭及离子交换树脂等具有一定的吸附作用，在胃肠道中可吸附抗生素、维生素、激素及生物碱类等药物而影响吸收。如活性炭在肠道中可对对乙酰氨基酚、阿司匹林、苯巴比妥、保泰松和卡马西平等许多药物进行吸附，从而影响这些药物的吸收和药效。降血脂药物考来烯胺（消胆胺）为阴离子交换树脂，它与甲状腺素、保泰松、洋地黄毒苷、华法林等药物配伍时，由于吸附作用而影响这些药物的吸收，认为如将这些药物配伍应用必须二者间隔 5 个小时以上服用。硅炭银是由炭末、氯化银和白陶土组成的抗腹泻剂，能吸附肠道内细菌，但对某些药物也具有吸附作用，它能吸附氯霉素等药物，故不应同服。

临床上利用活性炭等对药物的吸附作用，常用于某些药物和毒素的中毒解救，阻止毒物的进一步吸收或阻断毒物的肠肝循环，进而达到解毒的目的。

2. 生理、生化因素

(1) 胃排空速度　多数药物在小肠内有最大的吸收速率，因此药物通过胃到达小肠的速度与药物显效的时间，药效强度及药效维持时间均有密切联系，一般而言，胃排空速率加快，药物的吸收也加快。

在药物配伍使用中，有些药物可以促进或抑制胃排空速率，从而影响药物的吸收。例如甲氧氯普胺（灭吐灵）能促进胃肠蠕动，加快胃排空速率，能使阿司匹林、对乙酰氨基酚等药物的吸收加快；而抑制胃排空速度，可使某些药物的吸收减慢。延缓胃排空速度的常用药物有抗胆碱药（阿托品、普鲁卡因、溴甲阿托品、山莨菪碱、颠茄制剂等）、神经节阻断药（美加明、六甲溴铵等）以及氯丙嗪、丙咪嗪等，与这些药物合用时，可使药物的吸收速度减慢。

(2) 肠蠕动速度　肠蠕动减慢时，药物在肠内停留时间延长，对某些药物的吸收产生影响。如难溶性或释放速度较慢的制剂如地高辛等，与丙胺太林（普鲁本辛）合用时，由于肠蠕动减慢，有助于地高辛在小肠的溶解和释放，从而增加了该药的吸收和利用；相反，地高辛如与泻药（如硫酸镁）合用时，因肠蠕动过快，则减少吸收。苯巴比妥可刺激胆汁分泌，从而使肠蠕动加快，可使灰黄霉素在小肠上段停留时间缩短，吸收减少。

(3) 肠道菌丛　肠道菌丛中不同的细菌可生物合成不同的酶类，各种酶系统可催化不同的药物代谢。当配伍用药后，有的药物可诱导肠道细菌代谢酶的活性，在酶催化下药物代谢为无活性的产物或药理活性增强的代谢产物。如柳氮磺吡啶经肠道细菌代谢后释放出活性产物对氨基水杨酸盐而起治疗作用。又如肠道细菌群对维生素 K 的生物合成具有重要作用，口服新霉素可抑制肠内细菌群，使维生素 K 合成减少，从而使凝血机制发生障碍，当与口服抗凝剂合用，可使抗凝作用增强而发生出血倾向。

（4）食物因素 食物与药物相互作用的最普通方式是影响药物的吸收，食物的种类、体积及黏性等因素通过影响胃肠道内环境、改变胃肠蠕动速度而影响药物溶出、释放与吸收。食物既能降低也能增加药物的吸收。

食物中缺乏水分，胃肠道内液体较少，影响固体制剂的崩解和药物溶出，从而影响药物吸收速度；食物的存在使胃内容物黏度增大，减慢了药物的扩散速度，同时使胃排空速度减慢，故也影响药物的吸收。饭后服药可使许多药物吸收减少，如铁剂、青霉素 V 钾盐等。卡托普利、利福平、异烟肼、左旋多巴等可因进食而减缓吸收。

若食物中含有较多的脂肪时，能促进胆汁的分泌，有利于药物的吸收。如灰黄霉素在进食高脂肪食物时吸收率明显增加。呋喃坦啶与食物合用可能增加其溶出度而吸收增加。此外，苯妥英、螺内酯、普萘洛尔（心得安）和普托洛尔等的吸收也可因进食得到改善。

食物中的某些成分与药物可产生竞争吸收。如氨基酸能与左旋多巴起竞争性抑制作用而降低左旋多巴的吸收。某些食物由于吸附、络合的作用而影响药物的吸收。茶、咖啡以及含鞣质较多的中药如五倍子、石榴皮、大黄等，均不宜与生物碱、铁剂、酶、洋地黄等药物同服。吸烟可影响普萘洛尔和茶碱制剂的吸收。

对于易受食物因素影响吸收的药物，最好在饭前 1 小时或饭后 2 小时服用。

（二）药物分布的相互作用

药物相互作用中对分布的影响最常见的是置换作用。置换是一种药物减少另一种药物与血浆蛋白的结合。当二种药物在血浆蛋白质某一结合位置上进行竞争，亲和力大的把亲和力弱的药物置换出来，结果使被置换下来的药物其游离型浓度增加。药效是与游离型药物浓度有关，因此药物与血浆蛋白质结合率的改变直接影响药物的疗效与不良反应。

一般而言，置换作用仅对那些蛋白结合率很高的药物具有重要的临床意义，而对蛋白结合率低的药物则不会出现毒性。如华法林 97% 与血浆蛋白结合，在血浆和组织液中仅有 3% 呈游离状态。当与某种蛋白结合率高达 99.8% 的药物配伍后，结合型华法林可部分被置换。若置换出 3%，则游离的华法林浓度为 6%，血浆及组织内活性药物数量增加一倍，抗凝作用亦成倍增加，并有可能引起出血倾向。对于蛋白结合率低的药物，由于结合型药物中置换出来的量不大，血浆中游离浓度变化不显著，这种置换作用不会引起明显的临床反应。阿司匹林、吲哚美辛、氯贝丁酯（安妥明）、水合氯醛及磺胺类药物，都有蛋白置换作用，增加与其联用的一些药物的游离型比例，因而可能增加这些药物的药理作用和毒性。

值得注意的是，药物被置换的结果除了使游离型增加而作用增强外，它们的代谢及排泄亦增加，半衰期缩短。

（三）药物代谢的相互作用

药物代谢主要在肝脏中进行，肝细胞内质网上的微粒体中含有多种药物代谢酶（药酶），药酶作用具有一定专属性。药物配伍应用时，其中一种药物能抑制或促进肝微粒体酶的活性使另一药物的代谢发生改变，产生药效的增强或减弱。

1. 酶促作用

指配伍用药诱导药酶而促进代谢，使药效降低。

具有酶促作用的药物如利福平、苯妥英、苯巴比妥、卡马西平、灰黄霉素、抗组胺药、丙磺舒、烟碱和乌拉坦等，常可以促进某些脂溶性药物如口服避孕药、华法林、皮质类固醇、环孢素等药物的代谢。常见的药酶诱导引起的药物相互作用见表3－1。

表3－1　药酶诱导引起的药物相互作用

药酶诱导剂	受影响的药物	配伍作用结果
巴比妥类、卡马西平、利福平、苯妥英、扑米酮	口服抗凝药	抗凝血作用降低
巴比妥、卡马西平、利福平、苯妥英、扑米酮	口服避孕药	突破性出血、避孕失败
巴比妥、卡马西平、利福平、苯妥英、扑米酮	皮质类固醇	皮质类固醇作用降低
利福平	苯妥英	苯妥英作用降低，癫痫发作的可能性增加
巴比妥类、利福平、吸烟	茶碱	茶碱作用降低
吸烟	氟哌啶醇	氟哌啶醇作用降低

药酶诱导剂对酶诱导的结果是配伍药物代谢加强，而自身代谢亦加强，使药物的血药浓度下降，最终导致疗效降低或失败。

利用药酶诱导剂加强药物代谢的转化而解毒，在临床上可用于某些药物中毒的解救。如螺内酯用于治疗洋地黄毒苷、巴比妥类药物、吲哚美辛以及有机磷杀虫药的中毒。

2. 酶抑作用

指配伍用药抑制药酶而减慢代谢，使药效增强。

具有酶抑作用的药物主要有五类：单胺氧化酶抑制剂、三环类抗抑郁药、香豆素类抗凝剂、黄嘌呤氧化酶抑制剂及口服降血糖药。常见药酶抑制剂引起的药物相互作用见表3－2。

表 3-2　药酶抑制剂引起的药物相互作用

药酶抑制剂	受影响的药物	配伍作用结果
氯霉素、西咪替丁、环丙沙星、诺氟沙星、红霉素	华法林	抗凝作用增加，可能出血
西咪替丁、达那唑、异烟肼、红霉素、维拉帕米	卡马西平	卡马西平神经毒性增加
口服避孕药、达那唑、红霉素、咪康唑、尼卡地平	环孢素	环孢素血药浓度增加，可能肾毒性增大
异烟肼、戒酒硫、氯霉素、西咪替丁、奥美拉唑	苯妥英	苯妥英血药浓度增加，可能导致毒性反应
西咪替丁	乙醇	血中乙醇浓度升高，增加乙醇中毒危险
西咪替丁、环丙沙星、戒酒硫、红霉素、维拉帕米	茶碱类	茶碱类血药浓度增加，毒性反应增大

临床上药酶抑制作用的结果取决于血药浓度升高的水平，若血药浓度尚在治疗范围内，此配伍作用可能是有益的；反之，当血药浓度达到毒性范围，则变成配伍禁忌。

（四）药物排泄的相互作用

药物以原形或代谢产物通过肾脏、肝胆系统、呼吸系统及皮肤汗腺分泌等途径排出体外，其中以肾脏排泄为主。当药物或其活性代谢产物的排泄受到影响时，则会影响药物或其活性代谢产物在体内的滞留时间，从而影响药效持续的时间。药物被肾脏排泄的数量和速率受很多因素影响，其中主要有肾小球过滤、肾小管近端的分泌及肾小管远端的重吸收。

配伍应用属于肾小管主动分泌排泄的药物时，由于药物之间相互竞争的作用，一种药物可抑制另一种药物肾小管的分泌，使该药的消除速度减慢而血药浓度相应的增高，导致作用增强。如青霉素与丙磺舒大剂量合用时，丙磺舒抑制青霉素的排泄可使青霉素血中浓度增高而维持较长作用。此外，当丙磺舒、水杨酸盐（酯）和吲哚美辛合用时，可导致吲哚美辛的排泄减少。

肾小管对药物的重吸收主要是以被动转运方式进行，重吸收与药物脂溶性、解离度有关。当配伍用药使尿液 pH 升高或降低时，影响了弱酸性、弱碱性药物解离度、脂溶性，从而导致药物重吸收的改变。常见的能碱化尿液的药物有乳酸钠、碳酸氢钠、枸橼酸钠、醋酸钠、噻嗪类利尿药等；若酸性药物如水杨酸与以上药物合用，由于尿液呈碱性使其离子化程度增大，排泄加快，清除率加大。常见的能酸化尿液的药物有氯化铵、盐酸精氨酸，大剂量维生素 C、阿司匹林、盐酸赖氨酸、二巯基丙醇和苯乙双胍等。若碱性药物如苯丙胺与以上药物合用，可加快排泄。当苯丙胺过量中毒，服适量酸性药物如氯化铵以酸化尿液，可加速其肾脏排泄，缩短其作用时间。食物也能影响尿液的 pH，一般荤素杂食者尿液呈酸性，素食者尿液呈碱性，也可能影响药物的排泄。

在治疗尿道感染时，一些抗生素因改变尿液 pH 而致药效大大增强，如链霉素治疗泌尿道感染时，加服碳酸氢钠；红霉素和碳酸氢钠同用时，其抗菌谱可以扩大到包括常引起尿路感染的某些革兰阴性杆菌；庆大霉素与碳酸氢钠同服使尿液碱化后，对患杆菌性尿道感染的患者，只需应用1/5剂量就可获得应有的临床效果，且同时减轻庆大霉素的不良反应。

维生素C在临床上常与许多药物联合应用，但由于维生素C具有较强的酸性，服用后可降低尿液pH，从而导致某些合用药物的排泄发生变化。例如复方新诺明与维生素C合用，磺胺类药物及其乙酰化代谢产物在酸性尿液中的溶解度降低，容易析出结晶，形成结晶尿，损伤肾小管；庆大霉素与其合用抗菌作用可降低，故治疗尿道感染时不宜与维生素C合用。碱性药物如氨茶碱、苯丙胺、阿托品和红霉素等，如与维生素C合用，因后者对尿液的酸化作用，使得这些碱性药物的解离度加大，难以被肾小管重吸收，排泄增加，降低血药浓度及临床疗效，因此，上述药物不能和维生素C合用。

三、药效学的相互作用

1. *疗效拮抗*

药物相互作用的结果，有可能产生疗效拮抗直接降低治疗作用，但一般不引起不良反应。如镇静催眠药与咖啡因、口服抗凝药与维生素K、甘珀酸与螺内酯等，二者的作用被相互抵消，疗效下降或无效。

2. *毒性相加*

药物相互作用的结果，有可能产生毒性或副作用相当于两药之和的现象，称为毒性或副作用相加。如氨基糖苷类药物与呋塞米、氯丙嗪与苯海索（后者可消除前者的锥体外系反应，但抗胆碱副作用相加）等。

3. *药效增强引起过度作用*

药物相互作用的结果，有可能使药效增强。在一定范围内药效增强，显然对治疗有利，但也可能使效应增强超过机体所能耐受的程度，称为过度作用。过度作用常见于作用性质相同的药物联合应用时，如两种镇静药联用可致过度镇静，两种降压药联用可致血压过低等。两种氨基糖苷类药物联用，虽然使抗菌作用增强，但其毒性作用明显增加，应为禁忌。

4. *受体激动药与阻滞药的相互作用*

药物相互作用的结果，有可能对受体产生激动或阻滞作用从而产生完全不同的作用。如肾上腺素与氯丙嗪联用，肾上腺素的升压作用被翻转；肾上腺素与普萘洛尔联用可引起血压异常升高；新斯的明与阿托品联用由于M_1受体的拮抗而使作用抵消。

四、体外药物的相互作用

体外药物相互作用系指在未用于机体之前的药物相互作用，按其产生的原因可分为物理性和化学性的相互作用。物理性相互作用是指药物配伍时发生沉淀、潮解、液化、结块、分散状态、晶形、粒径等物理性质的改变。化学性相互作用是指配伍药物之间发生化学反应或配伍导致某药物的降解反应，如水解、氧化、脱羧、取代、聚合、加成等化学变化而生成新的物质。配伍的结果可表现为产生沉淀、变色、润湿、液化、产气、爆炸或燃烧等现象，也可以发生不可见的相互作用。

药物的固体剂型和液体剂型均可发生物理性和化学性的相互作用，但由于剂型或物理状态不同发生的易难、反应的速度各异。固体剂型较易发生物理性相互作用，发生化学性相互作用则较液体剂型为慢，并且容易受到外界因素及药物分散程度的影响。液体剂型是由溶剂或分散介质通过溶解或分解而制成，药物的分散度大，化学活性较高，溶剂对药物的稳定性有一定影响，所以，当药物的液体制剂配伍应用时，发生药物相互作用的可能性较大。由于临床治疗上广泛采用将一种或多种注射剂加入输液剂中静脉滴注给药，因此这里主要讨论输液剂与注射剂、注射剂与注射剂之间的物理性和化学性相互作用。

（一）输液剂与注射剂配伍应用的特点

输液剂以水为溶剂，大剂量直接滴注进入血管，所以对输液的 pH、离子强度，浓度和澄明度等均有较为严格的要求。常用的输液剂有 5% 葡萄糖注射液、等渗氯化钠注射液、复方氯化钠注射液、葡萄糖氯化钠注射液、右旋糖酐注射液、转化糖注射液及各种含乳酸钠的制剂等，输液剂一般都比较稳定，常与注射剂配伍。但有些输液剂由于它的特殊性质，而不适宜与其他注射剂配伍。如血浆成分极为复杂，与药物配伍后可能引起溶血、血球凝聚等现象，血浆除与等渗氯化钠注射液或葡萄糖注射液配伍外，一般不宜与其他注射液配伍应用；甘露醇注射液浓度为 20% 或 25%，为过饱和溶液易析出结晶，不宜与氯化钠、氯化钾等无机盐类注射液配伍以免甘露醇结晶析出，不宜与强酸性、强碱性溶液配伍；静脉注射用脂肪油乳剂的稳定性受很多因素影响，配伍不当引起乳剂的分层、破坏等现象，如葡萄糖酸钙、盐酸四环素注射液与乳剂配伍后可使之破裂。同时乳剂也可能对配伍药物的稳定性产生影响，如与甲氧西林注射液配伍后，在 24 小时内使其分解 54%，与苯妥英钠注射液配伍后有结晶析出，因此静脉脂肪乳注射液配伍药物应慎重，一般以不配伍或少配伍为宜。

（二）输液剂与注射液的相互作用

输液剂与注射液配伍应用，往往由于溶剂组成、pH 的改变及其他因素的影响而产生相互作用。

1. 溶剂组成的改变

注射剂多采用水为溶剂，但有时为了增加药物溶解度、提高药物稳定而采用非水性溶剂如乙醇、丙二醇、甘油等，当这些含非水性溶剂的注射剂与以水为溶剂的输液配伍时，往往由于溶剂组成的改变而析出药物。如地西泮注射液（含40%丙二醇、10%乙醇）、氯霉素注射液（含25%乙醇、55%丙三醇或80%丙二醇），当与5%葡萄糖注射液或0.9%氯化钠注射液配伍时可能析出地西泮、氯霉素。

2. pH 的改变

输液剂本身的 pH 是影响药物相互作用的重要因素，各种输液剂均有不同的 pH 范围，而且所规定的 pH 范围较大。如葡萄糖注射液的 pH 为3.2~5.5、葡萄糖氯化钠注射液 pH 为3.5~6。很多药物在这种 pH 辐度中不适应，当 pH 为3.2时有可能引起在酸性条件不稳定的药物分解失效，如乳糖酸红霉素在 pH 约为6.4的等渗氯化钠注射液中24小时分解3%，当在 pH 约为5.5的葡萄糖氯化钠注射液中24小时则分解32.5%。因此，pH 对配伍药物稳定性的影响应引起足够重视，否则，药物尤其是抗生素类药物的效价在滴注过程中迅速下降，导致治疗效果的降低。

在水中溶解度很小的有机碱或有机酸类药物，常加酸或碱制成强酸弱碱或强碱弱酸盐而增大溶解度。当有机碱盐和有机酸盐类药物与输液剂配伍时，pH 的改变对药物溶解度影响较大，一般高 pH 的注射剂与低 pH 的输液剂配伍时，由于 pH 下降可使药物溶解度改变而析出沉淀。

一般而言，凡配伍的输液剂与注射剂之间 pH 差距越大，发生相互作用的可能性也越大。

3. 其他因素的影响

（1）直接反应　某些药物可直接与输液剂中的成分反应。如四环素与含钙盐的输液剂在中性或碱性下形成不溶性复合物而产生沉淀，但此复合物在酸性下有一定的溶解度，一般情况下与复方氯化钠配伍时不出现沉淀。头孢菌素类抗生素与含钙盐的输液剂配伍产生头孢烯-4-羧酸钙沉淀。

（2）离子作用与电解质的盐析作用　某些离子能加速某些药物的降解反应。如乳酸根离子能加速氨苄西林、青霉素的水解，将氨苄西林与乳酸钠注射液、含乳酸的复方氯化钠注射液配伍，经4小时后可分别损失40%、20%，而在同样 pH 条件的等渗氯化钠注射液中24小时效价无变化。此外，青霉素及某些半合成青霉素如氨苄青霉素等若与葡萄糖注射液及右旋糖酐注射液配伍亦可使效价下降。

某些以胶体状态分散的注射剂如两性霉素 B 注射液，当与含大量电解质的输液剂配伍，则被电解质盐析，以致胶体粒子凝聚而产生沉淀。故不宜与电解质输液尤其是量大、浓度高的电解质输液配伍。右旋糖酐注射液与等渗氯化钠注射液配伍，亦因盐析而产生右旋糖酐沉淀。这类注射液只能加在5%葡萄糖注射液中静脉滴注。

（3）杂质、附加剂的影响　某些输液剂与注射剂发生的配伍变化并不是主药本身所致，而是由于所含的杂质造成。如氯化钠原料中含有微量的钙盐，与2.5%枸橼酸钠注射液配合可产生枸橼酸钙的悬浮微粒而混浊。当中药注射液与输液剂配伍时，其中未除尽的高分子杂质可析出沉淀而出现混浊。

注射剂中常常加入缓冲剂、助溶剂、抗氧剂等附加剂，它们之间或它们与药物之间也可能发生反应而出现相互作用。

（4）吸附作用　临床上广泛应用的一次性输液器对药物的吸附作用已引起国内外学者的注意，输液器对药物的吸附可导致药液浓度下降，进药量不准确，尤其是在输液早期，造成药动学与药效学异常。如催眠镇静药物氯美噻唑贮于聚氯乙烯（PVC）塑料袋和流经输液装置时以1ml/min 流速输注5小时后氯美噻唑损失72%。又如地西泮用 PVC 管输注给药损失率可达38%～55%。PVC 输液器具有透明度好，质地柔软、价格低廉等优点，但资料显示对药物的吸附作用也较突出，因此，如何选择合适的输液器材值得关注。

（三）注射液之间的相互作用

除了药物与输液剂之间发生相互作用外，有时候加入静脉输液中的两种药物之间亦会发生物理或化学的相互作用，并且多种注射液混合后，药物的配伍变化更为复杂。如维生素 C 注射液的 pH 以5～6最适宜，pH6以上易氧化，故维生素 C 注射液不宜与碱性的氨茶碱、谷氨酸钠等注射液配伍；氨苄西林钠不宜与多巴胺、阿拉明注射液配伍，因多巴胺在 pH5或5以下最稳定，阿拉明在 pH2.5～4.5之间最稳定，在碱性溶液中都容易被氧化，而氨苄西林钠水溶液 pH 为8.5～10.0，配伍易使多巴胺、阿拉明氧化，同时也使氨苄西林钠的水溶液更不稳定；羧苄西林与庆大霉素混合时，庆大霉素可失去抗菌活性。

一般当配伍的注射剂 pH 差距越大，则发生相互作用的可能性越大。一些常见的注射剂相互作用如表3-3所示。更多注射剂配伍禁忌可参考《八十种静脉滴注药物化学性质配伍变化表》和《104种注射液物理化学配伍禁忌表》等资料。

表 3-3　一些注射剂的配伍变化

盐酸四环素（5%）pH2.0													
利血平(0.1%)pH3.5	–												
盐酸氯丙嗪(2.5%) pH3.5	–	–											
盐酸异丙嗪(2.5%) pH5.5	–	–	–										
盐酸苯海拉明(2%) pH5.5	–	–	–	–									
盐酸普鲁卡因(2%) pH5	–	–	–	–	–								
青霉素G钠(10万U) pH5	+	+	+	+	+	+							
乳酸钠(11.2%) pH6.5~7.0	±	–	–	–	–	–	–						
碳酸氢钠(5%) pH8.5	+	+	+	+	–	–	+	–					
氨茶碱(2.5%) pH9.6	±	+	+	+	+	–	+	–	–				
苯巴比妥钠(2%) pH9.6	+	+	+	+	+	–	–	–	–	–			
磺胺嘧啶钠(2%) pH10.2	+	+	+	+	+	+	+	±	±	–	+		
阿米妥钠(5%) pH10.2	+	+	+	+	+	–	–	–	+	+	–	+	
硫喷妥钠(2.5%) pH10.8	+	+	+	+	+	+	–	+	+	+	–	–	–

注：+：有配伍变化，如产生混浊、沉淀、变色等；±：不确保配伍变化；-：没有配伍变化。

（四）影响相互作用的因素

1. 配伍量的影响

配伍量的多少影响到药物浓度，一些配伍变化需要达到一定药物浓度时才出现沉淀。如氯霉素注射液加入5%葡萄糖注射液中时往往析出氯霉素，但输液中氯霉素的浓度低于0.25%时，则不致析出沉淀。某些注射剂混合后可产生沉淀，但当将它们加入输液中，也可能由于体积增加而增加了溶解量，以致不出现沉淀。如间羟胺注射液与氢化可的松琥珀酸钠注射液，在等渗氯化钠或5%葡萄糖注射液中各为100mg/L时，观察不到配伍变化，但氢化可的松琥珀酸钠浓度达到300mg/L、间羟胺浓度达到200mg/L时则出现沉淀。

2. 配伍时间

有的注射药物配伍后立即出现混浊或沉淀等现象，有的则要经过一定时间后才会出现上述现象，如磺胺嘧啶钠注射液与葡萄糖注射液配伍后约需2小时才出现沉淀，盐酸四环素（100~200mg）与水解蛋白注射液（100ml）配伍后约需经3小时才出现沉淀。对于确认反应较慢的配伍药物，若配伍后短时间内用完可避免发生配伍变化。对于配伍结果不明确者，为确保用药安全和有效，注射液与输液能否配伍、配伍后稳定时间有多长，必须先进行预实验，并要求护理人员在规定时间内滴注完，若滴注量大时间长，应分次重新配伍进行滴注为好。

3. 配伍顺序

有时两种以上注射液能否配伍与配伍顺序有关。如将1g氨茶碱与300mg烟酸配伍于输液剂中时，若先将氨茶碱用输液稀释至1000ml，再缓慢加入烟酸则可得到澄明溶液，如先将两种药液混合后再稀释即可析出沉淀；又如2ml氯霉素注射液若先以100ml输液稀释，再与重酒石酸去甲肾上腺素、维生素C等注射液配伍则没有沉淀产生，如配伍顺序相反则会析出在短时间内不易复溶的沉淀。因此，在配伍顺序上应遵循先稀释后混合逐步提高配伍浓度的原则。

4. 外界条件的影响

配伍时的外界条件如温度、空气、光线等也对配伍结果产生影响。

五、中西药间的相互作用

中西药物联用在临床中极为普遍，各类中西药联合组方的制剂亦日渐增多。中西药物合理并用或组方制剂大多可提高疗效，降低化学药物的用量和不良反应，扩大适应证范围，缩短疗程和促进体质恢复，并能发挥单独使用中药或西药所不能取得的治疗作用，显示极大的优越性。

中西药物合用治疗疾病，不仅要考虑其有益的相互作用，而且也应注意中西药合用可能导致的不合理的相互作用。中西药的配伍可能引起药动学及药效学的配伍禁忌。临床中对下列中西药物配伍禁忌应引起注意。

1. 药动学方面的配伍禁忌

（1）中药酸碱性的影响　酸性较强的中药如山楂、五味子、山茱萸、乌梅等以及中成药五味子糖浆、山楂冲剂等不可与磺胺类药物联用。因磺胺类药物在酸性条件下乙酰化加速，从而失去抗菌作用。而且排泄时溶解度明显降低，容易出现结晶尿和血尿；也不能与一些碱性较强的药物如氨茶碱、复方氢氧化铝、乳酸钠、碳酸氢钠等联用，因与碱性药物发生中和反应后，会降低或失去疗效。同样碱性较强的中药，如瓦楞子、海螵蛸、朱砂等也不宜与一些酸性药物，如胃蛋白酶合剂、阿司匹林等联用。

（2）含汞的中药及其中成药　如朱砂、磁珠丸、安宫牛黄丸等不可与具有还原性的西药，如溴化物（巴氏合剂）、碘化物（碘化钾）、硫酸亚铁等联用，因会生成具有毒性的溴化汞或碘化汞沉淀物。

（3）含钙、镁、铁等金属离子的中药　如石膏、牡蛎、龙骨、海螵蛸、石决明等及其中成药，不能与四环素类抗生素联用。因金属离子可与此类药物结合成络合物，而不易被胃肠道吸收。

（4）含鞣质较多的中药及其中成药　如五倍子、诃子、石榴皮等不能与胃蛋白酶合剂、淀粉酶、多酶片等联用，因其中所含蛋白质与鞣质结合形成络合物而改变其性质，不易被胃肠道吸收，从而引起消化不良、纳呆等症状。

（5）含有皂苷成分的中药　如人参、三七、远志、桔梗等不宜与酸性较强的药物联用，因在酸性环境中，并在酶的作用下，皂苷极易水解失效；同时也不宜与含有金属的盐类药物如硫酸亚铁、次碳酸铋等联用，因可形成不溶性沉淀。

（6）含蒽醌类的中药　如大黄、虎杖、何首乌等不宜与碱性药物联用，因蒽醌苷在碱性溶液中易被氧化而失效。

（7）中药炭以及瓦楞子、牡蛎不宜与多酶片、胃蛋白酶等联用，因为炭药等会吸附酶类制剂从而降低疗效。

2. 药效学方面的配伍禁忌

（1）含有麻黄碱的中药及其制剂　如麻黄含有麻黄碱，对中枢神经系统有兴奋作用，与氨茶碱联用可增加毒性，此外，麻黄碱系拟肾上腺素药，能减弱利血平、胍乙啶的降压作用。

（2）具有较强抗菌作用的药物　如黄芩、金银花、连翘、鱼腥草等及其中成药不宜与菌类制剂促菌生、乳酶生等联用，因抗菌药物在抗菌同时抑制或降低菌类制剂的活性。

（3）含颠茄类生物碱的中药及其制剂　如洋金花、曼陀罗、天仙子、颠茄合剂等和含有钙离子的中药，如石膏、牡蛎、龙骨等均不宜与强心苷类药物联用，因颠茄类生物碱可松弛平滑肌，降低胃肠道的蠕动，增加了强心苷类药物的吸收和蓄积，故增加了毒性，并且血钙浓度高易致洋地黄中毒；另外此类中药也不宜与甲氧氯普胺联用，它们在药理上与甲氧氯普胺具有相互拮抗作用。

（4）含麻黄碱的中药及其中成药　如复方川贝精片、莱阳梨止咳糖浆、复方枇杷糖浆等不宜与强心药、降压药联用。因麻黄碱具有兴奋心肌β受体、加强心肌收缩力的作用，与洋地黄、地高辛等联用时，可使强心药的作用增强，毒性增加，易致心律失常及心衰等毒性反应；同时麻黄碱也具有收缩周围血管的作用，使降压药作用减弱，疗效降低，甚至使血压失去控制，严重者可加重高血压患者的病情。

（5）含氰苷的中药　如杏仁、桃仁、枇杷叶等不宜长期与镇咳的西药如喷托维林（咳必清）等联用。因氰苷在酸性条件下，经酶水解后产生的氢氰酸虽有止咳功效，但在一定程度上抑制呼吸中枢，喷托维林等可加强其抑制作用，使呼吸功能受抑制。

（6）含乙醇的中成药　如各种药酒不宜与镇静剂（如苯巴比妥、地西泮等）、抗组胺类药（如氯苯那敏等）、抗高血压药物等联用。因易导致中枢神经系统抑制，产生呼吸困难、心悸等。

（7）含有糖皮质激素样物质及含糖中药制剂　如中药甘草、鹿茸、麦冬、黄芩、川贝等含有糖皮质激素样物质，此类物质对糖代谢的作用与胰岛素相反，能促进糖原异生，升高血糖，故上述中药与降糖药联用可使降糖效应减弱；在治疗糖尿病使用胰岛素、格列本脲等药物时，也不宜使用含糖较多的中药以及含蜜的中药制剂。

（8）在使用治疗甲状腺功能亢进症的药物时，不宜使用中药海藻、昆布等及其他含碘的制剂。因碘促进酪氨酸的碘化，使体内增加甲状腺素的合成，不利于治疗。

六、药物相互作用的处理

审查及适当处理配伍药物之间的相互作用，是药品调剂人员的职责，必须认真履行。药物相互作用的处理原则与方法如下。

（一）处理原则

处理的一般原则应该是：审查处方发现疑问时，首先应该与处方医师联系，进一步明确用药对象的具体情况和用药意图，与处方医师共同根据用药对象的实际情况，结合药物的物理、化学性质和药理作用来分析可能产生的相互作用结果，确定克服方法，保证用药的安全性、有效性。

（二）处理方法

一般药物相互作用可在遵循上述原则的基础上按以下方法进行处理。

（1）凡因配伍而可能引起毒性增加、产生有害物质或使药物失效、减效的，均应请医师另行处方。

（2）删去、更换或减去处方中某些成分后就能克服的配伍困难，应与医师协商解决。

（3）在不改变处方原意的原则下，运用调配技术即可解决的，应保留原处方，由调配人员自行解决。如：改变调配次序，加入不影响疗效的助溶剂、乳化剂、助悬剂。

（4）对可能发生吸收方面相互作用的药物采取错开给药时间的办法。

（5）指导用药对象避免同服对药物吸收具有影响的食品。

小资料

药物相互作用的研究进展

国内外药物相互作用的研究进展很快。在研究的水平方面，更注重临床用药的实际效果，可通过构效关系对药物相互作用进行预测；在研究内容方面，研究更加广泛和深入，例如，药物与食物的相互作用，药物与烟、酒、茶的相互作用，药物之间的相互作用。其中药物之间的相互作用包括植物药与化学药之间、化学药之间的相互作用；在研究手段方面，不仅采用了先进的化学分析测定法，而且对药理动物模型也有改进，尤其是药物相互作用计算机审查系统的应用更具有实际意义。

想一想

以下各组药物配伍是否合理？请分析其原因。

（1）红霉素与含 Mg^{2+}、Al^{3+} 的抗酸剂同服。

（2）头孢类抗生素与铁制同服。

（3）丹参与华法林合用。

（4）地西泮注射液、氯霉素注射液与5%葡萄糖注射液或0.9%氯化钠注射液混合静脉滴注。

（5）洋地黄毒苷、巴比妥类药物中毒时，应用螺内酯。

第四节　特殊人群用药审查与用药指导

一、老年人用药审查与用药指导

（一）老年人药动学的特点

1. 药物吸收改变

老年人随着年龄的增长，胃肠道功能的减退，对被动扩散方式吸收的药物如阿司匹林、对乙酰氨基酚、保泰松、复方新诺明等几乎没有影响，但对于按主动转运方式吸收的药物如维生素类药物、铁剂、钙剂等这些需要载体参与吸收的药物则吸收减少。

2. 药物分布改变

对药物分布的影响主要是由于老年人细胞内液减少和功能减弱、脂肪组织增加而总体液和非脂肪组织减少，使药物分布容积减小，同时心肌收缩力下降，心血管灌注量减少。此外，血浆蛋白含量降低，影响药物与血浆蛋白的结合率，使游离型药物浓度增加，作用和毒性曾强。如血浆蛋白结合率高的华法林，因为老年人血浆蛋白降低，使血中具有活性的游离型药物增多，常规用量就有出血的危险。地高辛、地西泮的分布容积也随年龄增长而降低。

3. 药物代谢改变

老年人的肝脏比年轻人减轻 15%，肝功能下降，肝药酶的合成减少，活性降低，因此药物生物转化速度减慢，半衰期延长。如苯巴比妥、利多卡因、咖啡因、普萘洛尔、哌唑嗪、氯丙嗪、哌替啶、阿司匹林、保泰松等药物在老年人体内的半衰期明显延长。由于老年人对一些药物的首过效应能力降低，并且肝细胞合成白蛋白的能力降低，血浆蛋白与药物结合能力也降低，游离型药物浓度增高，药物效力增强。如普萘洛尔造成的肝性脑病，就是因为血液中游离普萘洛尔多，造成心输出量减少，脑组织的血流量减少，引起大脑供血不足出现头晕、昏迷等症状。所以老年人服用普萘洛尔要注意减量或延长间隔时间。

4. 药物排泄改变

老年人肾脏的肾单位仅为年轻人的一半，老年人的某些慢性疾病也可减少肾脏的灌注，这些均影响药物的排泄，使药物在体内蓄积，容易产生不良反应或中毒。尤其是使用地高辛、氨基糖苷类抗生素、头孢菌素类、四环素类、磺胺类、苯巴比妥、普萘洛尔等药物时要慎重。

以上老年人药动学的改变，影响药物的效应和毒性，这些都是老年人合理用药的依据。也是审查、调配处方的知识基础。

（二）老年人常用药物的不良反应

老年人由于特殊的药动学改变，往往因用药不当而发生不良反应。老年人常用药物的不良反应见表 3－4。

表 3-4　老年人常用药物的不良反应

老年人常用药物	常见的不良反应
地西泮（安定）、氯氮䓬	易引起神经系统抑制，表现有嗜睡、四肢无力、神志模糊及讲话不清等症状，长期应用氯氮䓬等药物可致抑郁症
阿司匹林、对乙酰氨基酚	对高热患者可导致大汗淋漓，血压及体温下降，四肢冰冷，极度虚弱甚至发生虚脱。长期且大剂量服用阿司匹林可导致胃出血
胍乙啶、利血平、甲基多巴	长期应用易致精神抑郁症
硝酸甘油	可引起头晕、头胀痛、心跳加快，可诱发或加重青光眼
硝苯地平（心痛定）	可出现面部潮红、心慌、头痛等反应
胺碘酮	可出现室性心动过速
美西律（慢心律）	可出现眩晕、低血压、手震颤、心动过缓和传导阻滞
普萘洛尔（心得安）	可致心动过缓、心脏停搏，还可诱发哮喘，加重心衰
呋塞米（速尿）、氢氯噻嗪	可致脱水、低血钾等不良反应
庆大霉素、卡那霉素与利尿剂合用	可加重耳毒性反应，可致耳聋，还可使肾脏受损害
四环素、万古霉素、羧苄西林、庆大霉素、头孢菌素类、多黏菌素	大量长期应用广谱抗生素，可导致肠道菌群失调或真菌感染等严重并发症
胰岛素、格列齐特	因老年人肝肾功能减退，易发生低血糖反应
地高辛	可引起室性早搏、传导阻滞及低钾血症等洋地黄中毒反应
阿托品、苯海索（安坦）、丙咪嗪	可使前列腺增生的患者抑制排尿括约肌而导致尿潴留；阿托品亦可诱发或加重老年青光眼，甚至可致盲
苯海拉明、氯苯那敏	可致嗜睡、头晕、口干等反应
泼尼松（强的松）、地塞米松	长期应用可致水肿、高血压，易使感染扩散，可诱发溃疡病出血
维生素及微量元素	维生素 A 过量可引起中毒，表现为畏食、毛发脱落、易发怒激动等；维生素 E 过量会产生严重不良反应，如静脉血栓形成、头痛及腹泻等；微量元素锌补充过量可致高脂血症及贫血

（三）用药审查与用药指导

老年人各种器官功能减退，机体适应能力低下，往往多种疾病集于一身，老年人这些生理、病理变化影响药物的吸收、分布、代谢和排泄。同时部分老年患者对药品持有特殊心理状态，迷信名药、新药、贵药和“洋药”，常常看广告自购药品用药而不遵医嘱。以上种种原因，容易导致老年人用药品种多、不良反应发生率高。药品调剂人员在调配老年人用药处方时，应特别注意以下内容的审查，并对用药进行必要的指导。

1. 处方审查

（1）了解用药对象疾病的特殊性，审查用药禁忌　审查老年人用药处方时，应了解患者有无高血压、糖尿病、风湿性关节炎、患青光眼、前列腺炎等其他慢性疾病，特别审查处方用药对这些疾病是否禁忌。例如在老年人中枢神经疾病的药物治疗中，有不少药物具有抗胆碱作用，对于伴有青光眼、前列腺肥大的老年人，如不加注意，可引起尿潴留及青光眼恶化。又如在输注葡萄糖注射液时，要了解患者有无糖尿病，如有糖尿病应加用适量胰岛素及钾盐。

（2）注意审查用药剂量　老年人药动学的特点使药物分布容积减少、消除速度减慢，因此要注意用药剂量的审查，特别是对患有肝、肾功能不全的老人用药要特别重视。如老年人的输液剂量，一般每天输液量控制在1500ml以内为宜，输0.9%氯化钠注射液每天不得超过500ml。

（3）注意审查药品不良反应　审查处方用药时，要注意审查药品选用是否合理，尤其是老年人容易出现的药物不良反应。对肾或中枢神经有毒性的抗生素，如链霉素、庆大霉素，应尽量不用，此类药更不可联合应用；老年人常患有骨质疏松，在用肾上腺皮质激素类药物治疗类风湿性关节炎、肌纤维质炎（风湿）时，可能引起骨折，特别是股骨颈骨折，故应尽量不用，更不能长期大剂量治疗，如必须用，需加入钙剂及维生素D。

2. 用药指导

（1）药师更要关注老年患者用药问题，处方调配时必须详细、明确在药品包装材料上注明名称、用法、用量及注意事项。在发付处方用药时，药师一定要耐心细致解说，尤其对给药途径特殊、用法特殊或有特殊注意事项的药物，要重点解说，保证患者正确用药。必要时需嘱咐家属帮助督促检查，以避免由于老年人记忆力减退而造成的忘服、多服、误服药物，提高用药的安全性和有效性。

（2）明确告知老年患者遵医嘱对治疗疾病的必要性及对用药有效性、安全性的意义，使患者自觉按规定的用法、用量进行药物治疗。

（3）明确告知老年患者合用多种药品，尤其是处方用药与社会药房自购药品联用可能发生的重复用药、不良反应或危害性。减少多品种、大剂量用药的可能性。

（4）指导老年人适量补充一些维生素类和钙剂，但应明确告知老年患者轻信广告宣传，随意自行使用广告药品，盲目服用或长期过量服用滋补药、抗衰老药、维生素类药的不良后果。

（5）明确告知老年患者滥用糖皮质激素类药物、解热镇痛药物、抗生素、泻药、安眠药等可能带来的后果，避免因滥用药品而发生不良反应。

（6）指导老年患者用药应及时注意观察疗效和不良反应，必要时应尽快到医院就诊，以免贻误治疗。

二、小儿用药审查与用药指导

（一）小儿用药特点

小儿发育可分为新生儿期、婴幼儿期和儿童期三个阶段，在不同阶段存在不同的用药特点。

1. 新生儿用药特点

新生儿期机体生理和代谢过程正处于迅速发展和变化阶段，药动学过程也随之迅速改变，因此，新生儿期用药剂量不能单纯用成人剂量机械地折算，否则可能导致药物过量而引起毒性反应，也可能因药量不足而影响疗效。以下为新生儿期药动学的主要特点。

（1）给药途径的影响　相同的给药途径，在新生儿期用药可产生不同于成人的疗效和不良反应。口服给药是新生儿常用的途径，但其胃肠道吸收可因个体差异或药物性质不同而有很大差别，如氯霉素吸收慢而无规律，磺胺药可全部吸收；注射给药也是较为常用的途径，静脉给药吸收最快，药效也可靠，大多数静脉用药可安全地由护士给药，产生良好治疗作用。虽然皮下或肌内注射较为安全，但由于新生儿外周血循环不足而影响吸收和分布，一般新生儿不采用。应引起注意的是新生儿体表面积相对较大，皮肤角化层薄，药物透皮吸收快而多。当外敷某些药品时有产生中毒的可能，如硼酸、六氯酚、萘、聚维酮和水杨酸等。

（2）药物分布的影响　新生儿总体液量占体重的80%（成人为60%），相对于成人较高，因此药物的分布容积较大。此外，新生儿体内药物血浆蛋白结合率较低也对药物作用有一定影响。

应引起注意的是安钠咖、氯丙嗪、维生素 K_1、维生素 K_3、萘啶酸、呋喃坦啶、新生霉素、伯氨喹、磺胺类药物与胆红素竞争血浆蛋白结合，促使黄疸病儿血中游离胆红素增多，致使血中游离胆红素侵入脑组织，造成核黄疸。

（3）药物消除的影响　新生儿的酶系统尚不成熟和完备，某些药物代谢酶分泌量少且活性不足，使药物代谢减慢。如新生儿应用氯霉素后，由于代谢速度慢，血中游离的氯霉素增多，造成氯霉素中毒，使新生儿皮肤呈灰色，引起灰婴综合征；又如磺胺类、呋喃类药物也可使葡萄糖醛酸酶缺乏的新生儿出现溶血。所以新生儿用药时要考虑到肝药物代谢酶的成熟情况，一般出生两周后肝脏处理药物的能力才接近成人水平。

新生儿肾脏的排泄功能低下，可影响药物排泄速度，致使血浆药物浓度高，半衰期也延长，不良反应增大。如新生儿对青霉素 G 的清除率仅及 2 岁儿童的 17%。氯霉素在新生儿半衰期为 250 小时，而成人仅为 4 小时。所以在新生儿或儿童时期，药物剂量不能相同。一般新生儿用药量宜少，间隔应适当延长。

相关链接

影响药物的吸收、分布、消除的因素可参见《生物药剂学》相关内容。了解年龄因素对药物体内动力学过程、药效的影响，根据患者个体生物因素对药物作用的影响，审查处方、指导患者合理用药，是一名合格的调剂员应该掌握的知识与技能之一。

2. 婴幼儿期用药特点

婴幼儿期多以口服方式给药，一般以溶液剂、糖浆剂为宜。必要时静脉注射和静脉点滴给药。肌内注射可因局部血液循环不足而影响药物吸收。

3. 儿童期用药特点

儿童正处在生长发育阶段，体内新陈代谢旺盛，一般药物的排泄比较快。但儿童对水及电解质的代谢功能还较差，如大量或长期应用酸性或碱性类药物，易引起酸碱平衡失调；应用利尿剂后也易出现低钠、低钾现象，一般应间歇给药，并且剂量不宜过大。

一般情况下尽量避免使用可的松、强的松等肾上腺皮质激素类药物；雄激素的长期应用常使骨骼闭合过早，影响小儿生长和发育。骨和牙齿发育易受药物影响，如四环素可引起牙釉质发育不良和牙齿着色变黄，8 岁以下儿童禁用四环素类抗生素。

4. 小儿禁用或慎用的化学药物

小儿禁用或慎用的化学药物有：阿司匹林、吲哚美辛、氯霉素、四环素、卡那霉素、新霉素、链霉素、氯丙嗪、奋乃静、苯巴比妥、水合氯醛、地西泮、氯氮䓬、利血平、二巯基丙醇、维生素 K_1、甲基睾丸酮、苯甲酸钠咖啡因、山梗菜碱、毛花苷丙、地高辛、甲磺丁脲、呋塞米等。

总而言之，小儿处于生长发育的重要阶段，在生理、病理、药动学、药效学方面有其特殊性，许多脏器、神经系统功能发育尚未完全，对许多药物较为敏感。吸收率高，排泄功能差。而且小儿从心理上对药物的色、香、味及外观也有一定要求，故小儿用药应与药理、生理及心理紧密地联系起来。

（二）小儿用药常见的问题

由于生理生化、病理及药物等各种因素的影响，小儿用药具有特殊性、复杂性，以致出现不少问题。

1. 抗菌药物使用不合理

小儿用药存在的最突出问题是抗菌药物的滥用现象，对非感染性疾病如肠痉挛、单纯性腹泻以及一般感冒体温升高的患儿不究其原因，先使用抗生素，有的甚至用价格昂贵的第三代头孢菌素。据统计，在治疗上呼吸道感染或普通感冒时，抗生素使用率高达99%。尤其是对于急诊患儿，滥用具有肾毒性、耳毒性的庆大霉素。此外，12岁以下的少儿中使用喹诺酮类药物较为普遍，且用量偏大，但该类药被实验证明可引起幼年狗及其他哺乳动物的骨关节，特别是负重关节软骨组织损伤。

2. 滥用解热镇痛药

当小儿感冒体温升高，就用解热镇痛药，并不考虑用药可能导致的不良反应。如新生儿使用含阿司匹林的制剂，由于新生儿胃内酸度低，胃排空迟缓，药物吸收慢，易在胃内形成黏膜糜烂。又如由于感冒通含有双氯芬酸，用于儿童易造成血尿。对乙酰氨基酚是目前应用最广的解热镇痛药，其疗效好，不良反应小，口服吸收迅速、完全，但应注意剂量不宜加大，3岁以下的儿童应慎用。

小资料

据统计，我国现有听力语言残疾人数量达2000多万，居各类残疾人之首。而在众多的耳聋患者中，因药物毒性作用致聋者占一半左右。目前医学上发现的能引起耳聋的药物有60多种，主要有链霉素、卡那霉素、庆大霉素等，每100个患者中会有1~2人因使用此类药物引起耳聋。近年来发现还有一些药物也具有耳毒性，抗生素类还有丁胺卡那、新霉素、小诺霉素、红霉素、氯霉素、四环素、多黏菌素、万古霉素、利福平；其他类药物有：保泰松、阿司匹林、吲哚美辛、甲硝唑、普萘洛尔、苯巴比妥、乙胺碘呋酮等。

3. 滥用“营养药”

不少独生子女家长及部分医师将微量元素与维生素类药视为“营养药”，长期或超大剂量服用。如有的家长将鱼肝油滴剂作为“补剂”长期给儿童服用，致使体内维生素A、维生素D浓度过高，会出现周身不适、胃肠反应、头痛、骨及关节压痛、高钙血症等慢性中毒症状。又如微量元素锌，浓度达15mg/L，增加脓疮病的发生率。因此在补锌时，应注意可能伴随的并发症。

4. 大剂量输注葡萄糖注射液

由于新生儿胰岛细胞功能不全，胰岛素水平低下，对糖的耐受能力较低，因而过快或剂量过大静脉滴注葡萄糖注射液可造成医源性高血糖症。

（三）用药审查与用药指导

小儿特别是新生儿的生理特点，决定了药物在体内的过程与成人不同。为了保证用药的安全性与有效性，必须从严审查处方，合理指导用药。

1. 处方审查

（1）药物滥用处方的审查　小儿处方的审查应注意有无抗生素、解热镇痛药、维生素类药的滥用情况，尤其对可能引起严重不良反应药物的审查。如庆大霉素除非有特别用药指征，否则新生儿、婴幼儿不应使用。

（2）剂量与用药间隔时间的审查　对小儿处方用药要根据年龄、体重或体表面积等认真计算和审核用药剂量，不可超剂量用药。对于肥胖儿童，按传统的体重计算剂量往往血药浓度过高，故肥胖儿童的个体化给药，有助于保证用药安全与有效。

小儿用药剂量的计算方法有以下几种。

①根据老幼剂量折算表进行折算：《中华人民共和国药典临床用药须知》所规定的药物剂量为18～60岁成人一次用药的常用量，因此，对18岁以下，60岁以上患者的用药剂量可根据老幼剂量折算表进行折算（表3－5）。

表3－5　老幼剂量折算表

年　龄	剂　量	年　龄	剂　量
初生～1个月	成人剂量的1/18～1/14	6岁～9岁	成人剂量的2/5～1/2
1个月～6个月	成人剂量的1/14～1/7	9岁～14岁	成人剂量的1/2～2/3
6个月～1岁	成人剂量的1/7～1/5	14岁～18岁	成人剂量的2/3～全量
1岁～2岁	成人剂量的1/5～1/4	18岁～60岁	全量～成人剂量的3/4
2岁～4岁	成人剂量的1/4～1/3	60岁以上	成人剂量的3/4
4岁～6岁	成人剂量的1/3～2/5		

②按年龄计算：公式如下。

12岁以内小儿剂量＝0.01×（月龄＋3）×成人剂量

1岁以上儿童剂量＝0.05×（年龄＋2）×成人剂量

初生儿按1个月计算，常数为0.04；超过1个月按2个月计算，其余各月类推，按月递增0.01；周岁为0.15，以后每岁递增0.05，到18岁为1，共28个常数。排列具有规律、熟悉后可不用公式，只用各常数与成人剂量相乘就可得出小儿剂量。

③按体重计算：公式如下。

1～6个月小儿体重（kg）＝月龄×0.6＋3

7～12个月小儿体重（kg）＝月龄×0.5＋2

1岁以上体重（kg）＝实足年龄×2＋8

速算可按小儿剂量等于两倍成人剂量与小儿体重千克数相乘之积的1%。

④按体表面积计算：公式如下。

小儿体表面积＝体重×0.035＋0.1

小儿用量＝成人剂量×小儿体表面积/1.7。（注：1.7为成人（70kg）的体表面积。）

无论是用老幼剂量折算表还是采用公式计算，其所得的老幼剂量都只能作为参考，因为药物的实际使用剂量不仅存在着年龄、体质上的差别，而且还要考虑到病情、性别及药物本身的性质等多方面的因素。特别是一些毒性药品、麻醉药品、精神药品在使用中，应逐一掌握其剂量情况，谨慎地审查核实。以确保用药的安全有效。

此外，应注意审查处方给药间隔时间，切不可给药次数过多、过频。

（3）给药途径的审查　一般来说，小儿用药经胃肠给药较安全，应尽量采用口服给药。新生儿皮下容量很小，药物可能损害周围组织且吸收不良，因此，皮下注射不适用于新生儿；早产儿皮肤很薄，多次肌内注射可发生神经损伤，最好不用；较大的婴幼儿，随着循环改善，可用肌内注射；婴幼儿静脉给药，必须按规定速度滴注，不宜过快过急，以防药物渗出引起组织坏死，并注意变换注射部位，以免反复用同一血管注入引起血栓静脉炎。此外，新生儿外敷药品时，应考虑可能引起的吸收中毒。

小儿给药途径与成人相比，由于受小儿生理、病理和药物剂型等多种因素影响，有一定的限制，也对用药的安全性、有效性产生较大的影响。药品调剂人员在调配小儿用药处方时，亦应严格审查给药途径，以保证药物以适宜途径进入体内，发挥良好疗效和减少不良影响。

试一试

头孢氨苄成人用法为一日1～2g，分3～4次服用。某患儿体重为5.5kg，对头孢菌素、青霉素均无过敏，请通过计算说明该患儿口服头孢氨苄的方法。

2. 用药指导

（1）明确告知小儿家长不适当的强制灌入式的口服给药可能带来的危害，尤其是油溶液剂类药品，绝不能给睡熟、哭吵或挣扎的婴儿喂药，以免引起油脂吸入性肺炎。

（2）服用肠溶片或控释片时，不能研碎，以免其疗效下降，或增大刺激性，引起恶心、呕吐；混悬剂在使用前应充分摇匀；直肠给药注意纳入的深度，以2cm为宜。

小资料

起全身作用的栓剂，药物经直肠吸收的主要途径为：一是通过门肝系统，即通过直肠上静脉经门静脉进入肝脏进行代谢后（首过效应）再转运至全身；第二途径是不通过门肝系统，即通过直肠中静脉和直肠下静脉及肛管静脉而进入下腔静脉，绕过肝脏直接进入血液体循环。此外，直肠淋巴系统对药物吸收几乎与血液处于相同地位，也是药物吸收的途径。药物在阴道中也可以吸收产生全身作用，其途径是经过阴静脉至下腔静脉，最后直接进入血液循环。

想一想

为什么直肠给药应注意纳入的深度？

(3) 明确告知小儿家长应将药物妥善保管，应放置在小儿不能取用的地方，以免误用。

三、妊娠期妇女用药审查与用药指导

（一）药物对孕妇和胎儿的影响

1. 药物对孕妇的影响

妊娠期妇女用某些药物有可能发生较为严重的不良反应。据报道，静脉滴注大剂量四环素治疗孕妇的肾盂肾炎时，由于患者肾功能减退，四环素清除率下降，药物对肾脏、肝脏可能产生严重的毒性反应。加上四环素对胎儿也有不良影响，因此妊娠期应禁用四环素；妊娠后期如应用十二烷基硫酸红霉素（无味红霉素）引起阻塞性黄疸并发症的可能性增加，可逆的肝脏毒性反应的发生率可达10%～15%；妊娠晚期服用阿司匹林可引起过期妊娠、产程延长和产后出血，而服用对乙酰氨基酚则对孕妇无不良影响，故孕妇需用解热镇痛药时，可选用对乙酰氨基酚；过量服用含咖啡因的饮料，可使孕妇不安、心跳加快、失眠，甚至畏食。此外，妇女在妊娠期对泻药、利尿药和刺激性较强的药物比较敏感，可能引起早产或流产，应注意。

2. 药物对胎儿的影响

根据胚胎的形成，胎儿发育阶段可分为细胞增殖早期、器官发生期、胎儿形成期。药物在不同时期对胎儿的影响有较大差异，一般可能导致畸形、神经中枢抑制或神经系统损害、溶血、出血及其他不良影响。

妊娠早期（即妊娠的头3个月）是胚胎器官和脏器的分化时期，最易受外来药物的影响引起胎儿畸形。如沙立度胺（反应停）可引起胎儿肢体、耳、内脏畸形；雌激素、孕激素和雄激素可引起胎儿性发育异常；抗癫痫药（苯妥英钠、三甲双酮等）、抗凝药（华法林）、乙醇等均能引起胎儿畸形。

妊娠期妇女服用镇静、安定、麻醉、止痛、抗组胺或其他抑制中枢神经的制剂，可抑制胎儿神经的活动，并改变脑的发育。产程中给孕妇麻醉剂（如乙醚、三氯甲烷等）、镇痛药（如吗啡、哌替啶）、安定药（如地西泮），可引起胎儿神经中枢抑制及神经系统损害，导致新生儿不哭、不吃、体温低，严重者可出现呼吸抑制或循环衰竭等。

妊娠后期孕妇使用双香豆素类抗凝药、大剂量苯巴比妥或长期服用阿司匹林治疗，可导致胎儿严重出血，甚至死胎。氨基糖苷类抗生素可致胎儿永久性耳聋及肾脏损害；妊娠5个月后用四环素可使婴儿牙齿黄染，牙釉质发育不全，骨生长障碍；抗甲状腺药如硫脲嘧啶、他巴唑、碘剂可影响胎儿甲状腺功能，导致死胎、先天性甲状腺功能低下或胎儿甲状腺肿大。孕妇摄入过量维生素D可使新生儿血钙过高、智力障碍，肾或肺小动脉狭窄及高血压；妊娠期缺乏维生素A引起新生儿白内障；分娩前应用氯霉素可引起新生儿循环障碍和灰婴综合征；尼古丁、普萘洛尔、泼尼松及中枢神经抑制药均可影响胎儿发育。故也要重视妊娠后半期用药对胎儿发育的危害性。

（二）妊娠期用药参考

妊娠期用药可参考表3－6、表3－7选择。

表3－6　妊娠头3个月用药参考

应避免使用的药物（肯定产生损害）	仅在必需时使用的药物（有潜在的损害）	尽可能避免或减少使用的药物（可能产生损害）
沙立度胺、孕激素、雄激素、雌激素、口服避孕药、雄激素、促进蛋白合成药、秋水仙碱、环磷酰胺、四环素类、烟碱（尼古丁）	苯丙胺类、口服抗凝药、抗癌药物、巴比妥酸盐类、氯霉素、氯喹、卡马西平、可的松类、多黏菌素E、氟哌啶醇、卡那霉素、萘啶酸、甲硝唑、去甲阿米替林、苯妥英、丙基硫氧嘧啶、奎尼丁、利血平、链霉素、噻嗪类利尿药、万古霉素	制酸药、呋塞米、阿司匹林、庆大霉素、吲哚美辛、铁盐、锂盐、烟酰胺、口服降血糖药、磺胺甲基异噁唑、弱安定类、甲氧苄啶、维生素C（大剂量）、维生素D（大剂量）

表 3-7　妊娠 4~9 个月用药参考

完全避免使用的药物	遵医嘱使用的药物
促进蛋白质合成药物、口服抗凝药、阿司匹林（长期或大剂量）、氯霉素、性激素、己烯雌酚、碘化物类、烟碱（尼古丁）、呋喃妥因、口服降血糖药物（孕期 33 周以后）、磺胺类、四环素类、苯丙胺类等	强镇痛药、麻醉药品、制酸药（含钠离子）、巴比妥酸盐类、溴化物、氯喹、麦角胺、抗甲状腺药、可的松类药物、轻泻药、萘啶酸、吩噻嗪类、扑米酮、丙硫氧嘧啶、奎宁、链霉素、噻嗪类利尿药、弱安定类、万古霉素、维生素 C（大剂量）、维生素 K（合成品）、卡马西平、多黏菌素 E、环磷酰胺、锂盐、卡那霉素、去甲阿米替林、苯妥英钠、普萘洛尔、奎尼丁、利血平等

（三）用药审查与用药指导

1. 处方审查

审查妊娠期妇女用药处方应遵循如下原则。

（1）认真审查是否存在妊娠期禁用的药物　药剂人员在调配孕妇用药时，可对照以上所述“妊娠期用药参考”，首先审查处方中有无对孕妇、胎儿产生毒性反应的药物，如有属于禁用者，必须请医师另行处方。

（2）对必须使用的药物，审查其选用的合理性　应选择同类药物中对孕妇、胎儿影响最小、安全性最大的药物。

（3）审查用药剂量与时间　一般用药时间宜短不宜长，剂量宜小不宜大。有条件的医疗机构可通过测定孕妇血药浓度及时调节剂量，这样既可获得有效的药物浓度，又可保证胎儿体内的浓度不致太高。

（4）凡属于临床验证的新药以及疗效不肯定的药物都不要用于孕妇。

（5）要权衡利弊，在妊娠期绝不滥用抗菌药　对于患有感染性疾病的孕妇，必须进行详细的临床检查及细菌学检查，最好是以药敏实验结果为依据选用抗菌药。致病菌尚未明确时，选用抗菌药的原则是首先应考虑对患者的利弊，并注意对胎儿影响。

（6）要谨慎使用可引起子宫收缩的药物。

2. 用药指导

（1）药物对孕妇和胎儿均会产生不同程度的影响，为保证孕妇和胎儿的安全，原则上要求孕妇应避免使用任何药物。然而，在孕妇患有结核病、贫血、糖尿病、心血管疾病时，合理的治疗不但对胎儿无害，而且能防止胎儿受母体疾病的影响，但必须在医师、药师指导下用药。

（2）为保证胎儿生长的需要和维持母体良好的营养状况，在孕妇营养不足的情况下，应适当补充铁、钙、叶酸、维生素 B_1 和维生素 B_6。世界卫生组织提出在钩虫病和血吸虫病高发区和贫血孕妇应常规补充铁。但应注意控制剂量。

做一做

请检索“反应停事件”，并谈一谈你对此药害事件的认识。

四、哺乳期妇女用药审查与用药指导

（一）哺乳期用药对乳儿的影响

乳母用药后，药物在乳汁中的含量很少超过母亲摄入量的1%～2%，通常不会给哺乳儿带来危害。但少数药物在乳汁中的排泄量较大，如红霉素当母体血浆浓度为每毫升5～20μg时，则母乳浓度高达每毫升20～50μg；氯霉素当母体血浆浓度为每毫升20～40μg时，则母乳浓度达每毫升13～30μg；苯巴比妥当母体血浆浓度为每毫升20～50μg时，母乳浓度同为每毫升20～50μg。若乳母应用这些药物时，可能对乳儿产生不良影响。

（二）乳母禁用与慎用的药物参考

以下将乳母禁用及慎用的药物列表（表3－8），作为用药或审查处方参考。

表3－8　乳母禁用与慎用的药物参考

乳母禁用的药物	乳母慎用的药物
红霉素、卡那霉素、四环素类、氯霉素、磺胺类药、甲丙氨酯、苯二氮䓬类、细胞抑制剂和免疫抑制剂、金属类（砷、锑、溴、汞、锂等）、甲氨蝶呤、溴隐停、氯苯甲噻二嗪、环磷酰胺、氟烷、硫脲嘧啶、他巴唑、造影剂（如碘泛酸、碘阿芬酸等）、碘及碘化合物、放射活性碘等	克林霉素、异烟肼、三环类抗抑郁药（如丙咪嗪、去甲丙咪嗪等）、水合氯醛、巴比妥类、抗精神病药（氯丙嗪、三氟拉嗪、氟哌啶醇等）、双香豆素类抗凝剂、泻药（番泻叶、美鼠李皮）、西咪替丁、甾体类激素、皮质激素类、雌激素类、孕激素类、雄激素类、阿司匹林、吲哚美辛、萘啶酸、口服避孕药、抗组胺药、乙醇、甲状腺素等

（三）用药审查与用药指导

1. 处方审查

药品调剂人员在调配哺乳期妇女用药处方时，应审查是否有乳母禁用或慎用的药物，对于有此类药品的处方，应及时提醒医师注意，以便医师能权衡利弊，慎重选择用药。一般对并非必用不可的药物尽量不用，必须用者要谨慎应用，疗程不宜过长，剂量不宜过大。用药期间要注意观察不良反应。

2. 用药指导

乳母最好不要用药。如果哺乳期的母亲患病必须用药时，则应选择对母亲和婴儿危害和影响小的药物替代。如乳母患泌尿道感染时，不宜选用磺胺类药，而可以用氨苄西林代替，这样既可有效地治疗乳母泌尿道感染，又可减少对婴儿的危害。

当乳母必须使用某种可能给乳儿带来影响的药物进行治疗时，根据药物可能对乳儿产生的不良反应程度，可考虑采取乳母用药前血药浓度较低时哺喂婴儿，避免在乳母血药浓度高峰期间哺乳，或暂时采用人工喂养。

五、肝病患者用药审查与用药指导

（一）肝病患者用药特点

1. 药物对肝病患者的影响

肝脏是人体内进行解毒及药物转化的器官，许多药物代谢都在肝脏进行，故肝脏最容易遭受药物的损害，即通常所说的药源性肝损害。

药源性肝损害的发生与药物、机体的生理和病理因素有关。慢性肝炎、肝硬化和肝昏迷等肝病患者易致药物的损害。如在抗结核药物中，除链霉素外，大部分抗结核药都容易引起肝损害，特别是抗结核药的联合应用容易引起肝坏死。据报道，利福平与异烟肼联用，有35%的病例出现肝功能障碍。对必须应用抗肺结核药物的肝病患者，可考虑使用乙胺丁醇、环丝氨酸等肝损害较小的药物。在治疗开始几个月内常规检测血清氨基转移酶（转氨酶），可预示有无不良反应。

2. 肝功能不全对药物代谢的影响

严重肝功能不全患者，可使药物的生物转化速度减慢，血药浓度增高，因而药物作用加强、维持时间延长，增加药物的不良反应。如肝病患者合并肠炎、痢疾、伤寒，当应用氯霉素治疗时，其抑制造血系统作用较明显，易导致再生障碍性贫血，因此，肝病患者应慎用氯霉素。又如肝病患者合并风湿性心脏病、心功能不全应用强心药时，宜用地高辛，而不宜用洋地黄毒苷，因为洋地黄毒苷易致蓄积中毒，剂量难于掌握，而地高辛主要由肾排泄，不容易由于代谢减慢而产生蓄积中毒。

（二）用药审查与用药指导

1. 处方审查

药品调剂人员在审查处方时，要了解患者有无肝病病史，审查处方用药对肝脏有无毒性作用。在使用可能导致肝损害的药物时，凡可不用者，应尽量不用；必须用药者，可短期或交替使用。药师有责任与医师一起防止药源性肝损害。

此外，还应审查由于肝功能不全可能对药物代谢的影响，防止由于代谢减慢而产生毒性反应或蓄积中毒。

2. 用药指导

（1）药品调剂人员应告知肝病患者用药时注意密切观察自身的病情变化和药物治疗反应。如出现黄疸、肝区疼痛或伴有发热和皮疹等，应及时停药，立即到医院进行相关检查。

（2）提醒患者用药期间定期进行肝功能检查。

（3）提醒患者严格遵守医嘱，防止药物剂量过大或药物滥用可能导致的肝损害或药物的毒性反应。

六、肾功能不全患者用药审查与用药指导

（一）肾功能不全患者用药特点

肾脏是药物排泄的主要器官，肾功能不全患者可使药物的排泄缓慢，血药浓度增高、药物的半衰期延长，增加药物的毒性。肾功能不全患者，不但药物排泄缓慢，而且药物代谢也会发生改变，容易产生代谢产物的潴留。对肾功能不全的患者进行药物治疗时，有必要在品种和剂量上作更慎重的考虑和选择，并应注意对肾脏有毒性药物不宜同时使用。

（二）肾功能不全和肾衰竭患者用药参考

当肾功能不全患者使用某些主要由肾脏排泄或具有肾毒性的药物时，其剂量必须根据肾功能不全的程度进行适当调整，以防止由于排泄缓慢或剂量过大而产生的毒性反应。此外，有些药物应尽可能避免使用。需要调整剂量或应避免使用的药物见表3－9。

表3－9 肾功能不全者需调整剂量或避免使用的药物

衰竭程度	需调整剂量的药物	应避免使用的药物
轻度衰竭	氯磺丙脲、氯贝丁酯、庆大霉素、卡那霉素、链霉素、四环素、万古霉素、美沙酮、头孢唑林、多黏菌素	
中度衰竭	乙酰唑胺、乙酰水杨酸类、别嘌呤醇、环磷酰胺、地高辛、乙胺丁醇、庆大霉素、胰岛素、甲丙氨酯、普鲁卡因胺、丙基硫氧嘧啶、磺胺甲基异噁唑、甲氧苄胺嘧啶、碳酸锂、吩噻嗪类、氨苄西林、羧苄西林、氯氮䓬、甲氨蝶呤、甲基多巴、二甲胺、四环素、新霉素、青霉胺、戊烷脒、保泰松、扑米酮、磺胺异噁唑、三甲双酮、醋碘环己脲、氟尿嘧啶、硫代苹果酸金钠	氨基水杨酸盐、孟德立胺、氯磺丙脲、丙磺舒

续表

衰竭程度	需调整剂量的药物	应避免使用的药物
严重衰竭	硫唑嘌呤、头孢噻吩、头孢氨苄、秋水仙碱、洋地黄毒苷、苯海拉明、肼肽嗪、林可霉素、甲氧西林、青霉素G、新斯的明、戊巴比妥、奎宁、氨苯蝶啶、甲苯磺丁脲	对乙酰氨基酚、乙酰唑胺、两性霉素B、依他尼酸、呋喃妥因、苯乙双胍、螺内酯、噻嗪类

（三）用药审查与用药指导

1. 处方审查

肾功能不全患者用药处方审查的要点如下。

（1）审查肾功能衰竭者忌用的药物　如左旋多巴、盐酸美加明、麦角胺、磺胺嘧啶、谷氨酸钠、三甲双酮、氯化铵、双香豆素、右旋糖酐铁注射液、代血浆、汞利尿剂、杆菌肽、二甲双胍等常见药物，忌用于肾功能衰竭患者。

（2）审查用药剂量　对肾功能不全的患者，应该按其肾功能损害的轻重减小药物的剂量，即使应用对肾有一定毒性的药物，也可因剂量的减小而避免加重肾功能损害。

（3）审查抗菌药的应用　肾功能衰竭时使用抗菌药应注意：对肾脏毒性大的氨基糖苷类抗生素必须大大减量；青霉素类、头孢菌素类、林可霉素和异烟肼等药物，需要调整剂量，但调整不必过大。

2. 用药指导

要求患者在医师、药师指导下用药，遵守医嘱，严格按剂量用药，认真观察自身病情，密切记录必要数据，积极配合医师、药师适时调整和改变治疗方案。

第五节　药学服务

一、概述

（一）药学服务的含义

药学服务一词最早由英国学者1985年提出，1990年由美国学者积极倡导。其含义是药师应用药学专业知识向公众（包括医务人员、患者及其家属）提供直接的、负责任的、与药物治疗有关的技术服务，以期提高药物治疗的安全性、依从性、有效性和经济性，实现改善和提高人类生活质量的理想目标。

世界人口的老龄化，人类疾病谱的变化，医疗实践中以患者为中心的服务模式，社会和科技文化的迅猛发展，迫切要求药师提供药学服务。

（二）药学服务的定位

（1）药学服务具有极强的实践性，因此，不能停留在理论上，而必须在患者治疗全过程中实施，从而获得药学服务的效果。

（2）药学服务是一种过程，其内容包含患者用药相关的全部需求，包括选择合适的药品、确定用药剂量和用药方法、处方调配、服药指导、疗效跟踪、治疗药物浓度监测、用药方案调整、药物不良反应防治等药物治疗的全过程。

（3）药学服务的宗旨是提高患者的生命质量和生活质量，不能单纯针对疾病症状对症用药，而需综合考虑患者年龄、职业、既往病史、家族病史、经济状况等，既治疗病症，同时又从预防疾病发展和避免用药不良后果等多方面来选择综合治疗方案，因此，需要药师、医师和患者协同配合。例如，治疗哮喘的同时必须强调戒烟以及避免接触过敏原，使用丙基硫氧嘧啶治疗甲状腺功能亢进症时必须监测肝功能，预防药物对肝的损害。

（三）药师的责任

药学服务中药师和患者的关系是，患者把自己托付给药师，药师接受委托并担负起责任。药师应对治疗结果负责，至少应承担三个方面的责任。

（1）发现潜在的或实际存在的用药问题。

（2）解决实际发生的用药问题。

（3）防止潜在的用药问题发生。

（四）药学服务的结果

药学服务是提供负责的药物治疗，目的在于实现改善患者生活质量的既定结果。具体来说，其服务应达到如下结果。

（1）改善疾病的症状，人类的某些疾病，病程很长，有的甚至是终身性的，如高血压、糖尿病等，通过改善疼痛、哮喘、高血压、高血脂、高血糖等症状，这对提高患者的生活质量具有重要意义。

（2）减少发病率、并发症、死亡率，据统计，在我国死亡原因前三位的是心血管病、恶性肿瘤和脑血管病，占总死亡原因的67.7%。这些疾病导致更多的人不得不长期依赖于药物治疗，而药物的不良反应随着用药时间延长而增加。曾有报道，在我国住院患者中，每年约有20万人死于药物不良反应。通过开展药学服务，提高药疗水平，不但可以改善疾病的症状，减少药物不良反应，还能减少发病率、并发症、死亡率。

（3）药师通过对患者用药结果负责，改善患者的治疗预后，缩短住院时间，减少急诊次数和住院次数。

（4）依从性是指患者能否遵医嘱，依从不仅依赖于患者接受处方者提供的医疗信息，还取决于药师说服患者认识药物治疗的价值，并使患者感受到药师的负责态度、同情心、关怀和体贴，是心理治疗寓于药疗之中。药学服务通过药师干预，提高治疗依从性，帮助患者按时、按量、按疗程使用药物。

（5）药源性疾病被不断认识，合理用药的观念和需求越来越被大众认可，而其技术的复杂程度却与日俱增。据不完全统计，我国每年因药物不良反应而住院的患者达250万人。通过药师参与用药方案的设计、实施与监控，可有效地预防药物不良反应的发生，减少药源性疾病。

（6）药师在整个药学服务全过程中既是药品的提供者，也是合理用药指导者、实施者和监督者，使药疗更安全、有效、经济、适当地使用药品，从而节约治疗费用，减少医药资源的浪费。

（7）在药学服务全过程中，药师必将更多地面向患者，宣传用药知识，履行用药咨询的职责，帮助提高公众的健康意识。

小资料

药源性疾病

药源性疾病又称药物性疾病，简称“药物病”，为医源性疾病的主要组成部分，系指药物用于预防、诊断、治疗疾病过程中，因药物本身的作用、药物相互作用以及药物的作用引起机体组织或器官发生功能性或器质性损害而出现各种临床的异常症状。据大量临床观察和研究资料证实，药物可引起100多种药源性疾病以及相关综合征，有的可以造成不可逆性损害，甚至死亡。

在美国，药源性疾病位于心脏病、癌症、肺病、脑卒中（中风）之后，成为第5位导致死亡的疾病。

想一想

应如何避免药源性疾病的发生？

二、药学服务的内容

药学服务是一种内涵丰富、专业化程度较高的服务，它的基本内容包括以下几方面。

（1）开展有关药物使用的教育，采访患者获得用药史，编制和使用患者药历。

（2）解释询问，核实和验证与药物有关的医嘱，提供安全和高效的发药制度。

（3）监测药物治疗的安全性、有效性和预期的临床结果。

（4）检查药物过敏、药物相互作用，药物与食物的相互作用，查明并报告药物过敏和不良反应。

（5）建议初始的或替代的药物治疗。

（6）对医师、护士和患者提供药物情报咨询。

（7）帮助选择药物及用药剂量，把药物作用原理应用于选定的药物治疗。

（8）开展药物使用评价，保证合理用药，并达到预期的治疗效果。

药学服务具有社会属性，其服务对象已不再局限于住院或门诊患者，而是社会公众。服务内容也不仅仅是疾病的治疗过程和结果，而是扩展为整个健康保健的全过程。

三、药学服务的开展

药学服务最终必须落实到每个服务对象，因此，对于不同服务对象，药学服务的内容会有很大的区别。如医院病区、门诊药房、社会零售药店、社区医疗机构由于服务对象不同，开展药学服务的形式就不一样。医院病区应以临床药学为主要服务形式，而其他则以一般的用药指导、药物咨询为主要服务方式。

（一）医院病区药学服务的开展

医院病区药学服务应以临床药学为主要服务形式，始终围绕合理用药这个核心问题，不断提高临床药物治疗水平，以保证患者用药安全、有效、经济。

1. 医院病区药学服务的具体任务

（1）药师深入临床，参与给药治疗。

（2）治疗药物监测。

（3）提供药学信息服务。

（4）药物不良反应监测。

（5）开展处方分析。

（6）药物利用研究。

2. 医院病区药学服务的重点对象

（1）危重患者，专病用药。如抗凝血治疗、全肠外营养支持。

（2）需要监测的用药。如地高辛、氨茶碱、环孢素等。

（3）不良反应较多的药物。如抗生素、抗肿瘤药、心血管用药等。

（4）用药特殊人群、特殊体质患者。如肝肾功能不全者、过敏体质者、婴幼儿、老年人、妊娠及哺乳妇女、血液透析者等，需要特别选择药品及用药方案。

（5）用药复杂者。患有多种疾病，需要同时服用多种药品的患者。

对于病区药学服务的重点对象，应由专职的临床药师来完成药学服务工作。

（二）药房、社会零售药店及社区药学服务的开展

随着医药市场竞争的日益激烈，药房除提供质优价廉的药品外，提供专业的药学服务成为药房新的竞争点。

由于医院药房、社会零售药店及社区药学服务的对象包括门诊患者、非处方药品消费者及其他社会公众，所以服务的模式、方法可以有多种，但多以提供用药指导，用药咨询，建立药历、合理用药宣传和健康教育为主。

1. 用药指导的方法

对患者及其他公众进行用药指导的方法多种多样，可以根据实际情况和不同对象选择不同方法。

（1）个例示范法　指运用典型事例，现身说法，教育患者。不合理、不适当用药的病例多不胜举，教训十分深刻。利用典型病例，形象生动，患者记忆深刻，可收到事半功倍的效果。

（2）座谈讨论法　目前不少医疗单位建立的哮喘病之家、糖尿病之家、癌症之星活动，既包括了患者与患者间、患者与医师、药师间的防病治病的信息交流，也包括患者用药过程中的经验交流。通过座谈讨论，在发现治疗过程中不合理成分的同时，还可相互鼓励，树立战胜疾病的勇气和信心，提高生活质量。

（3）咨询答疑法　指患者针对自身所患疾病而进行的有关药物治疗信息的咨询。医师、药师、护师都可能成为咨询对象。而满意的咨询效果，不但取决于医药人员的态度、责任心，也取决于对有关用药知识的掌握了解，以及方式方法是否得当。

（4）专题讲座法　针对性强、浅显易懂的科普式专题讲座也可作为对患者用药指导的方法实施。患者可通过专家的科普讲座，获得自己需要的信息。专题讲座的前提是内容要浅（不深奥）和易（不难理解，不难记忆）。

2. 用药咨询

（1）咨询环境与人员　咨询处紧邻门诊药房，在社会药房应设在显而易见的地方，并有明确的标志，目的是方便患者向药师咨询与用药相关的问题，在取药后发现问题，及时、方便地进行咨询，解决用药中的疑惑和问题。

咨询人员应选择受过药学专业教育的资深药师担任。咨询药师应举止庄重，态度和蔼，有学者风度，给人以信任感，亲切感，具有较强的语言表达能力，善于用通俗的语言解释专业问题，并且表达准确。

（2）咨询内容与方式　一般情况下，来咨询的往往是患者或患者家属，每个人的情况都是不同的，希望了解问题的深度也各不相同，因此，药师在接待咨询时应尽量了解全面的信息，以便快速、准确地为患者解决问题。

药师承接咨询的内容主要有：服药与用药的方法，包括：如何正确地外用凝胶剂、口含片、软膏剂、乳膏或凝胶剂、滴眼剂、眼膏剂、滴耳剂、滴鼻剂、喷鼻剂、肛门栓、阴道栓等制剂；用药剂量，如首次剂量、维持剂量；或每日用药的次数、用药的时间间隔、疗程；药物之间的相互作用，合并用药或药物与食物、饮料间的相互作用；用药前的特殊提示（溶解、稀释、混合、振摇、饮水等）；药品的适应证；药物的正确贮存方法，特殊贮存条件（如冷处、阴凉处、常温贮存，包括贮存条件的控制，如遮光、密封、密闭、有效期）等。

咨询方式：患者或家属来医院取药或药店购药时，可以方便地向药师咨询用药。如果患者离开后还有问题或不方便来咨询，应设专用电话号码为患者提供用药电话咨询，并保证有咨询药师按时为患者服务。

3. 建立药历

药师为患者建立药历，是药学服务的一种形式。药历是客观记录患者用药史和药师为保证患者用药安全、有效、经济所采取的措施。

（1）药历记录原则　记录的原则是首先要客观真实，其次要归档备案。按照操作来记录，做你所记的，记你所做的，总结对的，修改错的，以便改进和查证。

（2）药历的内容

①患者一般资料（包括疾病诊断，主要检查或化验指标，既往和现在用药史以及跟踪用药后的变化）；

②合并使用的药物；

③已知的药品过敏史，或用药后发生的所确立因果关系的不良反应；

⑤配发的药品名称、剂量、用法和连续用药天数；

⑤对医师处方或医嘱的修改建议。

议一议

病例：男性患者，50岁，患感冒、哮喘、上呼吸道感染，药店推荐盐酸丙卡特罗片、感康片，服用2日后出现排尿困难。

分析：丙卡特罗在舒张支气管平滑肌时，也舒张膀胱逼尿肌，使膀胱肌肉松弛，张力下降，引起排尿困难。而抗感冒药感康片内含氯苯那敏，为抗组胺药，此类药物大多具有抗胆碱作用，可引起尿潴留。以上两者合用使尿潴留加重。

通过这一案例，请议一议以下问题：①对“药学服务是一种内涵丰富、专业化程度较高的服务”的理解；②药学从业人员应具备什么样的素质，才能更好地为患者提供药学服务？

（韦 超 莫远红）

第四章　西 药 调 剂

第一节　西药房的布局与设施

西药房是调配西药处方的场所，可分医院门诊药房、住院药房和社会药房三类。虽然服务对象均为患者，但因处方（或医嘱）的来源不同，调配业务则有一定的差异。医院门诊西药房的主要任务是调配本医院门诊西药处方，住院药房则调配病区处方或医嘱，而社会药房的任务是调配包括来自医院和其他执业医师处方。

由于医院门诊药房、住院药房和社会药房业务不完全相同，业务范围有所差异，故在布局与设施的配置有所不同。

一、布局

（一）医院门诊药房的布局

1. 西药房的位置

门诊药房应设置于门诊部的中央地带，与收费处相邻近。既要便利患者划价、交费、取药，又要有利于西药房与有关部门的联系。在多层楼房的医院门诊部、门诊药房以设置于一楼为宜。

2. 发药窗口的设置

根据各医院门（急）诊科就诊人数的情况，可设置1个或数个发药窗口，可设各科混合发药窗口，也可设专科发药窗口。为减少患者候药时间，利于患者安全，设置发药窗口应遵循的原则是：急诊患者多的医院，应单独设立急诊患者发药窗口或专设急诊药房；儿科与成人取药处应尽量分开；传染病单设窗口，并严格实行消毒隔离规定。

为了开展临床药学工作，加强药师与患者面对面的交流，提倡柜台式发药，以增加发药的透明度，加强药师工作“以患者为中心”的服务。

3. 内部布局

门诊西药房建筑面积根据医院的等级规模和患者流量设置，省市（三级）医院

200m²，二级医院150m²，乡镇（一级）60～80m²。调剂室的室内布局，对调剂工作效率有着直接影响。一般在考虑室内布局时，应注意以下几个方面。

（1）作业流程要尽量缩短，并避免交叉和重复、要尽量走直线。

（2）候药患者流动的方向要与室内处方流转的方向一致。

（3）收方调配窗口与核对发药窗口的距离要尽量缩短。

（4）室内调剂台、药品陈列架等装备的款式要一致，色调要淡雅，摆布要合理紧凑，以充分利用空间。

（5）室内光线要充足，照明灯光装配要合理、协调，按照国际照明委员会对不同工作岗位提出的照明度建议值范围，药房调配操作照明度应设计在500～1000lx范围之内。

（二）住院药房的布局

1. 住院药房的位置

住院药房的位置宜设置在较低层，病区的中心位置，最好与住院处相邻，以方便与各病区的业务联系及药品的出入搬运和方便患者取药。

2. 住院药房的布局

由于工作需要住院药房内设若干个室，根据工作性质接近或连贯应尽可能相邻，以方便工作，提高效率和便于管理。如药品中转库、分装室尽可能与调配室邻近，摆药室与摆药核对室相邻。

（1）药品中转库　主要供贮存整件药箱，应按类别堆放。此处要求通风干燥，相对阴凉，并设有空调装置。

（2）药品分装室　为保证药品分装质量，应有空气过滤装置，并安装紫外线灯，以利空气过滤除菌。

（3）资料室　供临床医护人员及患者咨询、查阅文献资料。室内应设置资料柜，放置各种药品信息资料及专业工具书籍，并配备计算机，安装药品配伍咨询软件及药品管理系统软件供查询。

（4）摆药室　供药学人员摆药用。应配置特制的摆药台使之方便摆药。

（5）摆药核对室　供病区护士将摆好的药盘取出，核对已摆好的药品。室内设置高度适宜的工作台和桌椅等。

摆药室与摆药核对室之间以壁橱相连，两面相通。大壁橱依据病区数隔成若干个小隔层，两面开门，门的一侧通向摆药间，另一侧通向摆药核对间。室间大小以能摆放病区的药盘（双盘）为度。

（三）社会西药房的布局

社会药房一般情况下西药房与中药房合并在一个门店中。根据有关法规的规定，西药与中药、处方药与非处方药必须分开陈列。处方药的陈列区通常以壁橱及药柜构成，药品陈列于透明的玻璃壁橱及药柜。采用柜台式调剂。

二、设施与设备

（一）药品陈列与贮存装置

图4－1所示为常见的药品陈列与贮存装置。这些装置的结构、形式各异、各具特点，可根据操作需要选用。

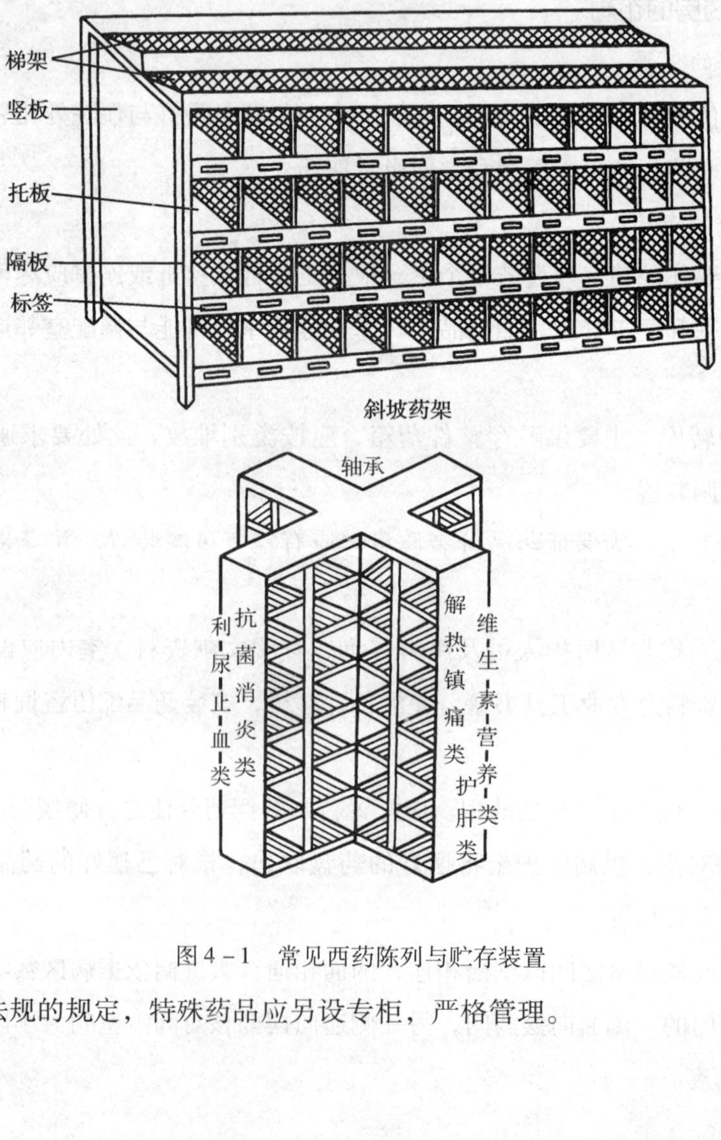

图4－1　常见西药陈列与贮存装置

根据相关法规的规定，特殊药品应另设专柜，严格管理。

（二）调剂台

调剂台是西药调剂的基本装备之一，调剂台的形式多样，有繁有简。调剂台应根据室内空间及调剂要求等具体情况规划设计，以达到布局合理、操作简便、美观实用的效果。一般来说，调剂台应与药品陈列架及发药窗口配合设计，如图 4－2 所示。整个调剂台由墙壁药架、收方发药窗、调配台及贮药斗（抽屉）等组成。在调配人员座位旁边，还可视空间的大小配备十字转动式或宝塔转动式或其他形式的药品陈列贮存装置，以减少取药时走动。

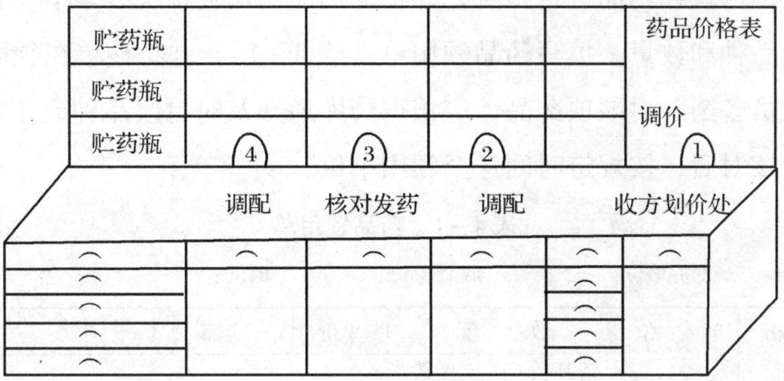

图 4－2　西药调剂台

（三）西药调剂的常用工具

西药调剂的常用工具有：药勺、乳钵、上皿天平、扭力天平、量杯、漏斗以及包装用具，如装药纸袋等。

（四）其他设备

有条件者可配置自动分装机，供分装不同剂型、规格、数量的药品，满足临床要求，提高工作效率；单剂量包装机，把一次服用的多种药品封装于一个药袋内，方便患者按时服用；空调装置、冰箱、冰柜，以满足某些药品的冷藏要求；计算机终端，使之与各临床科室、药库、收费处等有关部门联网，便于药品审核和经济核算。有条件的医疗机构可设置“药物相互作用计算机审查系统”，为处方合理用药审查提供技术支撑。

第二节 西药调剂

一、调剂药品的领取与摆设

（一）调剂药品的领取

调剂所用一切药品均应定时向药库领取。调剂室应有专人（每周或每天 1 次）定时对药品架、橱、柜内现存药品进行检查，并根据药品的消耗情况、季节变化，登记所需补充或增领药品的品种和数量，填写药品领用单（表 4 –1），并将该单在领取药品的前一天递交药库有关人员备药。对缺项药品，应根据药库通知及时更改品种或作其他处理。库房将可发药品备好核对后，按规定时间送至领用单位。

表 4 –1　药品领用单

编号：　　　　发货单位：　　　　收货单位：　　　　时间：　　　　年　　月　　日

品名	规格	单位	数量		单价	金额	备注
			请领数	实发数			
发药人签字			领药人签字			复核人签字	

注：第一联，领用科室存查；第二联，经发部门存查；第三联，会计金额核算。

领药注意事项如下。

（1）领药人员对领取的药品要按领用单所列品种、数量、逐一进行核对、清点、再分类上架陈列或堆码备用。

（2）数量不符或药品质量不合格，应及时退回药库处理。

（3）特殊药品（毒、麻、精神药品）应单独编号列单领取，以符合特殊药品管理有关规定和要求。

（4）严格执行领药复核制度，核对人要格外细心复核。药品领取复核完毕，药库发药人员、药房领药人员及复核人员均应在药品领取单所规定项下签名，以示责任。

（二）调剂药品的摆设

药品在药房的摆设又称为药品的陈列。无论是调剂操作室还是调剂药品暂贮库，科学合理的药品摆设，对提高调剂工作效率、降低差错事故发生率有着直接的影响，并能美化室内环境，改观室内面貌。药品摆设，应注意重点处理好以下几个方面。

1. 摆设药品的分类

摆设药品的分类方法有多种，可根据药房类型、规模、面积大小等实际情况，选择一种或采用综合分类方法摆设。

（1）按药理性质分类摆设　如按心血管用药、抗感染用药、呼吸系统用药、消化系统用药等排列。如条件允许，每类药品可以细分。

（2）按药品剂型分类摆设　综合医院和定点社会药房注射剂、片剂是品种、数量最多的剂型，应有足够的摆设空间并且要设在容易拿取的地方。其他剂型也根据使用情况进行排列。

（3）按使用频率摆设　将使用频率多的药品设在最容易拿取的位置，可减轻调剂人员的劳动强度，提高工作效率，缩短患者候药时间。这是目前被广泛应用的方法。

（4）按内服药与外用药分开摆设　摆放外用药物处要用醒目的标识（红字白底），以提示调配时注意。

（5）特殊管理药品的摆设　调剂室精神药品的摆设，一类精神药品要严格管理，专人专柜，按处方统计记录登记的办法管理；二类精神药品使用广泛且用量大，在摆设时应固定位置，并在使用标签颜色上与普通药品有所区别，以便于管理。麻醉药品必须按“五专”原则管理。药房内的麻醉药品品种、数量必须执行交接班制度，要有每个班次的交接班记录。

（6）西药与中成药分类摆设　应将西药与中成药分类摆设。中成药也应按其功能、主治分类摆设。

2. 摆设药品的定位

所谓摆设药品的定位，就是将每种药品应放置的位置固定下来。定位要注意以下几点要求。

（1）所定位置要符合药品的分类要求。

（2）常用药品的位置要尽量定在顺手方便的地方，体积、重量较大的药品应定位在较低的位置上，较轻或不常用的则应定位于较高不方便的方位。如在同一多层药品陈列架中，抗菌消炎类药物应定位于中层以便取拿。而镇静、催眠类药物则应定位于上层，大型输液类则应放置在下层或底层。

（3）所定位置应贴上醒目的标签（图4-3），且不要随便更改或转移。这样有利于药品的存放和调剂操作。

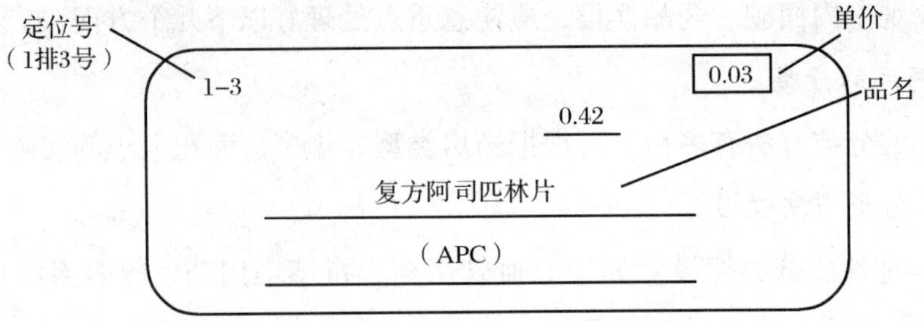

图 4－3 定位标签

3. 摆设药品的定量

所谓定量是指调剂室和调剂药品暂贮库，定位中所摆设的药品都必须规定相对固定的数量。定量的数据应根据以往药品消耗的经验而确定。一般认为，调剂药品架、台、柜上，凡属于重点统计类品种，摆设定量为一天的最高用量。非统计品种（一般管理类）的摆设定量为 1 周或半个月消耗量。调剂药品临时贮存库各药品定量，一般为半个月量到 1 个月量为度。

4. 摆设药品的定时充添

所谓定时充添，就是当陈列于调剂室（包括暂贮库）各定位上的药品由于调配取拿减少时，专司药品管理的人员在某一规定的时间给予充添加至原规定数量。一般来说，重点统计药品类可规定于每日下午下班前或上午上班前充添，其他非统计药品类为每周或每半个月充添一次，调剂药品暂贮库为半个月至一个月向药库领药一次来充添库内减少部分。充添药品除必须定时外，还要注意以下问题。

（1）注意药品规格的一致性 许多药品同一品种剂型而有几种规格，它们虽然规格不同，但有不少在外观颜色、形状上都非常相近相似，稍不留意，很易混淆而导致调配发药差错事故的发生。特别是调剂台上贮置瓶盛装的片剂以及一些分装的协定处方袋装药品，极易出现混淆现象，应格外注意。

（2）注意药品外观性状的一致性 有些药品虽然品种、剂型规格相同，但由于生产厂家或生产批号的不同而出现外观性状的不同。这类情况的药品在充添时，应将它们分开以便发药时分别付发，免除患者的疑问、误解。

（3）注意尽量保护药品基本包装的完整性 药品上架入位，往往要拆除外包装或大包装，拆除外包装或大包装时，应注意保护药品的基本包装（如：容器、标签、瓶盖等），使药品的最小包装单位保持完好地摆设在规定的位置上。

二、西药处方的调配

（一）西药调剂的程序与作业方式

1. 西药调剂的一般程序

合理正确的调剂工作程序，是确保调剂快速、准确、保证质量的重要因素。

（1）门诊调剂的一般程序　处方调剂与医院门诊处方调剂相似，以医院门诊处方调剂为例，其一般程序大致如图 4－4 所示。

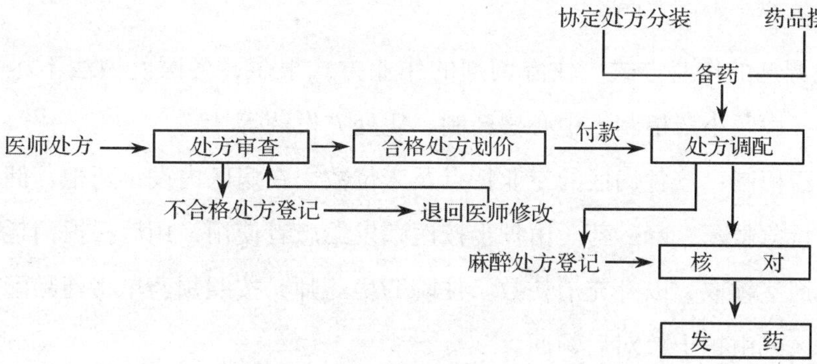

图 4－4　门诊调剂的一般程序

（2）住院调剂的一般程序　住院调剂由于选用的作业方式不同，其调剂程序也有一定差异。一般住院患者的用药有医嘱取药和医师处方取药二种形式。医嘱取药应先将医嘱换抄成住院患者专用处方后，再行给药。医师处方主要用于贵重药品、麻醉药品、精神药品、毒性药品的调配发药。住院调剂的一般程序如图 4－5 所示。

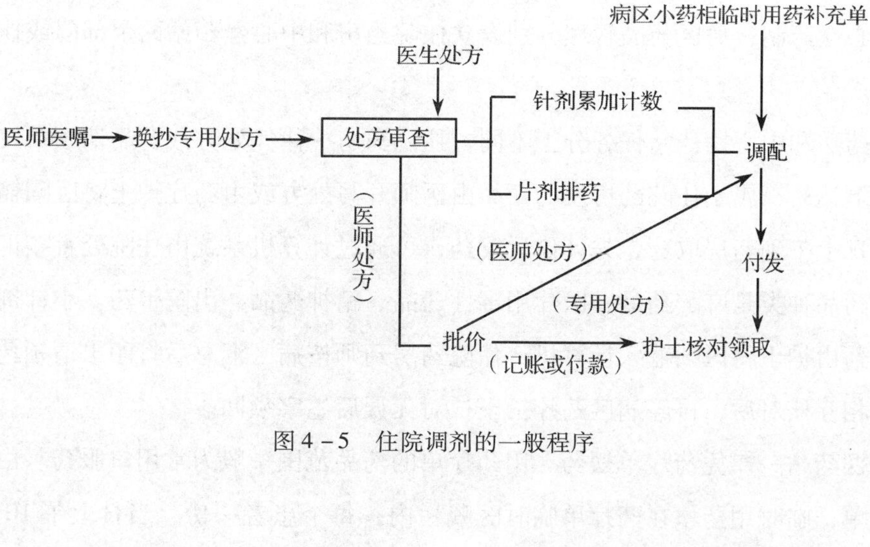

图 4－5　住院调剂的一般程序

2. 西药调剂的作业方式

（1）门诊调剂的作业方式　处方调剂与医院门诊处方调剂的作业方式相似。门诊调剂多采取分组操作，窗口发药的作业方式。将调剂的全过程分为四个作业小组，即处方审查划价组、备药组、调配组和核对发药组。各组人员视情况而定，可几人一组，也可一人一组。四个组即为四个工作岗位。日常业务，各负其责，专心完成本岗位的工作，且在一定时间内岗位相对固定，每周或每月轮换一次，这样既有组与组之间的分工，又有组内合作，更利于业务操作技术的熟练。所有经调配核对合格的药品均经窗口直接交发给患者。它与住院的发药方式有所不同。

（2）住院调剂的作业方式　住院调剂的作业方式很多，各医院做法不尽一致，常用的供应方式有：病区小药柜制、中心摆药制、凭处方发药等。

①病区小药柜制：按各病区的专业特点及床位数，在病区内设小药柜，储备一定数量的常用药及少量急救药、麻醉药。由护士按医嘱发给患者使用，用后根据消耗数填写领药单，向住院调剂室领取，以补充消耗数。住院药房药师，按照领药单将药品配齐，经核对无误后下送病区或由护士核对后领回。

病区小药柜制的优点是能方便临床及时用药，满足患者对急、特需药品的需求，减轻护士工作负担，药师也能主动有计划地安排好工作。缺点是由于护士对药品理化性质、储藏条件、药品的别名或商品名不够了解，效期药品概念不够明确，加之病区储藏药品的条件难以完全符合要求，药品质量难以保障，药品容易变质或过期失效；领药护士经常轮换，出现领药计划不周，造成药品积压现象；小药柜药品为病区共用，缺少监督管理，容易造成药品流失。

②中心摆药制：病区药品管理分别设立住院药房和中心摆药站两个部门或住院药房设立摆药室。

住院药房和中心摆药站任务分工不同，住院药房一律凭处方或药品请领单发药。医师用药医嘱下达后，属于住院药房发的药品由医师开写处方或由药疗护士将医嘱输入计算机后，于当日上午到药房取药，先计价后发药，可通过计算机系统由住院处直接记账。凭处方配发的药品种类是麻醉药品、医疗用毒性药品、精神药品、出院带药。小针剂、静脉输液、外用药由护士将医嘱输入计算机，住院药房药师按病区汇总后打印出请领药单，调配好的药经相互核对后，再经病区药疗护士核对无误后签字领回。

中心摆药站一律凭药疗单摆药，用药疗单的药品范围一般为常用口服药。由药疗护士填写药疗单，临时用药填在药疗单临时医嘱栏内，每个患者一份，当日上午10时前随同药盘送中心药站，摆药后于当日下午 3 时前由药疗护士到药站经核对取回，发给患者服用。每次摆药为 3 次服用量，即当日下午，次日上午及中午。为了便于病区抢救或临时用药，每个病区根据实际需要装备一定数量的药品，品种可设 10～30 种，小针剂每种 10 支，片剂每种 20 片为宜，临时医嘱凭处方补给。贵重的药品做逐日消耗统计，其余药品每月盘点消耗，做月收支存报表。住院药房、中心摆药站不设值班，但星期天、节假日照常摆药。

中心摆药站人员一般由药师和护士组成。可采用护士负责摆药，药师核对，也可药师摆药护士负责核对；或摆药和核对全部由药学人员负责。

中心摆药制优点是实行中心摆药制，取消了病区小药柜，药品保管变分散为集中，由多口管理为集中管理，药品流失得到控制，药品贮藏条件得到保障。药师熟悉药品的性能，可避免药品变质、过期、失效、积压和浪费；由药学人员摆药是医院药学人员应承担的责任，它体现了《药品管理法》中关于“非药学技术人员不得直接从事药剂技术工作”的规定精神，有利于药学人员了解临床用药情况，对保证药品质量和患者安全有效用药，提高医疗水平具有重要意义；摆药经过药、护人员双重核对，可以减少差错事故的发生。缺点是摆好的药是按单剂量分装在药杯（盒）内，运送不方便，且易在运送过程中污染；治疗单要在查房后才能送到中心摆药室，使摆药室的药师工作变得比较被动；把多种摆好的药片（丸）放在一个药杯内，多数护士让患者同时服用，易出现药物配伍变化的情况。

③凭处方发药：方法是医师给患者开出处方，护士或患者直接到住院调剂室取药，调剂人员按方发药。此种发药方式适用于出院患者带药、麻醉药、精神药、贵重药及紧急用药。

凭处方发药优点是药师直接了解患者的用药情况，便于发挥药师的窗口监护作用，有利于患者安全合理用药。缺点是增加药剂人员和医师的工作量。

（二）西药调剂处方审查的内容与方法

审查处方，是保证调剂工作质量的第一关，是确保用药安全有效，防止医疗用药差错事故的有效方法。处方审查人员要有较好的业务素质和耐心细致的工作态度。处方审查的内容与方法如下。

1. 处方前记与概貌的审查

（1）处方前记的审查　处方前记的审查是了解处方来源、处方开出时间及患者基本情况的关键。药品的选用、配伍、用法、用量与患者的病情、年龄、性别、体质等基本情况有着密切的关系，不了解处方前记，就无法判别其处方来源是否正确、药品选用配伍是否合理、剂量是否符合要求等。因此，处方前记的审查是处方审查的前提性内容。审查时要注意各规定项目填写是否完整，有无日期、姓名、年龄的涂改变更等。如有不符合规定者，应及时交医师更正后，再进行其他项目的审查。

（2）处方概貌的审查　处方概貌主要是指处方书写的清楚、正确、完整等情况。一般重点要审查以下几方面：①处方字迹是否整洁清楚，有无涂改不清或其他不符合处方规定的情况；②处方正文有无笔误、缺项或项目内容不完整等现象，主要是药品名称、剂型、规格、数量、用法与用量必须书写完整齐全；③处方药名书写是否规范，有无书写不符合规定的情况。

凡处方概貌不符合处方规定的，都应退回医师修改纠正。

2. 药品名称、剂型、规格与剂量的审查

（1）药品名称的审查　目前国内上市的药品中，同一药物具有多个商品名称的现象极多，极易在医师处方、调剂工作及患者用药过程中造成混乱。如卡马西平片商品名、别名有：痛惊宁、退痛、叉癫宁、得理多、立痛定、痛可宁、酰胺咪嗪、镇痉宁、镇惊宁、卡巴咪嗪；奥美拉唑又名洛赛克、渥米哌唑、奥克、彼司克、亚砜咪唑、艾斯特、安胃哌唑、福尔丁。特别值得注意的是复方药物制剂的名称，如含有对乙酰氨基酚（扑热息痛）的复方制剂多达数十种，有不同的商品名称，如康必得片、福尔思、日康胶囊、泰诺感冒片、帕尔克、丽珠感乐、白加黑、伤风感冒液、感冒清片、可利达等。使用不当，会造成重复用药或引起不良反应。故药品调剂人员应认真进行药品名称的审查，防止不同商品名称实为同一种药物重复使用或同时使用，而增加滥用药物的可能性。

（2）药品剂型的审查　在上市的药品中，大多数药品制成多种剂型，如硝苯地平有片剂 10mg/片，控释片 20mg/片，胶囊剂 5mg/粒、10mg/粒，喷雾剂 100mg/瓶。同一药物不同剂型，可能药物含量不同、用法用量也不同，故对药物吸收、疗效有很大的影响。

（3）药品规格的审查　同一药品可能会有几种规格，如阿司匹林有 25mg、40mg 与 300mg3 种规格的肠溶衣片。前二者用于防治血栓形成。后者用于解热镇痛、抗风湿。非洛地平片有 2. 5mg、5mg、10mg，其初始剂量为 2. 5mg，每日 1 次；常用维持剂量为5 ~ 10mg，每日 1 次。因此，要注意审查医师处方书写的药品规格和药房现有药品的规格是否相一致。如出现不一致的情况，必须及时纠正，以免造成剂量的计算和使用差错。

（4）药物剂量的审查　剂量与药物的作用强度有着密切的关系。审查药物的剂量，就是要以药物标准为依据，将药物的使用量控制在安全范围之内，防止剂量过大或过小。尤其是老年人用药、小儿用药、肝病患者和肾功能不全患者用药应特别注意审查、计算用药剂量。详见第三章相关内容。

3. 给药途径的审查

正确的给药途径是保证药品发挥治疗作用的关键之一，也是调剂人员审核处方的重点。在审核处方时一定认真审查，以免发生差错。一种药品的给药途径不同，可直接影响药物作用的快慢、强弱或药物作用的性质，如硫酸镁溶液，外敷可消肿，口服可导泻（50%）或解除胆管痉挛（33%），注射可降压和抗惊厥。因此，应熟悉各种药品的给药途径，以便根据病情和药物性质作出适当的选择。

4. 药品用法的审查

根据疾病状态、药动学和药效学的特点，每种口服药物都应选择适宜的服用时间。一般药物在空腹时服用，有利于药物的吸收，而对胃有刺激性的药物宜饭后一定时间内服用，可有助于降低刺激性。某些药品服用方法较为复杂，如治疗消化性溃疡的，可有如下几种用药方法。

饭前服：胃动力药多潘立酮、西沙必利、甲氧氯普胺等宜在饭前半小时服用，待进食时药效已达高峰，使消化道在药物的作用下能正常蠕动。

饭后服：某些碱性药物，如含氧化镁、氢氧化镁、三硅酸镁的复方制剂，主要对过多胃酸起中和作用，应在饭后 1 小时服用。

饭间服：即两餐之间服用。治疗胃炎及溃疡病常用硫酸铝、米索前列醇或 L－谷氨酰胺呱仑酸钠（麦滋林－S）治疗，以保护胃黏膜。

睡前服：H_2受体拮抗剂如西咪替丁、雷尼替丁、法莫替丁及奥美拉唑、兰索拉唑、泮托拉唑等均有极强的抑制胃酸分泌的作用，它们不仅能缓解因溃疡引起的疼痛，而且可制止因溃疡引起的上消化道出血。所以在疾病的急性期，早晚各服 1 次，待疾病缓解稳定后，改为每晚服用 1 次维持量。

药品调剂人员必须审查用药方法是否得当，并指导患者正确用药，以充分发挥药物的最佳疗效。

5. 药物配伍禁忌的审查

凡是药物相互作用的结果对患者是有益的，如增加疗效、减少不良反应等，这是有意识的配伍、合理的配伍用药。但如果药物相互作用的结果是增加毒性，降低疗效或出现其他不利于疾病治疗的，则属于药物配伍禁忌。药品调剂人员负有审查配伍禁忌的职责。凡有配伍禁忌的处方，应按有关原则进行处理。详见第三章相关内容。

6. 特殊人群用药的审查

特殊人群用药合理性的审查，是处方审查最重要的内容之一。药品调剂人员必须熟悉特殊人群用药的特点，严格进行用药处方审查，并正确地指导用药。详见第三章相关内容。

7. 医师签字的审查

处方下端医师签字项下，必须有开写该处方的医生亲笔签字或印章，其签字或印章应与药剂科留样签字一致。

经审查出的医师差错处方，应建立差错处方登记本，做好详细记录。差错记录如表4－2所示。

表4－2　处方差错记录

日　期		开处方医师姓名		处方号		审查人	
差错内容							
联系处理结果							
备　注							

议一议

审方是一项专业性、技术性要求较高的工作，你认为负责审方的药剂人员应具备哪些知识与能力？

（三）处方的划价

由于计算机收费系统在药品调剂领域中的广泛应用，计算机计价已取代了传统的人工划价。计算机计价无需工作人员死记硬背各种药品的价格，速度也比较快。对于全天药品消耗情况及金额等可快速查询。药品价格有变动时，只要改动程序中的价格数据即可。大大提高了处方划价、收费效率。

（四）处方的调配

1. 药品的预分装

所谓预分装是指按协定处方，将大包装的药品分装成适宜装量的小包装，以加速药品调配的速度，提高工作效率。此外，某些药品虽然不一定是协定处方范围，但其原包装不适宜于治疗使用，也必须将其分装成适宜装量的小包装才能发放。由于制剂工业的发展，药品包装小型化，故需分装的药品品种逐渐减少，并且社会药房一般不进行预分装。

药品的预分装操作应注意以下几点。

（1）分装人员必须穿戴好工作服、工作帽、口罩或其他防护工具。洗手并消毒，必要时戴无菌手套。

（2）根据药品的性质，按操作规程进行分装，并及时做好记录。

（3）分装药品应准确称取或数取，使用天平时，应随时检查天平是否准确，操作应仔细，避免返工，杜绝人为事故。

（4）分装过程中，如发现药品外观质量不正常，应立即停止分装，并按规定对药品质量问题进行处理。

（5）分装包装材料质量要符合要求，封口必须严密。

（6）标签应贴牢固、端正、高度适宜。标签上或药袋上应加盖分装人代号。

（7）对易吸潮药品，则应控制分装环境相对湿度，以免受潮变质。

（8）分装后，应由第二人进行核对，核对内容主要有药品与名称及规格是否相符，装量是否准确，有无错贴、漏贴、歪斜或倒置、不洁净贴签现象等。

2. 处方调配及注意事项

处方调配操作是指调剂人员按审查后的处方要求，进行药剂调配的过程。调配人员接到处方后，首先要认真阅览并默读处方，发现问题及时与审方人员联系解决；在调配时应集中精神，按顺序调配，在一张处方未调配结束前不收第二张处方，以免药品混淆造成差错；负责调配的药剂人员必须按处方的要求，在所调配药品的包装上写明患者的姓名、药品名称、用量和用法，确认无误后，由调配人员签字转入核发窗口。

在处方调配过程中，应注意以下事项。

（1）谨慎读方，严防相似相近药品名称的混淆　读方即调配者接到应调配的处方后，对处方从头至尾阅读或审视一遍。其主要作用有二：一是熟悉处方内容，了解处方类型、有无配伍困难；二是便于及时纠正审方中漏检的不合格处方或划价不合格的处方。读方是调配处方的开始，读方准确与否，对调配操作有着极为重要的影响。

由于病种繁杂、药品品种繁多、用药范围广泛，药品名称中相似相近者很多，如地巴唑与他巴唑、可拉明与阿拉明、异丙嗪与异丙胺、优降宁与优降糖、利血平与利血生、心得安与心得平、心痛定与心痛平、肝乐与肝泰乐、胃复康与胃复安等。如读方不慎，极易发生差错事故。因此，必须谨慎读方，严防相似相近药品名称的混淆。

(2) 严守操作规程，实行“三看三对一取药”　调配操作时，应严格遵守操作规程，做到“三看三对一取药”。即取药前“看”所取药品标签药名，“对”照处方药名；“取”药时“看”所取药名称，“对”照药品性状；取药后“看”所取药品包装，“对”照所配药品。取药完毕，用于贮放药品的容器或其他包装应及时送回原定位置。处方中各种药品配齐后，要自己核对一遍。调配取药应按处方自上而下逐个进行，自核自对则应自下而上查对。

(3) 用法、用量及用药注意事项标注要明确易懂　调配使用的投药包装在调配时要标注患者姓名、药品名称、发药日期、用法与用量及用药注意事项等。值得注意的是用法与用量及用药注意事项的标注务必明确易懂。

用法与用量一般有两种情况：一是常规性用法与用量，如：每天 2 次，每次 2 片，温开水送服等；二是特定性用法与用量，如：饭后 1 小时、饭前 2 小时及首剂加倍等等。前者较为普遍易懂，后者因病因药而异。不论前者还是后者，标注于投药包装上时，都应使患者或其家属能一看就明白。既不能用深奥的医药学专业述语，也不能用拉丁文、英文或其他外文直接标注，更不应该使用一些含糊不清、模棱两可的语句。而应肯定、明了、正确地用一般人能理解的词语标注。如住院调剂的处方常会出现“按医嘱用”等字样，如果照搬原医师写法，患者则无法理解，务必将它翻译为切贴、正确而易懂的词语，才能避免患者误解错用。

想一想

某些药品服用时，为何要求“首剂加倍”？

用药注意事项，是患者用药前或用药时必须明确的，调配使用的投药包装应加以标注，其方法如下。

临调配时，直接由调剂人员书写在投药包装上，一般可在投药包装上设置“备注”栏，以便标注。

调配时，遇有用药注意事项者，配贴用药提示卡。用药提示卡一般可归纳为以下 13 条。

药师提示：服用本药期间，不宜从事驾驶车辆，管理机器及高空作业等有危险性的工作，也不宜饮酒。

药师提示：服用本药时，要把整片药用水吞服，不可切开，不可嚼碎。

药师提示：服用本药时，不可用水直接吞服，应把本药放在舌头下面含化，待其自然溶化吸收。

药师提示：服用本药期间，大小便颜色可能有变化。

药师提示：服用本药时，应先嚼碎后再用水送服，不宜把整片药吞下。

药师提示：服用本药时，不宜饮牛奶，也不要同用补血药（铁剂）及抗酸药（如复方氢氧化铝），以免降低药效。

药师提示：用药期间，避免皮肤直接受阳光照射，以免引起过敏。

药师提示：用多量水冲服（不少于150ml）。

药师提示：用药期间，不宜突然停药。

药师提示：用前充分振摇。

药师提示：用本药时，应除去外面包的玻璃纸或塑料薄膜，再塞入指定的腔道内。

药师提示：取本药1片，研细，加开水500ml，搅拌溶解后，放冷。漱口用，每日数次，不要咽下。

药师提示：取温开水2000ml，放盆中，加人本药1小包，搅拌溶解成紫红色的溶液后，坐浴或冲洗患处。

将以上各条分别印在4cm×6cm的纸片上，需用时，选择配贴在投药包装上即可。如：发放混悬液时，贴上“药师提示：用前充分振摇。”使患者警惕并依从医嘱使用，选择要正确，配贴要牢固。

说一说

以上“药师提示”的原理何在?

（4）注射通知单的书写要符合规定　凡处方用药为注射剂者，调配人员应按规定将患者姓名、药品名称、规格、剂量、每天注射次数、注射方式等项目书写在注射通知单上，以便于护士依据注射通知单中的内容给患者注射。书写注射通知单时，应特别注意具有过敏性而必须在注射前进行过敏试验的药物，必须在注射通知单上注明是否需要做皮试。

（五）处方药品的核对与付发

1. 处方药品的核对

所谓处方药品的核对，是由另一人对调配的处方做一次全面的检查复核，以防出现调配差错，核对的内容主要有以下几方面。

（1）核对所配药品与处方药品是否一致 由于包装的小型化，绝大多数药品在调配后，仍能保持原有的性状，核对者必须熟悉各药品的基本性状特征，并根据其特征，对照处方药品，看其是否一致。有疑问者，应详细查核，找出原装药品进行比较。如片剂的颜色、味道、厚薄，针剂的容器形状、内容物颜色及包装上的标签等。发现错配情况，要及时处理。

（2）核对药品的规格与数量是否符合 药品的规格大小，对处方所开的数量有直接的关系。在处方总量一定时，规格小，则数量多，反之则数量少。所以，必须了解各药品的具体规格，特别是药房出现一种药品多种规格的情况下，更应详细查对，防止调配时出现的错取。

药品的数量还应联系其计量单位进行核对，不仅要核对实际调配数与处方开写数是否相符，而且要核对处方总量是否超出有关规定。特别是毒性药品、麻醉药品、精神药品，应加倍注意。

（3）核对用法与用量及有关注意事项是否书写完整、正确 处方中各种药品的用法与用量及有关注意事项，必须在投药包装上反映出来，特别是门诊患者及社会药房患者的用药，务必书写明了、正确。核对人员应对处方中每一品种逐一检查，防止漏写、错写以及书写笔迹不清或用词不明确的情况。

2. 处方药品的付发

处方药品的付发又称发药，医院门诊药房患者及社会药房患者的用药由药剂人员直接付发，住院患者则大多是通过护士付发或使用于患者。因此，承担这一付发药品的护理人员应进行必要的岗前培训，以确保付发质量。药品付发，应做好以下几点。

（1）认真核对患者姓名与处方姓名是否一致，防止错误付发事故的发生 窗口发药时，发药人员应先叫患者姓名，得到呼应，核对确认后，才能将药品逐一付发给患者或其家属。病房床头发药应先问清楚患者姓名、所住床号，才能付发药品。

（2）明确交待用法、用量及有关用药注意事项 药品的用法、用量及用药注意事项在所发药品的投药包装上一般都已有标注，但发药者仍应逐个品种向患者明确交待，语言要简洁明了。特定的用法与用量，比如药品的特定服用时间（饭前 1 小时服，上车前 30 分钟服等），特定服用剂量（如首剂加倍）以及特殊使用方法（如：高锰酸钾1：10 000 溶解成溶液后坐浴）等应详加说明，尤其是门诊接待的农村患者、老年人、小孩以及文化程度较低的患者，应耐心交待，直至完全明了。

在发放整瓶、整盒或整袋原包装药品时，还应注意以下情况的解释。

①有些药品一个包装内分两部分，如：白内停眼药水、利福平眼药水，临用时取药片放于溶剂中，待药片完全溶解后，用于滴眼；口服补液盐有甲乙两小包，临用时取两包同时溶解于温水中口服；益寿宁有内装两种药片（丸）的，临用时，各取规定量同时口服等等。有些患者不懂药品说明书的有关说明，甚至有些患者不看药品说明书，便想当然地使用，以致错用药品而延误治疗，故发药人员必须对此情况做好解释说明。

②为防止药片潮解，药品生产企业在某些药品容器内放有一小袋干燥剂，药品说明书上往往未加注明，患者极易误将干燥剂当药物服用，发药时必须交待清楚。

③某些制剂的瓶签和说明书往往只注明每日、每次服用的克数、毫克数或毫升数，发药人员应根据瓶签或说明书的情况，译述为肯定明确的每日每次服用片数、粒数、丸数等。

（3）注意药品与食品之间的配伍问题　有些饮食对使用某些药物会产生不良影响，因此，应根据药物的特性，正确交待患者使用所发药品时，应控制哪些饮食，以提高药品的疗效。常用药物使用时宜控制的饮食情况见表4－3。

表4－3　常见药品使用时宜控制饮食情况参考表

药品名称	宜控制饮食	药品名称	宜控制饮食
头孢菌素类	酒类	青霉素类	酸性果汁、饮料
呋喃坦啶	黄瓜、菠菜、萝卜、水果、苏打饮料、苏打饼干	磺胺类	酸性饮料、脂肪、蛋白质、葱、蒜、蛋黄
异烟肼	贮存过久的鱼类，并注意饭前至少1小时或饭后2小时服	利福平	酒类、牛奶、豆浆，并注意饭前至少1小时服
奎宁	酸性饮料、碱性饮料、脂肪、蛋白质、鱼、肉、蛋、苏打饼干	左旋多巴	高蛋白食物、动物肝、牛奶、乳酪、鱼、蛋白类、牛肉、鸡肉、大豆、花生、葵花子
甲硝唑	酒类、牛奶、豆浆	六氯对二甲苯	酒类、高脂肪类
硝硫氰胺	酒类	咖啡因	咖啡因饮料、茶水
阿司匹林	酒类、咖啡、苏打饮料	巴比妥类	脂肪、蛋白质、酸性饮料、酒类
安乃近	酒类	地西泮、氯氮草	酒类、烟
丙磺舒、苯磺唑酮、别嘌呤醇	鱼类	环丝氨酸、多黏菌素、新生霉素	蔬菜、水果、苏打饮料、苏打饼干
丙咪嗪、多塞平	酒类	螺内酯、安苯蝶啶	腌鱼、咸肉及其他高盐食物
苯乙肼	酒类、鸡肝、腌鱼、巧克力、酵母、香蕉、豆荚、蚕豆、扁豆	苯丙胺	蔬菜、水果、苏打饼干、苏打饮料
		甲丙氨酯	酒类、浓茶水
		水合氯醛	酒类
异卡波肼	乳酪、啤酒、鸡肝、腌鱼、蚕豆	利血平	奶酪、腌鱼、腌肉、蚕豆、香蕉、巧克力、鸡肝、啤酒、酸碱饮料
苯妥英钠	味精、酒类		

续表

药品名称	宜控制饮食	药品名称	宜控制饮食
强心苷类	牛奶、乳制品、海带、黑木耳、田螺、钙质、奶粉、钙质饼干	红霉素	酸性饮料、脂肪、高蛋白
		胍乙啶	酒类
奎尼丁	碱性饮料、苏打饼干	肼苯哒嗪	酒类
帕吉林	奶酪、腌鱼、腌肉	可待因	茶水、酸碱饮料
降血脂药	动物油脂	碳酸氢钠	辛辣食品、咖啡、茶水、酒类、酸性饮料
氨茶碱	咖啡、高蛋白食物、烟		
酶制剂	猪肝、茶水	碳酸钙	牛奶、酸性饮料
氢氯噻嗪	过量食盐	依他尼酸	味精
维生素 K	黑木耳	双香豆素	酱豆、酒类
补铁剂	肥肉、腊肉、红肠、茶水、大麦、玉米、高粱、黄油	甲状腺素	莴笋、豌豆、菠菜、水、芹菜、芦笋、卷心菜、大豆
抗组胺类	茶水	可的松类	糖类、甜食饮料
炔雌醇	麻油、烟、脂肪类	甲苯磺丁脲	酒类、糖类
胰岛素	酒类、糖类	氟尿嘧啶	鲜桔汁
呋喃唑酮	酒类	林可霉素	甜食、甜味饮料
四环素类	牛奶、石膏豆腐、海带、田螺、钙质饼干、花生米、葵花子、核桃仁	氨基糖苷类	脂肪、高蛋白、酸性饮料

做一做

检索《处方管理办法》。说一说《处方管理办法》对处方调配有何规定？“四查十对”的内容有哪些？

想一想

何谓依从性？影响依从性的因素有哪些？如何提高患者的依从性？

三、消耗药品的统计报销

药品被领取进入调剂室后，有两种消耗情况：报损性消耗和使用性消耗。

（一）报损性消耗药品的统计报销

报损性消耗药品系指药品经正常手续领入药房后，在调配、暂贮、发放使用等过程中发现或发生霉败、变质、过期、失效以及破损等情况而报废消耗的药品。此类药品的统计报销，一般可采取平时零星累积，盘点时集中清理，按品种进行分类统计，由医院药剂科主任或社会药房经理审核签字。重大问题报院长或总经理审查后，按“药品质量问题的处理”有关规定报销处理。

（二）使用性消耗药品的统计报销

使用性消耗药品系指药品经正常手续领入药房后，经医师处方或其他特定医疗文件方式，使用于临床而消耗的药品。根据卫生部、财政部《关于改进医疗机构药品管理的通知》有关药品实行“金额管理、重点统计、实耗实消”的精神，可将其分为重点统计类药品和一般管理类药品。

1. 重点统计类药品的统计报销

重点统计类药品应根据本药房情况，自行确定具体品种。一般应包括以下几类。

（1）特殊药品类　如麻醉药品、精神药品、毒性药品。

（2）贵重药品类　如白蛋白、冻干血浆、复方氨基酸等。

（3）营养滋补药品类　如各种蜂皇浆、蜂乳、参茸制剂、口服葡萄糖粉等。

（4）其他类药品　如药酒、药用美容化妆品、药用护肤制品等。

被确定为重点统计的品种，每天下午下班前（或上午上班前）由调剂人员根据各定位药品所规定的数量（定量）检查计算出当日的消耗量（即发出量），并填写当日消耗药品明细表（表4－4），本表为一式二联，第一联交调剂药品暂贮库，管库人员按此表向各定位充添当日消耗的药品，并以此充添数为库内消耗数。第二联交药品统计人员，药品统计人员根据当日处方，对被确定为重点统计的品种进行逐一登记，并与此联药品数目对照，发现有不符者，立即追查原因。无不符情况，则将该日统计数目填入药房药品逐日消耗统计表（表4－5）。

毒性药品、麻醉药品、精神药品按特殊药品管理有关规定，单独列表统计报销。

表4－4　当日消耗药品明细表　　　　年　　月　　日

序号	药品位号	品名	规格	位内定量	现存数	消耗数

表 4－5 药房药品逐日消耗统计表

日期 药品与规格		1	2	3	4	5	6	7	8	9	10	11	12	13	14	15	16	17	18	19	20	21	22	23	24	25	26	27	28	29	30	31	合计

2. 一般管理类药品

除重点统计类之外的药物，均属于一般管理类药品。此类只做定期（如每月 1 次）整销，每季盘点 1 次，实行金额管理，但为了防止药品流失，也可实行品种数量的详细管理。

（韦 超）

第五章　中药调剂基础

第一节　中医基础知识

中医基础知识包括阴阳五行、脏腑经络、气、血、津液、辨证论治等。其中阴阳学说和五行学说是我国古代哲学的基本理论运用于医学领域，用以说明人体的生理功能、病理变化，指导诊断和治疗；脏腑是人体内脏的总称；经络是经脉和络脉的总称；气、血、津液是构成人体的基本物质，也是脏腑组织器官进行生理活动的物质基础；辨证论治是认识疾病本质并实施治疗的过程。

一、阴阳五行

（一）阴阳

1. 基本概念

阴阳学说认为世界是物质的，物质世界是在阴阳二气的相互作用下滋生、发展和变化着的；认识世界的关键在于分析既相互对立、又相互统一、相反相成的两种势力，即阴和阳之间的相互关系及其变化规律。

（1）阴阳的特征　凡是运动的、外向的、上升的、温热的、明亮的、无形的、兴奋的、强壮的、干燥的、发散的，等等都属于“阳”；凡是相对静止的、内向的、下降的、寒冷的、晦暗的、有形的、抑制的、衰退的、湿润的、凝聚的，等等都属于“阴”。

（2）阴阳的相关性　指用阴阳所分析的事物或现象，应该是在同一范畴、同一层次的，即相关基础上的。不相关的事物或现象不宜分阴阳。如以一天时间而言，则昼为阳、夜为阴；以人的性别而言，则男为阳、女为阴。

（3）阴阳的普遍性　指凡属于相关的事物或现象，都可以用阴阳对其各自的属性加以概括分析。如天与地、出与入、动与静、火与水等。

（4）阴阳的相对性　指各种事物或现象的阴阳属性不是一成不变的，在一定条件下可以转化。如中原10月份的气候较之7月份的炎夏，属阴；但较之12月份的严冬，又属阳。通俗地说，阴阳的属性是比出来的，在同一体中由于参照物的不同，自身的属性也可能发生变化。

（5）阴阳的可分性　指阴或阳之中可再分阴阳。例如：以昼夜言，白昼为阳，黑夜为阴。白昼又可再分，上午为阳中之阳，下午则为阳中之阴；黑夜亦可再分，前半夜为阴中之阴，后半夜为阴中之阳。

2. 阴阳学说在中医学中的应用

（1）阐释人体组织结构（表5－1）

表5－1　人体组织的阴阳属性

阴阳属性	人体部位				脏腑	五脏	脏
阴	下部	体内	腹部	筋骨	五脏	肝、脾、肾	心阴
阳	上部	体表	背部	皮肤	六腑	心、肺	心阳

（2）概括生理功能　中医学认为，人的正常生命活动，是阴阳对立双方相互制约、相互促进，协调平衡的结果。如以物质与功能而言，物质属阴，功能属阳，二者体现着相反相成、对立互根的关系，物质是功能的基础，没有物质的摄入就没有生理功能；而另一方面生理活动既消耗物质与能量，又有助于物质的摄入和能量的贮藏。

（3）说明病理变化　中医学把“阴阳失调”作为疾病发生、发展和变化的基本机制，并借此进一步分析不同疾病的具体病变情况。中医学概括出的阴阳失调类型主要有：①阴阳偏盛，即阳盛、阴盛，阳盛指病理变化中阳邪亢盛的热证，阴盛指病理变化中阴邪亢进的寒证，所谓：“阳盛则热，阴盛则寒”；②阴阳偏衰，即阴虚、阳虚，阴虚指人体阴液亏虚的病证，阳虚指人体阳气损耗的病证，所谓：“阴虚则热，阳虚则寒。”

（4）指导疾病诊断与治疗　《素问·阴阳应象大论》说：“善诊者，察色按脉，先别阴阳。”在分析症状、体征时，色泽、声息、脉象等都可借助阴阳，进行属性归类，从而把握其病理意义。调整阴阳，补其不足，泻其有余，恢复机体的阴阳平衡与协调，就是治疗疾病的基本原则。

（5）归纳药物性能（表5－2）

表5－2　药物性味的阴阳属性

药物性能	四气	五味
阴	寒、凉	酸、苦、咸
阳	温、热	辛、甘

试一试

“阴盛格阳（阳气）→真寒假热证；阳盛格阴（邪热）→真热假寒证。”这句话具体怎么理解？能给个简单病例说明一下吗？

（二）五行

1. 基本概念

五行的本意指木、火、土、金、水五种物质及与之相关的不同事物之间的联系和变化。五行学说则是利用五行的特性及其相互关系来解释世界和探求自然规律的一种自然观和方法论。

（1）五行的特性（表5－3）

表5－3　五行的特性

五行	特性	现象
木	木曰曲直	生长、伸展、条达、舒畅等特性的事物或现象
火	火曰炎上	温热、向上、明亮等特性的事物或现象
土	土爰稼穑	生化、承载、受纳等特性的事物或现象
金	金曰从革	肃杀、潜降、收敛等特性的事物或现象
水	水曰润下	寒凉、滋润、向下、静藏等特性和作用的事物或现象

（2）中医五行归类（表5－4）

表5－4　中医五行归类

自然界					五行	人体					
五味	五色	五气	五季	五方		五脏	五腑	五官	五体	五志	五液
酸	青	风	春	东	木	肝	胆	目	筋	怒	泪
苦	赤	暑	夏	南	火	心	小肠	舌	脉	喜	汗
甘	黄	湿	长夏	中	土	脾	胃	口	肉	思	涎
辛	白	燥	秋	西	金	肺	大肠	鼻	皮	悲	涕
咸	黑	寒	冬	北	水	肾	膀胱	耳	骨	恐	唾

2. 五行学说在中医学中的应用

（1）解释生理现象，阐释五脏的相互关系　五行学说将脏腑分别归属于五行，并以五行来说明各脏的生理特性。例如，木性曲直，枝叶条达，具有向上、向外、生长、舒展的特性；肝也有喜条达舒畅，恶抑郁的特性，所以说肝主疏泄，因此就把肝定义为木性，谓之肝属木。

五脏的功能不是孤立的，而是互相联系的。中医学借助五行以探索五脏生理功能之间的内在联系，即相互资生和制约的关系。

（2）解释病理传变 五脏之间在病理过程中也会相互影响，中医术语叫“传变”，分为相生关系的传变和相克关系的传变（表5－5）。

表5－5 病理传变举例

病理传变	常见类型	含义	病理举例
相生关系的传变	母病及子	指病变由母脏累及子脏	水能生木，肾病及肝
	子病犯母	指病变由子脏累及母脏	木能生火，心病及肝
相克关系的传变	相乘	指相克太过为病	木能克土，肝气横逆犯脾胃
	相侮	意即反克为病	肺可制约肝，肝来侮肺，表现为肝火犯肺

（3）指导诊断疾病、临床治疗 病变过程中，一脏之病常可波及他脏而使疾病发生传变。因此，治疗时除需对已病之脏进行处理外，还应在五行生克理论指导下，调整各脏之间的相互关系，防止疾病进一步传变，并促进已病之脏的恢复。如肝脏有病，肝气太过，木旺每易乘土，此时，常应先健脾护胃，防其传变。

小资料

根据五行生克规律制定具体治法，主要有以下几种。

（1）从相生角度 滋水涵木法，即滋养肾（水）阴以养肝（木）阴的方法，适用于肾阴亏损而导致的肝阴不足之证。培土生金法，即补脾（土）益气而达到补益肺（金）气的方法，适用于脾胃虚弱，不能滋养肺而致肺虚脾弱之证。金水相生法，即滋养肺（金）肾（水）阴虚的治疗方法，适用于肺虚不能输布津液以滋肾，或肾阴不足，精气不能上滋于肺，而致肺肾阴虚者。益火补土法，即温肾阳（火）以补脾（土）阳的方法，适用于肾阳衰微而导致的脾阳不振之证。

（2）从相克角度 佐金平木法，即清肃肺气以抑制肝木，又称清肺泻肝法，适用于肺失清肃，肝火偏盛之证。培土制水法，指温运脾阳，或温肾健脾，以治疗水湿停聚为病，又称温肾健脾法，适用于脾虚不运，水湿泛滥而致水肿胀满之证。泻南补北法，即泻心火滋肾水，又称泻火补水法，适用于肾阴不足，心火偏旺，水火不济，心肾不交之证。抑木扶土法，即疏肝健脾以治疗肝旺脾虚，又称疏肝健脾法，适用于肝的疏泄太过，木旺乘土之证。

二、脏腑经络

（一）脏腑

脏腑是人体内脏的总称。按解剖形态和生理功能的特点通常将脏腑分为五脏、六腑和奇恒之腑三类。心、肝、脾、肺、肾合称“五脏”，简称脏；胆、胃、小肠、大肠、膀胱、三焦合称为“六腑”；脑、髓、骨、脉、胆、女子包称为“奇恒之腑”。

中医学认为，脏与腑的主要区别在于，脏的主要生理功能是化生和贮藏精、气、血、津液；腑的主要生理功能是受纳、腐熟水谷和传化、排泄糟粕。奇恒之腑的生理功能既不同于五脏的藏精气而不泻，又有异于一般的腑，如“胆”，虽是六腑之一，但它所贮藏和排泄的并不是糟粕而是“精汁”，与一般的腑有所不同，故又属奇恒之腑。

脏与腑虽各有不同的生理功能，但人体是一个有机的整体，因此，脏与脏、脏与腑、腑与腑之间在生理活动和病理变化方面有着密切的联系。脏腑学说（古称“脏象”学说）亦是中医学理论体系的重要组成部分。

（二）经络

经络是运行全身气血，联络脏腑肢节，沟通上下内外的通路。经络，是经脉和络脉的总称。经，有路径的意思，是经络系统的主干；络，有网络的意思，是经脉的分支，纵横交错，网络全身。经脉大多循行于深部，有一定的循行路径。络脉循行于较浅的部位，有的络脉还显现于体表。经络把人体所有的五脏六腑、四肢百骸、五官九窍、皮肉筋脉等组织器官联结成一个统一的有机整体。经络学说是研究人体经络的生理功能、病理变化及其与脏腑相互关系的学说，是中医学理论体系的重要组成部分。

经络的内容包含很多，有十二经脉、奇经八脉、十二经别、十五络脉等等。其中，十二经脉是人体经络的主干，是人体运行气血的主要通道，分为手三阳经、手三阴经、足三阳经、足三阴经；奇经八脉主要统率和调节十二经脉的气血。

三、气、血、津液

气、血、津液是人体生命活动的物质基础。它们来源于先天的精气与后天获得的饮食精微和自然界的空气，由五脏六腑所化生，为五脏六腑所支配，反过来又滋养五脏六腑和全身组织，以保证正常的生理活动。

（一）气

气在有生命的机体中有化生、推动与固摄血液，滋养全身组织，抗拒外邪，推动脏腑组织的活动等作用。

从气的生成来源、分布的部位和作用可概括为：元气、宗气、营气、卫气、脏腑之气等。

1. 元气

又称“原气”。来源于父母，为先天之精所化生，故属先天之气。元气藏于肾，靠后天之气的滋养，以不断地激发和推动五脏六腑的功能活动，维持人体正常生长发育，因此，可把元气认为是人体生命动力的源泉。

2. 宗气

为后天之气，是由肺吸入的“自然之气”和脾胃吸收的“水谷精气”结合而成，积于胸中。语言及呼吸的强弱均与宗气的盛衰有关，若宗气不足，亦可引起血脉凝滞。元气与宗气相合，称为真气或正气。

3. 营气

由水谷之精气所化生，贯注于脉中，有化生血液、营养全身的作用。营气与血液共行于血脉中，故习惯上将两者并称为“营血”。

4. 卫气

亦由水谷之精气化生，是人体阳气的一部分。卫气行于脉外，敷布全身，具有固表、抗拒外邪侵犯的作用。

5. 脏腑之气

是推动脏腑活动之气，由真气分布于脏腑所成，如心气、肝气、脾气、肺气、肾气、胃气等。

（二）血

血是指在脉内流动着的、具有营养全身作用的红色液体。

血是由脾胃所摄取的水谷精微化为营气，经过肺的作用，注入于心脉之中，变化而成。

血在脉中循行，内至脏腑，外达皮肉筋骨，对全身各脏腑组织器官起着充分的营养和滋润作用。全身各组织、器官只有得到血的濡养，才能进行正常功能活动，因此，血是维持人体生命活动的重要物质基础。血也是神志活动的物质基础。

（三）津液

津液，是机体一切正常水液的总称，包括各脏腑组织器官内的体液及其正常的分泌物，如胃液、肠液和涕、泪等。津液也是构成人体和维持人体生命活动的基本物质。一般认为，清而稀薄的为“津”，流动性较大，布散于体表皮肤、肌肉和孔窍等部位；浊而稠的为“液”，流动性较小，布散于骨节、脏腑和脑髓等部位。

津液有滋润、濡养、参与血液形成、调节血液浓度、调节机体阴阳平衡、排泄机体废物等作用。

四、辨证施治

辨证施治，是中医认识疾病和治疗疾病的基本原则。它包括辨证和论治两大方面。辨证是将望、闻、问、切等诊法所收集来的资料、症状和体征，在中医理论指导下，通过分析综合、去粗取精、去伪存真，辨清疾病的原因、性质、部位、发展阶段及邪正之间的关系等，最后概括、判断为某种性质的证。“证”可以理解为机体对各种致病因子的反应状态。论治，是根据辨证的结果，选择和确定相应治疗原则和治疗方法的过程。

总之，中医的治疗是以“证”为前提，证同治也同，证异治也异，这就是中医辨证论治的精髓所在。

议一议

《内经》有“怒伤肝，悲胜怒”、“喜伤心，恐胜喜”、“思伤脾、怒胜思”、“忧伤肺，喜胜忧”、“恐伤肾，思胜悲”等理论。议一议每个人怎样才能调控和驾驭好自己的情绪？

第二节　中药基础知识

中药的含义有广义和狭义之分。广义的“中药”是指在中医理论指导下应用的天然药物及其制品，包括中药材、中药饮片、中成药三类；狭义的“中药”是指中药材和中药饮片。

一、中药的性能

中医认为，任何疾病的发生发展过程都是由于致病因素作用于人体，引起机体阴阳偏盛偏衰，脏腑经络功能失常的结果。

中药防病治病的基本作用：祛邪去因，扶正固本，协调脏腑经络功能，从而纠正阴阳偏盛偏衰，使机体恢复到阴阳平衡的正常状态。

药物之所以能够针对病情，发挥上述基本作用，是由于各种药物各自具有若干特性和作用，前人也称之为药物的偏性（性味）。意思是说以药物的偏性纠正疾病所表现的阴阳偏盛或偏衰。清代医家徐灵胎总结说："凡药之用，或取其气，或取其味……各以其所偏胜而即资之疗疾，故能补偏救弊，调和脏腑，深求其理，可自得之。"

中药的性能简称"药性"，指药物的药性和效能，是中药的基本性质和特征的概括。药性理论是中药理论的核心，主要包括四气、五味、归经、升降浮沉、毒性等。

（一）四气

1. 四气的含义

四气即寒热温凉四种药性，又名四性。它反映药物在影响人体阴阳盛衰、寒热变化方面的作用性质。

四气中温热与寒凉属于两类不同的性质，温热属阳，寒凉属阴。温次于热，凉次于寒，即在共同性质中又有程度的差异。对于有些药物，通常还标以大热、大寒、微温、微寒等予以区别，这是对中药四气程度不同的进一步区分。

此外，还有一些平性药，是因其寒热偏性不明显，称其性平，但在复方应用中仍有寒热偏性，未超出四性的范围。

2. 四气的作用

药性寒热温凉四气的确定，是从药物作用于机体所发生的反应而总结概括出来的，是与所治疾病的寒热性质相对应的。故药性的确定是以用药反应为依据的。能够减轻或消除热证的药物，一般属于寒性或凉性，如黄芩、板蓝根对于发热口渴、咽痛等热证有清热解毒作用，表明这两种药物具有寒性。如薄荷、牛蒡子对于风热表证有辛凉透表的作用，表明这两种药物具有凉性。能够减轻或消除寒证的药物，一般属于温性或热性，如附子、干姜对于腹中冷痛、四肢厥冷、脉沉无力等寒证，具有温中散寒作用，表明这两种药物具有热性。如麻黄、桂枝对于风寒表证有辛温透表的作用，表明这两种药物具有温性。

寒凉药具有清热泻火、凉血解毒、平肝等作用；温热药具有温里散寒、助阳化气、回阳救逆等作用。

3. 四气的意义

临床用药的一般原则是阳热证用寒凉药，阴寒证用温热药。《素问·至真要大论》谓："寒者热之，热者寒之。"就指出了药性寒热与治则的关系。

如果用寒凉药治寒病，温热药治热病，势必加重病情。如果当用热药而用温药，或当用寒药而用凉药，则病重药轻，不能达到治疗疾病的目的。反之，当用温药而用热药，或当用凉药而用寒药，则病轻药重，容易伤阴或伤阳。

至于寒热错杂之证，往往采用寒药热药并用。对于真寒假热之证，则当以热药治本，必要时反佐以寒药；真热假寒之证，则当以寒药治本，必要时反佐以热药。

小资料

“医食同源，药食同行”，两者都讲究才起到祛病健身的目的。凡体质偏热者忌吃温热性食物，以免“火上浇油”，而适宜于吃凉寒性食物，以便热证寒治。凡体质虚寒者，忌食凉寒性食物，可进食温热性食物，以温散寒。常见温热性食物：生姜、大葱、大蒜、韭菜、芥子、胡椒、胡萝卜、香菜、龙眼、荔枝、莲子、核桃、花生、栗子、乌梅、杨梅、樱桃、石榴、木瓜、橄榄、李子、橘子、桃、羊肉、狗肉、鹿肉等；常见凉寒性食物：芹菜、苋菜、菠菜、油菜、白菜、冬瓜、黄瓜、甜瓜、西瓜、苦瓜、竹笋、芋头、茄子、梨、山楂、菱角、柑子、百合、香蕉、甘蔗、柿子、兔肉、鸭肉、鸭蛋等。

（二）五味

1. 五味的含义

五味的本义是指药物辛甘酸苦咸五种最基本的滋味。其实药物的滋味不止五种，还有淡味、涩味。由于长期以来将涩附于酸，淡附于甘，以合五行配属关系，故习称五味。

2. 五味的作用

《内经》最早归纳了五味的基本作用，辛散、酸收、甘缓、苦坚、咸软等。在此基础上，后世对五味的作用进一步补充，综合前人的论述和用药经验，分述如下。

辛：能散、能行，有发散、行气、行血、化湿、芳香开窍等作用。一般治疗表证的药物，如麻黄、薄荷；治疗气血阻滞的药物，如木香、红花；治疗湿邪阻滞的药物，如藿香、苍术；治疗窍闭神昏的药物，如麝香、苏合香等，都有辛味。

甘：甘能补、能缓、能和，具有补益、缓急止痛、调和药性、和中的作用。如人参大补元气、熟地滋补精血、饴糖缓急止痛、甘草调和诸药等。某些甘味药还具有解药食中毒的作用，如甘草、绿豆等，故又有甘能解毒之说。

酸：酸能收、能涩，即有收敛固涩作用。多用于体虚多汗、久泻久痢、肺虚久咳、遗精滑精、尿频遗尿等证。如山茱萸、五味子涩精敛汗，五倍子涩肠止泻，乌梅敛肺止咳、涩肠止泻等。

涩：能收敛固涩，与酸味作用相似。如龙骨、牡蛎涩精，赤石脂、禹余粮涩肠止泻，莲子固精止带，乌贼骨收敛止血、固精止带等。酸味药的作用与涩味药相似而不尽相同，如酸能生津、酸甘化阴等皆是涩味药所不具备的。

苦：能泄、能燥、能坚。泄的含义较广，有指通泄的，如大黄泻下通便，用于热结便秘。有指降泄的，如杏仁降泄肺气，用于肺气上逆之咳喘；枇杷叶降泄肺气、胃气，用于肺胃之气上逆所致的咳嗽、呕吐呃逆。有指清泄的，如栀子、黄芩清热泻火，用于火热上炎之神躁心烦、目赤口苦等证。

燥：即燥湿，用于湿证。湿证有寒湿、湿热的不同，温性的苦燥药如苍术、厚朴，用于寒湿证，称为苦温燥湿；寒性的苦燥药如黄连、黄柏，用于湿热证，称为苦寒燥湿。苦还有坚阴作用，如知母、黄柏等用于治疗肾阴亏虚、相火亢盛的痿证，即具有泻火存阴的意义。

咸：能软、能下，有软坚散结和泻下作用。多用于瘰疬、瘿瘤、痰核、癥瘕等证。如海藻、昆布消散瘰疬，鳖甲软坚消癥，芒硝泻下通便等。

淡：能渗、能利，有渗湿利水作用，多用于治疗水肿、小便不利等证，如猪苓、茯苓、薏苡仁、通草等。

3. 五味的意义

五味在一定程度上说明了药物的通性，如“辛甘发散为阳，酸苦涌泄为阴，咸味涌泄为阴，淡味渗泄为阳。”即辛甘淡为阳，酸苦咸为阴。将五味与人体五脏联系起来说明药物的作用，即“酸入肝，苦入心，甘入脾，辛入肺，咸入肾”。许多药物具有兼味，如麻黄辛苦、桂枝辛甘、肉苁蓉甘酸咸等，则说明了中药有多种作用和治疗范围。五味也是指导临床用药的主要依据。

4. 四气和五味的关系

性和味分别从不同角度说明药物的作用，两者合参才能较全面地认识药物的作用和性能。

味同气异者，作用有共同之处，也有不同之处。例如，紫苏、薄荷皆有辛味，能发散表邪，但紫苏辛温，能发散风寒，薄荷辛凉，能发散风热。麦门冬、黄芪皆有甘味，前者甘凉，有养阴生津作用，后者甘温，有温养中焦，补中益气作用。

气同味异者，作用有共同之处，也有不同之处。例如，黄连、生地黄均性寒，皆能清热，用治热证。但黄连苦寒，清热燥湿，主治湿热证；生地黄甘寒，能清热养阴，用治虚热证。

由于性和味都只反映药物作用的共性和基本特点，因此还必须与药物的具体功效结合起来，方能得到比较全面、准确的认识。例如，紫苏、辛夷性味皆是辛温，都有发散风寒的作用，而前者发散力较强，又能行气和中，后者发散力较弱，而长于通鼻窍。

（三）归经

1. 归经的含义

归经是表示药物作用的部位。归是作用的归属，经是脏腑经络的概称。前人在用药实践中观察到，一种药物往往主要对某一经或某几经发生明显的作用，而对其他经的作用较小，甚至没有作用。同属性寒清热的药物，有的偏于清肝热，有的偏于清胃热，有的偏于清肺热或清心热；同属补药，也有补肺、补脾、补肝、补肾的不同。这些都反映了药物在机体产生效应的部位各有所侧重，将这些认识加以归纳，使之系统化，便形成了归经理论。

2. 归经的作用

归经是药物作用的定位概念，因而与病位有着密不可分的关系。中医学认为每一证候都是脏腑、经络发病的表现，任何病证均可辩证分析认定其发病的脏腑部位，故将治疗某脏腑、经络的药物归入某经。如浙贝母、苦杏仁、桔梗治喘咳而入肺经；青皮、香附、柴胡、青蒿治寒热肋痛而入肝经；远志、菖蒲安神开窍而入心经。

有的药物归数经，说明其治疗范围广泛，对数经病变都能发挥作用。如苦杏仁入肺、大肠经，能降气止咳平喘，兼能润肠通便；柴胡入肝、胆经，能清热解表、和解表里，兼能疏肝解郁，升举中气。

有些药物被称为“引经药”，俗称为“药引子”，中医认为它们特别擅长治疗某经病变，并能引导其他药在这一经发挥作用。如牛膝引药入肾经，柴胡引药入肝经，桔梗引药入肺经等。

3. 归经的意义

掌握归经理论，有助于提高用药的准确性。例如，头痛的原因很多，疼痛的性质和部位亦各有不同，治疗头痛的药物亦各有侧重，如羌活善治太阳经头痛，白芷善治阳明经头痛，柴胡善治少阳经头痛，吴茱萸善治厥阴经头痛，细辛善治少阴经头痛。因此治疗头痛时，要考虑到药物的归经特点，才可以提高疗效。

运用归经理论，还需考虑到脏腑经络间的关系。由于脏腑经络在生理上相互联系，在病理上相互影响，因此，在临床用药时往往并不单纯使用某一经的药物。如肝阳上亢往往因于肾阴不足，每以平肝潜阳药与滋补肾阴的药同用，使肝有所涵而虚阳自潜。若拘泥于见肝治肝，见肺治肺，单纯分经用药，其效果势必受到影响。

想一想

很多人在煲汤时喜欢放几枚红枣当佐料，蒸鸡、炖羊肉或兔肉也喜欢加入红枣，就连炖补品、浸药酒也不例外。红枣味甘性温、入脾胃经，请你从红枣的药性来说说，究竟红枣有何功效？

（四）升降浮沉

1. 升降浮沉的含义

升降浮沉反映药物作用的趋向性，是说明药物作用性质的。气机升降出入是人体生命活动的基础，如果发生障碍，机体便处于疾病状态，产生不同的病势趋向。病势趋向常表现为向上（如呕吐、喘咳）、向下（如泄利、脱肛）、向外（如自汗、盗汗）、向内（如表证不解）。能够针对病情、改善或消除这些病证的药物，相对说来也就分别具有向下、向上、向内、向外的作用趋向。

2. 升降浮沉的作用

升是上升，降是下降，浮表示发散，沉表示收敛固藏和泄利。浮实际上包含着向外和向上两种作用趋向；沉实际上包含着向内和向下两种作用趋向。升降浮沉之中，升浮属阳，沉降属阴。一般具有升阳发表、祛风散寒、涌吐、开窍等功效的药物，都能上行向外，药性都是升浮的；具有泻下、清热、利水渗湿、重镇安神、潜阳息风、消积导滞、降逆止呕、收敛固涩、止咳平喘等功效的药物，则能下行向内，药性都是沉降的。有的药物升降浮沉的特性不明显，如南瓜子的杀虫功效。有的药物则存在二向性，如麻黄既能发汗解表，又能利水消肿。

3. 升降浮沉的意义

掌握药物升降浮沉性能，可以更好地指导临床用药，纠正机体功能的失调，使之恢复正常，或因势利导，有助于祛邪外出。一般说来，病变在上、在表，宜用升浮药而不宜用沉降药，如外感风寒，用麻黄、桂枝发表；病变在下、在里，宜用沉降而不宜用升浮，如里实便秘之证，用大黄、芒硝攻下。病势逆上者，宜降而不宜升，如肝阳上亢之头痛，当用牡蛎、石决明潜降；病势陷下者，宜升而不宜降，如久泻、脱肛，当用人参、黄芪、升麻、柴胡等药益气升阳。

4. 升降浮沉与性味、归经、质地、炮制的关系

（1）升降浮沉与性味的关系　一般来说，药性升浮的，大多具有辛甘之味和温热之性，如麻黄、桂枝；药性沉降的大多具有酸苦咸涩之味和寒凉之性，如大黄、芒硝。性味和升降浮沉都是从不同角度对药物作用特点的概括。

（2）升降浮沉与归经的关系　药物升降浮沉的使用与药物的归经有密切的关系。如肺经病变咳嗽，应使用入肺经的药物，但要区分病势选用升降浮沉性能不同的中药。若外邪侵肺、肺气不宣，宜用麻黄、桂枝等升浮药，发散外邪，宣通肺气；肺失清肃咳嗽，则用黄芩、紫苏子等沉降药，清肺泻火止咳；肺虚久咳，则用五味子、诃子敛肺止咳。

（3）升降浮沉与药物质地的关系　一般认为，花、叶、皮、枝等质轻的药物大多是升浮的；而种子、果实、矿物、贝壳等质重者大多是沉降的。然而，上述关系并非是绝对的，如旋覆花降气消痰，止呕止嗳，药性是沉降的；苍耳子祛风解表，善通鼻窍，药性是升浮的。

（4）升降浮沉与炮制配伍的关系　药物升降浮沉的特性，还受炮制和配伍的影响。如酒炙则上升，姜汁炙则外散，醋炙则收敛，盐水炙则下行。在复方配伍中，性属升浮的药物与较多沉降药配伍时，其升浮之性可受到一定的制约；反之，性属沉降的药物与较多的升浮药同用，其沉降之性亦可受到一定的制约。

（五）毒性

1. 毒性的含义

毒性是指药物对机体的损害性。毒性反应与副作用不同，它对人体的危害性较大，甚至可危及生命。

前人是以药物偏性的强弱来解释有毒、无毒及毒性大小的。有毒药物的治疗剂量与中毒剂量比较接近或相当，因而治疗用药时安全度小，易引起中毒反应，无毒药物安全度较大，但并非绝对不会引起中毒反应。

2. 毒性理论的意义

毒性反应是临床用药时应当尽量避免的。由于毒性反应的产生与药物贮存、加工炮制、配伍、剂型、给药途径、用量、使用时间的长短以及患者的体质、年龄、证候性质等都有密切关系。因此，使用有毒药物时，应从上述各个环节加以注意，避免中毒发生。

议一议

近几年，因滥服中药导致肾炎和急性肾功能衰竭的人日趋增多，相当数量的“肥妞”、“胖嫂”在无所禁忌地服用减肥中药后发生急性肾衰。请想想说说，应怎样看待中药的毒性。

二、中药的应用

（一）配伍

1. 配伍的含义

配伍是指按病情需要和药性特点，有目的地选择两味或两味以上药物配合应用。配伍的目的首先能增强药物的疗效，其次能抑制或消除药物的不良反应，再者能适应复杂病情的需要，达到全面兼顾治疗的目的。

2. 配伍的关系

前人在长期的用药实践中，根据药物配伍使用的变化，将其总结归纳出七种情况，称为配伍“七情”，即单行、相须、相使、相畏、相杀、相恶、相反。除单行之外，都说明药物的配伍关系。

（1）单行　指用单味药治病。病情比较单纯，选用一味针对性较强的药物即能获得疗效。如独参汤用人参一味药，大补元气，治疗虚脱证；清金散单用一味黄芩，治疗轻度肺热咳嗽。

（2）相须　即性能功效相类似的药物配合应用，可以增强原有疗效。如石膏与知母相配，能明显地增强清热泻火的治疗效应；大黄与芒硝配合，能明显地增强泻下通便的治疗效应。

（3）相使　即在性能功效方面有某些共性药物，或性能功效虽不相同，但治疗目的一致的药物配合应用，以一种药为主，另一种药为辅，辅药能提高主药疗效。如补气药黄芪与利水渗湿药茯苓均益气健脾利水，二者相配治疗气虚水肿时，以黄芪为主，茯苓为辅，茯苓能够提高黄芪补气利水的治疗效应。

（4）相畏　即一种药物的毒性反应或副作用，能被另一种药物减轻或消除。如生半夏、生南星的毒副效应能够被生姜降低，即生半夏和生南星畏生姜。

（5）相杀　即一种药物能减轻或消除另一种药物的毒性或副作用。如生姜能降低生半夏、生南星的毒副效应，即是说生姜杀生半夏、生南星的毒。相畏、相杀是同一配伍关系的两种不同的提法。对前者而言称“畏”，对后者而言称“杀”。

（6）相恶　即两药合用，一种药物能使另一种药物原有功效降低，甚至丧失。如“生姜恶黄芩”，生姜能温肺、温胃，黄芩能清肺、清胃，两者合用于肺寒证或胃寒证，则生姜的温肺、温胃的治疗效应会被黄芩削弱，若二药合用于肺热证或胃热证，则黄芩的清肺或清胃治疗效应会被生姜削弱。又如“人参恶莱菔子”，即是说莱菔子能减弱人参的补气作用。

（7）相反　即两种药物合用，能产生或增强毒性反应或副作用。如“十八反”、“十九畏”中的若干药物。

试一试

为了增强清热泻火之功效，试将黄连与适宜的中药配伍使用。

3. 配伍的原则

（1）有些药物因产生协同作用而增强疗效，是临床用药时要充分利用的，如相须和相使。

（2）有些药物可能互相拮抗而抵消、削弱原有功效，用药时应加以注意，如相恶。

（3）有些药物则由于相互作用，而能减轻或消除原有的毒性或副作用，在应用毒性药或烈性药时必须考虑运用，如相畏和相杀。

（4）一些药物因相互作用而产生或增强毒性和副作用，属于配伍禁忌，应避免配用，如相反。

（二）用药禁忌

1. 配伍禁忌

（1）配伍禁忌的含义　两种药物配伍使用，会产生或增强药物的毒性或副作用，或降低药物的疗效，临床应当避免配伍使用。

（2）配伍禁忌的内容　配伍禁忌主要包括“十八反”和“十九畏”。

“十八反”：甘草反海藻、大戟、芫花、甘遂；乌头反半夏、瓜蒌、贝母、白蔹、白及；藜芦反人参、丹参、玄参、沙参、细辛、芍药。

“十九畏”：硫黄畏芒硝；水银畏砒霜；狼毒畏密陀僧；巴豆畏牵牛子；丁香畏郁金；牙硝畏三棱；川乌、草乌畏犀角；人参畏五灵脂；官桂畏石脂。

“十九畏”中的“畏”与七情相畏的“畏”含义不同，“十九畏”中的“畏”是“相反”的意思。“十八反”和“十九畏”是前人遗留下来的经验，目前尚无确切的科学论证，但在中药调剂中仍是遵循的法则，是中药调配的依据。对“十八反”和“十九畏”的药物，原则上不能同用，若病情需要，需经医师重新审定签字后，方可调配。

2. 妊娠用药禁忌

（1）妊娠禁忌药的含义与分类　妊娠禁忌药是指具有损害胎儿以致流产的药物。在为数众多的妊娠禁忌药中，不同的药对妊娠的危害程度有所不同，临床上应区别对待。根据临床实际将妊娠禁忌药分为禁用与慎用两大类。

禁用药：禁用药大多系毒性较强的药物，或药性作用峻猛及堕胎作用较强的药物。如砒石、水银、马钱子、川乌、草乌、斑蝥、轻粉、雄黄、巴豆、甘遂、芫花、牵牛子、商陆、藜芦、胆矾、瓜蒂、干漆、水蛭、虻虫、三棱、莪术、麝香等。

慎用药：慎用药主要包括通经祛瘀、行气破滞，以及大辛大热药物。如桃仁、红花、大黄、枳实、附子、干姜、肉桂、牛膝、木通等。

（2）妊娠禁忌药的应用原则　对于妊娠禁忌药，如无特殊必要，应尽量避免使用，以免发生事故。如孕妇患病非用不可，则应注意辨证准确，掌握好剂量与疗程，并通过恰当的炮制和配伍，尽量减轻药物对妊娠的危害，做到用药有效而安全。

3. 服药饮食禁忌

服药饮食禁忌是指服药期间对某些食物的禁忌，简称食忌，即通常所说的“忌口”。服药时的饮食禁忌包括病证食忌、服药食忌两方面。

（1）病证食忌　病证食忌是指治疗疾病时，应根据病情的性质忌食某些食物，以利于疾病的早日痊愈。一般而言，应忌食生冷、辛热、油腻、腥膻、有刺激性的食物。此外，根据病证的不同，饮食禁忌也有区别。如寒性病不宜吃生冷食物；热性病忌辛热和油腻食物；疮疡及皮肤病者忌食鱼、虾、蟹、羊肉等腥臭食品及刺激性食物；经常头目眩晕、烦躁易怒者，忌食胡椒、葱、辣椒，忌饮酒等。

（2）服药食忌　服药食忌是指服某些药时，不可同时吃某些食物，以免降低疗效，甚或发生毒性反应。如服用甘草、黄连、桔梗、乌梅忌猪肉；服用鳖甲忌苋菜；服用常山忌葱；服用地黄、何首乌忌葱、蒜、萝卜等等。

（三）中药用量与计量

1. 中药用量

中药用量，又称“中药剂量”，是指医师临床处方中使用每味药的分量，包括重量、数量、容量等。医师处方中都明确写清药物应调配的药量。由于中药大都通过配伍并制成各种剂型来应用，因此中药用量包括：单味药物的成人一日量，方剂中各药的相对用量，制剂的实用量等三个方面。中药用量既有常规剂量，又有一定的灵活性。

剂量是否得当，是确保用药安全有效的重要因素。临床上主要依据所用药物的性质、临床运用的需要以及患者的具体情况来确定中药的剂量。在确定药物剂量时，除注意上述因素外，还应考虑到季节、气候及居处环境等方面因素。

（1）药物方面

①药材质量：质优者药力充足，用量无须过大；质次者药力不足，用量可稍大。

②药材质地：一般来说，花叶类质轻的药物，用量宜轻；金石、贝壳类质重的药物，用量宜重。鲜品一般用量大。

③药物性味：药性较弱、作用温和、药味较淡者，用量可稍重；药性较强、作用强烈、药味较浓者，用量则宜轻。

④有毒无毒：无毒者用量可稍大；有毒者应将剂量严格控制在安全范围内。

（2）方剂方面

①方药配伍：一般药物单味应用时，用量可较大；入复方应用时，用量可略小。同一药在复方中作为主药时，一般较之作辅药时为重。

②剂型：多数药物作汤剂时，因其有效成分多不能完全溶解，故用量一般较大；作丸、散剂时，用量宜轻。

（3）患者方面

①年龄大小：小儿、老人用药量应轻；成年人用药剂量宜重。

②性别：一般药物男女用量区别不大，但妇女在月经期、妊娠期所用药以及活血祛瘀通经药用量一般不宜过大。

此外，病势轻重、体质强弱、病程长短、职业、生活习惯等方面的差异，在确定药物剂量时也是应该考虑的因素。

2. 中药计量

（1）计量单位　中药的计量单位，古代有重量、度量、容量、数量等多种计量方法，用来量取不同的药物。由于古今度量衡制的变迁，后世多以重量为计量固体药物的方法。明清以来，普遍采用16进位制，现在我国对中药生药计量采用公制。

16进位制与公制之间的换算：1两（16进位制）=30g；1钱=3g；1分=0.3g；1厘=0.03g。

（2）计量工具　中药计量工具是中药称重的衡器，在中药调剂工作中最常用的是传统的戥秤（又称戥子），其次是分厘戥、盘秤、台秤、天平、电子秤等。

三、中药的分类

目前，已知的中药有10 000多种，常用中药在500种以上。中药的分类方法有多种，本书主要介绍按药物功能分类的情况。

（一）解表药

凡以发散表邪、解除表证为主要功效的药物，称为解表药。

本类药多具辛味，主入肺与膀胱经，性善发散，能使肌表之邪外散或从汗而解。主具发散解表功效，兼能宣肺、利水、透疹、祛风湿。主要适用于外感风寒或风热所致的恶寒、发热、头痛、身痛、无汗（或有汗）、脉浮等表证。部分药物还可用于咳喘、水肿、疹发不畅及风湿痹痛等。

习惯上常将解表药分为辛温解表药与辛凉解表药两类。

1. 辛温解表药（又称发散风寒药）

性味多辛温，主能发散风寒，发汗力强，主治外感风寒表证，兼治风寒湿痹、咳喘、水肿兼表等。

常用药物有：麻黄、桂枝、紫苏、生姜、香薷、荆芥、防风、羌活、白芷、藁本、苍耳子、辛夷、葱白、胡荽等。

2. 辛凉解表药（又称发散风热药）

性味多辛凉，主能疏散风热，发汗力虽较缓和，但长于透解表热，主治外感风热表证，兼治风热咳嗽、麻疹不透、目赤多泪等。

常用药物有：薄荷、牛蒡子、蝉蜕、淡豆豉、桑叶、菊花、蔓荆子、葛根、柴胡、升麻、浮萍、木贼等。

小资料

使用发汗力强的解表药，要注意掌握用量，中病即止，不可过汗，以免损伤阳气和津液；体虚多汗及热病后期津液亏耗者忌服；久患疮痈、淋病及失血患者，虽有外感表证，要慎重使用；入汤剂不宜久煎，以免有效成分挥发过多而降低疗效。表证兼正虚患者，须视其阳虚、气虚、阴虚之不同情况，分别配伍助阳、益气、养阴等扶正之品，以扶正祛邪；辛凉解表药用于温病初起，应适当配伍清热解毒药。

（二）清热药

凡药性寒凉，以清解里热为主要作用的药物，称为清热药。

本类药药性寒凉或平而偏凉，味多苦，或甘，或辛，或咸。主能清热、泻火、凉血、解热毒、退虚热，兼能燥湿、利湿、滋阴、发表等。主要适用于表邪已解、内无积滞的里热证，如外感热病高热、阴伤内热、湿热泻痢、温毒发斑、痈肿疮毒、阴虚潮热等。

按其性能及临床应用之别，习惯将本类药物分为五类。

1. 清热泻火药

性味多甘寒或苦寒，功主清泄实热郁火，主治外感热病气分高热证，以及肺热、胃火、肝火、心火等脏腑火热证等。

常用药物有：石膏、知母、芦根、天花粉、竹叶、栀子、夏枯草、淡竹叶、寒水石、鸭跖草、谷精草、密蒙花、青葙子等。

2. 清热燥湿药

性味多苦寒，功主清热燥湿，兼以清热泻火，主治无论外感或内伤之湿热火毒诸证，如湿温、暑湿、湿热中阻、湿热泻痢、黄疸、带下、淋痛、疮疹，以及诸脏腑火热证。

常用药物有：黄芩、黄连、黄柏、龙胆草、苦参等。

3. 清热凉血药

性味多苦甘寒或咸寒，多入心肝二经，功主清热凉血，兼以滋润、活血，主治外感热病热入营血之高热神昏谵语，以及火热内生之血热妄行诸证。

常用药物有：犀角、水牛角、生地黄、玄参、牡丹皮、赤芍、紫草等。

4. 清热解毒药

性味亦多苦寒，或有辛寒、甘寒，功主清解热毒，主治外感或内生实热火毒诸证，如痈疮肿毒、丹毒、痄腮、咽喉肿痛、肺痈、肠痈、热毒泻痢、水火烫伤、蛇虫咬伤等。

常用药物有：金银花、连翘、蒲公英、紫花地丁、板蓝根、大青叶、青黛、穿心莲、土茯苓、鱼腥草、射干、山豆根、马勃、马齿苋、白头翁、秦皮、鸦胆子、红藤、败酱草、白花蛇舌草、熊胆、白蔹、白鲜皮、漏芦、山慈菇、四季青、金荞麦、地锦草、白毛夏枯草、绿豆、牛黄、蚤休、拳参、半边莲、垂盆草等。

5. 清虚热药

性味苦咸甘寒，多入肝肾经，功主退虚热、除疳热，兼凉血。主治热病后期之阴伤发热、久病伤阴之骨蒸潮热，以及小儿疳热。

常用药物有：青蒿、白薇、地骨皮、银柴胡、胡黄连。

小资料

本类药药性寒凉，易伤脾胃，凡脾胃虚弱、食少便溏者慎用；热病易伤津液，清热燥湿药易化燥伤阴津，故阴虚津伤的患者亦当慎用；阴盛格阳、真寒假热之证，尤需明辨，不可妄投；使用本类药物，要注意中病即止，避免克伐太过，损伤正气。

想一想

里热兼有脾胃虚弱者、里热兼阴虚者、里热积滞者，分别宜适当辅以哪些药？

（三）泻下药

凡能引起腹泻或滑利大肠、促进排便的药物，称为泻下药。

本类药能泻下通便，以排除胃肠积滞、燥屎及有害物质（毒、瘀、虫等）；或清热泻火，使实热壅滞通过泻下而清解；或逐水退肿，使水湿停饮从大小便排除，达到祛除停饮、消退水肿之目的。主要适用于大便秘结、胃肠积滞、实热内结及水肿停饮等里实证。有些药物兼能逐瘀、消癥、杀虫。

本类药分为攻下药、润下药、峻下逐水药三类。

1. 攻下药

大多味苦性寒，既能通便，又能泻火，且通便力较强，主治实热积滞、燥屎坚结、大便秘结等。还可用于外感热病所致的高热神昏、谵语发狂；或火热上炎之头痛、目赤、咽痛、牙龈肿痛、吐血、衄血等。此即上病治下，“釜底抽薪”之法。常用的有大黄、芒硝、番泻叶、芦荟等。

2. 润下药

大多为植物的种子或种仁，富含油脂，能润燥滑肠，使大便软化，易于排出，药力最缓，多用于年老、体弱、久病、妇女胎前产后，以及月经期便秘者。

常用药物有：火麻仁、郁李仁等。瓜蒌仁、柏子仁、杏仁、桃仁、决明子等也有润下作用。

3. 峻下逐水药

味多苦，性寒有毒，泻下作用峻猛，能引起剧烈腹泻，使体内潴留的水液从大便排除，部分还兼利尿。主治水肿、臌胀、胸胁停饮及痰饮喘满等。部分药物兼治风痰癫痫、疮毒及虫积等。

常用药物有：甘遂、大戟、芫花、巴豆、牵牛子、商陆、千金子等。

小资料

使用泻下药时注意：泻下作用峻猛的药物，易伤正气及脾胃，故久病体弱、脾胃虚弱者当慎用；妇女胎前产后及月经期应慎用或忌用；应用作用较强的泻下药时，当中病即止，慎勿过剂，以免损伤胃气。

（四）祛风湿药

凡以祛除风湿、解除痹痛为主要作用的药物，称为祛风湿药。

本类药多辛散苦燥，具有祛除肌表、经络风湿作用，有的还分别兼有散寒或清热、舒筋、通络、止痛、解表，以及补肝肾、强筋骨作用。主要适用于风湿痹痛、筋脉拘挛、麻木不仁、腰膝酸痛、下肢痿弱，或热痹关节红肿；兼治痹证兼肝肾不足、外感表证夹湿、头风头痛等。

常用药物有：独活、威灵仙、秦艽、豨莶草、臭梧桐、木瓜、络石藤、徐长卿、桑枝、桑寄生、五加皮、虎骨、白花蛇、海桐皮、蚕沙、寻骨风、海风藤、千年健、松节、川乌、蕲蛇、乌梢蛇、雷公藤、防己等。

（五）芳香化湿药

凡气味芳香，具有化湿运脾作用的药物，称为芳香化湿药。

本类药多辛香温燥，主入脾胃经，主要适用于脾胃湿困，运化失职而致的脘腹痞满、呕吐泛酸、大便溏泻、食少倦怠、舌苔白腻，或湿热困脾之口甘多涎，以及湿温等。兼治阴寒闭暑等。

常用药物有：苍术、厚朴、藿香、佩兰、砂仁、白豆蔻、草豆蔻、草果等。

小资料

芳香化湿药多辛香温燥，易耗气伤阴，故阴虚血燥气虚者慎用；又因其气芳香，大多含挥发油故入汤剂不宜久煎，以免降低疗效。寒湿困脾者，配温里药；湿热阻中者，配清热燥湿药；湿阻气滞较甚者，配行气药；脾虚生湿者，配补气健脾药。

（六）利水渗湿药

凡能通利水道、渗利水湿，以治疗水湿内停为主要作用的药物，称为利水渗湿药。

本类药味多甘淡或苦，性多寒凉或平，多入膀胱、脾及小肠经，有利水渗湿、利尿通淋、利湿退黄等功效。主要适用于小便不利、水肿、淋浊、黄疸、水泻、带下、湿疮、痰饮等。

常用药物有：茯苓、猪苓、泽泻、薏苡仁、车前子、滑石、木通、通草、金钱草、海金沙、石韦、萆薢、茵陈蒿、地肤子、冬瓜皮、赤小豆、泽漆、萹蓄、瞿麦、灯心草、冬葵子等。

（七）温里药

凡能温里散寒，以治疗里寒证为主要作用的药物，称为温里药。

本类药多味辛性温热，主入脾胃、肾、心经，兼入肝、肺经，主能温里散寒、温经止痛、补火助阳等，兼能化痰、杀虫、止呃。主要适用于里寒证，包括外寒直中、脾阳虚、心肾阳虚、肾阳虚衰、阳虚水肿、胸痹冷痛、风寒湿痹及经寒痛经。兼治寒饮咳喘、虫积腹痛等。

常用药物有：附子、干姜、肉桂、吴茱萸、细辛、花椒、丁香、高良姜、小茴香、荜茇、荜澄茄等。

（八）理气药

凡以疏畅气机，治疗气滞或气逆证为主要作用的药物，称为理气药。

本类药味多辛苦芳香，性多温，主归脾、胃、肝、肺经，善于行散或泄降，主能调气健脾、疏肝解郁、理气宽胸、行气止痛、破气散结。兼能消积、燥湿。主要适用于脾胃气滞之脘腹胀痛、嗳气吞酸、恶心呕吐、腹泻或便秘，肝气郁滞之胁肋胀痛、抑郁不乐、疝气疼痛、乳房胀痛、月经不调，肺气壅滞之胸闷胸痛、咳嗽气喘等。兼治食积脘胀、湿滞中焦等。

常用药物有：陈（橘）皮、青皮、枳实、佛手、香橼、枸橘、木香、香附、乌药、沉香、川楝子、荔枝核、青木香、薤白、檀香、刀豆、柿蒂、甘松、苏罗子、八月札、玫瑰花、绿萼梅、九香虫、橘红、化橘红等。

（九）消食药

凡以消食化积、增进食欲为主要功效的药物，称为消食药。

本类药味多甘性多平或微温，主归脾胃经而能消化食积、增进食欲。主要适用于食积不化所致的脘腹胀满、嗳腐吞酸、恶心呕吐、大便失常及脾胃虚弱、消化不良等。

常用药物有：山楂、神曲、麦芽、谷芽、莱菔子、鸡内金等。

（十）驱虫药

凡以驱除或杀灭寄生虫为主要功效的药物，称为驱虫药。

本类药味多苦，多入脾胃大肠经，对人体肠道寄生虫有毒杀作用，故有驱虫或杀虫的功效。主要适用于肠道寄生虫病，如蛔虫病、蛲虫病、绦虫病、钩虫病等。

常用药物有：使君子、苦楝皮、槟榔、南瓜子、鹤草芽、雷丸、贯众、鹤虱、榧子、芜荑等。

小资料

驱虫药一般应在空腹时服，以使药物充分作用于虫体，而保证疗效；部分药有毒性，应用时应注意剂量，以免中毒；在发热或腹痛较剧时，宜先清热或止痛，待缓解后再使用驱虫药；孕妇及老弱患者应慎用。

（十一）止血药

凡以制止机体内外出血为主要作用的药物，称为止血药。

本类药虽性味各异，但均能止血，并分别兼能清热凉血、化瘀、收涩及散寒温经等。按本类药的性能又可分为四类。

1. 凉血止血药

味或苦或甘而性均寒凉，能清血分之热而止血，主治血热妄行之出血证，过量滥用有留瘀之害。常用药物有大蓟、小蓟、白茅根、苎麻根、侧柏叶、芦根、黄芩等。

2. 化瘀止血药

性味虽各异而均能消散瘀血而止血，主治瘀血内阻、血不循经之出血证，有止血不留瘀之优，为治出血之佳品。常用药物有三七、蒲黄、茜草等。

3. 收敛止血药

味多涩，或质黏，或为炭类，性多平或凉而不寒，善收涩止血，有留瘀恋邪之弊，主治出血而无瘀滞者，若有瘀及邪实者慎用。常用药物有白及、紫珠、仙鹤草、棕榈炭、藕节等。

4. 温经止血药

性温热，能温脾阳、固冲脉而统摄血液，达到温经止血之效，主治脾不统血、冲脉失固之虚寒性出血。常用药物有炮姜、艾叶等。

（十二）活血祛瘀药

凡以通利血脉、促进血行、消散瘀血为主要作用的药物，称为活血祛瘀药或活血化瘀药，简称活血药。其中活血作用较强者，又称破血药。

本类药味多辛苦，多归心、肝二经，入血分，善走散通行，促进血行。因此，本类药物善活血化瘀，并通过活血化瘀作用而产生调经、止痛、消癥、消痈及祛瘀生新等作用。

常用药物有：川芎、乳香、没药、延胡索、郁金、姜黄、莪术、三棱、丹参、虎杖、益母草、鸡血藤、桃仁、红花、五灵脂、牛膝、穿山甲、水蛭、虻虫、降香、泽兰、月季花、凌霄花、自然铜、王不留行、刘寄奴、苏木、干漆、西红花等。

想一想

本类药大多能耗血动血、破血通经，哪些患者应慎用或禁用此类药？

（十三）化痰止咳平喘药

凡具祛痰或消痰作用的药物，称化痰药；能减轻或制止咳嗽和喘息的药物，称止咳平喘药。

本类药或辛或苦，或温或凉，多入肺经，辛开苦降，温以散寒，凉可清热，具有宣降肺气、化痰止咳、降气平喘之功。

本类药分化痰药和止咳平喘药两类。

1. 化痰药

化痰药因药性不同，又有温化寒痰药与清化热痰药的不同。①温化寒痰药，性多温燥，具有温肺祛寒、燥湿化痰之功，主治寒痰、湿痰证，还可用于寒痰、湿痰所致的咳嗽气喘、痰多稀薄色白、或眩晕、肢体麻木、阴疽流注、瘰疬痰核等；②清化热痰药，性大多寒凉，具有清热化痰之功，主治热痰咳喘，以及由痰所致的瘰疬瘿瘤、癫痫惊厥等。

常用药物有：半夏、天南星、白附子、白芥子、皂荚、桔梗、旋覆花、白前、前胡、瓜蒌、贝母、天竺黄、竹茹、竹沥、浮海石、海蛤壳、礞石、海藻、昆布、黄药子、胖大海、猪胆汁、蔊菜等。

2. 止咳平喘药

虽或寒或热，或偏于止咳，或偏于平喘，或兼而有之，但总有止咳平喘之功，主治外感或内伤所致的咳嗽、喘息之证。

常用药物有：苦杏仁、百部、紫菀、款冬花、紫苏子、桑白皮、葶苈子、枇杷叶、马兜铃、矮地茶、白果、洋金花等。

小资料

因咳、痰、喘不仅常常并见，还相互为病，故化痰药与止咳平喘药常相互配合使用。其次，应根据病因及兼证的不同，适当配伍。如兼有表证者，配解表药；兼里热者，配清热药；兼里寒者，配温里药；虚劳咳喘者，配补虚药。再如癫痫惊厥者，配镇惊安神、平肝息风药；瘰疬瘿瘤者，配软坚散结药；阴疽流注者，配温阳通滞散结之品。又因痰易阻滞气机，故常与理气药配伍同用。使用此类药还须注意：温燥药性的温化寒痰药，不宜用于热痰、燥痰；寒凉药性的清化热痰药，不宜用于寒痰、湿痰；刺激性较强的化痰药，不宜用于咳嗽兼有出血倾向者，以免加重出血。

（十四）安神药

凡具有安定神志功效的药物，称安神药。

本类药或为金石贝壳类或为植物类，多入心肝二经，金石贝壳类药物质重而镇心祛怯，安神定志；植物类药物多具养心安神之功。

本类药分重镇安神药和养心安神药两类。

1. 重镇安神药

多为矿石、贝壳、化石类药物，质重镇惊，主治心火炽盛、痰火内扰所致的惊悸失眠、惊痫癫狂。部分药物还具平肝潜阳等功效，可用于肝阳上亢、头晕目眩等证。

常用药物有：朱砂、磁石、龙骨、琥珀等。

2. 养心安神药

多为植物种子或种仁类药，甘润滋养，主治心肝血虚、心脾两虚等所致的虚烦不眠、心悸怔忡、健忘多梦等。

常用药物有：酸枣仁、柏子仁、远志、合欢皮、夜交藤等。

（十五）平肝息风药

凡具有平抑肝阳、息风止痉作用的药物，称平肝息风药。

本类药皆入肝经，多为介类或虫类药，古有介类潜阳、虫类搜风之说。具有平肝潜阳、息风止痉或镇惊安神等作用。

本类药分平肝潜阳药和息风止痉药两类。

1. 平肝潜阳药

性多寒凉，以治肝阳上亢之头晕目眩为主，兼有镇惊安神、清肝明目等作用。

常用药物有：羚羊角、石决明、牡蛎、珍珠、珍珠母、龙骨、代赭石、刺蒺藜、决明子、罗布麻等。

2. 息风止痉药

寒温不一，虫类药为多且具毒性，主治肝风内动、热极生风之抽搐，以及破伤风等，兼有化痰解毒、通络止痛等功。

常用药物有：钩藤、天麻、全蝎、蜈蚣、白僵蚕、地龙等。

（十六）开窍药

凡具辛香走窜之性，以开窍醒神为主要功效的药物，称开窍药。

本类药皆入心经，气味芳香，善于走窜行散，功能通闭开窍、苏醒神志。主要适用于热陷心包或痰浊阻蔽所致的神昏谵语，惊痫、中风等病出现突然昏厥等证。

常用药物有：麝香、冰片、苏合香、石菖蒲、安息香等。本类药为救急、治标之品，只宜暂用，不宜久服，以免耗泄元气。

（十七）补虚药

凡能补充人体物质、增强功能，以提高抗病能力、消除虚弱证候的药物，称补虚药，亦称补益药或补养药。

本类药能补充人体气血阴阳之亏损而治各种虚证。补气和补阳类药大多药性甘温，能振奋衰弱的功能，改善或消除机体衰弱之形衰乏力、畏寒肢冷等症；补血和补阴类药则甘温或甘寒不一，能补充人体阴血之不足及体内被耗损的物质，改善和消除精血津液不足的证候。

根据药物的药性和临床应用的不同，分为补气、补阳、补血、补阴四类。

1. 补气药

功主补气以增强脏腑功能活动，主治气虚诸证。药物性味以甘温或甘平为主，能增强机体的活动能力。

常用药物有：人参、西洋参、党参、太子参、黄芪、白术、山药、扁豆、甘草、大枣、饴糖、蜂蜜等。

2. 补阳药

药物味多甘、辛、咸，性多温热，功主温补人体之阳气，主治阳虚诸证。

常用药物有：鹿茸、巴戟天、肉苁蓉、仙茅、淫羊藿、葫芦巴、杜仲、续断、狗脊、骨碎补、补骨脂、益智仁、冬虫夏草、蛤蚧、胡桃肉、紫河车、菟丝子、沙苑子、锁阳、黄狗肾、韭子、阳起石等。

3. 补血药

本类药物味甘，性温质润，能促进血液的生化，功主养血，兼能滋阴，主治血虚、阴血亏虚等证。

常用药物有：当归、熟地黄、何首乌、白芍、阿胶、龙眼肉等。

4. 补阴药

本类药物味甘性寒，功主滋阴补液，兼能润燥，主治阴液亏虚诸证。

常用药物有：沙参、麦冬、天门冬、石斛、玉竹、黄精、百合、枸杞子、桑葚、墨旱莲、女贞子、龟板、鳖甲等。

小资料

补虚药为虚证而设，凡身体健康而无虚证者，不宜应用；邪实而正气不虚者，不宜乱用补虚药，以防“闭门留寇”；补气药多甘壅滞气，湿盛中满者忌用；补阳药温燥而能伤阴助火，阴虚火旺者不宜应用；补血与补阴药，大多药性滋腻，易伤脾胃，湿阻中焦及脾虚便溏者慎用。使用补虚药，应注意顾护脾胃，适当配以健脾养胃药，以增强消化吸收，使其更好地发挥作用。

（十八）收涩药

凡以收敛固涩为主要作用的药物，称为收涩药。亦称收敛药或固涩药。

本类药味多酸涩，主入肺、脾、肾、大肠经，虽能收涩固脱，但药性寒温不一，分别具有固表止汗、敛肺止咳、涩肠止泻、固精缩尿止带、收敛止血等作用。

常用药物有：五味子、乌梅、五倍子、浮小麦、麻黄根、椿皮、石榴皮、诃子、肉豆蔻、赤石脂、禹余粮、莲子、芡实、山茱萸、金樱子、桑螵蛸、覆盆子、乌贼骨、刺猬皮、海螵蛸等。

（十九）涌吐药

凡以促使呕吐为主要作用的药物，称为涌吐药。

本类药味苦性寒，作用趋向上浮，功能涌吐毒物、宿食及痰涎。适用于误食毒物，停留胃中，未被吸收；或宿食停滞不化，尚未入肠，脘部胀痛；或痰涎壅盛，阻碍呼吸；以及癫痫发狂等。

常用药物有：瓜蒂、常山、胆矾、藜芦等。

（二十）外用药

凡以外用为主的药物，称为外用药。

本类药寒温不一，大多具有不同程度的毒性。分别具有解毒消肿、化腐排脓、生肌敛疮、杀虫止痒等功效，部分药物还有止痛、开窍、破血、散寒等作用。

常用药物有：硫黄、雄黄、砒石、轻粉、升药、铅丹、炉甘石、硼砂、明矾、皂矾、毛茛、大蒜、斑蝥、蟾酥、马钱子、蛇床子、露蜂房、木芙蓉叶、血竭、樟脑、大风子、木槿皮、丝瓜络、松香、孩儿茶、瓦楞子、守宫、白矾等。

四、中药处方

中药处方是指记载中药药品名称、数量、用法等内容和制备任何一种中药药剂的书面文件。中药处方，一方面是医师在辨证论治之后，为患者预防和治疗需要而写给药房或药店，以便调剂的书面通知；另一方面，也是药房配方、制备药剂以及指导患者用药、计算药费金额的重要凭证。因此，中药处方具有技术上、经济上和法律上的意义。

（一）组方原则

中药处方的组成，不是单味药的药效相加或随意组合，而是有着严谨的法度和内在科学道理的。一张完整的中药处方，应包括君、臣、佐、使四个方面。

1. 君药

君药是针对发病原因或主证而起主要治疗作用的药物，是处方中必不可少的主要部分。

2. 臣药

臣药是协助君药以加强治疗作用的药物，是处方中的辅助部分。

3. 佐药

佐药有三种含义。一是佐助药，是指治疗兼证或次要病证，或协助君药、臣药以加强治疗作用的药物；二是佐制药，是指用以消除或减弱君药、臣药的毒性，或制约其峻烈之性的药物；三是反佐药，是指用与君药的性味相反而又能起到辅助治疗作用的药物。

4. 使药

使药有引经报使的意义，是指能引导诸药直达病所，或具有调和药性作用的药物。

例如发汗散寒、宣肺平喘的麻黄汤，由麻黄、桂枝、杏仁、甘草组成。其中，麻黄发汗解表、宣肺平喘，为君药；桂枝增强麻黄发汗解表的功效，为臣药；杏仁入肺经以助麻黄宣肺平喘，为佐药；甘草监制麻黄、桂枝峻猛发汗，为使药。

中药处方中君药是必不可少的，而臣、佐、使药可有可无，可多可少。如独参汤，仅由人参一味组成，为君药，无臣、佐、使药；麻黄汤中君、臣、佐、使各一；银翘散中君二臣四佐三使一；等等。

试一试

四君子汤组成：人参（9g）、白术（9g）、茯苓（9g）、炙甘草（6g）。请指出方中君、臣、佐、使分别是哪味药。

（二）处方格式及内容

处方一般分前记、正文和后记三大部分。

1. 处方前记

包括医疗、预防、保健机构名称、费别、患者姓名、性别、年龄、门诊或住院病历号、科别或病室和床位号、临床诊断、开具日期等；中药汤剂处方一般还有取药号。

2. 处方正文

是处方的主要部分，以 R_P或 R（拉丁文 Recipe“请取”的缩写）标示。中成药的处方正文包括药品的名称、剂型、规格、数量和用法用量。汤剂的处方正文包括饮片名称、剂量、剂数、一般用法用量及脚注。

3. 处方后记

包括医师签名或加盖专用签章，药品金额以及审核、调配、核对、发药的药学专业技术人员签名。

（三）中药的处方用名

中药调剂人员除掌握中药正名外，还应掌握处方常用名。处方常用名一般包括中药别名、处方全名和并开药名。为了规范处方用名，处方中一般不应使用历史曾用名称、药材产区习用名、药材规格名称及行业简化名称等，避免因饮片名称误解而导致的调配错误。

1. 正名

中药的正名以《中国药典》收载的名称为准，以历代本草文献作参考。中药正名是中药的规范名称，一药一名。中药的正名一般都有一定的来历或解释。如人参、黄连、金银花、大黄等。

2. 处方常用名

（1）别名　中药除正名外，还有其他的名称。中药的别名一般也有一定的来历或解释。如锦纹、味连、木笔花、忍冬花等。

（2）处方全名　一般在正名前冠以术语，即中药名前加字，表示医师对中药饮片的产地、品种、采收季节、性状特征、炮制、新陈程度等方面的要求，而组成处方全名。如蜜银花、怀牛膝、酒黄连、熟大黄、云茯苓、霜桑叶、明天麻、鲜芦根、陈皮等。

（3）处方并开药名　医师在处方中将两种或两种以上疗效基本相似，或取其起协同作用的药物缩写在一起，称“并开药”，又称一名多药。如二术（白术、苍术）、二芍（白芍、赤芍）、乳没（乳香、没药）等。

（四）中药的处方脚注

中药的处方脚注是指医师开汤剂处方时，在药名后用括号或直接在药名右上角标出的说明文字。其作用是简明地指示调剂人员对该味中药调配时应采取特殊的处理方法。脚注的内容一般包括炮制法、煎法、服法等。常见的脚注术语有先煎、后下、包煎、另煎、冲服、烊化、打碎、炒制等。《中国药典》对需特殊处理的品种都有明确的规定。例如处方中，生石膏（先煎）、薄荷（后下）、人参（另煎）、山楂（炒）、甘草（蜜炙）、木香（煨）、麻黄（捣绒）、龟甲（打碎）等。调剂人员在调剂这些药物时，均需按处方要求，或另包说明，或进行炒、炙、煨、捣、打碎等处理。

对于中医处方脚注，调剂人员必须按处方要求进行处理。有的医师处方虽未加“脚注”说明，调配时也应按处方药味应付常规和调剂常规进行处理，如附子先煎，苦杏仁后下等。

（五）中药处方应付

处方应付系指调剂人员根据医师处方的要求，选用符合规格标准的药物，进行处方调配。处方应付一般包括中药别名和并开药应付、中药炮制品应付。

1. 中药炮制品应付

药材经加工炮制后，能改变其性味归经和功能主治。医师根据辨证论治，依病情不同，在立方时就需要选择不同的经过加工炮制的药物，以求发挥更好的治疗效果，减少药物的不良反应。因此，在调配处方时，要特别注意药物炮制品的应付。根据历史用药常规和各地区的用药习惯，处方炮制品的应付可分为两类。

（1）当医师在处方上写明药物炮制品的名称时，才付给炮制品种，若只写药物名称，而不写炮制品的名称，则付给生品。这类药物一般既可以生用，也可以炮制后使用，但是，炮制后的药物，其治疗作用与生品有很大的不同。如生麻黄解表发汗力强；而蜜炙后平喘的作用增强，发汗作用则降低。又如甘草生用可以解毒利咽；炙后用则益气和中。因此，这类药物要注明是否需炮制。例：写“甘草”给付“生甘草”，写“炙甘草”给付“蜜炙甘草”。

（2）药物则不论只写药名或写炮制品名，均付给炮制品；如果因病情需要而要用生品，则要在药名前面另加“生”字，如写“麦芽”给付“炒麦芽”，写“生麦芽”给付生品麦芽；又如处方写“酸枣仁”，应付“清炒酸枣仁”，写“生枣仁”则付生品。此类药物一般需经炮制后使用，很少生用，因此，只要写药名就可以付炮制品。在这类药物中某些药物质地坚硬，炮制后有效成分容易被煎出来，如王不留行炒后开花；矿物药炒后酥脆。另有些药物性烈偏激，炮制后可缓和偏性，增强疗效，如白术性燥易伤阴，用米泔水浸制后可减少其燥性，麸炒后可以增强健脾作用。还有些药物经炮制后可以矫正其不良的气味。

2. 处方并开药应付

医师在处方中将药名合写，调剂时则应分别应付。举例见表5－6。

表5－6 处方并开药名及应付

处方药名	调配应付	处方药名	调配应付
茯苓神	赤苓 茯神	生熟麦芽	生麦芽 炒麦芽
二地	生地 熟地	生熟谷芽	生谷芽 炒谷芽
生熟地	生地 熟地	生熟稻芽	生稻芽 炒稻芽
二术	苍术 白术	谷麦芽	炒谷芽 炒麦芽
苍白术	苍术 白术	知柏	知母 黄柏
二母	知母 贝母	炒知柏	盐知母 盐黄柏
二蒺藜	刺蒺藜 沙苑子	盐知柏	盐知母 盐黄柏
潼白蒺藜	刺蒺藜 沙苑子	酒知柏	酒知母 酒黄柏
生龙母	生龙骨 生牡蛎	炒三仙	炒神曲 炒麦芽 炒山楂
龙牡	煅龙骨 煅牡蛎	焦三仙	焦神曲 焦麦芽 焦山楂
二活	羌活 独活	焦四仙	焦神曲 焦麦芽 焦山楂 焦槟榔

续表

处方药名	调配应付	处方药名	调配应付
羌独活	羌活　独活	生熟枣仁	生枣仁 炒枣仁
二枫藤	青枫藤　海枫藤	生熟薏米	生薏米　炒薏米
二芍	赤芍　白芍	生炒蒲黄	生蒲黄　炒蒲黄
赤白芍	赤芍　白芍	二冬	天冬　麦冬
砂蔻仁	砂仁　蔻仁	二门冬	天冬　麦冬
全紫苏	紫苏子　紫苏梗　紫苏叶	猪茯苓	猪苓　茯苓
苏子叶	紫苏子　紫苏叶	棱术	三棱　莪术
二丑	黑丑　白丑	全藿香	藿香　藿香叶　藿香梗
二地丁	蒲公英　紫花地丁	乳没	炙乳香　炙没药
二决明	生石决明　决明子	青陈皮	青皮　陈皮
金银花藤	金银花　金银藤	二乌	炙川乌　炙草乌
忍冬花藤	金银花　金银藤	桃杏仁	桃仁　杏仁
荆防	荆芥　防风	荷叶梗	荷叶　荷梗
全荆芥	荆芥　荆芥穗	芦茅根	芦根　茅根
冬瓜皮子	冬瓜皮　冬瓜子	枳壳实	枳壳　枳实

3. 常用药物炮制品应付举例

（1）处方单写药名（或写炒）即调配清炒或炒品的品种。如牵牛子、谷芽、麦芽、山楂、苦杏仁、莱菔子、决明子、槐花、苍耳子、酸枣仁等。

（2）处方单写药名（或写炒）即调配麸炒品的药品。如枳壳、僵蚕、薏苡仁、白术、神曲、冬瓜子等。

（3）处方单写药名（或写炒）即调配砂烫、蛤粉烫的药品。如阿胶、狗脊、鳖甲、龟板、穿山甲、骨碎补等。

（4）处方单写药名（或写炒、炙）即调配蜜制（炙）品的药品。如黄芪、马兜铃、桑皮、枇杷叶、瓜蒌子、槐角、百合、罂粟壳等。

（5）处方单写药名（或写炒、炙）即调配酒制品的药品。如肉苁蓉、何首乌、山茱萸、熟地黄、水蛭、黄精、女贞子、乌梢蛇、蛇蜕等。

（6）处方单写药名（或写炒、炙）即调配醋炙品的药品。如香附、鸡内金、乳香、没药、五灵脂、延胡索、莪术、甘遂、大戟、芫花、五味子等。

（7）处方单写药名（或写炒、炙）即调配盐炙品的药品。如杜仲、小茴香、巴戟天、车前子、益智仁、橘核、补骨脂等。

（8）处方单写药名（或写煅）即调配煅制品的药品。如龙骨、龙齿、牡蛎、磁石、硼砂、炉甘石、自然铜、钟乳石、瓦楞子、赤石脂等。

（9）处方单写药名（或写炒、煅）即调配煅碳制品的药品。如地榆、艾叶、侧柏叶、蔓荆子、蒲黄、干漆、棕榈等。

（10）处方单写药名（或写炒、炙）即调配姜汁制的药品。如厚朴、竹茹、草果等。

（11）处方单写药名即调配漂去盐味的药品。如海藻、昆布、海螵蛸等。

（12）处方单写药名即调配不同辅料不同制法制品，如煨制及米泔水、药汁制的药品等。如吴茱萸（甘草水制）、草乌（水制）等。

4. 中药应捣碎应付

有些药物质地坚硬，成分不易煎出，需经捣碎应付。大多药物可预先加工备用，如大部分矿物类、贝壳类、鳞甲类等；但是，对于含挥发油类及油脂类的种子药物则不能预先加工，不然香气挥散，油脂氧化变质，影响疗效，因此，只能于调配时临时用铜冲捣碎。需临配时捣碎药物，如砂仁、蔻仁、酸枣仁、胡麻子、瓜蒌子、大风子、马钱子等。

相关链接

中药处方调配，有时需处方写明炮制才付炮制品的药物，此类药物的炮制品种和炮制方法可参见《中药炮制学》。了解中药的炮制品种及常用炮制方法，可以更好地熟悉中药的性味功效，是一名中药调剂员应该掌握的基础知识之一。

常用中药饮片正名、处方用名及应付规格对照见表5－7。

表5－7　常用中药名称与处方应付一览表

正名	处方用名	应付规格	常用量
生姜	生姜	生姜片	3～9g
	煨生姜	煨制生姜	
白头翁	白头翁	白头翁片	9～15g
白芍	白芍	生白芍	6～15g
	酒白芍	酒炙白芍片	
	炒炙白芍片	清炒白芍片	
白芷	白芷	生白芷片	3～9g
白附子	白附子	姜矾制白附子片	3～6g
	生白附子	生白附片	外用适量
白茅根	白茅根	生干白茅根	9～30g
	鲜茅根	鲜品茅根	30～60g
白矾	白矾、明矾	生白矾粉	0.6～1.5g
	枯矾	煅白矾粉	外用适量
白及	白及	白及片	6～15g
	白及粉	白及粉	4.5～9g
白果	白果	生白果	4.5～9g
	炒白果	清炒白果	

续表

正名	处方用名	应付规格	常用量
白术	白术	麸炒白术	6~12g
	焦白术	炒焦白术	
	土白术	土炒白术	
	于术	于潜野白术	
白前	白前	生白前	3~9g
	炙白前	蜜炙白前	
白扁豆	白扁豆	生白扁豆	9~15g
	炒白扁豆	清炒白扁豆	
白蔹	白蔹	生白蔹片	4.5~9g
白鲜皮	白鲜皮	生白鲜皮	4.5~9g
白薇	白薇	生白薇	4.5~9g
	炙白薇	蜜炙白薇	
瓜蒌	栝楼、瓜蒌、全瓜蒌	瓜蒌丝	9~15g
瓜蒌子	瓜蒌仁、瓜蒌子	炒瓜蒌子	9~15g
瓜蒌皮	瓜蒌皮	瓜蒌丝	6~9g
玄明粉	玄明粉	生玄明粉	3~9g
玄参	元参、玄参	生玄参片	9~15g
半边莲	半边莲	生半边莲	9~15g
半枝莲	半枝莲	生半枝莲	15~30g
半夏	生半夏	生品半夏	外用适量
	清半夏	矾制半夏	3~9g
	姜半夏	姜、矾制半夏	
	半夏、法半夏	法半夏	
丝瓜络	丝瓜络	生丝瓜络	4.5~9g
首乌藤	夜交藤、首乌藤、何首乌藤	首乌藤	9~15g
穿山甲	穿山甲、山甲片、山甲珠、炮山甲	砂烫醋淬穿山甲	5~9g
姜黄	姜黄	姜黄片	3~9g
珠子参	珠子参、珠参、珠儿参	珠子参	3~9g
秦艽	秦艽、西大艽、左秦艽	秦艽段	3~9g
秦皮	秦皮、白醋树皮、苦枥白醋树皮	秦皮丝	6~12g
桔梗	桔梗、北桔梗、南桔梗、苦桔梗、玉桔梗	桔梗片	3~9g
桃仁	桃仁、山桃仁、净桃仁、桃仁泥	炒桃仁	4.5~9g
莱菔子	莱菔子、炒莱菔子、萝卜子、炒卜子	炒莱菔子	4.5~9g
莲子	莲子、莲子白、建莲肉、莲实	莲子肉	6~15g
夏枯草	夏枯草、夏枯球	夏枯草	9~15g
莲房	莲房	生莲房	4.5~9g
	莲房炭	莲房炭	
莪术	莪术	醋炙莪术	6~9g
	生莪术	生莪术	
荷叶	荷叶	荷叶丝	3~9g
	荷叶炭	荷叶炭	

续表

正名	处方用名	应付规格	常用量
柴胡	柴胡	北柴胡片	3～9g
	醋柴胡	醋炙柴胡	
	南柴胡	南柴胡	
党参	党参	生党参咀	9～30g
	米炒党参	米炒党参	
	炙党参	蜜炙党参	
浙贝母	大贝、象贝、浙贝	浙贝母片	4.5～9g
海螵蛸	乌贼骨、鱼骨、海螵蛸	海螵蛸块	4.5～9g
海藻	海藻	漂海藻丝	6～12g
益智	益智仁	盐炙益智仁	3～9g
预知子	预知子、八月札	生预知子	3～9g
桑叶	桑叶、霜桑叶	生桑叶	4.5～9g
	炙桑叶	蜜炙桑叶	
桑白皮	桑白皮、炙桑白皮、炙桑皮	蜜炙桑白皮	6～12g
	生桑皮、生桑白皮	生桑白皮	
桑螵蛸	桑蛸、桑螵蛸	蒸桑螵蛸	4.5～9g
菟丝子	菟丝子	生菟丝子	6～12g
黄芩	黄芩、枯芩	生黄芩	3～9g
	炒黄芩、酒黄芩	酒炙黄芩	
	黄芩炭	黄芩炭	
黄连	黄连、味连、雅连、川连	生黄连	2～5g
	酒黄连、酒川连	酒炙黄连	
	姜黄连、姜连	姜汁炙黄连	
	萸黄连、萸连	吴茱萸制黄连	
	黄连炭、川连炭	黄连炭	
赤石脂	煅赤石脂、煅石脂、石脂、赤石脂	煅赤石脂	6～12g
赤芍	赤芍、赤芍药、山赤芍	赤芍片	6～12g
两头尖	两头尖、竹节香附	生两头尖	1.5～3g
两面针	两面针、入地金牛、双面针、两背针	生两面针	5～10g
连钱草	连钱草、落地金钱	生连钱草	15～30g
连翘	连翘、老翘、青翘	连翘生品	6～15g
吴茱萸	吴茱萸、吴萸	甘草炙吴茱萸	1.5～4.5g
牡丹皮	牡丹皮、丹皮、粉丹皮	生牡丹皮	6～12g
	丹皮炭	牡丹皮炭	
牡蛎	牡蛎、煅牡蛎、牡蛎壳	煅牡蛎	9～30g
	生牡蛎	生牡蛎	
何首乌	何首乌、首乌、制首乌、制何首乌	黑豆汁炙何首乌	6～12g
	生何首乌	生何首乌	
伸筋草	伸筋草、舒筋草、狮子草	生伸筋草	3～12g

续表

正名	处方用名	应付规格	常用量
佛手	佛手片、川佛手、广佛手、佛手	生佛手丝	3～9g
皂角刺	皂角刺、皂刺、皂刺针	皂角刺	3～9g
谷芽	谷芽、炒谷芽、香谷芽	炒谷芽	9～15g
	焦谷芽	炒焦谷芽	
	生谷芽	生谷芽	
谷精草	谷精草、谷草珠	谷精草	4.5～9g
龟板	龟板、炙龟板	砂烫醋淬龟板	9～24g
辛夷	辛夷、辛夷花、木笔花	辛夷	3～9g
沙苑子	沙苑子、沙蒺藜、沙苑藜、潼蒺藜	沙苑子	3～9g
沉香	沉香、沉香木	沉香丁	1.5～4.5g
	沉香粉	沉香粉	1.5～3g
羌活	羌活、川羌、西羌活	羌活	6～9g
诃子	诃子、诃子肉、诃黎勒	诃子肉	3～9g
补骨脂	补骨脂、破故纸、故纸、盐骨脂	盐炙补骨脂	6～9g
阿魏	阿魏、臭阿魏	阿魏	1～1.5g
陈皮	陈皮、橘皮、广陈皮	橘皮丝	3～9g
附子	附子、黑附子、炮附子	黑附片	3～15g
	白附片	白顺片	
	盐附子	盐附子片	
忍冬藤	忍冬藤、金银藤	忍冬藤	9～30g
鸡内金	鸡内金、鸡肫内金、炒鸡内金	醋炙鸡内金	3～9g
鸡血藤	鸡血藤	鸡血藤片	9～15g
鸡骨草	鸡骨草、红母鸡草	鸡骨草	15～30g
鸡冠花	鸡冠花、鸡公花	鸡冠花	6～12g
玫瑰花	玫瑰花	玫瑰花蕾	1.5～6g
青风藤	青风藤、大风藤、排风藤	青风藤片	6～12g
青叶胆	青叶胆、青叶丹、肝炎草	青叶胆	10～15g
青皮	青皮、均青皮、醋青皮	醋青皮	3～9g
山柰	山柰、香三柰	山柰	6～9g
山茱萸	山茱萸、酒炙山茱萸、山萸、山萸肉、杭山萸、杭萸肉、枣皮	山茱萸（去核）	6～12g
山药	山药	生山药	15～30g
	炒山药	麸炒山药	
	土山药	土炒山药	
山楂	生山楂、生山楂片	生山楂片	9～12g
	山楂	炒山楂	
	焦山楂	焦山楂	
山慈菇	山慈菇、毛慈菇、茅慈菇	山慈菇	3～9g
千年健	千年健、千年见、一包针、年健	千年健	4.5～9g
千金子	千金子、续随子	千金子	1～2g
川木香	川木香	生川木香片	3～9g
川木通	川木通、白木通	川木通	3～6g

续表

正名	处方用名	应付规格	常用量
川贝母	川贝母、川贝、黄炉贝、青贝、松贝	川贝母	3～9g
川牛膝	川牛膝	生川牛膝	4.5～9g
	酒川牛膝	酒炙川牛膝	
川乌	生川乌	生川乌	炮制后用
制川乌	川乌、制川乌、乌头、川乌头	制川乌	1.5～3g
川芎	川芎、川芎片	生川芎	3～9g
	酒川芎	酒炒川芎	
川楝子	川楝子、金铃子、楝实	川楝子	4.5～9g
广防己	防己、防己片、木防己、广防己	广防己片	4.5～9g
广金钱草	广金钱草	广金钱草	15～30g
广藿香	藿香、藿香咀、广藿香	藿香咀	3～9g
	藿香梗	藿香梗	
	藿香叶	藿香叶	
女贞子	女贞子、冬青子	酒炙女贞子	6～12g
小茴香	小茴香	盐炒小茴香	3～6g
小通草	小通草	小通草咀	2.5～4.5g
小蓟	小蓟	生小蓟	4.5～9g
	小蓟炭	小蓟炭	
马齿苋	马齿苋、马舌菜	生马齿苋	9～15g
马勃	马勃	生马勃	1.5～6g
马钱子	马钱子	炙马钱子	0.3～0.6g
	马钱子粉	炙马钱子粉	
马兜铃	生马兜铃	生马兜铃	3～9g
	马兜铃、炙马兜、炙兜铃、蜜兜玲	蜜炙马兜铃	
马鞭草	马鞭草	生马鞭草	4.5～9g
天仙子	天仙子、莨菪子	生品天仙子	0.06～0.6g
天仙藤	天仙藤、马兜铃藤	天仙藤	4.5～9g
天冬	天门冬、天冬、明天冬	天冬	6～12g
天竺黄	天竺黄、竺黄、竺黄精、竹黄	天竺黄	3～9g
天花粉	天花粉、花粉、栝楼根、蒌根	天花粉	10～15g
天南星	天南星、炙南星、南星	制天南星	3～6g
	生天南星	生天南星	外用适量
天麻	天麻	天麻片	3～9g
天葵子	天葵子、紫贝天葵	天葵子	9～15g
木瓜	木瓜、宣木瓜、木瓜片	木瓜片	6～9g
木香	木香、广木香	木香片	1.5～3g
	煨木香	煨木香片	
木贼	木贼、木贼草	木贼	3～9g
木蝴蝶	木蝴蝶、千张纸、玉蝴蝶	木蝴蝶	1.5～3g
木鳖子	木鳖子、木别子	生木鳖子	0.9～1.2g

续表

正名	处方用名	应付规格	常用量
瓦楞子	瓦楞子	煅瓦楞子	9～15g
	生瓦楞子	生瓦楞子	
王不留行	王不留行	炒王不留行	4.5～9g
	生王不留行	生王不留行	
五加皮	五加皮	生五加皮	4.5～9g
五味子	五味子、北五味、辽五味、炙五味子	醋炙五味子	3～6g
五倍子	五倍子	生五倍子	3～6g
车前子	车前子、炒车前子、盐车前子	盐炒车前子	9～15g
太子参	太子参、童参、孩儿参	生太子参	9～30g
化橘红	橘红、化橘红	生橘红	3～6g
	炙橘红	蜜炙化橘红	
毛诃子	生诃子	生诃子	3～9g
	诃子	诃子肉	
牛黄	牛黄、丑宝、犀黄	牛黄	0.15～0.35g
牛蒡子	牛蒡子、牛子、牛蒡、鼠粘子、恶实、大力子	炒牛蒡子	6～12g
牛膝	牛膝、怀牛膝	牛膝	4.5～9g
升麻	升麻、绿升麻	升麻	3～9g
	炙升麻	蜜炙升麻	
	升麻炭	升麻炭	
片姜黄	片姜黄	生片姜黄	3～9g
乌药	乌药、台乌药、乌药片	乌药	3～9g
乌梢蛇	乌梢蛇	酒炙乌梢蛇	9～12g
乌梅	乌梅、正乌梅、酸梅	乌梅	6～12g
	乌梅肉	乌梅肉	
	乌梅炭	乌梅炭	
丹参	丹参、紫丹参	丹参	9～15g
	酒丹参	酒丹参	
月季花	月季花	生月季花	1.5～4.5g
火麻仁	火麻仁	生火麻仁	9～15g
巴豆	生巴豆	生巴豆	外用
	巴豆霜	巴豆霜	0.1～0.3g
巴戟天	巴戟肉、巴戟、炙巴戟、炙巴戟天	炙巴戟天	3～9g
水牛角	水牛角	生水牛角粉	15～30g
水红花子	水红花子	生水红花子	15～30g
水蛭	水蛭	炙水蛭	1.5～3g
功劳木	功劳木	生功劳木块或片	9～15g
平贝母	平贝母	生平贝母	3～9g
玉竹	玉竹、葳蕤、肥玉竹	生玉竹	6～12g
甘松	甘松	甘松段	3～6g

续表

正名	处方用名	应付规格	常用量
艾叶	艾叶、艾叶炭	艾叶炭	3～9g
	生艾叶	生艾叶	
	鲜艾叶	鲜品艾叶	
	艾绒	艾绒	
	艾条	艾条	
甘草	甘草	生甘草	1.5～9g
	炙甘草	蜜炙甘遂	
甘遂	甘遂	醋炙甘遂	0.5～9g
	生甘遂	生甘遂	
石韦	石韦	生石韦丝	6～12g
石决明	石决明	生石决明	3～15g
	煅石决明	煅石决明	
石菖蒲	石菖蒲	生石菖蒲片	3～9g
石斛	石斛	干石斛	6～12g
	鲜石斛	鲜品石斛	15～30g
石榴皮	石榴皮	生石榴皮	3～9g
	石榴皮炭	石榴皮炭	
石膏	石膏	生石膏	15～60g
	煅石膏	煅石膏	外用
龙胆	龙胆草、龙胆、胆草	生龙胆草	3～6g
	胆炭草、龙胆炭	龙胆炭	
龙眼肉	桂圆肉、龙眼肉	净生品龙眼肉	9～15g
北豆根	北豆根	北豆根片	3～9g
北沙参	北沙参、莱阳沙参、沙参	生北沙参	4.5～9g
仙茅	仙茅	生仙茅	3～9g
仙鹤草	仙鹤草	生仙鹤草	6～12g
冬瓜皮	冬瓜皮	生冬瓜皮	9～15g
冬虫夏草	冬虫夏草、虫草、冬虫草	冬虫夏草	3～9g
冬葵果	冬葵果、冬葵子	冬葵子	3～9g
青葙子	青葙子	生青葙子	9～15g
青蒿	青蒿、蒿子、臭蒿	青蒿	4.5～9g
青黛	青黛靛、蓝靛	青黛	1.5～3g
青礞石	青礞石、礞石、煅青礞石	煅青礞石	3～6g
枇杷叶	枇杷叶、杷叶、炙杷叶、广杷叶	蜜炙枇杷叶	4.5～9g
板蓝根	板蓝根、板蓝根片、大青根	板蓝根片	9～15g
松花粉	松花粉	松花粉细粉	外用
刺五加	刺五加	刺五加	9～27g
苦木	苦木、苦胆木、苦皮树	苦木	6～9g
苦杏仁	苦杏仁、杏仁、炒杏仁	炒杏仁	4.5～9g
苦参	苦参、野槐、地槐	苦参	4.5～9g
苦楝皮	苦楝皮、苦楝、苦楝子	苦楝皮	4.5～9g
苘麻子	苘麻子、青麻子、白麻子	苘麻子	3～9g

续表

正名	处方用名	应付规格	常用量
郁李仁	郁李仁、李仁、小李仁	郁李仁	3～9g
郁金	郁金、玉金、郁金片	郁金片	3～9g
	醋郁金	醋炙郁金	
虎杖	虎杖、虎杖根、斑杖根	虎杖片	9～15g
明党参	明党参	生明党参	6～12g
岩白菜	岩壁菜、岩白菜、石白菜	岩白菜	3～9g
昆布	昆布、裙带菜	昆布丝	6～12g
罗布麻叶	罗布麻	罗布麻叶	6～12g
罗汉果	罗汉果	罗汉果	9～15g
知母	知母、毛知母、肥知母、生如母	知母片	6～12g
	盐知母	盐炙知母	
委陵菜	山萝卜、哈蟆草、委陵菜	委陵菜	9～15g
垂盆草	垂盆草、狗牙齿、佛甲草	垂盆草	5～30g
使君子	使君子、留球子	生使君子	9～12g
侧柏叶	侧柏叶、侧柏、侧柏炭	侧柏炭	6～12g
	生侧柏叶	生侧柏叶	
佩兰	佩兰、佩兰叶、香佩兰	佩兰	3～9g
金沸草	金沸草、旋覆花秧	金沸草	4.5～9g
金果榄	金果榄、金牛胆、青牛胆	金果榄	3～9g
金钱草	金钱草、铜钱草、路边草	金钱草	15～60g
金银花	银花、二花、双花、金银花	金银花	6～15g
金樱子	金樱子、倒挂金钩	金樱子	6～12g
	炙金樱子	蜜炙金樱子	
狗脊	狗脊、烫狗脊、金毛狗	砂烫狗脊	6～12g
鱼腥草	鱼腥草、臭草	鱼腥草	15～25g
京大戟	京大戟、大戟、草大戟、红芽大戟	醋炙京大戟	1.5～3g
炉甘石	炉甘石、浮水甘石、龙脑甘石	煅炉甘石	外用
泽泻	泽泻、建泽泻、福泽泻	泽泻片	6～9g
	炒泽泻、盐泽泻	盐炙泽泻	
地龙	地龙	生地龙	4.5～9g
地枫皮	钻地风、地风、地枫	生地枫皮	6～9g
地肤子	地肤子	生地肤子	9～15g
地骨皮	枸根皮、地骨片	生地骨皮	9～15g
地黄	地黄、生地、生地黄	干生地黄	9～15g
	鲜地黄	鲜品地黄	12～30g
	生地炭	炒地黄炭	9～15g
熟地黄	熟地、熟地黄	熟地黄片	9～15g
	熟地炭	熟地黄炭	
地榆	地榆炭、地榆	地榆炭	9～15g
	生地榆	生地榆片	

续表

正名	处方用名	应付规格	常用量
地锦草	地锦草	生地锦草	9～20g
芒硝	芒硝	净芒硝	6～18g
老鹳草	老鹳草	生花鹳草	9～15g
西洋参	洋参、花旗参、西洋参	西洋参	3～6g
西红花	西红花、藏红花、番红花	西红花	3～9g
百合	百合	生百合	6～12g
	炙百合	蜜炙百合	
百部	百部	生百部	3～9g
	炙百部	蜜炙百部	
当归	当归	全当归片	4.5～9g
	酒当归	酒炙当归片	
	当归炭	炒当归炭	
	当归身	去芦尾当归片	
	归尾	当归尾	
肉豆蔻	肉蔻、玉果、肉豆蔻、煨肉豆蔻	煨肉豆蔻	3～9g
肉苁蓉	大芸、寸芸、肉苁蓉、酒苁蓉	酒炙肉苁蓉	6～9g
肉桂	紫桂、官桂、桂心、肉桂	生肉桂	1～4.5g
竹节参	竹节参、竹节三七	生竹节参	6～9g
竹茹	竹茹	生竹茹	4.5～9g
	姜竹茹	姜汁竹茹	
朱砂	辰砂、朱砂、朱砂粉	水飞朱砂	0.1～0.5g
伊贝母	伊贝、伊贝母	生伊贝母	3～9g
华山参	华山参	生华山参	0.1～0.2g
延胡索	元胡、延胡索、醋元胡、炒元胡	醋炙延胡索	3～9g
自然铜	自然铜	煅后醋淬自然铜	3～9g
血余炭	血余、血余炭	血余炭	4.5～9g
全蝎	淡全蝎、全蝎、全虫	盐水制全蝎	2.5～4.5g
合欢皮	合欢皮	合欢皮丝	6～12g
合欢花	合欢花	生合欢花	4.5～9g
灯心草	灯心草	生灯心草	1～3g
	灯心炭	煅灯心炭	
	朱灯心	朱砂拌灯心	
决明子	决明子、草决明	炒决明子	9～15g
	生决明子	生决明子	
冰片	冰片、梅片	冰片粉	另包1～3g
安息香	息香、安息香	生安息香	0.6～1.5g
关木通	关木通	生关木通	3～6g
防己	粉防己、汉防己、防己	生防己片	4.5～9g
防风	口防风、防风、北防风	生防风片	4.5～9g
红大戟	大戟	醋炙大戟	1.5～3g
	生大戟	生大戟	
红花	草红花、红花	生红花	3～9g

续表

正名	处方用名	应付规格	常用量
红芪	红芪	炙红芪片	9～30g
	生红芪	生红芪片	
麦冬	麦冬	生麦冬	6～12g
	炙麦冬	蜜炙麦冬	
	朱麦冬	朱砂拌麦冬	
麦芽	麦芽、炒麦芽	炒麦芽	9～15g
	焦麦芽	焦麦芽	
	生麦芽	生麦芽	
远志	远志、制远志、远志肉	甘草水制远志	3～9g
	朱远志	朱砂拌远志	3～9g
杜仲	杜仲、炒杜仲	盐水炒杜仲	6～9g
	生杜仲	生杜仲	
豆蔻	白豆蔻、白蔻仁、豆蔻	白豆蔻	3～6g
芫花	芫花	醋炙芫花	1.5～6g
	生芫花	生芫花	1.5～3g
花椒	花椒、川椒、蜀椒	生花椒	3～6g
花蕊石	花蕊石、煅花蕊石	煅花蕊石	9～15g
	生花蕊石	生花蕊石	
芥子	芥子、白芥子、芥茉子	炒芥子	3～9g
	生芥子	生芥子	
苍术	苍术、茅苍术、关苍术、北苍术	麸炒苍术	3～9g
苍耳子	苍耳子、炒苍耳子、苍耳	炒苍耳子	4.5～9g
芡实	芡实、芡实米、鸡头米	麸炒芡实	9～15g
芦荟	洋芦荟、老芦荟	芦荟	2～5g
芦根	芦根、苇根、苇茎	芦根干品	15～30g
	鲜芦根	鲜芦根	30～60g
苏木	苏木、苏木花	苏木生品	3～9g
苏合香	苏合香	苏合香精制品	0.3～1g
赤小豆	红小豆、赤小豆、红豆	赤小豆	9～30g
卷柏	卷柏、还魂草	生卷柏	4.5～9g
	卷柏炭	卷柏炭	
珍珠母	珍珠母、真珠母、煅珍珠母	煅珍珠母	10～25g
枳壳	枳壳、炒枳壳、川枳壳	麸炒枳壳	3～9g
枳实	枳实、小枳实、炒炽实	麸炒枳实	3～9g
柏子仁	柏子仁、柏仁	柏子仁	3～9g
栀子	生栀子	生栀子	6～12g
	栀子	姜炒栀子	
	焦栀子	炒焦栀子	
胡芦巴	胡芦巴、芦巴子	盐炙胡芦巴	3～10g
荆芥	全荆芥、荆芥	荆芥	5～10g
南沙参	南沙参	南沙参生品	9～15g
	米炒南沙参	米炒南洋参	
南鹤虱	鹤虱、北鹤虱、天名精子	生鹤虱	3～9g
草乌	草乌、制草乌、草乌头	制草乌	1.5～6g
	生草乌	生草乌	外用适量
草果	草果、炒草果、草果仁、炒草果仁	炒草果	3～6g

续表

正名	处方用名	应付规格	常用量
茜果	茜草	生茜果	6～9g
	茜草炭	茜草炭	
荜澄茄	荜澄茄、山鸡椒	荜澄茄	1.5～3g
茯苓	茯苓、云苓、白茯苓	茯苓片	9～15g
	朱茯苓	朱砂拌茯苓	
砂仁	砂仁、广砂仁、砂米、缩砂仁	砂仁	3～6g
牵牛子	白牵牛子、炒白牵牛子、白丑、炒白丑	炒牵牛子	3～6g
厚朴	厚朴、炙厚朴、川厚朴、川朴、温朴、柴油厚朴、姜厚朴	姜汁炙厚朴丝	3～9g
威灵仙	威灵仙、灵仙、铁丝灵仙、铁脚灵仙	威灵仙	6～9g
骨碎补	申姜、毛姜、骨碎补	砂烫骨碎补	3～9g
钩藤	钩藤、双钩、双钩藤	钩藤	3～12g
钟乳石	钟乳石、煅钟乳石、石钟乳	煅钟乳石	3～9g
香加皮	香加皮、北五加、杠柳皮	香加皮	3～6g
香附	香附、醋炙香附、醋香附、香附子、炙香附、炒香附、莎草根	醋炙香附	3～9g
香橼	陈香橼、香橼、香元	香橼丝	3～9g
重楼	重楼、蚤休	云南重楼 七叶一枝花片	3～9g
禹余粮	禹余粮、禹粮石	煅禹余粮	9～15g
独活	独活、川独活、大活、西大活	生独活片	3～9g
胖大海	胖大海、大海、安南子、蓬大海	胖大海	2～3 枚
洋金花	曼陀罗花、风茄花、洋金花	生洋金花	0.3～0.6g
前胡	前胡、信前胡	生前胡片	3～9g
	炙前胡	蜜炙前胡	
黄芪	黄芪、炙黄芪	蜜炙黄芪	9～15g
	生黄芪	生黄芪片	
常山	常山	生常山片	5～9g
	炒常山	炒常山片	
黄精	黄精、炙黄精	酒炙黄精	6～15g
蛇蜕	蛇蜕、龙衣	酒炙蛇蜕	2～3g
旋覆花	旋覆花	蜜炙旋覆花	3～9g
商陆	商陆	醋炙商陆	3～9g
黄柏	黄柏	生黄柏丝	3～12g
	酒黄柏、酒柏	酒黄柏	
	盐黄柏、炒黄柏	盐炒黄柏	
	黄柏炭、川柏炭	黄柏炭	
鹿茸	鹿茸、黄毛	梅花鹿茸	1～2g
	青毛鹿茸	马鹿茸	
麻黄	麻黄、生麻黄	麻黄咀	2～9g
	炙麻黄	蜜炙麻黄	
	麻黄绒	生麻黄绒	
淫羊藿	淫羊藿、仙灵脾、炙淫羊藿	羊油脂炙淫羊藿	3～9g
贯众	绵马贯众、贯众	生贯众片	5～9g
	贯众炭	贯众炭	
绵萆薢	萆薢	生萆薢片	9～15g

续表

正名	处方用名	应付规格	常用量
	粉萆薢	生粉萆薢片	9～15g
斑蝥	斑蝥	生斑蝥	0.03～0.05g
棕榈	棕板、棕边、陈棕炭、棕边炭	棕榈炭	3～9g
款冬花	款冬花、冬花	生款冬花	5～9g
	炙冬花、炙款冬花	蜜炙款冬花	
葛根	葛根、粉葛根	生葛根片	9～15g
	煨葛根	煨葛根	
雄黄	雄黄	雄黄粉	0.05～0.1g
紫石英	紫石英	醋煅紫石英	9～15g
紫菀	紫菀	生紫菀片	5～9g
	炙紫菀	蜜炙紫菀	
蛤壳	蛤壳	生蛤壳粉	6～15g
	煅蛤壳	煅蛤壳粉	
	蛤粉	煅蛤壳粉	
椿皮	椿皮、椿根皮	麸炒椿根皮	6～9g
槐花	槐角	蜜炙槐角	6～9g
	生槐角	生槐角	
蒺藜	白蒺藜、刺蒺藜、炒蒺藜	盐炒白蒺藜	6～9g
蒲黄	蒲黄、蒲黄炭	蒲黄炭	5～9g
	生蒲黄	生蒲黄	
蜈蚣	蜈蚣	焙全蜈蚣	3～5g
丁公藤	丁公藤	丁公藤片	3～6g
丁香	丁香、公丁香、大花丁香、紫丁香	丁香	1～3g
八角茴香	大茴香、八角茴香、八角、大料	八角茴香	3～6g
人参	人参、红参、园参	人参	3～9g
	糖参	白糖参	
人参叶	人参叶、参叶	人参叶	3～9g
儿茶	儿茶、孩儿茶、棕儿茶	儿茶	1～3g
九里香	九里香、千里香、过山香、七里香	九里香	6～12g
九香虫	九香虫、屁巴虫、打屁虫	清炒九香虫	3～9g
刀豆	刀豆、刀豆子、大刀豆	刀豆	6～9g
万年青	冲天七、开口剑、万年青	万年青全草	根茎9～15g 叶3～9g
三七	三七、山漆、参三七、田七	三七、三七粉	3～9g
三白草	三白草、白面姑、白舌骨、塘边藕	三白草	15～30g
三棱	三菱、荆三棱、山棱	麸炒三棱	4.5～9g
	醋三棱	醋炒三棱	
干姜	干姜、干姜片	干姜片	3～9g
炮姜	炮姜、炮姜炭、姜炭、黑姜、干姜炭	炮姜	3～9g
干漆	干漆、干漆炭、煅干漆	干漆炭	2.4～4.5g
土木香	土木香	土木香片	3～9g
土贝母	土贝母、假贝母	土贝母	4.5～9g
土荆皮	土荆皮、土槿皮、金钱松皮	土荆皮	外用适量
土茯苓	土茯苓、冷饭团、仙遗粮	土茯苓	15～60g
大鳖虫	土鳖虫、土元、地鳖	土鳖虫	3～9g
大血藤	大血藤、红藤、红血藤、红藤片	大血藤	9～15g

续表

正名	处方用名	应付规格	常用量
大青叶	大青叶、大青	大青叶	9~15g
大枣	大枣、干枣、红枣、小红枣、乌枣	大枣	6~15g
大黄	生大黄、大黄、川大黄、锦纹、川锦纹、川军	生大黄片	3~30g
	酒大黄、酒炙大黄、酒军、炒大黄	酒炙大黄	
	大黄炭、川军炭、锦纹炭、军炭	大黄炭	
	熟大黄、酒炙熟大黄、熟军、炙军	酒炙熟大黄	
	酒炙清宁片、清宁片	酒炙清宁片	
大蓟	大蓟、刺秸子、刺蓟、驴扎嘴	大蓟	9~15g
	大蓟炭	大蓟炭	
大腹皮	大腹皮、槟榔皮、大腹毛	大腹皮	4.5~9g
山麦冬	山麦冬、湖北麦冬	山麦冬	9~15g
山豆根	山豆根、广豆根、南豆根、南山豆根	山豆根	3~6g
榧子	榧子	榧子仁	9~15g
槟榔	大白、大腹子、槟榔	生槟榔片	3~9g
	焦槟榔	炒焦槟榔	
酸枣仁	酸枣仁、炒枣仁、炒酸枣仁	炒酸枣仁	9~15g
	生酸枣仁、生枣仁	生酸枣仁	
蔓荆子	蔓荆子	炒蔓荆子	5~9g
磁石	磁石	煅磁石	9~30g
罂粟壳	罂粟壳、米壳、炙罂粟壳、炙米壳	蜜炙罂粟壳	3~6g
赭石	代赭石、赭石、煅赭石	醋淬赭石	15~30g
蕲蛇	蕲蛇、白花蛇、五步蛇	酒炙蕲蛇	3~9g
僵蚕	天虫、白僵蚕、炒僵蚕	麸炒僵蚕	5~9g
橘核	橘核	盐炙橘核	3~9g
稻芽	稻芽、炒稻芽	清炒稻芽	9~15g
	生稻芽	生稻芽	
	焦稻芽	炒焦稻芽	
薏苡仁	薏米苡仁、炒苡仁	麸炒薏苡仁	9~30g
	生薏米、生薏仁、生苡仁	生薏苡仁	
	焦薏米	炒焦薏苡仁	
	土薏米	土炒薏苡仁	
藕节	藕节	生藕节片	9~15g
	藕节炭	藕节炭	
覆盆子	覆盆子、复盆子	生覆盆子	6~12g
蟾酥	蟾酥	蟾酥加工品	0.05~0.03g
鳖甲	鳖甲、别甲、炙鳖甲	砂烫醋淬鳖甲	9~24g
	生鳖甲	生鳖甲	
麝香	寸香、当门子、脐香、元寸、麝香	麝香仁	0.03~0.1g

第三节　中成药基础知识

一、概述

中成药是以中医药理论为基础，用中药材为原料，按照法定的处方和工艺标准加工制成的一定剂型。中成药有丸剂、散剂、颗粒剂、片剂、胶囊剂、煎膏剂、栓剂、酒剂、糖浆剂、注射剂、合剂、露剂、油剂等多种剂型。优点是现成可用、适应急需、存贮方便、能随身携带、省去了煎剂煎煮过程、消除了中药煎剂服用时特有的异味和不良刺激等。缺点是药的成分组成、药量配比一成不变，不能灵活多变、随症加减，另外近年来，有关中成药引起的毒性反应及过敏反应也有报道，如朱砂安神丸可引起口腔炎、蛋白尿及严重的药源性肠炎；黑锡丹久服可致严重铅中毒；羚翘解毒丸或银翘解毒丸可引起严重的过敏性休克等。这些反应虽较少见，一旦发生病情都较严重。因此，中成药应用亦遵循对症下药、合理使用的基本原则。

中成药按其性能功效可分为感冒用药、咳嗽用药、暑病用药、痹证用药、胸痹用药、胃脘胀痛用药、伤食用药、便秘用药、不寐用药、实火证用药、虚证用药、妇科用药、儿科用药、五官科用药、外科用药、皮肤科用药、伤科用药等。

二、感冒用药

（一）辛温解表剂

辛温解表剂是以辛温发散的药物为主所组方的中药制剂，适用于风寒表证。

1. 正柴胡饮颗粒

【处方】　柴胡、陈皮、防风、赤芍、甘草、生姜。

【功能主治】　表散风寒，解热止痛。用于外感风寒初起：发热恶寒，无汗，头痛，鼻塞，喷嚏，咳嗽，四肢酸痛等症，适用于流行性感冒初起，轻度上呼吸道感染等疾病。

【用法用量】　含糖颗粒：开水冲服，一次 10g，一日 3 次，小儿酌减或遵医嘱；无糖颗粒：开水冲服，一次 3g，一日 3 次，小儿酌减或遵医嘱。

提示：对于风寒感冒初起，临床多以此为首选药，起效快、无明显的不良反应。

2. 感冒清热胶囊

【处方】　荆芥穗、薄荷、防风、柴胡、柴苏叶、葛根、桔梗、苦杏仁、白芷、苦地丁、芦根。

【功能主治】　疏风散寒，解表清热。用于风寒感冒，头痛发热，恶寒身痛，鼻流清涕，咳嗽咽干。

【用法用量】　口服，一次3粒，一日2次。

（二）辛凉解表剂

辛凉解表剂是以辛凉发散的药物为主所组方的中药制剂，适用于风热表证。

1. 双黄连颗粒

【处方】　金银花、黄芩、连翘。

【功能主治】　辛凉解表，清热解毒。用于外感风热引起的发热，咳嗽，咽痛。

【用法与用量】　口服或温开水冲服。一次5 g，一日3次，6个月以下，一次1～1.5g；6个月～1岁，一次1.5～2.0g；1～3岁，一次2.0～2.5g；3岁以下的儿童酌量或遵医嘱。

2. 感冒清片

【处方】　南板蓝根、大青叶、金盏银盘、岗梅、山芝麻、对乙酰氨基酚、穿心莲叶、盐酸吗啉胍、马来酸氯苯那敏。

【功能主治】　疏风解表，清热解毒。用于风热感冒，发热，头痛，鼻塞流涕，喷嚏，咽喉肿痛，全身酸痛等症。

【用法用量】　口服，一次3～4片，一日3次。

【注意事项】　用药期间不宜驾驶车辆、管理机器及高空作业等。

（三）表里双解、扶正解表剂

表里双解、扶正解表剂是以解表药与清里药为主，或以扶正药与解表药为主所组方的中药制剂，适用于表里证或正虚外感表证。

1. 小柴胡颗粒

【处方】　柴胡、黄芩、姜半夏、党参、甘草、生姜、大枣。

【功能主治】　解表散热，疏肝和胃。用于寒热往来，胸胁苦满，心烦喜吐，口苦咽干。

【用法用量】　开水冲服，一次10～20g，一日3次。

2. 玉屏风口服液

【处方】　黄芪、防风、白术（炒）。

【功能主治】　益气、固表、止汗。用于表虚不固，自汗恶风，面色苍白，或体虚易感风邪者。

【用法用量】　口服，一次 10ml，一日 3 次。

其他常用感冒用药见表 5 – 8。

表 5 – 8　其他常用感冒用药

名称	功能	用法用量
风寒感冒颗粒	解表发汗，疏散风寒	温开水冲服，一次 1 袋，一日 3 次，小儿酌减
九味羌活颗粒	解表，散寒，除湿	姜汤或开水冲服，一次 15g，一日 2 ~ 3 次
羚羊感冒胶囊	清热解表	口服，一次 2 粒，一日 2 ~ 3 次
维 C 银翘颗粒	辛凉解表，清热解毒	开水冲服，一次 10g，一日 3 次
桑菊感冒颗粒	疏风清热，宣肺止咳	开水冲服，一次 11 ~ 22g，一日 2 ~ 3 次
抗感颗粒	清热解毒	开水冲服，一次 10g，一日 3 次，小儿酌减
银翘解毒颗粒	发散风热，清热解毒	开水冲服，一次 15g，一日 3 次，重症者加服 1 次
抗病毒口服液	清热祛湿，凉血解毒	口服，一次 10ml，一日 2 ~ 3 次（早饭前和午、晚饭后各服 1 次）
感冒退热颗粒	清热解毒	开水冲服，一次 1 ~ 2 袋，一日 3 次

小资料

中医对感冒的辨证分型如下。①风寒感冒：恶寒重，发热轻（或不发热），头痛，鼻塞，流清涕，喉痒，咳嗽，多稀白痰；苔薄白，脉浮。②风热感冒：发热重，恶寒轻，头痛易胀，咽喉红作痛（或胀痛），或口干欲饮，咳嗽，咯痰黄稠；舌苔薄白微黄，脉浮数。③感寒湿滞：外有风寒表证，发热恶寒，体温不高，头痛；内有痰湿中阻，胃脘满闷，恶心呕吐，腹痛泻下。④表里双感：壮热憎寒，头痛目眩，口苦口干，咽喉肿痛，或咳嗽喘满，大便秘结，小便赤涩。⑤气虚感冒：身体素虚，抵抗力低，平时易出汗，不耐风寒。症见身倦乏力，食欲不振，轻度发热，鼻流清涕，常缠绵日久不愈，或反复感冒。

想一想

能不能用桑菊感冒片、银翘解毒丸治疗风寒感冒？

三、咳嗽用药

（一）温化寒痰剂

温化寒痰剂是以祛寒燥湿、化痰的药物为主所组方的中药制剂，适用于寒湿痰证。

1. 通宣理肺胶囊

【处方】　麻黄、紫苏叶、前胡、苦杏仁、桔梗、陈皮、枳壳（炒）、半夏（制）、茯苓、黄芩、甘草。

【功能主治】　解表散寒，宣肺止咳。用于感冒咳嗽，发热恶寒，鼻塞流涕，头痛无汗，肢体酸痛。

【用法用量】　口服，一次2粒，一日2~3次。

2. 杏苏止咳糖浆

【处方】　紫苏叶、前胡、苦杏仁、陈皮、桔梗、甘草。

【功能主治】　宣肺气，散风寒，镇咳祛痰。用于感冒风寒，咳嗽气逆。

【用法用量】　口服，一次10~15ml，一日3次，小儿酌减。

（二）清热化痰剂

清热化痰剂是以清热化痰止咳药为主所组方的中药制剂，适用于痰热证。

1. 急支糖浆

【处方】　鱼腥草、金荞麦、四季青、麻黄、紫菀、前胡、枳壳、甘草。

【功能主治】　清热化痰，宣肺止咳。用于治疗急性支气管炎，感冒后咳嗽，慢性支气管炎急性发作等呼吸系统疾病。

【用法用量】　口服，一次20~30 ml，一日3~4次，小儿酌减。

【注意事项】　忌辛辣燥热食品。

2. 复方鲜竹沥液

【处方】　鲜竹沥、鱼腥草、枇杷叶、桔梗、生半夏、生姜、薄荷油。

【功能主治】　清热化痰，止咳。用于痰热咳嗽，痰黄黏稠。

【用法用量】　口服，一次20ml，一日2~3次。

（三）润肺化痰剂

润肺化痰剂是以润燥化痰止咳药为主所组成的中药制剂，适用于肺燥证。

1. 养阴清肺颗粒

【处方】　地黄、玄参、麦冬、川贝母、牡丹皮、白芍、薄荷、甘草。

【功能主治】　养阴润肺，清热利咽。用于阴虚肺燥，咽喉干痛，干咳少痰或痰中带血。

【用法用量】　口服，一次15g，一日2次。

2. 蜜炼川贝枇杷膏

【处方】　川贝母、枇杷叶、桔梗、陈皮、北沙参、五味子、款冬花、薄荷脑等。

【功能主治】　清热润肺，止咳平喘，理气化痰。适用于肺燥之咳嗽，痰多，胸闷，咽喉痛痒，声音沙哑等症。

【用法用量】　口服，一次15ml，一日3次，小儿酌减。

（四）平喘剂

平喘剂是以降逆平喘药为主所组成的中药制剂，适用于喘证。

1. 桂龙咳喘宁胶囊

【处方】　桂枝、龙骨、白芍、生姜、大枣、炙甘草、牡蛎、黄连、法半夏、瓜蒌皮、苦杏仁（炒）。

【功能主治】　止咳化痰，降气平喘。用于外感风寒、痰湿阻肺引起的咳嗽、气喘、痰涎壅盛等症及急、慢性支气管炎见上述证候者。

【用法用量】　口服，一次5粒，一日3次。

2. 止嗽定喘口服液

【处方】　麻黄、苦杏仁、甘草、石膏。

【功能主治】　辛凉宣泄，清肺平喘。用于表寒里热，身热口渴，咳嗽痰盛，喘促气逆，胸膈满闷，急慢性支气管炎。

【用法用量】　口服，一次10ml，一日2～3次，儿童酌减。

其他用于咳嗽的药物见表5－9。

表5－9　其他咳嗽用药

名称	功能	用法用量
橘红颗粒	清肺，化痰，止咳	开水冲服，一次1袋（11克），一日2次
克咳胶囊	止嗽、定喘、祛痰	口服，一次3粒，一日2次
蛇胆川贝液	祛风止咳，除痰散结	口服，一次10毫升，一日2次
清气化痰丸	清肺化痰	口服，一次6～9g，一日2次，小儿酌减
痰咳净散	通窍顺气，消炎镇咳	含服，一次0.2g，一日3～6次
小青龙颗粒	解表化饮，止咳平喘	开水冲服，一次6g（无糖型）或一次13g（含糖型），一日3次

小资料

中医对咳嗽的辨证分型如下：①风寒咳嗽：表现为咳嗽声重、咯痰稀薄色白，伴有畏寒、头痛、鼻塞音重、打喷嚏、流清涕等症状。舌苔白，多伴有怕冷的现象。②风热咳嗽：表现为频咳、咳声洪亮、痰色黄稠难咳，伴有发热、头痛、咽痛、口渴、鼻涕黄浊而黏稠等症状。舌质红、舌苔黄。③风燥咳嗽：表现为干咳无痰，或痰少而黏、不易咯出，或痰中有血丝，伴有咽干、鼻唇干燥等症。④痰湿咳嗽：以体弱老人居多，其特点是咳声重浊，痰多而黏腻、呈灰白色，进甘甜油腻食物后加重，伴有胸闷、食少、体倦、便溏等症状。⑤久咳阴伤：咳嗽的特点是久咳干咳，咳声短促，或痰中夹有血丝，常伴有午后颧红潮热、盗汗、神疲等症状。⑥肺气虚咳：多见于平素体弱、肺气不足的患者，表现为咳嗽日久不愈，痰少色白清稀，伴有气喘、无力、自汗、心悸，且面色苍白、舌质淡苔薄白、脉细弱无力等。

试一试

如果有位患者到药店买药，患者自诉其感觉头痛、咳嗽、流涕，你将向他推荐服用哪些中成药？

四、暑病用药

凡夏天感受暑热邪气而发生的多种急性热病，统称为“暑病”。但狭义的一般多是指暑温、中暑、感暑之类的病证。暑病主要应用清热祛暑药为主所组方的中药制剂。

1. 藿香正气口服液

【处方】　广藿香油、紫苏叶油、白芷、厚朴（姜制）、陈皮、半夏、苍术、茯苓、大腹皮、甘草浸膏。

【功能主治】　解表祛暑，化湿和中。用于外感风寒，内伤湿滞，夏伤暑湿，头痛昏重，脘腹胀痛，呕吐泄泻；胃肠型感冒见上述证候者。

【用法用量】　口服，一次5~10 ml，一日2次，用时摇匀。

【注意事项】　①忌食生冷油腻；②阴虚火旺者忌服；③不宜在服药期间同时服用滋补性中成药。

2. 十滴水软胶囊

【处方】　大黄　桉油　肉桂　干姜　小茴香　辣椒　樟脑。

【功能与主治】　健胃，祛暑。

【用法与用量】　口服，一次1~2粒，儿童酌减。

其他暑病用药见表5-10。

表5-10　其他暑病用药

名称	功能	用法用量
甘露消毒丸	芳香化浊、清热利湿	口服，一次6~9g，一日2次
六合定中丸	祛暑除湿，和中消食	口服，一次3~6g，一日2~3次

五、痹证用药

痹证是由风、寒、湿、热等引起的以肢体关节及肌肉酸痛、麻木、重着、屈伸不利，甚或关节肿大灼热等为主症的一类病证。根据病因病机不同，应用分别以活血通络药、散寒除湿药、清热除湿药、补肝肾药加祛风除湿药为主所组方的中药制剂。

1. 小活络丸

【处方】　制川乌、制草乌、胆南星、乳香（制）、没药（制）、地龙。

【功能主治】　祛风除湿，活络通痹。用于风寒湿痹，肢体疼痛，麻木拘挛。

【用法用量】　黄酒或温开水送服，一次 1 丸，一日 2 次。

【注意事项】　孕妇禁用。

2. 华佗再造丸

【处方】　川芎、吴茱萸、冰片等。

【功能主治】　活血化瘀，化痰通络，行气止痛。用于瘀血或痰湿闭阻经络之中风瘫痪，拘挛麻木，口眼歪斜，言语不清。

【用法用量】　口服，一次 4 ~ 8g，一日 2 ~ 3 次；重症一次 8 ~ 16g；或遵医嘱。

【注意事项】　孕妇禁用。

其他痹证用药见表 5 – 11。

表 5 – 11　其他痹证用药

名称	功能	用法用量
风湿骨痛胶囊	温经散寒，通络止痛	口服，一次 2 ~ 4 粒，一日 2 次
强力天麻杜仲胶囊	散风活血，舒筋止痛	口服，一次 0.8 ~ 1.2g，一日 2 次
湿热痹颗粒	祛风除湿，清热消肿，通络定痛	开水冲服，一次 2 袋，一日 3 次

六、胸痹用药

胸痹是以胸部憋闷、疼痛，甚则胸痛彻背，短气，喘息不得卧等为主要表现的病证。根据病因病机不同，应用分别以益气活血药、养血活血药、理气化瘀药、活血化瘀药为主所组方的中药制剂。

1. 复方丹参滴丸

【处方】　丹参、三七、冰片。

【功能主治】　活血化瘀，理气止痛。用于胸中憋闷，心绞痛。

【用法用量】　口服或舌下含服。每丸重 25mg，一次 10 丸，一日 3 次，4 周为 1 个疗程或遵医嘱。

【注意事项】 孕妇慎用。

2. 速效救心丸

【处方】 川芎、冰片。

【功能主治】 行气活血，祛瘀止痛，增加冠脉血流量，缓解心绞痛。用于气滞血瘀型冠心病、心绞痛。

【用法用量】 每粒重40mg，含服。一次4~6粒，一日3次；急性发作时，一次10~15粒。

【注意事项】 孕妇禁用。

其他胸痹用药见表5-12。

表5-12 其他胸痹用药

名称	功能	用法与用量
银杏口服液	活血化瘀，通经舒络	口服，每次10ml，一日3次
地奥心血康胶囊	活血化瘀，行气止痛	口服，一次1~2粒，一日3次
精制冠心颗粒	行气活血，化瘀通脉	开水冲服，一次1袋，一日2~3次
通心络胶囊	益气活血，通络止痛	口服，一次4粒，一日3次，4周为1个疗程
舒胸颗粒	活血，祛瘀，止痛	口服，一次1g，一日3次
冠心苏合胶囊	理气宽胸，止痛	含服或吞服，一次2粒，一日1~3次，临睡前或发病时服用

七、胃脘痛用药

胃痛又称胃脘痛，是以胃脘近心窝处常发生疼痛为主的疾患。根据病因病机不同，应用分别以补中益气药、疏肝理气药、温中健脾药为主所组方的中药制剂。

1. 胃苏颗粒

【处方】 陈皮、紫苏梗、香附、香橼、佛手、枳壳、槟榔、鸡内金（制）。

【功能主治】 理气消胀，和胃止痛。主治胃脘胀痛。

【用法用量】 口服，一次15 g，一日3次。

【注意事项】 ①孕妇忌服；②服药期间，忌食生冷、油腻食物。

2. 仲景胃灵片

【处方】 肉桂、延胡索、牡蛎、小茴香、砂仁、高良姜、白芍、炙甘草。

【功能主治】 温中散寒，健胃止痛。用于脾胃虚弱，食欲不振，寒凝胃痛，脘腹胀满，呕吐酸水或清水。

【用法用量】 口服，一次1.2g，一日3次，儿童酌减。

【注意事项】　①忌食生冷油腻不易消化食物；②不适用于脾胃阴虚者，且不宜久服。

3. 温胃舒胶囊

【处方】　党参、附子（制）、黄芪（炙）、肉桂、山药、肉苁蓉（制）、白术（炒）、山楂（炒）、乌梅、砂仁、陈皮、补骨脂。

【功能主治】　温胃止痛。用于慢性胃炎，胃脘凉痛，饮食生冷，受寒痛甚。

【用法用量】　口服，一次3粒，一日2次。

【注意事项】　①胃大出血时忌用，孕妇忌用；②糖尿病患者或胃脘灼热痛证、重度胃痛患者应在医师指导下服用。

4. 气滞胃痛颗粒

【处方】　柴胡、延胡索（炙）、枳壳、香附（炙）、白芍、甘草（炙）。

【功能主治】　疏肝和胃。用于慢性胃炎，胃脘胀痛。

【用法用量】　开水冲服，一次5g，一日3次。

【注意事项】　①孕妇、过敏体质者慎用；②不适用于胃痛虚证。

5. 保济丸

【处方】　藿香、厚朴、苍术、橘红、蒺藜、薄荷、天花粉、钩藤、菊花、白芷、薏苡仁、神曲茶、稻芽、木香、茯苓。

【功能主治】　解表，祛湿，和中。用于腹痛吐泻，噎食嗳酸，肠胃不适，消化不良，舟车晕浪，四时感冒等。

【用法用量】　口服，一次1瓶（1.85g或3.7g），一日3次。

【注意事项】　孕妇忌服，哺乳期妇女慎用。

其他胃脘胀痛用药见表5－13。

表5－13　其他胃脘胀痛用药

名称	功能	用法用量
复方田七胃痛胶囊	制酸止痛，理气化瘀，温中健脾，收敛止血	口服，一次3～4粒，一日3次。维持用量：症状消失后，继续用药15天，一次2粒，一日2次
元胡止痛胶囊	理气、活血、止痛	口服，一次4～6粒，一日3次
香砂养胃丸	温中和胃	口服，一次9g，每日2次
三九胃泰颗粒	理气健胃，消炎止痛	开水冲服，一次1袋，一日2次

小资料

治疗胃痛，首先应辨其疼痛的虚、实、寒、热性质及病在气在血，然后审证求因，给予恰当的治疗。①气滞、火郁、血瘀引起的肝气犯胃，则分别治则疏肝理气、和胃止痛；疏肝、泄热和胃；活血化瘀，通络止痛。②饮食阻滞，治则消食导滞。③寒伤胃阳，治则温胃散寒止痛。④脾胃虚寒，治则温脾健胃。⑤胃阴不足，治则养阴益胃。

试一试

请你通过查资料、到药房或药店调查等途径，了解目前治疗胃痛的常用中成药还有哪些？

八、伤食用药

伤食是因饮食不慎，进食过饱，或因脾胃不健，感受风寒，再加饮食失调，使食积胃肠，运化不及所致。以恶心畏食，嗳腐吐馊，脘腹胀痛等为主要表现的胃肠积滞性疾病。临床上使用以消导药为主组方，具有消食导滞、消痞化积功效，用以治疗食积痞块的中药制剂。

1. 保和丸

【处方】　焦山楂、六神曲（炒）、麦芽（炒）、陈皮、制半夏、茯苓、连翘。

【功能主治】　消食，导滞，和胃。用于食积停滞，脘腹胀满，嗳腐吞酸，不欲饮食。

【用法用量】　口服，水丸一次 6 ~ 9 g。大蜜丸每丸 9 g，一次 1 ~ 2 丸，一日 2 次。小儿酌减。

【注意事项】　①服药期间避免饮食生冷；②孕妇忌用，哺乳期妇女慎用。

2. 健胃消食片

【处方】　太子参、陈皮、山药、麦芽（炒）、山楂。

【功能主治】　健胃消食。用于脾胃虚弱，消化不良。

【用法用量】　口服，可以咀嚼。一次 3 片，一日 3 次。

【注意事项】　忌食生冷辛辣食物。

3. 四磨汤口服液

【处方】　木香、枳壳、槟榔、乌药。

【功能主治】　顺气降逆，消积止痛。用于婴幼儿乳食内滞证，症见腹胀、腹痛、啼哭不安、畏食纳差、腹泻或便秘；中老年气滞、食积证，症见脘腹胀满、腹痛、便秘，以及腹部手术后促进肠胃功能的恢复。

【用法用量】　口服，成人一次 20ml，一日 3 次，疗程 1 周；新生儿一次 3～5ml，一日 3 次，疗程 2 天；幼儿一次 10ml，一日 3 次，疗程 3～5 天。

【注意事项】　①孕妇，肠梗阻、肠道肿瘤、消化道术后禁用；②一般手术患者在手术后 12 小时第一次服药，再隔 6 小时第二次服药，以后常法服用或遵医嘱。

4. 化积口服液

【处方】　茯苓（去皮）、海螵蛸、鸡内金（炒）、三棱（醋制）、莪术（醋制）、红花、槟榔、雷丸、鹤虱、使君子仁。

【功能主治】　消积治疳。用于小儿疳气型疳积，腹胀腹痛，面黄肌瘦，消化不良。

【用法用量】　口服，周岁以内，每次 5ml，每日 2 次；2～5 岁以内，每次 10ml，每日 2 次；5 岁以上儿童，每次 10ml，每日 3 次；或遵医嘱。

其他伤食用药见表 5－14。

表 5－14　其他伤食用药

名称	功能	用法用量
复方鸡内金片	健胃开胃，消食化积	口服，一次 2～4 片，一日 3 次
健儿消食口服液	健脾益胃，理气消食	口服，3 岁以内一次 5～10ml，3 岁以上一次 10～20ml，一日 2 次
香连化滞丸	清热化湿，消积导滞	温开水送服，一次 6g，一日 2 次
开胃山楂丸	健脾益胃，助消化	口服，一次 9g，一日 1～2 次
消食丸	宽中理气，消食化积	温开水送服，一次 3～6g，一日 2 次
香砂枳术丸	健脾开胃，行气消痞	口服，一次 10g，一日 2 次
调胃消滞丸	健胃消食，解表化湿	口服，一次 1 瓶，一日 2 次

九、便秘用药

便秘是排便次数明显减少，粪质干硬，常伴有排便困难感的病理现象。引起便秘的原因很多，也很复杂。临床使用以泻下药为主组方，具有通下导滞、排除胃肠积滞、荡涤实热、或攻逐水饮、寒积等功效，治疗里实证的中药制剂。

1. 三黄片

【处方】　大黄、盐酸小檗碱、黄芩浸膏（相当于黄芩苷）。

【功能主治】　清热解毒，泻火通便。用于三焦热盛，目赤肿痛，口鼻生疮，咽喉肿痛，牙龈出血，心烦口渴，尿赤便秘；急性胃肠炎，痢疾等。

【用法用量】　口服，一次4片，一日2次，小儿酌减。

【注意事项】　孕妇慎用。

2. 麻仁润肠丸

【处方】　火麻仁、苦杏仁（去皮炒）、白芍、大黄、木香、陈皮、蜂蜜。

【功能主治】　润肠通便。用于肠胃积热，胸腹胀满，大便秘结。

【用法用量】　蜜丸每丸重6 g，口服，一次1~2丸，一日2次。

【注意事项】　孕妇忌服。

3. 通便灵胶囊

【处方】　番泻叶、当归、肉苁蓉。

【功能主治】　泻热导滞，润肠通便。用于热结便秘，长期卧床便秘，一时性腹胀便秘，老年习惯性便秘。

【用法用量】　口服，一次5~6粒，一日1次。

【注意事项】　孕妇忌服。过敏体质者慎用。服药期间忌食生冷、辛辣油腻之物。

其他便秘用药见表5-15。

表5-15　其他便秘用药

名称	功能	用法用量
通乐颗粒	滋阴补肾，润肠通便	口服，一次12g，一日2次，2周为1个疗程
导便栓	润肠通便	直肠给药，便秘时使用，一次1粒，或遵医嘱。塞入肛门内约3cm深处为宜
新清宁片	清热解毒，活血化瘀，缓下	用于便秘，临睡前服5片，小儿酌减或遵医嘱
麻仁软胶囊	润肠通便	口服，一次3~4粒，一日2次
苁蓉通便口服液	滋阴补肾，润肠通便	每次10~20ml，每日1次，睡前或清晨服用

十、不寐用药

不寐又称失眠、目不瞑等，以夜间不易入睡或睡而易醒为主要症状的病证。轻者入睡困难，时寐时醒，醒后不能再寐，重者可彻夜不眠。临床上使用有补气、养血、安神、滋阴等功效的药物所组方的中药制剂。

1. 养血安神片

【处方】　熟地黄、生地黄、鸡血藤、墨旱莲、首乌藤、合欢皮、仙鹤草。

【功能主治】　养血滋阴，宁心安神。用于阴虚血亏引起的头晕目眩、心悸、精神疲倦、失眠健忘、睡眠多梦、腰酸乏力等。

【用法用量】　口服，一次5片，一日3次，温开水送服。

【注意事项】　本品多含养阴药，滋腻碍胃。凡脾虚便溏，痰多食欲不佳者不宜服用。

2. 安神补心胶囊

【处方】　丹参、五味子、石菖蒲、安神膏。

【功能主治】　养血安神。用于心悸失眠、头晕耳鸣。适用于神经衰弱症。

【用法用量】　口服，一次1~2粒，一日2次。

其他不寐用药见表5－16。

表5－16　其他不寐用药

名称	功能	用法用量
安神补脑液	健脑安神，益气养血	口服，一次10ml，一日2次
刺五加胶囊	益气健脾，补肾安神	口服，一次2－3粒，一日3次
天王补心丸	滋阴养血，补心安神	口服，水蜜丸一次6g，小蜜丸9g；大蜜丸一次1丸（9g），一日2次
珍珠粉胶囊	镇惊安神	口服，一次1~2粒，一日2次
甜梦胶囊	益气补肾，健脾和胃，养心安神	口服，一次3粒，一日2次
柏子养心丸	补气，养血，安神	口服，水蜜丸一次6g，小蜜丸一次9g，大蜜丸一次1g，一日2次

十一、实热证用药

实热证是指邪热亢盛，内外俱实的病证。治宜清热泻火，选用以清热药为主组方，具有清热、泻火、凉血、解毒等功效，治疗里热证的中药制剂。

1. 牛黄解毒片

【处方】　牛黄、大黄、黄芩、石膏、冰片、雄黄、桔梗、甘草。

【功能主治】　清热解毒。用于火热内盛，咽喉肿痛，牙龈肿痛，口舌生疮，目赤肿痛。

【用法用量】　口服，小片一次3片，大片一次2片，一日2~3次。

【注意事项】　孕妇禁用。

2. 板蓝根颗粒

【处方】　板蓝根。

【功能主治】　清热解毒，凉血利咽，消肿。用于热毒壅盛所致的扁桃腺炎、腮腺炎等。

【用法用量】　开水冲服，一次 5～10g（含糖型），或一次 3～6g（无糖型），一日 3～4 次。

【注意事项】　有过敏反应者慎用。

3. 一清胶囊

【处方】　黄连、大黄、黄芩。

【功能与主治】　清热泻火解毒，化瘀凉血止血。用于火毒血热所致的身热烦躁，目赤口疮，咽喉、牙龈肿痛，大便秘结，吐血、咯血、衄血、痔血等。

【用法与用量】　口服，一次 2 粒，一日 3 次，儿童酌减。

【注意事项】　出现腹泻时，可酌情减量。

其他实火证用药见表 5－17。

表 5－17　其他实火证用药

名称	功能	用法用量
清热解毒口服液	清热解毒	口服，一次 10～20ml，一日 3 次，或遵医嘱
银黄片	清热，解毒，消炎	口服，一次 2～4 片，一日 4 次
复方穿心莲片	清热解毒，利湿	每片重 0.37g，口服，一次 4 片，一日 3 次
六神丸	清热解毒，止痛消炎	口服，一日 3 次。2 岁每次 2 粒，3 岁每次 3～4 粒，4～8 岁每次 8～9粒，成人每次 10 粒
牛黄上清丸	清热泻火，散风止痛	每丸重 6g，口服，一次 1 丸，一日 2 次

试一试

请你说出实火证用药的特点是什么？此类药物的性味如何？

十二、虚证用药

虚证指人体正气不足，导致抗病能力变弱，生理功能减退的证候。虚证一般分为阴虚、阳虚、气虚、血虚几种类型。

（一）气虚用药

1. 贞芪扶正胶囊

【处方】　黄芪、女贞子。

【功能主治】　补气养阴，用于久病虚损，气阴不足。配合手术、放射治疗、化学治疗，促进正常功能的恢复。

【用法用量】　口服，一次 6 粒，一日 2 次。

2. 复方扶芳藤合剂

【处方】 扶芳藤、黄芪、红参。

【功能主治】 益气补血，健脾养心。用于气血不足，心脾两虚，症见气短胸闷，少气懒言，神疲乏力，自汗，心悸健忘，失眠多梦，面色不华，纳谷不馨，脘腹胀满，大便溏软，舌淡胖或有齿痕，脉细弱；神经衰弱、白细胞减少症见上述证候者。

【用法用量】 口服，一次15ml，一日2次。

【注意事项】 周岁以内婴儿禁服。外感发热患者忌服。

3. 生脉饮口服液

【处方】 人参、麦冬、五味子。

【功能主治】 益气，养阴生津。用于气阴两亏，心悸气短，自汗。

【用法用量】 口服，一次10ml，一日3次。

（二）血虚用药

1. 健脾生血颗粒

【处方】 党参、茯苓、白术（炒）、鸡内金（炒）、硫酸亚铁等。

【功能主治】 健脾和胃，养血安神。用于小儿脾胃虚弱及心脾两虚型缺铁性贫血；成人气血两虚型缺铁性贫血。症见面色萎黄或无华，食少纳呆，腹胀脘闷，大便不调，烦躁多汗，倦怠乏力。

【用法用量】 每袋5g，饭后用开水冲服。1岁以内一次2.5g（半袋），1~3岁一次5g（1袋），3~5岁一次7.5g（1.5袋），5~12岁一次10g（2袋），成人一次15g（3袋），一日3次或遵医嘱。4周为1个疗程。

【注意事项】 忌茶，勿与含鞣酸类药物合用。服药期间，部分患儿可出现牙齿颜色变黑，停药后可逐渐消失。

2. 阿胶补血颗粒

【处方】 阿胶、熟地黄、黄芪、党参、白术、枸杞子。

【功能主治】 益气补血。用于久病体弱，气虚血亏。

【用法用量】 开水冲服，一次4g，一日2次。宜饭前服用或进食同时服。

【注意事项】 ①咳嗽痰多，脘腹胀痛，纳食不消，腹胀便溏者忌服；②不宜同时服用藜芦或其制剂，亦不宜和感冒类药同时服用；③高血压，糖尿病患者或正在接受其他药物治疗者应在医师指导下服用。

（三）阴虚用药

1. 大补阴丸

【处方】　熟地黄、龟甲、川黄柏、知母、猪脊髓。

【功能主治】　滋阴降火。用于阴虚发热、潮热、盗汗，或烦热易饥，足膝热痛等症。

【用法用量】　口服，水泛丸一次6~9g，一日3次；大蜜丸一次1丸，一日2~3次，空腹温开水送服。

2. 知柏地黄丸

【处方】　知母、黄柏、熟地黄、山茱萸（制）、牡丹皮、山药、茯苓、泽泻。

【功能主治】　滋阴降火。用于阴虚火旺，潮热盗汗，口干咽痛，耳鸣遗精，小便短赤。

【用法用量】　口服，水蜜丸一次6g，小蜜丸一次9g，大蜜丸一次1丸，一日2次。

（四）阳虚用药

1. 桂附地黄丸

【处方】　熟地黄、山茱萸（制）、山药、肉桂、附子、茯苓、泽泻、牡丹皮。

【功能主治】　温补肾阳。用于肾阳不足，腰膝酸冷，肢体浮肿，小便不利或反多，痰饮喘咳，消渴。

【用法用量】　口服，水蜜丸一次6g，小蜜丸一次9g，大蜜丸一次1丸（9g），一日2次。

2. 强肾颗粒

【处方】　鹿茸、山药、山茱萸、熟地黄、枸杞子、丹参、补骨脂、牡丹皮、桑椹、益母草、茯苓、泽泻、杜仲、人参茎叶总皂苷。

【功能主治】　补肾填精，益气壮阳，扶正固本。用于肾虚水肿、腰痛、遗精、阳痿、早泄等症。亦可用于属肾虚证的慢性肾炎和久治不愈的肾盂肾炎。

【用法用量】　口服，一次1袋（3g），一日3次，或遵医嘱。

其他虚证用药见表5-18。

表5-18　其他虚证用药

名称	功能	用法用量
当归补血丸	补养气血	口服，一次1丸（9g），一日2次
六味地黄口服液	滋阴补肾	口服，一次10ml，一日2次，小儿酌减或遵医嘱
杞菊地黄胶囊	滋肾养肝	口服，一次5~6粒，一日3次

续表

名称	功能	用法用量
十全大补丸	温补气血	口服，水蜜丸一次6g，大蜜丸一次1丸（9g），一日2~3次
肾宝合剂	调和阴阳，温阳补肾，安神固涩，扶正固本	口服，一次10~20ml，一日3次
肾炎温阳片	温肾健脾，化气行水	口服，一次4~5片，一日3次
归脾丸	益气健脾，养血安神	用温开水或生姜、大枣煎汤送服。水蜜丸6g，小蜜丸一次9g，大蜜丸一次1丸（9g），一日3次
补心气口服液	补益心气，理气止痛	口服，一次10ml，一日3次
补中益气丸	补中益气，升阳举陷	口服，水丸一次6g，小蜜丸9g，大蜜丸一次1丸（9g），一日2~3次
八珍颗粒	补益气血	开水冲服，一次1袋，一日2次

想一想

请你归纳一下，补虚剂中的药物一般应有哪些功效。

十三、妇科用药

（一）月经不调用药

1. 逍遥丸

【处方】　柴胡、白芍、当归、白术（炒）、茯苓、炙甘草、薄荷、煨生姜。

【功能主治】　疏肝健脾，养血调经。用于肝气不舒，胸胁胀痛，头晕目眩，食欲减退，月经不调。

【用法用量】　口服，水丸一次6~9g，每日1~2次。

【注意事项】　①孕妇服用时须向医师咨询；②忌食寒凉、生冷食物；③感冒时或月经过多者不宜服用本药。

2. 乌鸡白凤丸

【处方】　乌骨鸡（去毛、爪、肠）、鹿角胶、人参、黄芪、山药、熟地黄、白芍、当归、川芎、鳖甲（制）、银柴胡、丹参、生地黄、天冬、鹿角霜、煅牡蛎、桑螵蛸、芡实（炒）、香附（醋制）、甘草。

【功能主治】　补气养血，调经止带。用于气血两虚，身体瘦弱，腰膝酸软，月经不调，崩漏带下。

【用法用量】 口服，水蜜丸一次6g，小蜜丸一次9g，大蜜丸一次1丸，一日2次。

【注意事项】 孕妇忌服。服用本药时不宜服用藜芦、五灵脂、皂荚及其制剂；不宜喝茶和吃白萝卜，以免影响药效。患有高血压、肾脏病、糖尿病或正在接受其他治疗的患者应在医师指导下服用。

3. 益母草流浸膏

【处方】 益母草。

【功能与主治】 调理月经。用于月经不调及产后子宫出血，子宫恢复不全等。

【用法与用量】 口服，一次5~10ml，一日15~30ml。

【注意事项】 ①孕妇禁用；②气血两虚引起的月经量少，色淡，质稀，伴有头晕心悸、疲乏无力等不宜选用本药；③有高血压、心脏病、肾病、糖尿病或正在接受其他治疗的患者均应在医师指导下服用；④青春期少女及更年期妇女应在医师指导下服药；⑤各种流产后腹痛伴有阴道出血，服药1周无效者应去医院就诊。

（二）痛经用药

1. 痛经宝颗粒

【处方】 红花、当归、肉桂、三棱、莪术、丹参、五灵脂、木香、延胡索（醋制）。

【功能主治】 温经化瘀，理气止痛。用于寒凝气滞血瘀，妇女痛经，少腹冷痛，月经不调，经色暗淡。

【用法用量】 温开水冲服，一次1袋，一日2次。于月经前1周开始，持续至月经来3天后停服，连续服用3个月经周期。

2. 少腹逐瘀颗粒

【处方】 当归、蒲黄、五灵脂（醋制）、赤芍、小茴香（盐炒）、延胡索（醋制）、没药（炒）、川芎、肉桂、炮姜。

【功能主治】 活血逐瘀，祛寒止痛。用于血瘀有寒引起的月经不调，小腹胀痛，腰痛，白带。

【用法用量】 用温黄酒或温开水送服。一次1袋（5g），一日3次，或遵医嘱。

【注意事项】 孕妇忌服，月经过多者慎服。

（三）带下用药

1. 妇科千金片

【处方】 千斤拔、单面针、金樱根、穿心莲、功劳木、党参、鸡血藤、当归。

【功能主治】 清热除湿、益气化瘀。用于湿热淤阻所致的带下病，腹痛，症见带下量多，色黄质稠、臭秽，小腹疼痛，腰骶酸痛，神疲乏力；慢性盆腔炎、子宫内膜炎、慢性宫颈炎见上述证候者。

【用法用量】　口服，一次6片，一日3次，温开水送下。

【注意事项】　①忌食辛辣、生冷、油腻食物；②感冒时不宜服用，过敏体质者慎用；③患有其他疾病者应在医师指导下服用；④带下清稀、无臭者不宜选用；⑤带下伴阴痒或有赤带者应去医院就诊；⑥服药2周症状无缓解，应去医院就诊。

2. 金鸡胶囊

【处方】　金樱根、鸡血藤、千斤拔、功劳木、两面针、穿心莲。

【功能主治】　清热解毒，健脾除湿，通络活血。用于湿热下注引起的带下量多。

【用法用量】　口服，一次4粒，一日3次。

【注意事项】　孕妇禁用。

3. 洁尔阴泡腾片

【处方】　蛇床子、艾叶、独活、石菖蒲、苍术、薄荷、黄柏、黄芩、苦参、地肤子、茵陈、土荆皮、栀子、金银花。

【功能主治】　清热燥湿，杀虫止痒。用于妇女湿热带下，症见阴部瘙痒红肿，带下量多、色黄或如豆渣状，口苦口干，尿黄便结；霉菌性、滴虫性及非特异性阴道炎见上述证候者。

【用法用量】　外用，置阴道深部，每晚1片，或早晚各1片，或遵医嘱，7日为1个疗程。

【注意事项】　本品供外用，不得内服。

其他妇科用药见表5-19。

表5-19　其他妇科用药

名称	功能	用法用量
妇乐颗粒	清热凉血，消肿止痛	开水冲服，一次12g，一日2次
田七痛经胶囊	通调气血，止痛调经	口服，经期或经前5天一次3~5粒，一日3次；经后可继续服用，一次3~5粒，一日2~3次
当归丸	活血补血，调经止痛	口服，一次1丸，一日2次
花红颗粒	清热解毒，燥湿止带，祛瘀止痛	用开水冲服，一次10 g，一日3次，7日为1个疗程
香附丸	理气养血	用黄酒或温开水送服，水丸一次6g~9g，水蜜丸一次9~13 g，大蜜丸一次1~2丸，一日2次
艾附暖宫丸	暖宫调经	口服，小蜜丸一次9g，大蜜丸一次1丸（9g），一日2~3次
妇炎灵胶囊	清热燥湿，杀虫止痒	外用，一次2粒，一日1次，于睡前洗净双手及阴部，取本品置阴道前后或左右侧穹隆中各1粒

十四、儿科用药

（一）小儿感冒用药

1. 小儿感冒颗粒

【处方】　菊花、连翘、薄荷、大青叶、板蓝根、地骨皮、白薇、生地黄、广藿香、石膏。

【功能主治】　疏风解表，清热解毒。用于小儿风热感冒，发热重，头胀痛，咳嗽痰黏，咽喉肿痛；流感见上述证候者。

【用法用量】　开水冲服，1 岁以内一次 1/2 袋，1 ~ 3 岁一次 1/2 袋，4 ~ 7 岁一次 1 ~ 1. 5袋，8 ~ 12 岁一次 2 袋，一日 2 次。

【注意事项】　风寒感冒及体虚而无实火热毒者忌服。

2. 小儿热速清口服液

【处方】　柴胡、葛根、金银花、连翘、板蓝根、黄芩、水牛角、大黄。

【功能主治】　清热，解毒，利咽。

【用法用量】　口服，1 岁以内一次 2. 5 ~ 5ml，1 ~ 3 岁一次 5 ~ 10ml，3 ~ 7 岁一次 10 ~ 15 ml，7 ~ 12 一次 15 ~ 20 ml，一日 3 ~ 4 次。

【注意事项】　风寒感冒、大便次数多者忌用。

（二）小儿咳嗽用药

1. 小儿清热止咳口服液

【处方】　麻黄、石膏、苦杏仁（炒）、黄芩、板蓝根、北豆根、甘草。

【功能主治】　清热、宣肺、平喘。用于小儿外感，邪毒内盛，发热恶寒，咳嗽痰黄，气促喘息，口干音哑，咽喉肿痛。

【用法用量】　口服，1 ~ 2 岁一次 3 ~ 5ml，3 ~ 5 岁一次 5 ~ 10ml，6 ~ 14 岁一次 10 ~ 15 ml，一日 3 次，用时摇匀。

2. 小儿咳喘灵口服液

【处方】　麻黄、石膏、苦杏仁、瓜蒌、金银花、板蓝根、甘草。

【功能主治】　宣肺清热，止咳，祛痰，平喘。用于上呼吸道感染引起的咳嗽。

【用法用量】　口服，2 岁以内一次 5 ml，3 ~ 4 岁一次 7. 5ml，5 ~ 7 岁一次 10 ml，每日 3 ~ 4 次。

（三）积滞用药

1. 健儿消食口服液

【处方】　炙黄芪、白术（麸炒）、麦冬、陈皮、莱菔子（炒）、山楂（炒）、黄芩。

【功能主治】　健脾益胃，理气消食。用于小儿饮食不节，损伤脾胃引起的纳呆食少，脘胀腹满，手足心热，自汗乏力，大便不调，以至畏食、恶食。

【用法用量】　口服，3 岁以内一次 5～10ml，3 岁以上一次 10～20ml，一日 2 次，用时摇匀。

【注意事项】　患儿平时应少吃巧克力及带颜色的饮料和油腻厚味等不易消化的食品。过敏体质者慎用。

2. 小儿消食片

【处方】　鸡内金（炒）、山楂、六神曲（炒）、麦芽（炒）、槟榔、陈皮。

【功能主治】　消食化滞，健脾和胃。用于脾胃不和，消化不良，食欲不振，便秘，食滞，疳积。

【用法用量】　口服，1～3 岁一次 2～3 片，3～7 岁一次 3～5 片，一日 3 次。

（四）小儿泄泻用药

1. 小儿泻速停颗粒

【处方】　地锦草、儿茶、乌梅、北山楂（炒焦）、茯苓、白芍、甘草。

【功能主治】　清热利湿，健脾止泻，解痉止痛。用于小儿泄泻、腹痛、纳差（尤适用于秋季腹泻及慢性腹泻）。

【用法用量】　开水冲服，一日 3～4 次，1 岁以内一次 1.5～3g，1～3 岁一次 3～6g，3～7 岁一次 6～9g。

2. 小儿敷脐止泻散

【处方】　黑胡椒。

【功能主治】　温中散寒，止泻。主治小儿中寒、腹泻、腹痛。

【用法用量】　每次 1 袋，用前先将塑料薄膜揭去，使其中的药物正对肚脐，使小彩带朝向肚脐上方，贴好固定后，再将小彩带缓慢抽出，24 小时换药 1 次。

【注意事项】　脐部皮肤破损及有炎症者，大便有脓血者忌用。敷药期间忌食生冷油腻。

3. 小儿健脾贴膏

【处方】　丁香、吴茱萸、五倍子、磁石、冰片、麝香。

【功能主治】　疏通经络，温中健脾。用于小儿消化不良。

【用法用量】　穴位贴敷，取穴足三里、天枢、中脘、关元，久泄者加贴脾俞穴，一日1次。

【注意事项】　为外用贴剂，不能内服。

（五）肠道寄生虫用药

肥儿疳积颗粒

【处方】　使君子（炒去壳）、莲子、芡实、牵牛子（炒）、茯苓、苍术（炒）、鸡内金（炒）、乌梅（炒）、车前子、薏苡仁（炒）、苦楝皮、槟榔（炒）、白芍（酒炙）、芜荑、蓼实子、山药（炒）、麦芽、蓝花参、雷丸（炒）、甘草、白术、百部。

【功能主治】　健脾和胃，平肝杀虫。用于脾弱肝滞，面黄肌瘦，消化不良。

【用法用量】　开水冲服，一次5～10g，一日2次。

（六）遗尿用药

健脾止遗片

【处方】　鸡肠、鸡内金。

【功能主治】　健脾和胃，缩尿止遗。主治脾胃不和的小儿遗尿症。

【用法用量】　口服，5～9岁每次8片，10岁以上每次12片，一日2次，早晚服用，15日为1个疗程，连续服用4个疗程，如第二个疗程后无明显疗效，可酌加药量或遵医嘱。

【禁忌】　膀胱炎、肾炎、糖尿病、泌尿系统结核等器质性病变所引起的夜尿症禁用此药。

【注意事项】　①忌饮凉水和凉食，并应避免着凉和劳累；②服药期间饮食宜清淡，晚饭后不再喝水，临睡前一定排尿，有助于好转与恢复；③本药用于轻症患儿，若每晚遗尿1～2次者应去医院就诊。

议一议

说说儿童用药时应主要注意哪些问题。

十五、五官科用药

（一）鼻病用药

1. 鼻炎灵片

【处方】 苍耳子（炒黄）、辛夷、黄芩、白芷、川贝母、细辛、淡豆豉、薄荷脑。

【功能主治】 祛风退热，开窍醒脑。用于慢性鼻窦炎、鼻炎及鼻塞头痛、浊涕臭气、嗅觉失灵等症。

【用法用量】 饭后温水送服，一次2～4片，一日3次。

【注意事项】 服药期间忌辛辣食物。

2. 藿胆丸

【处方】 广藿香叶、猪胆粉。

【功能主治】 清热化浊，宣通鼻窍。用于风寒化热、肝火上攻引起的鼻塞欠通、鼻渊头痛。临床用于治疗过敏性鼻炎等。

【用法用量】 口服，一次3～6g，一日2次。

（二）耳鸣耳聋用药

1. 滴耳油

【处方】 核桃油、黄柏、五倍子、薄荷油、冰片。

【功能主治】 清热解毒，消肿止痛。用于肝经湿热上攻，耳鸣耳聋，耳内生疮，肿痛刺痒，破流脓水，久不收敛。

【用法用量】 外用滴耳，先搽净脓水，一次2～3滴，一日3～5次。

2. 耳聋左磁丸

【处方】 磁石（煅）、熟地黄、山茱萸（制）、牡丹皮、山药、茯苓、泽泻、竹叶、柴胡。

【功能主治】 滋肾平肝。用于肝肾阴虚，耳鸣耳聋，头晕目眩。

【用法用量】 口服，水蜜丸一次6g，小蜜丸一次9g，大蜜丸一次1丸，一日2次。

（三）咽喉病用药

1. 清咽滴丸

【处方】 青黛、甘草、诃子、冰片、薄荷脑、人工牛黄。

【功能主治】 疏风清热，解毒利咽。用于风热喉痹，咽痛咽干，口渴，或微恶风，发热，咽部红肿，舌边尖红，苔薄白或薄黄，脉浮数或滑数。亦适用于急性咽炎见上述证候者。

【用法用量】 含服，一次4~6粒，一日3次。

【注意事项】 孕妇慎服。

2. 健民咽喉片

【处方】 玄参、麦冬、蝉蜕、诃子、桔梗、板蓝根、胖大海、地黄、西青果、甘草、薄荷油、薄荷脑。

【功能主治】 清利咽喉，养阴生津，解毒泻火。用于咽喉肿痛，失音及上呼吸道炎症。

【用法用量】 含服，一次2~4片（小片）或2片（大片），每隔1小时1次。

（四）眼病用药

珍视明滴眼液

【处方】 珍珠层粉、天然冰片、硼砂、硼酸。

【功能主治】 明目去翳，清热解痉。用于肝阴不足、肝气偏盛所致的不能久视、轻度眼胀、眼痛、青少年远视力下降；青少年假性近视、视力疲劳、轻度青光眼见上述证候者。

【用法用量】 滴于眼睑内，一次1~2滴，一日3~5次，必要时可酌情增加。

【注意事项】 ①为外用滴眼液，禁止内服；②忌烟、酒、辛辣刺激性食物。

其他五官科用药见表5-20。

表5-20 其他五官科用药

名称	功能	用法用量
银黄含化片	清热、解毒、消炎	含化，一次1~2片，一日6~8次
咽立爽口含滴丸	疏风解毒、消炎止痛	含服，一次1~2丸，一日4次
口炎清颗粒	滋阴清热，解毒消肿	口服，一次2袋，一日1~2次
桂林西瓜霜	清热解毒，消肿止痛	外用，喷、吹或敷于患处，一次适量，一日数次；重症者兼服，一次1~2g，一日3次
西瓜霜润喉片	清音利咽，消肿止痛	口含片一次4片，一日5次
复方草珊瑚含片	疏风清热，消肿止痛，清利咽喉	含服。一次2片（小片），每隔2小时一次，一日6次
辛芳鼻炎胶囊	发表散风，清热解毒，宣肺通窍	口服，一次6粒，一日2~3次
鼻炎滴剂（喷雾型）	散风，清热，通窍	喷入鼻腔内，一次1~2揿，一日2~4次
明珠口服液	滋补肝肾，养血活血，渗湿明目	口服，一次10ml，一日3次，1个月为1个疗程
明目上清丸	清热散风，明目止痛	口服，一次9g，一日2次
珍珠明目液	清热泻火，养肝明目	滴入眼睑内，一次1~2滴，一日3~5次

十六、外科用药

中医外科是研究体表病证的病因、病理、证候、诊断、治法、医疗技术等之专门学科。包括有痈、疽、疮、疡、疥、癣、伤折等等疾病。

（一）骨伤科用药

1. 三七胶囊

【处方】　三七。

【功能主治】　散瘀止血，消肿定痛。用于外伤出血，跌扑肿痛。

【用法用量】　口服，一次6~8粒，一日2次。

【注意事项】　①孕妇慎用；②6岁以下儿童慎用；③肝肾功能异常者禁用。

2. 中华跌打丸

【处方】　牛白藤、鹅不食草、牛膝、乌药、制川乌、刘寄奴、过岗龙、毛两面针、鸡血藤、岗梅、独活、樟脑等32味。

【功能主治】　清肿止痛，舒筋活络，止血生肌，活血祛瘀，用于挫伤筋骨，新旧瘀患，创伤出血，风湿瘀痛。

【用法用量】　外用：对积瘀肿痛，挫伤筋伤、风湿疼痛，用白酒50g调药1丸并加热，外搽患处。口服：对内部受伤，用白酒送服，一次6g，一日2次，儿童及体虚者减半。

【注意事项】　孕妇忌服；皮肤破伤出血者不可外敷。

3. 跌打万花油

【处方】　野菊花、乌药、水翁花、徐长卿、大蒜、马齿苋、葱、金银花叶、黑老虎、威灵仙、木棉皮、土细辛、葛花、声色草、伸筋藤、蛇床子、铁包金、倒扣草、苏木、大黄、山白芷、朱砂根、过塘蛇、九节茶、地耳草、一点红、两面针、泽兰、红花、谷精草、土田七、木棉花、鸭脚艾、防风、侧柏叶、马钱子、大风艾、腊梅花、墨旱莲、九层塔、柳枝、栀子、蓖麻子、三棱（制）、辣蓼、莪术（制）、大风子（仁）、荷叶、卷柏、蔓荆子、皂角、白芷、骨碎补、桃仁、牡丹皮、川芎（制）、化橘红、青皮、陈皮、白及、黄连、赤芍、蒲黄、苍耳子、生天南星、紫草茸、白胡椒、香附（制）、肉豆蔻、砂仁、紫草、羌活、草豆蔻、独活、干姜、荜茇、白胶香、冰片、薄荷油、松节油、水杨酸甲酯、樟脑油、桉油、丁香罗勒油、茴香油、桂皮油等86味。

【功能主治】　止血止痛，消炎生肌，消肿散瘀，舒筋活络。主治跌打损伤，撞击扭伤，刀伤出血及烫伤所致的皮肤肿胀，充血、出血、关节肿痛等软组织损伤诸症。主要用于治疗砸伤、扭伤、腱鞘炎、腰肌劳损、坐骨神经痛及术后伤口愈合等。

【用法用量】　跌打伤痛：用药棉蘸油搽涂患处，每天 2～3 次。刀伤、烫伤：用药棉铺薄浸润药油，涂敷患处，每天换敷 1 次。

【注意事项】　①为外用药，禁止内服。②忌食生冷、油腻食物。③切勿接触眼睛、口腔等黏膜处。皮肤破溃或感染处禁用。④孕妇禁用。经期及哺乳期妇女慎用。儿童、年老体弱者应在医师指导下使用。⑤本品不宜长期或大面积使用，用药后皮肤过敏者应停止使用，症状严重者应去医院就诊。

4. 消痛贴膏

【处方】　独一味、棘豆、姜黄、花椒、水牛角、水柏枝。

【功能主治】　活血化瘀，消肿止痛。用于急慢性扭挫伤，亦适用于腰肌劳损和陈旧性伤痛。

【用法用量】　外用，直接贴于患处或穴位，每贴敷一天为宜。

【注意事项】　①皮肤破伤处不宜使用；②皮肤过敏者停用；③小儿、年老患者应在医师指导下使用。

其他伤科用药见表 5－21。

表 5－21　其他伤科用药

名称	功能	用法用量
云南白药胶囊	止血愈伤，活血散瘀，消炎消肿，排脓去毒	刀、枪、跌打诸伤无论轻重，出血者用温开水送服。瘀血肿痛与未流血者用酒送服。毒疮初起内服药粉 0.25g（胶囊则为 1 粒），成人每次服用 1～2 粒，每日 4 次
红药胶囊	活血止痛，去瘀生新	口服，一次 2 粒，一日 2 次，儿童减半
复方虎杖烧伤油	清热解毒，消肿止痛	外用，用时摇匀直接涂于创面，一日 2～3 次
三黄珍珠膏	消肿解毒，收敛止痛	患处经清创后，涂药适量。患面 $45cm^2$，一般需涂药 1ml
通络祛痛膏	活血通络，散寒除湿，消肿止痛	外贴患处，每次 1～2 贴，一日 1 次
正骨水	活血祛瘀，舒筋活络，消肿止痛	用药液轻搽患处；重症者用药液湿透药棉敷患处 1 小时，每日 2～3 次
舒康贴膏	活血，化瘀，止痛	贴患处

（二）皮肤科用药

1. 银屑灵

【处方】　苦参、甘草、白鲜皮、防风、土茯苓、蝉蜕、黄柏、生地黄、金银花、赤芍、连翘、当归。

【功能主治】　祛风燥湿、清热解毒、活血化瘀。用于银屑病。

【用法用量】　口服，一次 33g，或遵医嘱，一日 2 次。

2. 癣灵药水

【处方】　土槿皮、黄柏、白鲜皮、徐长卿、苦参、石榴皮、洋金花、南天仙子、地肤子、樟脑。

【功能主治】　清热除湿，杀虫止痒，有较强的抗真菌作用。用于脚癣、手癣、体癣、股癣等皮肤癣症。

【用法用量】　外用，涂擦或喷于患处，一日 2～3 次。

其他皮肤科用药见表 5－22。

表 5－22　其他皮肤科用药

名称	功能	用法用量
松花散	燥湿收敛	外用适量，撒敷患处
脚气散	燥湿，止痒	外用，取本品适量撒于患处
愈裂贴膏	养血润肤、生肌敛疮	外用，2～3 天换药 1 次
亮甲擦剂	活血生甲，解毒止痒	外擦，每日 2 次，早晚各 1 次
羌月乳膏	祛风、散寒、除湿、消肿、止痛	外用，涂于患处，每日 2～3 次
白灵片	活血化瘀，增加光敏作用。用于白癜风	口服，一次 4 片，一日 3 次；同时使用外搽百灵酊涂患处，一日 3 次。3 个月为 1 个疗程

（杨红宁）

第六章　中 药 调 剂

第一节　中药房的布局与设施

中药房是调配中药处方的场所，分医院药房和社会药房两类。从业务角度而言，医院中药房的主要任务是调配本医院的中医处方及为患者煎药，而社会中药房的任务除调配来自医院的医师处方及为顾客煎药外，同时还担负向顾客推介药品的工作。调配中医处方所需的炮制品的加工，无论是医院还是药店，通常都另设岗位，由专人进行操作。

由于医院药房和社会药房的业务不完全相同，业务范围有所差异，故在布局与设施的配置上略有不同。

一、布局

（一）医院中药房的布局

1. 外部布局

调剂室外部与有关科室的关系如图 6－1 所示。通常医院的制剂室、药库等部门作为药剂科的一部分独立设置，可能与调剂室距离较远，但煎药室、收费处与调剂室较近，最好按收方、调配、取药的程序一字排开，以方便患者取药。但没有标准规定。

随着医院的发展，部分医院将收费业务与调剂工作的审方程序组合为收费岗位的工作职责，从而对调剂人员提出了复合能力的要求。

2. 内部布局

调剂室内部布局根据实际需要确定，基本原则：一是面积符合工作量的要求，避免由于过于拥挤而影响正常工作；二是符合调配中药处方的人员流动需要，避免人为造成移动路线过长。常见的中药房内部布局有四种（图6－2）。

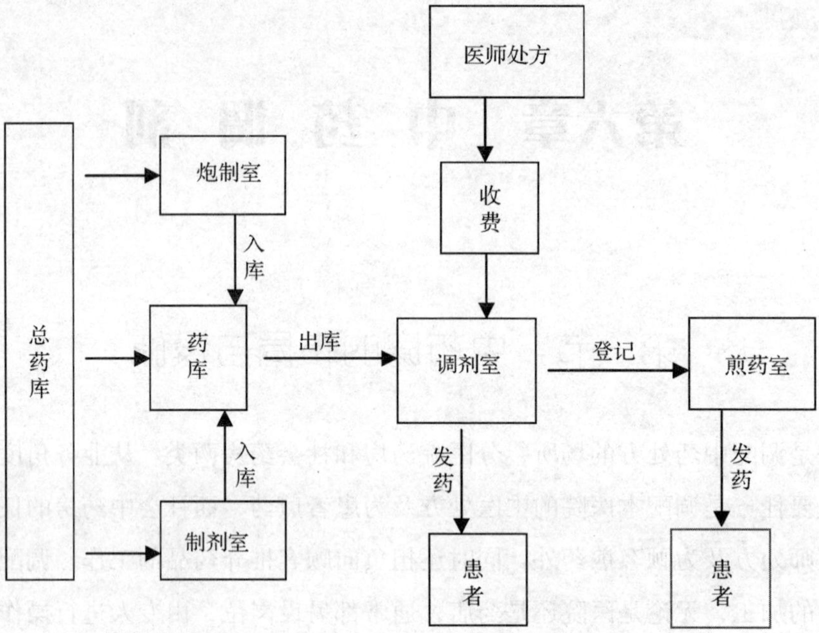

图 6－1 中药调配室与外部各科室的关系

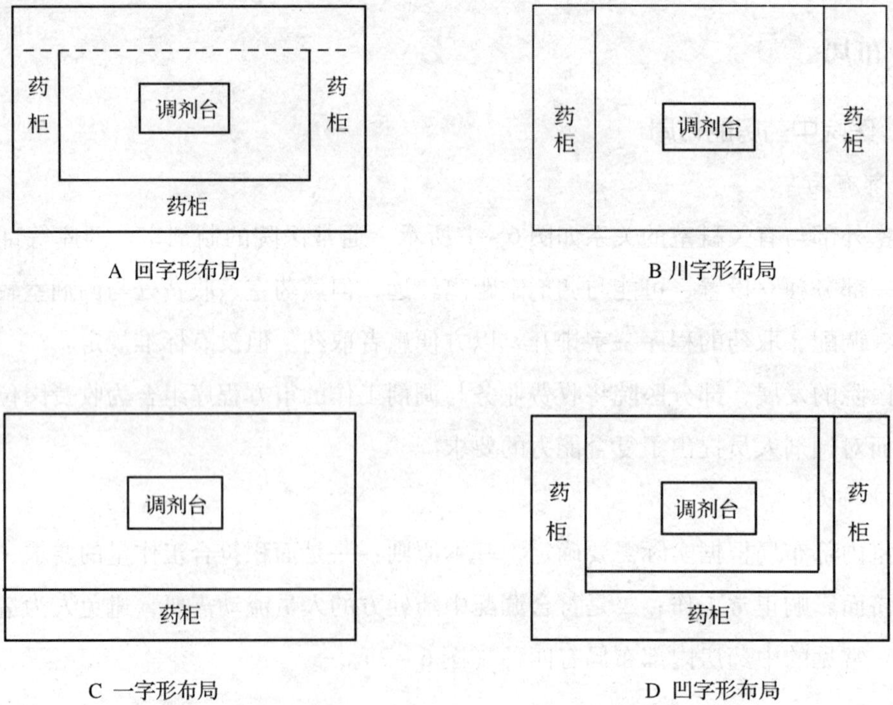

图 6－2 中药房内部布局图

试一试

请参观两家以上不同规模医院的中药房，并比较它们的外部布局与内部布局的异同点。

（二）社会中药房的布局

社会药房一般情况下中药房与西药房合并在一个门店中。根据有关法规的规定，中西药必须分开陈列。在中药陈列区，通常中药饮片与中成药分开陈列，饮片存放于“格斗”中，而中成药陈列于透明的玻璃药柜中。药柜与调剂台通常连为一体，靠墙边摆放（图6－3），为方便顾客煎药，中药门店通常设置煎药机代顾客煎药而不再另设煎药室。

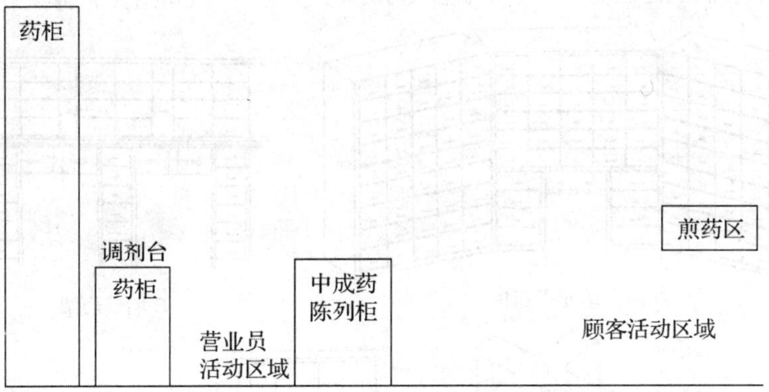

图6－3　与药柜相连的调剂台

试一试

请参观两家以上不同规模的社会药房，并比较它们在布局上的异同点。

二、设施与设备

（一）药品存放设备

药品主要存放于药柜内，根据需要，各中药房都需配备适量的调剂台（柜）。

调剂台（柜）的功能是存放药品及作为调剂的工作台，有独立式和组合式等多种形式（图6-4）。医院药房常用独立的调剂台、传统中药边柜或组合式中心药柜为主，发药窗口则用组合单元式药柜或墙壁药架存放中成药。社会药房则通常用镜台式药柜为多，以四周透明的成药栏柜作为调剂台。中药饮片存放于药柜的格斗内，中成药则陈列于成药栏柜以方便顾客选购。

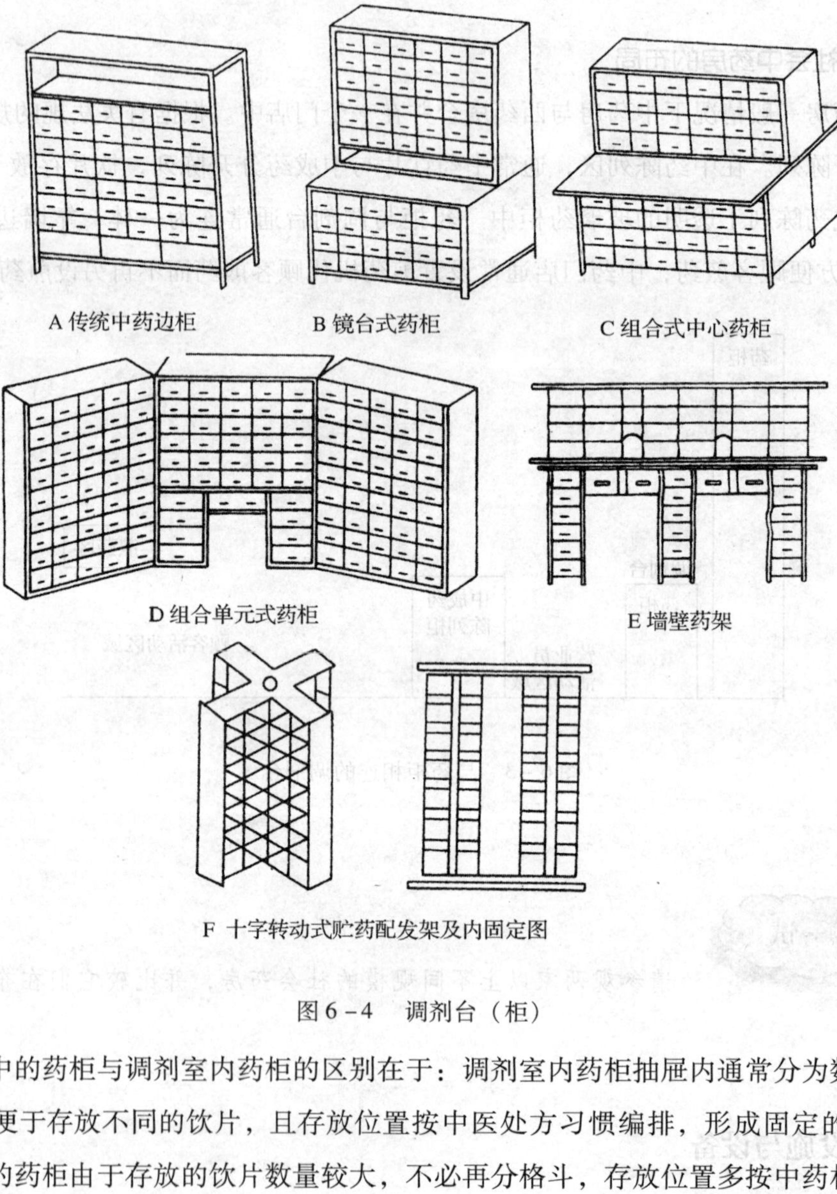

图6-4 调剂台（柜）

药库中的药柜与调剂室内药柜的区别在于：调剂室内药柜抽屉内通常分为数格，故称“格斗”，便于存放不同的饮片，且存放位置按中医处方习惯编排，形成固定的“斗谱”。而药库中的药柜由于存放的饮片数量较大，不必再分格斗，存放位置多按中药材的药用部位如根、茎、叶类等进行存放。无论调剂室或药库，中成药均按剂型结合药品的功能分类陈列或存放。中药门店还可根据贵重药的特点开设“细货柜”，专门陈列珍珠、冬虫夏草等名贵中药。

根据法规的规定，毒性药品应设立专柜加锁，专人负责、专账登记，严加管理。

（二）临方加工设备

临方加工用具主要是碎药用具，如冲钵、乳钵、捣筒、铁研船、切药刀台等（图6－5）。目的是增加中药的疗效，利于有效成分煎出，同时也便于调剂。因此，对质地坚硬的动物类、矿物类及果实种子类等不便于调剂入药的中药均应捣成一定的碎度后入药。

图6－5　各种碎药用具

需临时捣碎的常用中药饮片品种如下。

（1）果实和种子类　杏仁、火麻仁、川楝子、五味子、牛蒡子、白扁豆、瓜蒌子、决明子、红豆蔻、丁香、芥子、诃子、青果、郁李仁、使君子、胡椒、荜茇、草豆蔻、白果、草果、荔枝核、牵牛子、砂仁、桃仁、莱菔子、益智、预知子、猪牙皂、黑芝麻、榧子、酸枣仁、蔓荆子、橘核等。

（2）根和根茎类　山慈菇、贝母、竹节参、华山参、珠子参、绵马贯众等。

（3）矿物类　石膏、白矾、自然铜等。

(4) 动物类　海马、鹿角霜、穿山甲、鳖甲、龟甲等。

(5) 其他药　儿茶、肉桂等。

(三) 计量用具

1. 戥秤

也称药戥子，由戥杆、戥铊、戥纽、戥盘等组成（图6－6）。根据称量值不同，有克戥和毫克戥之分。调配中药处方常用的戥秤有大小两种，大的主要用于调配一般饮片药物处方，其称量范围在1～500g之间，小的主要用于调配一些细料贵重药和毒性中药处方，称量范围在200mg～50g之间。木质、骨质或金属质的戥杆上有2个戥纽。左面的戥纽称里纽，用以称较轻的药物；右面的戥纽称外纽，用以称较重的药物。戥杆上有二排刻度，称戥星，分别表示不同戥纽时的药物重量。使用戥秤时，必须首先熟悉戥杆上的刻度，以防止发生差错。

使用戥秤时首先检查戥盘与戥砣的号码是否相符合。然后对戥，将戥砣放在定盘星上检查是否平衡，即检查戥秤的平衡度和灵敏度。提拿戥秤时不宜过远或过近，太高或太低。称量时，左手握戥杆，戥杆放在左手中指端和虎口（合谷穴）上，靠左手中指和食指的伸屈活动来带动砣线的进退移动，将砣线在戥杆上移动至欲称量的戥星指数上，并用左手拇指稳住砣线；右手抓药放入戥盘内，提起戥纽。左手放开砣线，目视戥星，当戥星的指数和戥杆取得平衡时，即是所称药物的重量。

议一议

正确选择及使用戥秤有何意义？

2. 台秤与架盘天平

根据称量值的大小不同，有不同的规格，且精密度不同（图6－6）。

3. 包装用具

主要指包装纸（袋），医院中药房大多数用包装袋，并在袋上印制煎药操作方法及用法，以方便顾客自己煎药、使用。

为方便取用粉末状药物，常配以角匙。同时调剂室还应配备取药牌、漏斗、调剂搪瓷盘、订书机及笔、墨等用具。

(四) 其他用具

包括冰箱、计算机及传输设备等。

图6-6 架盘天平、台秤、戥秤

第二节 中 药 调 剂

中药调剂是指在中医药理论的指导下，将中药饮片或中成药按医师处方调配直接供患者应用的过程。中药调剂室的业务流程分领取中药饮片与摆设、调剂医师处方及善后准备工作三个基本环节。

一、中药饮片的领取与摆设

（一）中药饮片的领取

中药饮片的领取是指根据调剂药品的日消耗量，及时补充药斗内中药饮片存贮量的工作。通常分盘存→清斗→领料→上斗→统计等操作步骤。

1. 盘存与清斗

盘存是指在填写请领单前，查看药斗中药物的存量，以确定应该重新领取补充的中药饮片数量的操作。

中药调剂室中常备药品的贮量一般不超过日消耗量的30倍，亦不低于日消耗量的10倍。以既保证供应，又避免积压造成药品变质。盘存的同时需对药斗内的中药饮片质量进行鉴别，以保证及时清除变质药品及杂质。

为方便清斗及盘存，降低损耗，可在药斗内加牛皮纸作内衬。

2. 领料

指按盘存情况及日消耗量的情况，填写正式领料单交药库保管员作为领取药品的凭证，并将药品及时送到调剂室的过程。

操作中应特别注意在药库发放完毕以后，领料人需按领料单的顺序逐项核对药品的品名、规格、数量及质量。一旦发现问题，领料人和发料人双方应及时协商解决。发、领双方不能解决时，应按程序报质量管理人员处理。

3. 上斗

指将饮片加入规定的药斗中的操作。一般要求是：常用药材八分斗，即常用药材的装斗量为药斗容量的80%；冷背药材装半斗，即不常用的药材只装药斗容量一半的药材量；有毒药物特殊管，即有毒的药材设专柜；贵细药材设专柜，即贵细药材设专用瓶装，必要时密封以防走味（挥发）或串味（吸附）。

上斗时应遵循“五不上斗”原则，即：品种不对不上斗，不筛不拣不上斗，虫蛀鼠咬不上斗，霉烂变质不上斗，应加工而未加工的生货、整货不上斗。

4. 统计

每次领取的药品若规格、等级、厂家品种有变化，均应进行登记统计，及时通知计价人员。统计时产生的药品消耗量应作为评价指标之一，用以考核调剂室的管理质量。

公式：

$$消耗率=\frac{处方中药品的消耗量}{药品领取量}\times 100\%$$

试一试

某医院中药调剂室的管理人员对金银花的使用情况进行统计时得知，在领取时的总数为15kg，处方使用量为14.6 kg。请问，此次统计金银花的消耗率是多少？

（二）中药调剂室中药饮片的摆设

中药调剂室的中药饮片摆放位置以文字形式予以标注而形成的图谱，称为中药斗谱。编制斗谱的目的是方便调剂，减轻劳动强度，避免发生差错，提高配方效率，同时也有利于药品的管理。

1. 编排斗谱的基本原则

中药斗谱的编排主要根据中药的常用与否，由近到远进行排列。同时应注意相近（含名称、外形）而功效相反的药材分开，有配伍禁忌的药物分开的原则，以保证常用药最容易取用，功效相反或有配伍禁忌的药物不会误取、误用或相互污染。如丁香避免和郁金在一起；贝母、半夏、瓜蒌不能安排在乌头、附子周围；甘草不可与海藻在一起等。编排斗谱时还应注意将质地较重的药物放在药柜的下层，以保证药柜放置稳固。

2. 常用的斗谱排列方式

（1）常用方剂编排法　指按方剂的组成编排斗谱，如将麻黄汤中的麻黄、桂枝、杏仁、甘草四味药分别放在一个药斗的四个格斗中。或将四物汤中的当归、川芎、白芍、熟地编于同一药斗的四个格斗中。

（2）功能相近编排法　指按药物的性味、功效的近似性编排斗谱，如麻黄与桂枝、防风与荆芥、苍术与白术常编放于同一药斗中。

（3）合开药物编排法　根据中医处方的原则及用药习惯，在大多数情况下配伍使用以及处方中常以并开的方式使用的药物也通常编放在同一药斗中。如二术指苍术、白术；二冬指麦冬和天冬；乳没指乳香、没药等。

（4）同一品种编排法　指将同一种药物的不同炮制品编放于同一药斗中。如生大黄和熟大黄；生山药和炒山药；生甘草和炙甘草；莲心和莲子、莲房等。

（5）药用部位编排法　即按药物的有效部位编排斗谱，如根类药物存放于相邻的数个药斗；叶类药物存放于另外数个相邻或相近的药斗。

想一想

编排中药斗谱对中药饮片的调配工作有什么意义？

二、中药处方的调剂

中药处方调剂的操作规程为：收方→审方→计价→调配→复核→发药。

（一）收方

在医院，指在门诊调剂室从患者处接受由医师开写的处方，以及在住院部调剂室从病房医护人员处接受处方或药品请领单。

在社会药房，指从患者或顾客处接过处方。

（二）中药处方的审查

1. 操作规则

审方的目的是运用药品知识，对医师处方的内容进行审查，以判断其是否可以执行。能够执行的医师处方应达到清晰、完整、正确三个方面的基本要求。

清晰是指处方内容的书写清楚，能够准确传达医师的用药意图；完整是根据医师处方的基本结构和内容书写，不能产生缺项；正确是指处方所设定的给药方案正确无误，包括药品名称、用法用量、配伍正确。

操作中如发现医师处方未达到要求，应与医师联系，由医师修改处方并在修改处签全名及当日日期，重新审核合格后方可调配。

2. 操作方法

（1）处方前记与概貌的审查　处方前记与概貌的审核方法是对收到的医师处方简单地浏览，重点审查是否有缺项、漏项、重复或模糊不清，是否读懂了处方的内容，处方日期是否正确等。

（2）药物剂量的审查　药物剂量是医师处方中应用每味药的分量。与药物配伍一样是处方的重要组成部分。为保证药物的安全、有效，用药剂量应该正确和恰当，我国药典规定了各种药品或制剂的剂量，供投药时参考应用。不同剂量的相互关系见图6－7。

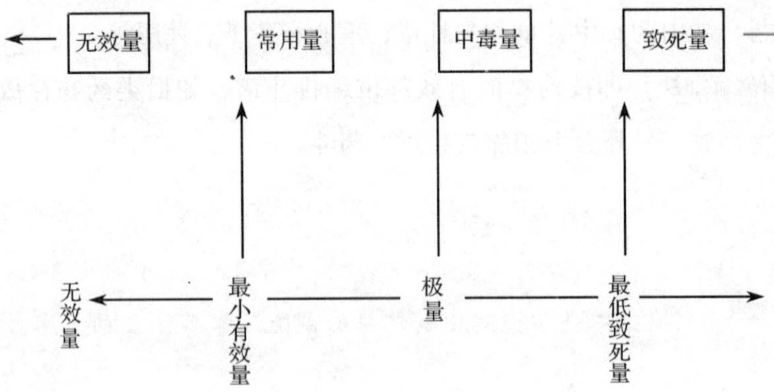

图6－7　药物剂量关系示意图

药物的剂型、配伍，患者的年龄、体质、病情等因素会影响药物的剂量，审方时对药物剂量的审查，重点是药物的剂量必须在常用剂量范围内，不允许超过极量，老人和儿童用药剂量范围必须根据老幼剂量换算表进行换算（参见表3－5）。

由于患者的病情不同，有时需要一次使用较大剂量，称为突击量，使药物在体内及时达到有效浓度，然后再按平时正常剂量以维持有效浓度，称为维持量。但无论何种情况，任何时候超剂量使用药物，医师都必须在超剂量的药物旁签全名及当日日期，以示负责。否则调剂人员不能调配。

议一议

在临床工作中，发现有些医师开写中药处方时有超剂量的现象，将来你在工作中遇到此现象时，你该如何处理？

（3）药物配伍禁忌和不合理用药的审查　医师处方中不允许出现配伍禁忌，包括用药禁忌和配伍禁忌两类。除传统的“十八反”、“十九畏”及“妊娠用药禁忌”外，中医处方中西药与中成药配伍使用的情况已比较普遍，审方时应特别注意中西药之间的不合理配伍。清宁丸、四消丸等含大黄用于泻下的中成药与新霉素、土霉素等西药同服，会因肠道细菌被抗生素抑制，影响了大黄的致泻作用；含朱砂的六神丸、六应丸、梅花点舌丹、七厘散等与具有还原性的药物如溴化钠、硫酸亚铁同用，易产生溴化汞等有毒的汞盐沉淀，引起赤痢样大便，导致药源性肠炎。

（4）毒性中药的审查　对于小毒中药，应严格审查用药和剂量是否恰当，剂量应控制在正常用量范围内。对于大毒中药，除严格审查用药和剂量是否恰当外，还应注意，生品只可外用不可内服。常见毒性中药的品种、功效、用法用量及注意事项见表6－1。

表6－1　常见毒性中药品种

名称	功效	用法用量	注意事项
川乌	祛风湿，散寒止痛	3～9g，若作散剂或酒剂应减为1～2g；一般炮制后用	生品不宜内服；入汤剂应先煎30～60分钟；不宜与半夏、瓜蒌、贝母类、白及、白蔹、天花粉同用；孕妇忌用
草乌	同川乌	1.5～4.5g；一般炮制后用	同川乌
附子	回阳救逆，补火助阳，散寒止痛	3～15g	同川乌
马钱子	通络散结，消肿定痛	0.3～0.9g，炮制后入丸、散剂用；外用适量，研末吹喉或调涂	不宜生用、多服、久服；孕妇忌服
砒石（红砒、白砒）	内服劫痰平喘，外用蚀疮去腐	内服0.002～0.004g，入丸、散剂用；外用适量，研末撒、调敷或入膏药中贴之	有大毒，用时宜谨慎；不能持续服用；不能作酒剂服用；外用不宜过多；体虚者及孕妇忌服
硫黄	内服壮阳通便，外用杀虫止痒	1～3g，入丸、散剂用；外用适量，研末撒、或油调涂或烧烟熏患处	内服宜谨慎；阴虚火旺者及孕妇忌服
雄黄	解毒，杀虫	0.3～0.9g，入丸、散剂用；外用适量，研末敷，或调敷，或烧烟熏患处	不可大面积涂搽及长期持续使用；孕妇忌服

续表

名称	功效	用法用量	注意事项
轻粉（水银粉）	内服利水通便，外用攻毒杀虫	内服一次量 0.1~0.2g，每日 2 次，多入丸剂或装胶囊；外用适量，研末调涂或干撒患处	本品毒性强烈，内服慎用，不可过量，不可连续服用；服后要及时漱口；孕妇忌服
半夏	燥湿化痰，降逆止呕，消痞散结	5~10g；外用生品适量，磨汁涂或研末以酒调敷患处	生品不宜内服；不宜与乌头类中药同用；阴亏燥咳、血证、热痰患者忌用或慎用
天南星	燥湿化痰，祛风止痉	制南星 5~10g；生南星多入丸散剂用，1 次量 0.3~1g；外用适量	生品不宜内服；孕妇慎用
洋金花	止咳平喘，止通镇痉	内服 0.3~0.6g，宜入散剂，亦可卷烟燃吸（分次用，每日不超过 1.5 g）；外用适量	本品有剧毒。青光眼患者、眼压增高者忌用；心脏病、高血压以及体虚者，孕妇，热咳痰稠、咯痰不利者禁用
斑蝥	攻毒蚀疮，破血散结	0.03~0.06g，炮制后入丸、散剂用；外用适量，研末敷贴发泡，或制油膏或酒醋浸涂敷患处，不宜大面积使用	本品有大毒，内服慎用；体弱及孕妇忌服
蟾酥	解毒消肿，止痛开窍	内服 0.015~0.03g，多入丸、散剂用；外用适量，研末调敷或入膏药内贴患处	外用不可入目；孕妇忌服
藜芦	涌吐风痰，杀虫	0.3~0.9g，多入丸、散剂用；外用研末，油调涂患处	内服宜谨慎；体虚、素有失血者及孕妇忌服；不宜与诸参、细辛、芍药同用
苦杏仁	止咳平喘，润肠通便	3~10g	有小毒，勿过量；入汤剂宜后下；婴儿慎用

3. 操作注意事项

（1）审查处方时，若发现有缺项、漏项、书写潦草不清、药味重复、药量模糊、峻烈药超量、笔误等情况时，应及时与医师联系，与医师协商后解决问题。

（2）发现处方中有毒性中药时，必须严格执行有关毒性中药的管理的规定。若发现有不符合规定时不予调配，并向患者说明原因。

（3）对于处方中的缺味药，在审方时应先告知患者，并在征得医师同意调换药味后方可调配处方。

（4）处方总量一般不可超过七日用量，若发现有超量处方，应与医师联系，并在开方医师确认且签全名及当日日期方可调配处方。

（5）对于非正式医师的处方，一般不予调剂配方。

（6）审查完毕，审方人员应在处方“审查人员”栏签全名，以示负责。

想一想

假设你是药学人员，如果你对合理用药的意见与医师不一致时，你该如何与医师协商？

议一议

处方在调配前的审查工作有什么重要意义？你认为该由哪一类药学专业技术人员承担此项工作？

（三）中药处方的计价

计价又称算方，是按照国家规定的价格准确计算。计价正确与否，关系到物价政策和医疗机构的信誉、经济核算及患者利益，绝不能草率行事。必须认真执行，做到准确无误。

计价的原则是：①按照国家规定的价格计算，不得任意作价或改价；②医院制剂室配制的自配制剂与科研观察用药要按当地药政部门统一的办法作价；③计价时看好剂量、剂数、新调整价格的品种和自费药品等项；④计价时如遇到规格不同的品种或贵重药品，可在药名的上方标明单价（俗称顶码）；⑤计价的款数要书写清楚；⑥计价要用蓝色或黑色钢笔或圆珠笔书写。

随着信息技术的推广应用，各医院多采用计算机计价收费系统，故从业人员需具备计算机软件应用能力。

议一议

假设你是收费人员，如果你遇到“天价处方”时，你该怎么处理？

（四）中药处方的调配

1. 中药处方调配的基本操作

调配中药处方按下列程序进行：复审处方→清洁工具→对戥→称取药品→分帖。

（1）复审处方　复审处方是指调配人员接到处方后需再次详细审查处方，同时对处方的药品并开、剂数、脚注、用量等项目要求进行进一步的阅读与审核，防止取用药品时发生差错。

（2）清洁工具　清洁工具即对戥盘、天平、药盘等工具进行清洁。

（3）对戥　对戥是指检查戥秤的准确度，避免称取药品时产生过大误差。

（4）称取药品　称取药品指按照处方中的剂量与剂数要求，按处方顺序（从左至右或从上至下）从药斗中称取处方规定数量的药品的操作过程。

（5）分帖　分帖是指将合并称取的药品总份量按处方要求分为若干份，每一份即为一剂（或一帖）。一般采用等量递减法分帖。

想一想

在调配中药处方时，该如何规范操作？规范操作有何意义？请模拟中药调配人员规范调配中药处方。

2. 中药处方调配的注意事项

（1）处方应付　根据中医传统用药习惯，许多中药处方中直接写正名即付其炮制品。处方中某些药品以合写的形式出现称为合写或并开。处方中还可能出现同名异物或同物异名的现象，调配时应注意识别和区分，防止配发错误。

（2）随时核对　操作时需随时核对药品名称及用量，不能凭印象调配药品。调剂人员对自己所调配的品种及剂量的准确性及药品的质量负责。为避免差错，需按处方顺序逐一称取药品，并依次摆放在调剂盘中。同时查对处方与药斗名称是否相符，取用的药品是否有变质等。

（3）另包　需特殊处理的药物如先煎、后下、包煎、吞服、冲服、烊化、另煎等，必须按处方要求或配付常规予以另包并注明。质量坚硬的药物，如种子类、矿物类药物，须进行捣碎。有特殊气味的药物也应另包，以免“串味”。

（4）鲜药类的处理　对于鲜类药，如鲜薄荷、鲜芦根、鲜藿香等，在配药帖（付）数较多的情况下，应另行处理或另包，以免干湿药材相混而发生霉烂变质现象，影响疗效。

（5）填写包药袋　需填写的包药袋的内容包括患者姓名、床号、帖数、有无单包、煎煮方药类别等，并在处方上签名负责。必要时需填写煎药单。

（6）调配完毕，调配人员应在处方“调配人员”栏签全名，以示负责。

（五）中药处方药物的核对

核对是指对已经调配好的药品是否与处方相符，有无错配、漏配或多配现象进行检查。

操作中应注意以下几方面。

（1）重点核对药品品种及质量是否符合处方要求，必要时也对药品的重量进行重新称量复核。

(2) 另包的药物应拆包复核。

(3) 核对姓名、日期、帖数、送药时间、代煎单是否齐全或正确。

(4) 核对完毕，核对人员应在处方“核对人员”栏签全名，以示负责。

议一议

核对中药处方的药物有什么重要意义？你认为该由哪一类专业技术人员承担此项工作？

(六) 付发

付发即发药，是指由药学人员将调配后的中药发到患者或患者家属的手中。发药是中药调剂工作的最后环节，通常由专人负责。发药时既要对调配付发的药品进行再次核对，又要向患者说明药品的用法、用量、“药引”或饮食禁忌；检查内服、外用药是否用专用药袋包装；检查药品包扎是否牢固、药袋是否破损；检查用法用量是否标明清楚；检查附带药品是否齐全；同时负责中成药的付发。

发药时应唱名发药。付发药品时需重点核对患者姓名、取药凭证号码以及药剂（帖）数，以防张冠李戴。

想一想

假设你是付发人员，在付发中药时，如果有“包煎”的要求，你该如何向患者说明？

三、消耗中药的统计报销

(一) 报损性药品的统计报销

应进行报损处理的中药，其损耗原因分两个方面：一是指正常情况下，由于调剂处方过程中，饮片的破碎、水分挥发、称量误差或其他原因造成的自然损耗；二是由于保管不善，造成饮片虫蛀、霉烂、变质、过期失效等产生损耗。报损率是称量药品保管工作质量的重要指标。一般情况下，库存中成药及中药饮片的损耗率应控制在5%以内。但不同的品种在不同的周期内损耗率的标准不完全一致。调剂室的定额损耗率可参照库存药品损耗率确定，考虑到调剂室的药品周转较快，故正常情况下应低于库存损耗率。

统计公式：

$$损耗率 = \frac{领取饮片数量 - 处方使用量}{领取饮片数量} \times 100\%$$

领取饮片数量通过统计调剂室的领料单进行统计，处方使用量为实际配发的中药饮片的总量，从已签字配发的处方中进行统计。

试一试

某医院中药调剂室的管理人员对甘草的使用情况进行统计时得知，在领取时的总数为12kg，处方使用量为11.8 kg。请问，此次统计甘草的损耗率是多少？按照中药饮片的损耗率应控制在5%的规定，甘草的损耗率是否符合规定？

（二）使用性消耗药品的统计报销

使用性消耗药品是经医师处方或其他特定医疗文件方式，使用于临床的正常业务性消耗，此类消耗可分为一般管理类药物和重点统计类药物。

重点统计类药物的品种可由药剂科主任视本院具体情况决定，一般应包括：①毒性中药类；②贵重细料类，如：各种人参、鹿茸、麝香、田七、珍珠等；③其他药物类：如：胎盘、枸杞、蛤蚧、各种茶类等。重点统计类药物必须根据每日处方，逐一登记，每月累计，定期盘点、报表。做到出入账目平衡、实物与账目相平。

除重点统计类之外的药物，均属于一般管理药物类，此类只作定期（如每月1次）整领整销，每季盘点1次，实行金额管理。

第三节 汤剂制备

药物制剂是指根据药典或制剂规范中的处方，采用适宜的工艺与技术将药物加工成为适合临床应用，并具有一定剂型与规格的药剂。古代中药房均有为顾客代加工制剂的业务。但在现代社会，制剂大多在药厂或医院的制剂室，由专人进行批量生产。就中医处方而言，除中成药外大多使用中药汤剂。为满足顾客代加工汤剂的服务要求，并供应住院患者用药，医院常设煎药室，培训专人负责汤剂的制备。部分大型社会零售药店也加设了煎药机等设备为顾客服务。

应患者要求将医师处方中的药物加工成汤剂，再交付顾客使用的操作过程称为临症制剂。广义而言，为满足顾客需要，中药调剂员有时还需要代加工中药饮片或制备汤剂以外的剂型，如丸剂等。但根据国家有关法规，这些业务对生产环境与生产过程有严格的要求。故在此仅介绍汤剂的制备，其他剂型的制备见《制剂工艺与技术》，中药饮片制备见《中药炮制与加工技术》。

一、汤剂简介

汤剂是中药饮片加水煎煮一定时间后，去渣取汁制成的液体剂型，主要供内服，少数外用作洗浴、熏蒸、含漱等。汤剂是中医临床重要的传统剂型之一，至今不能被其他剂型所完全替代。主要原因是汤剂处方的组成及剂量可根据患者病情的变化，适当加减调整，以适应中医辨证论治的需要；汤剂还兼有液体制剂及浸出制剂的优点，能充分发挥药物成分的多效性和综合作用；容易吸收，起效迅速；制备方法较简单易行。

汤剂因体积较大，且没有防腐能力，服用、携带和贮存都不方便，因此部分医院尝试以中药颗粒剂代替中药饮片调配汤剂，极大地方便了患者。但由于汤剂的煎煮过程中，不同成分之间的变化较复杂，故汤剂在中医临床上仍占据重要地位。

二、汤剂制备

（一）工艺流程

汤剂的制备工艺包括“准备与核查→浸泡药物→加热煎煮→过滤→包装贮存→发药”等步骤。

1. 核查与准备

核查是指煎药人员接到药后，需核对中药调配结果与代煎单（表6－2）、煎药签与处方是否相符，姓名、剂数、日期是否正确，并准确识别是否有特殊煎法要求。准备是指对煎药所需器械进行处理，包括检查供电、供气是否正常；煎药锅和盛装药液容器的清洗；检查煎药机是否已经清洁且达到规定的洁净要求；设备的运行牌是否有待运行标志；等等。

表6－2　中药调剂与代煎单

年 月 日	病区	床号	姓名	方药类型	帖重	帖数	服药日期	特煎法	调剂者	领药者

2. 浸泡药物

浸泡药物的目的是使水分充分渗透至药材的组织内部，以便加热后各种成分能最大限度地浸出。没有充分浸泡的药材，加水煎煮时表面附着的高分子物质易糊化或凝固，阻碍水分到达组织内部，从而降低成分的提取效率，影响汤剂的质量。

3. 加热煎煮

加热可软化药材组织，提高成分的溶解度，并加快成分的扩散速度，从而有效地提高成分的浸出效率。但如果加热温度过高，或加热时间过长，则易使不耐热的成分受热破坏。根据浸出过程中分子扩散的一般规律，大多数有效成分都是小分子物质，而小分子物质扩散速度比大分子快，故小分子物质先被浸出。而随着时间的延长，大分子成分也逐渐被大量浸出。由于大分子多数为无效成分，故加热时间过长，可能还会导致无效成分增多。

煎煮阶段是影响汤剂质量的关键环节，必须严格加以控制。

4. 去渣包装

中药煎煮好后，用20目筛或纱布过滤，头煎药汁另器保存，药渣加水煎煮第二次，按同样方法操作，合并二次煎液，灌装于指定容器中，或密封于塑料袋中，贴好包含患者姓名、科别、处方号、日期等内容的标签，存于药柜。在煎煮过程中应填写汤剂煎药记录，最后填写汤剂加工记录（表6－3，表6－4）。

表6－3 汤剂煎药记录

日期	年	月	日		
病区		科		床号	姓名
帖重			方药类型		
浸泡时间	从 点 分到 点 分，共 分钟				
煎数	加水量（ml）	沸腾时间（ 点 分）	搅拌次数	停止加热时间（ 点 分）	取汤液量（ml）
1					
2					
3					
特殊煎法及药名					
特殊煎法					
制备过程					
总药液量					
汤液质量					
操作者				检查员	
备注					

表6-4 汤剂加工记录

日期	病区	床号	姓名	方药类型	汤液量	煎药者	领药者	备注

5. 发药

按调剂操作要求核对患者的姓名、性别、日期、处方号等，确定无误后将煎好的汤药交付患者，同时交待汤药的使用方法。煎药室每天将当日煎好的汤药送到各科病房，与当班护士办理交接手续，并做好交接记录。

（二）注意事项

1. 煎药器具的选择

（1）小量制备（家庭制备）　煎药容器以砂锅、搪瓷器皿、不锈钢为宜，严禁用铁器。

陶器砂锅煎药能避免在煎煮过程中与药物发生化学变化。陶器砂锅煎出的汤剂质量好，且砂锅传热性均匀、缓和、价格低廉，自古沿用至今。对玻璃和搪瓷制的煎煮器亦可适用。惟铁质煎器，虽传热快，但其化学性质不稳定，并能在煎煮时与中药所含多种成分发生化学反应，影响中药疗效，有的经过长时间的煎煮给药液带入铁锈味，甚至引起恶心和呕吐。铜锅和锡锅均可煎出微量的铜及锡离子。

（2）大量制备（医院药房、药店）　设备为大型煎药机。大型煎药设备多数被使用在医院和药店，其材质为不锈钢，有自动控制设备，能一次煎好1周或2周的药，并用塑料袋逐包封装。优点：省心，省力，重新加热即能食用；缺点：从不锈钢本身的材质来说，化学性质相对稳定，但是其材质发热盘比较容易附着药剂分子而发生色变，且由于是金属制品，直接跟药物接触，还有可能发生某些化学反应。

2. 浸泡方法

中药煎煮前应先用冷水浸泡约30分钟。煎药用水量一般过药面3~5cm（头煎）或1~2cm（二煎）。大剂量和松泡易吸水的药物（如花、叶、草类药材）可适当增加用水量。

3. 煎药时间

应根据药性而定，一般药沸后煎煮20~30分钟（头煎）或15~20分钟（二煎）。解表药、清热药、芳香类药物不宜久煎，沸后煎煮15~20分钟。滋补药先用武火煮沸后，改用文火慢煎40~60分钟。煎药时要搅拌药料2~3次。

4. 煎煮次数

每剂中药一般煎煮二次，第二次煎煮时间可略短。

5. 火力控制

沸前用武火，沸后用文火。煎煮过程中保持微沸。含挥发性成分的药材应适当降低温度。

6. 煎药量

煎药量一般控制在加水量的1/4～1/3。通常，儿童每剂50～100ml。成人每剂150～200ml。

7. 特殊药物的煎煮方法

（1）“先煎药” 即延长中药煎煮的时间。需要先煎的中药，通常分为二类。①有效成分不易煎出的。包括矿石类、贝壳类、动物角甲类及一些疏水性中药，因质地坚硬或具有疏水性，有效成分不易煎出，应先煎煮沸腾10～30分钟后，再与其他群药同煎。如生石膏、生牡蛎、水牛角、龟甲、麻黄、芦根等。②须长时间煎煮去毒的。如含有乌头碱的附片、制川乌、制草乌经过2～4小时煎煮，达到降低毒性或消除毒性的目的；如含有生物碱的白附子、姜南星经过1～2小时煎煮方可降低毒性或消除毒性。

对于“先煎”的中药，由于使用要求及煎煮时间各有不同，故在煎煮该中药前，必须弄清先煎的目的、时间及听从医师、药师的用药嘱咐，以免用药不当而危及生命安全。

（2）“后下药” 即缩短中药煎煮的时间。一般在出锅前10分钟加入药物。需要后下的中药，通常分为二类。①有效成分易挥发的，煎煮时间过久会使有效成分散失而失去药效，一般在其他群药煎好前5～10分钟入煎即可。如薄荷、桂枝、砂仁、豆蔻、沉香等。②有效成分易破坏的，煎煮时间过久会破坏有效成分失去药效，一般在其他群药煎好前10～15钟入煎即可。如钩藤、苦杏仁、徐长卿、大黄等。

（3）另煎 指将中药单独煎煮、取汁的方法。一些名贵药材，为使其有效成分充分煎出及减少有效成分被其他药渣吸附引起的损失，通常将其单独煎煮2～3次，合并每次煎煮液存放，再将药渣并入其他群药合煎，然后将前后不同煎煮的药液混均后分服。如人参、西洋参、天麻、羚羊角等名贵药材。

（4）包煎 指将中药用白布或纱布包裹后跟群药一起煎煮的方法。需要包煎的中药通常有以下三类。①含黏液质较多的中药，在煎煮过程中容易粘糊锅底，需要包煎。如车前子、葶苈子等。②富含绒毛的中药，脱落的绒毛混入药液后会刺激咽喉，引起咳嗽，宜包煎。如枇杷叶、旋覆花、辛夷等。③花粉等微小中药，因质轻、疏水性强，宜包煎，以避免漂浮或溢出药罐而影响有效成分的煎出，如蒲黄、海金沙等。

（5）冲服（兑服） 指直接用煎好的药液、开水或酒调匀服用。需要冲服（兑服）

的中药，通常有以下三类。①一些入水即化的药或原为汁液性的药，如芒硝、竹沥水、蜂蜜等，用煎煮好的药液或开水冲服即可。②一些用量少、贵重中药，为了避免有效成分被其他药渣吸附而影响药效，宜研成粉末用药液、水或酒冲服。如穿山甲、三七、紫河车等。③有些药不能煎煮，否则会破坏有效成分，影响疗效的更需研末冲服。如雷丸等。

（6）烊化　指将中药加热溶化。一些胶类、蜜膏类中药不宜与群药同煎，以免煎液黏稠而影响其他药的有效成分的煎出及结底糊化。如阿胶、龟胶、饴糖等。可将此类药置于已煎煮好的药液中加热溶化后一起服用；也可将此类药置于容器内，加适量水，应用蒸汽加热溶化后与其他群药的煎取液混均分服。

（7）煎汤代水　指把需“煎汤代水”的中药煎煮2~3次后，合并每次煎煮液，取其煎煮液代替群药煎煮时所需用的水。如灶心土、生姜、竹茹等。

议一议

浸泡药材时，应该使用冷水、热水还是开水，为什么？药材浸泡时间的长短对汤剂的质量有什么影响？煎煮时火力的大小对汤剂的质量有什么影响？

8. 卫生操作规程

煎药岗位的卫生操作包括煎药室环境的清理、煎药器具及药材的清洗、煎药人员个人卫生等三个方面。要求定期清扫煎药室，室内不得堆放杂物，药渣及时处理。汤剂煎煮分离药渣后应立即清洗煎药器具，或进行消毒处理。煎药室人员应身体健康，每年体检1次并建立健康档案，体检合格者方可上岗。操作人员每日上岗前在更衣室穿戴好符合区域工作要求的工作服、鞋、帽，上岗时不得化妆及佩戴饰物。注意保持个人清洁卫生，工作前将手洗干净。

9. 安全操作规程

煎药室的安全问题主要指生产过程中使用各种电器或煎药设备的安全。操作中必须执行煎药室设备操作规程。

（三）质量控制要点

1. 汤剂质量

汤剂质量尚无含量标准。其质量通常根据浸出原理设计适当的指标予以检查和控制，如气味、颜色、不溶物及相对密度等。汤剂煎煮过程中的质量控制主要分浸泡、煎煮及过滤三个环节。

（1）浸泡　要求中药饮片浸泡后，充分湿润，花、叶类药材软化不易折断，断面无干心。根、茎、果实类药材断面有水分渗入的潮湿痕迹，药材表面均见水迹。

（2）煎煮　要求煎煮充分，饮片无硬心，药渣不焦糊，收汁量符合要求（一般控制在加水量的1/4~1/3）。

（3）过滤　要求药液得以充分利用，用手挤压药渣，挤出的药液量不超过药渣重量的20%；药液中无药渣及其他不溶物。

试一试

请制备一剂汤剂，并判断其质量。

2. 工作质量

煎药工作质量用煎煮合格率、急煎及时率和记录完整率三个指标予以评价，分别反映煎煮过程的工作质量、提供服务的效率及操作过程中的规范性。

煎煮合格率（%）=煎煮合格的中药汤剂总数/中药汤剂制备总数×100%

急煎及时率（%）=及时制备的汤剂数/急煎中药制备总数×100%

记录完整率（%）=记录完整总数/煎药加工总数×100%

及时制备汤剂是指急煎中药自送入煎药室后在1.5小时内制作完毕。

小资料

煎药机及其操作规程

煎药机是一种常见的汤剂制备设备，目前，多数医院药房和社会药房都有配备。煎药机操作方便，制备的汤剂质量较好，有逐步取代传统煎药方法的趋势。

煎药机操作规程如下。

（1）开启总电源及天然气总阀门，检查供电及供气是否正常。

（2）将煎药机内体清洗干净，并保证各管道通畅。

（3）将待煎药按先后顺序浸泡并保证药、签相符，药签自始至终跟随该药，以避免差错，将所煎药登记在工作薄上。

（4）关闭阀门后，将泡好的药放入煎药机内并注入适量水，盖稳上盖并锁紧，关闭机上所有阀门，开启电、气开关，观察火焰正常与否。

(5) 检查包装机各形状是否处于规定位置，温度设定是否合理，烙铁压盘等部件是否干净，贮药器是否洁净，无存水后关闭排液阀备用。

(6) 药液煎好后，关闭电、气开关，打开与包装机相连的出药阀门，使药液完全流出，待压力回零后开锁，清洗内壁排空后关闭注药和排水阀门以备下次使用。

(7) 趁药液在高温时进行包装。包装后检查有无漏液现象，查看药签，无误后交下道工序签字验收。清理煎药机、包装机。

(8) 对机器定时进行维护保养，水电出现问题时需及时报修。

(9) 每日工作完毕后，关闭各分机的电气开关、关闭总电源及天然气总阀门，并做记录。

（钟 珍）

实 训 部 分

实训一　药品包装的识别

一、实训标准

能正确识别非处方药的专用标识，从而能区别非处方药与处方药的包装。

二、实训场所及用品

实训场所：模拟药房。

实训用品：各种药品包装盒、标签、说明书。

三、实训内容

学生分组进行药品包装盒、标签、说明书的分类。

四、思考题

1. 非处方药应具有哪些特点？
2. 如何区分处方药与非处方药？
3. 药品包装盒、标签、说明书上的信息有何区别？

实训二　与药品调剂相关法规的案例分析

一、实训标准

能熟悉《处方管理办法》的相关规定，并能运用《处方管理办法》对案例进行分析。

二、实训场所

本班教室。

三、实训材料

背景资料：

一天，某药店来了一位手持处方购药的顾客，值班的张药师拿过处方一看，处方上写着：患者孙某某，女，33岁，医师马某；Rx：异烟肼，0.1g×45片，1片tid；盖胃平，100片，6片tid。经再三思考，张药师认为该处方为“问题处方”，拒绝进行调配，并耐心地向顾客解释原因。经过张药师的一番细心解释后，顾客接受了药师的合理建议。

以下是几位药师对事件中的这个处方的个人看法。

药师A说：这个处方存在药品配伍不合理的问题。

药师B说：异烟肼“0.1g×45片，1片tid”也是不合理的。

药师C说：治疗结核病多采用联合用药的方法，仅仅用异烟肼一种药品治疗结核病也是错误的。

药师B说：结核病患者在药店能够买到异烟肼？

药师A说：这张处方还是一种“大处方”——超量处方。

四、实训内容

（一）查阅资料

学生通过查阅资料，了解异烟肼、盖胃平两个药的成分、适应证、用法用量、药物相互作用等相关内容。

（二）案例分析

学生根据所学的与药品调剂相关法规（如《处方管理办法》）对下列问题进行分组讨

论分析，每个小组讨论一个问题。

1. 本处方是否存在药物配伍不合理的问题？为什么？

2. 药师 B 说“异烟肼 0.1g ×45 片，1 片 tid 也是不合理的。”你认为他说得对吗？为什么？

3. 你认为结核病患者在药店能够买到异烟肼吗？为什么？

4. 药师 A 为什么说此处方是“超量处方”？

5. 张药师对此处方拒绝进行调配的行为是否正确？为什么？

6. 你认为张药师是否应该向顾客耐心解释？解释什么？

7. 张药师拒绝调配处方后，应该向顾客提出怎样的合理建议？为什么？

8. 此处方在什么情况下可以调配？为什么？

五、思考题

1. 假如你是药品调剂人员，在接到“大处方”时你应如何处理？

2. 请分析制定《处方管理办法》的意义。

实训三　处 方 的 读 识

一、实训标准

能识别处方的统一格式，具备初步审方的能力。

二、实训场所

本班教室。

三、实训材料

印制一些处方笺，有意制作出因不符合书写要求（如用铅笔书写、乱涂改、药品名称书写错误、剂量、规格、用法用量书写不规范等）而属于不合格的处方。

搜集各医院的麻醉药品处方、急诊处方、儿科处方、普通处方。

四、实训内容

学生分组观察各类处方，识别不合格的处方，并说出其不合格的原因。

五、思考题

1. 一张完整的处方应包括哪些内容？

2. 如何识别普通处方、急诊处方、儿科处方、麻醉药品处方、第一类精神药品处方、第二类精神药品处方？

3. 对于不合格的处方应如何处理？

实训四　解热镇痛药不良反应的收集

一、实训标准

具备初步的药品不良反应信息收集能力。

二、实训场所

教室或图书馆。

三、实训要求

查阅药典、药学专著、医药学期刊，或通过网络收集一种临床常用的解热镇痛药的所有不良反应。

四、写实验报告

将查阅到的资料进行抄录、整理、汇总，写出调查报告。

五、思考题

1. 解热镇痛药常见的不良反应有哪些？
2. 应如何预防药品的不良反应？

实训五　药物相互作用处方分析

一、实训标准

具备初步审查药物相互作用处方的能力。

二、实训场所

教室或图书馆的阅览室。

三、实训材料

资料：药物相互作用处方。

四、实训要求

学生通过回顾所学知识或查阅资料完成药物相互作用处方分析，并填写不合格处方记录。

五、思考题

1. 请说出药物相互作用的含义及种类。
2. 影响药物相互作用的因素有哪些？
3. 对于配伍药物之间的相互作用应如何处理？

实训六　特殊人群用药处方分析

一、实训标准

具备初步审查特殊人群用药处方的能力。

二、实训场所

教室或图书馆的阅览室。

三、实训材料

特殊人群用药处方。

四、实训要求

学生通过回顾所学知识或查阅资料完成特殊人群用药处方分析，并填写不合格处方记录。

五、思考题

1. 特殊人群包括哪些人员？
2. 请分析各类特殊人群的药动学特点。

实训七　药学服务现状调查

一、调查实施

1. 分组

学生自由组合，5~8 人为一组，选出组长。

2. 选择调查对象

选择一家医院或药店进行调查。

3. 实施调查

根据选择的调查对象，咨询医院的医护人员、药师、患者或者药店的药师、相关工作人员，了解他们开展药学服务的情况。

4. 记录调查的结果

二、写出调查报告

附：调查报告的书写格式。

（一）题目

××医院或××药店药学服务现状调查

（二）调查目的

（三）调查时间

（四）调查对象

（五）调查结果

（六）调查结果分析

三、思考题

1. 请说出药学服务的含义。
2. 开展药学服务有何意义？
3. 如何开展医院药房、社会零售药店及社区的药学服务？

实训八　西药领取

一、考核标准

能按药品领用程序正确办理药品的领取。

二、实训材料

药品、领药单。

三、操作过程

根据领药计划，填写领药单，到药库办理领药手续，并将领取的药品送到药房。

四、操作记录

编号：　　　　发货单位：　　　　收货单位：　　　　时间：　　　年　　月　　日

品　名	规　格	单　位	数　量	价　格	备　注
发药人签字		领药人签字		复核人签字	

五、思考题

1. 领药人员在领取西药时应注意哪些事项？
2. 领药人员在领取西药时正确填写药品领用单有何意义？

实训九　药品分类与定位摆设

一、考核标准

能按剂型、药理作用和用途将药品进行分类，并能定位摆设。

二、实训材料

药品存贮壁橱及药柜、药品、定位标签。

三、操作过程

（一）壁橱及药柜的分类与定位

将药品存贮壁橱及药柜进行分类与定位。

（二）药品的摆设

将药品按分类与定位要求进行摆设。

四、考核要求

1. 分类正确。
2. 定位合理。
3. 摆设药品基本包装完好。

五、思考题

1. 摆设药品的分类方法有哪些？
2. 将药品定位摆设有何意义？

实训十 审查处方

一、考核标准

能识别不同类型的不合格、不合理用药处方，并能正确处理不合格处方。

二、实训材料

西药处方若干。

三、操作方法

（一）审方

仔细阅读不同类型的处方，挑出不合格、不合理用药处方，指出不合格、不合理的原因，并提出处理意见。

（二）统计处方差错率

根据审查的结果，统计处方差错率。

四、操作记录

（一）审方记录

处方号	审核结果	处理意见	备注（不合格原因）

（二）处方差错率统计记录

1. 差错记录表

处方来源	处方号	核查结果	差错类型

2. 差错率统计表

核查处方量（张）		差错处方量（张）		差错率（%）
差错类型				

3. 质量分析报告

根据处方审核与查对结果，提出处理意见。

五、思考题

1. 审查处方有何意义？
2. 西药处方审查的内容有哪些？
3. 统计处方差错率有什么意义？

实训十一　门诊药房处方调剂操作

一、考核标准

能按门诊药房调剂程序独立地完成不同科室处方的调剂工作，并能根据处方要求指导患者用药，在工作中能随时处理各种处方存在的问题，热情、耐心地解答顾客疑问。调配处方的合格率不得低于99%。

二、实训材料

药品、处方20张、包装袋等调剂用具若干。

三、操作方法

实训同学三人为一组，分别轮流扮演调剂员、核对付发人员和顾客。患者将已经收费的处方交调剂员调配，调剂员将调配后的药品交付审核付发人员，由核对付发人员向患者发出所调剂药品。患者观察调剂员的操作过程，对调配结果进行审评判。并按评分要求量化评价调剂员、审核付发人员工作质量。

三名同学进行角色互换，按同样方法重新进行实训。

四、评分要求

1. 服务态度（权重0.3），要求热情、耐心，仪表、仪容符合调剂员规范。

2. 操作技能（权重0.3），要求动作熟练、规范。操作准确，异常情况处理恰当。

3. 调配结果（权重0.4），要求实际调配品种与处方相符率达100%，处方差错率低于0.1%，指导药品用法、用量的正确率达100%。

五、操作记录

调剂员姓名	服务态度得分	操作技能得分	调配结果得分	评价人姓名

六、思考题

1. 请说出门诊西药处方调剂的一般程序。

2. 在调配门诊西药处方时应注意哪些事项？

3. 请说出 5 ~ 10 种药品的用药注意事项。

实训十二　住院药房摆药操作

一、考核标准

能按住院药房调剂程序和作业方式进行摆药操作，独立完成不同科室治疗单的摆药、核对工作，在工作中能随时处理各种处方存在的问题。摆药的合格率达100%。

二、实训材料

药品、各科药疗单5张、药盘等摆药用具若干。

三、操作方法

实训同学三人为一组，分别轮流扮演调剂员、护士、质量评定人员。操作方式如下。

1. 调剂员摆药，护士核对。

2. 护士摆药，调剂员核对。

3. 调剂员摆药，另一位调剂员核对。

4. 质量评定人员注意观察调剂员、护士的操作过程，对摆药结果进行评判，并按评分要求量化评价调剂员、护士的工作质量。

操作流程：护士将药疗单→住院药房→审核与摆药→复审核。

三名同学进行角色互换，按同样方法重新进行实训。

四、评分要求

1. 服务态度（权重0.3），要求热情、耐心，仪表、仪容符合调剂员规范。

2. 操作技能（权重0.3），要求动作熟练、规范。操作准确，异常情况处理恰当。

3. 调配结果（权重0.4），要求实际调配品种与药疗单相符率达100%。

五、操作记录

调剂员姓名	服务态度得分	操作技能得分	调配结果得分	评价人姓名

六、思考题

1. 请说出住院调剂的一般程序。
2. 请说说中心摆药制的优点与缺点。

实训十三　重点统计类药品的统计报销

一、考核标准

能按规定进行重点统计类药品的统计，填写“当日消耗药品明细表”、“药房药品逐日消耗统计表”。

二、实训材料

1. 贵重药品类，如白蛋白、冻干血浆、复方氨基酸等。
2. 营养滋补药品类，如：各种蜂皇浆、蜂乳、参茸制剂、口服葡萄糖粉等。
3. 其他类，如：药酒、药用美容化妆品、药用护肤制品等。

三、操作方法

31 位同学分为一组，分别按规定统计 1～31 日重点药品的日消耗量，填写“当日消耗药品明细表”。每位同学以 31 日“当日消耗药品明细表”统计填写“药房药品逐日消耗统计表”。

四、实训要求

统计准确无误，表格填写正确。

五、思考题

1. 重点统计类药品包括哪些？
2. 填写重点统计类药品的“当日消耗药品明细表”、“药房药品逐日消耗统计表”有什么意义？

实训十四　戥秤使用练习

一、实训标准

熟练掌握戥秤的使用方法。

二、实训场所

教室。

三、实训材料

戥秤、药材。

四、操作方法

（一）教师讲解、演示戥秤的使用方法

教师讲解戥秤的结构、操作步骤，并演示戥秤正确、规范的使用方法。

（二）学生操作练习，教师纠正、指导学生的操作

学生人手一把戥秤，正确、规范地练习戥秤的使用方法；教师根据学生的操作情况进行纠正、指导。

（三）学生操作考核

教师对每一名学生的操作进行考核，并根据学生的实际操作情况进行打分。考核的项目主要有：戥秤的读识、持秤的姿势、戥秤的使用步骤、称取的准确性、分帖的准确性等。

五、思考题

1. 请说出戥秤的结构。
2. 请说出戥秤的操作步骤。
3. 使用戥秤时“对戥”这一操作有何意义？

实训十五 中药饮片的领取与摆设

一、. 考核标准

能根据药斗容量与存量要求，按领料程序正确进行中药饮片的领取和上斗。

二、实训材料

药斗柜，中药饮片，台秤。

三、操作过程

（一）盘存

盘查10种中药饮片的药斗存量，查对各饮片的药斗容量，制定饮片领料计划，记录药斗中饮片的质量状况。必要时进行清斗。

（二）请领

根据领料计划，填写领料单，到药库办理领料手续，并将领取的饮片送到调剂室。

（三）上斗

将领取的饮片装入指定的药斗中。

四、操作记录

（一）药品盘查记录

日期：　　　　　　年　　　月　　　日

药品名称	斗存量	质量状况	处理方法	备注

（二）请领单

日期：　　年　　月　　日

药品名称	请领量	实发量	请领人	发货人

五、思考题

1. 在盘查药斗的存量时，什么情况下需进行清斗？
2. 在上斗时，什么情况下中药饮片不能上斗？
3. 正确填写药品盘查记录和请领单有何意义？

实训十六　中药处方的读识与审查

一、考核标准

能正确读识中药处方（包括识别中药名、处方脚注、应付中药规格），识别不同类型的不合格、不合理用药处方，并能正确处理不合格处方。

二、实训材料

中药处方 100 张。

三、操作方法

（一）处方识别

阅读 100 张中药处方，说出药名、应付中药规格。

（二）审方

仔细阅读 100 张中药处方，挑出不合格、不合理用药处方，指出不合格、不合理的原因，并提出处理意见。

（三）处方差错审核

仔细核查已调配的中药处方 100 张，统计处方差错率。

四、操作记录

（一）审方记录

处方号	审核结果	处理意见	备注（不合格原因）

（二）处方差错率统计记录

1. 差错记录表

处方来源	处方号	核查结果	差错类型

2. 差错率统计表

核查处方量（张）		差错处方量（张）		差错率（%）	
差错分类明细	类型	数量	类型	数量	
合计					

3. 质量分析报告

根据处方审核与查对结果，提出处理意见。

五、思考题

1. 审查处方有何意义？
2. 能够执行的医师处方应符合哪些要求？
3. 中药处方审查的内容有哪些？

实训十七　中药处方调剂操作

一、考核标准

能按调剂处方的程序独立地完成不同科室处方的调剂工作，并在工作中随时处理各种处方存在的问题，热情、耐心地解答顾客疑问。调配处方的合格率不得低于99%。

二、实训材料

固定斗谱的饮片柜，200～300种中药饮片，模拟中药处方20张。调剂盘、戥秤、捣筒、包装袋等调剂用具若干。

三、操作方法

实训人员分为A、B两组，分别轮流扮演调剂员和顾客，顾客（A组）将已经收费的处方交调剂员（B组）调配，同时观察调剂员的操作过程，对调配结果进行审核，并按评分要求量化评价调剂员工作质量。

A、B两组成员角色互换，按同样方法重新进行实训。

提示：已经划价收费的处方仍可能有错误，调配时应进一步审核处方。

四、评分要求

1. 服务态度（权重0.3），要求热情、耐心，仪表、仪容符合调剂员规范。

2. 操作技能（权重0.3），要求动作熟练、规范。称量操作准确，异常情况处理恰当。

3. 调配结果（权重0.4），要求实际调配品种与处方相符率达100%，处方差错率低于99%，指导药品用法、用量的正确率达100%。

五、操作记录

调剂员姓名	服务态度得分	操作技能得分	调配结果得分	评价人姓名

六、思考题

1. 请说出中药调剂的操作规程。
2. 请说出中药处方的调配程序。
3. 你认为应该从哪些方面评价调配人员的操作技能及其服务态度？

实训十八 中药汤剂的制备

一、考核标准

能按代煎单的指令规范地制备合格汤剂，并正确填写煎药记录。

二、实训材料

1. 汤剂处方 10 张及调配好的中药 10 副。
2. 代煎单 10 张。

三、操作方法

（一）分组

将全班同学分为 10 个小组。

（二）任务的确定

从 10 张代煎单中任意抽取一张，并从贮药柜中选取相应的处方及药品。

（三）准备用具

按汤剂制备操作程序更衣、入场，准备煎具并执行清洁操作规程。

（四）实施制备

将代煎单指定的药物制备成汤剂。在操作过程中，注意控制用水量、浸泡时间、火候、煎煮时间，并准确地执行处方指定的特殊煎法。填写汤剂煎煮记录。

（五）质量检验

1. 各小组间相互检查汤剂澄清度、气味、颜色、收液量，并评价汤剂质量。
2. 各小级相互检查药渣煎煮操作记录情况，评价煎煮工作质量。
3. 根据各小组检查结果，统计全班的煎煮合格率、急煎及时率及记录完整率。
4. 同一小组成员互评制备过程中操作是否规范。

四、操作记录

汤剂煎药记录

日期	年	月	日		
病区	科	床号	姓名		
帖重		方药类型			
浸泡时间		从　点　分到　点　分，共　分钟			
日期	年	月	日		
煎数	加水量（ml）	沸腾时间（　点　分）	搅拌次数	停止加热时间（　点　分）	汤液量（ml）
1					
2					
3					
特殊煎法及药名					
特殊煎法					
制备过程					
总药液量					
汤液质量					
操作者			检查员		
备注					

五、思考题

1. 请说出汤剂的制备工艺流程。

2. 在制备汤剂的过程中，应如何控制加水量、煎煮火力、煎煮时间？

3. 在制备汤剂时，有一些特殊中药应采用特殊的煎煮方法，请你举例说明需特殊煎煮的中药及其煎煮方法。

4. 请谈谈煎药室的环境卫生、煎药器具及药材的清洁卫生、煎药人员个人卫生这三方面对汤剂质量的影响。

5. 请你想一想，经过本次实训课的练习，你是否正确掌握了汤剂的制备方法。假如将来你在中药调剂岗位工作，你是否能够指导患者（顾客）正确制备汤剂？